Habeas Verba

Outras obras do Autor

O verbo na linguagem jurídica – acepções e regimes (Livraria do Advogado Editora)

Nova ortografia integrada – o que mudou + o que mudou = como ficou (Edita)

Correspondência empresarial (Edita)

Português para profissionais – atuais e futuros (Edita)

Português em exercícios – com soluções (Edita)

Redação oficial – normas e modelos (Edita)

K19h   Kaspary, Adalberto J.
        Habeas verba: português para juristas / Adalberto J. Kaspary. – 10. ed., rev., atual., ampl. e adaptada ao novo sistema ortográfico – Porto Alegre: Livraria do Advogado Editora, 2014.

        360 p.; 16 x 23 cm.

        ISBN 978-85-7348-887-6

        1. Direito: Linguagem. 2. Direito: Gramática. 3. Linguagem jurídica. I. Título.

                      CDU 340.113.1

        Índices para catálogo sistemático:

Direito: Gramática	34:801.5
Direito: Linguagem	34:80
Linguagem jurídica	340.113.1

(Bibliotecária responsável: Marta Roberto, CRB-10/652)

Adalberto J. Kaspary

Habeas Verba
PORTUGUÊS PARA JURISTAS

10ª EDIÇÃO
Revista, atualizada, ampliada e
adaptada ao novo sistema ortográfico

INFORMAÇÃO SEGURA, ATUAL E OBJETIVA

livraria
DO ADVOGADO
editora

Porto Alegre, 2014

© Adalberto J. Kaspary, 2014

Capa, projeto gráfico e diagramação
Livraria do Advogado Editora

Conselho Editorial
André Luís Callegari
Carlos Alberto Alvaro de Oliveira
Carlos Alberto Molinaro
Daniel Francisco Mitidiero
Darci Guimarães Ribeiro
Draiton Gonzaga de Souza
Elaine Harzheim Macedo
Eugênio Facchini Neto
Giovani Agostini Saavedra
Ingo Wolfgang Sarlet
Jose Luis Bolzan de Morais
José Maria Rosa Tesheiner
Leandro Paulsen
Lenio Luiz Streck
Paulo Antônio Caliendo Velloso da Silveira

Direitos desta edição reservados por
Livraria do Advogado Editora Ltda.
Rua Riachuelo, 1300
90010-273 Porto Alegre RS
Fone/fax: 0800-51-7522
editora@livrariadoadvogado.com.br
www.doadvogado.com.br

Impresso no Brasil / Printed in Brazil

Os limites da linguagem indicam os limites de meu mundo.
BERTRAND RUSSEL

[...] uma enfermidade da linguagem é, por conseguinte, o mesmo que uma enfermidade do pensamento.
F. MAX MÜLLER

O direito é uma disciplina cultural, cuja prática se resolve em palavras. Direito e linguagem se entrelaçam e confundem.
WALTER CENEVIVA

As codificações não devem menos à forma que se lhes imprime do que ao espírito que se lhes sopra.
RUI BARBOSA

Apresentação

1. O título

Os dicionários registram um número apreciável de significados para o verbo latino **habere**: ter, possuir; ser ou estar senhor de; ter em si, andar com; guardar, ter em segredo; ter (para dizer ou responder); saber, conhecer; considerar, ter em conta de; etc. Dessas acepções, as que nos levaram a – associado ao substantivo latino neutro plural **verba** (palavras) – integrar o verbo **habere** no título da obra foram as de **saber, conhecer**. Elas se fazem presentes em várias expressões usuais com o verbo **habere** na literatura latina, tais como: *Habes omnem REM* – (Agora) sabes tudo (Terêncio); *Habes nostra consilia* – Sabes nossas intenções (Cícero); *Habes nostras sententias* – Conheces nossas opiniões (Suetônio); etc.

Habeas é a segunda pessoa do singular do presente do subjuntivo. Em **Habeas Verba**, **habeas** está no chamado *subjuntivo exortativo*, que se emprega só no presente e supre o imperativo na terceira pessoa do singular e do plural. Empregado na segunda pessoa do singular – como no título **Habeas Verba** –, destina-se a, mais que uma ordem, expressar um conselho, uma exortação.

O título **Habeas Verba**, portanto, inclui um conselho, uma exortação a todo aquele que se dedica ou pretende dedicar-se à atividade jurídica: que saibas, que conheças as palavras. Nada impede, todavia, que se tome esse título como verdadeira ordem, ditada pela imperiosa necessidade dos fatos: o dever irrenunciável, o compromisso inarredável de quem optou pelo exercício do direito – uma profissão de palavras.

2. A obra

Desde a antiguidade, não é incondicional o preito que se rende à linguagem pelo concurso que presta às operações intelectuais.

Assim, lado a lado com a apologia de que é objeto, como processo e instrumento de cooperação entre os homens, articulam-se restrições quanto à maneira e eficácia com que desempenha suas funções.

Como responsáveis pelas suas deficiências, ora se aponta seu caráter convencional, ora a inaptidão dos símbolos de que se vale para denotar, com precisão, os objetos significados.

Platão chegou a afirmar que nenhum homem de inteligência se aventurará a confiar suas concepções filosóficas à linguagem, máxime em sua forma imutável, isto é, a escrita.

O problema, observa-se, está em que a razão humana não pode contemplar face a face as coisas, sendo-lhe dado apenas fitá-las sob o véu enigmático da representação linguística.

As coisas singulares são infinitas, como observou Santo Agostinho, e não é possível cunhar um termo para designar cada uma delas, o que implica o lançamento, no mercado linguístico, de vocábulos dotados de generalidade, de sorte que abranjam, no seu campo de incidência, objetos não perfeitamente idênticos entre si. Consectários ou parceiros dessa generalidade são ainda a indeterminação e a ambiguidade: o campo de aplicação de determinados vocábulos não se encontra perfeitamente delimitado, e a dubiedade, a equivocidade, acompanha o emprego de inúmeros símbolos postos em circulação com o encargo de exprimir significados diferentes.

De tudo que ficou dito acima ressalta a importância que, para o jurista, efetivo ou em potencial, assume o profundo conhecimento da palavra, da linguagem. Importância é expressão eufêmica, a suavizar a realidade percuciente da expressão correta: necessidade imperiosa, imprescindibilidade absoluta.

O jurista exerce sua atividade, científica ou profissional, por meio de palavras.

Em qualquer área ou instância de atuação, ele transforma a realidade em palavras e, com palavras, atua sobre os atos e fatos de que se tece a dinâmica da sociedade dos homens.

Conclui-se, pois, que a qualidade da atuação do jurista, no seu trato da matéria jurídica, está condicionada intimamente ao nível de sua linguagem: há uma simetria perfeita entre a competência e o desempenho linguísticos e a qualidade do labor jurídico.

Oitenta por cento do material linguístico empregado pelo jurista faz parte da linguagem comum, daquela usada, de modo mais ou menos uniforme, no comércio das ideias. Outros vinte por cento constituem-se de termos e expressões especializados, muitas vezes oriundos da linguagem corrente, mas redefinidos, depurados tecnicamente através dos tempos, desde o momento de seu ingresso no universo jurídico. *Os termos técnicos que chegaram até nós*, observa Juan-Ramon Capella, *são fruto, em sua maioria, de um trabalho coletivo, e as definições legais, de modo geral, são* redefinições, *quer dizer, definições lexicográficas depuradas tecnicamente.*

Em nossa obra *Português para profissionais – atuais e futuros*, tratamos dos conteúdos essenciais da linguagem comum, em seus diversos aspectos.

Numa obra específica, *O verbo na linguagem jurídica – acepções e regimes*, expusemos, com base em textos normativos codificados do Brasil e de Portugal, bem como em textos jurisprudenciais e doutrinários, os significados e as regências dos verbos mais usuais na linguagem jurídica.

Em outra obra específica, *Nova ortografia integrada: o que continuou + o que mudou = como ficou*, oferecemos a exposição clara, objetiva e sistemática das principais matérias do novo sistema ortográfico, apoiada por inúmeros exemplos de palavras das mais diversas áreas do conhecimento e da atividade humana.

Na presente obra, fazem-se presentes termos, expressões e construções quer da linguagem corrente, usual, quer, e com maior ênfase, da linguagem jurídica propriamente dita.

Mesmo os conteúdos da linguagem geral, usual, todavia, são tratados pelo prisma e nos limites de sua importância, ocorrência e uso específico no campo jurídico.

Sob centenas de verbetes, desfilam questões as mais diversas, da ortografia à pontuação, da morfossintaxe à estilística, da semântica à terminologia e à etimologia, enfeixando conteúdos cujo conhecimento e domínio se evidenciam importantes, imprescindíveis mesmo, para um eficaz desempenho do jurista na sua atuação profissional, toda ela exercida por palavras.

Abreviaturas e Siglas

ABL	- Academia Brasileira de Letras
AOLP/90	- Acordo Ortográfico da Língua Portuguesa (1990)
Aurélio/10	- Dicionário Aurélio da Língua Portuguesa, 2010, 5. ed.
Bechara/10	- Gramática escolar da língua portuguesa, 2010
Borba/02	- Dicionário de usos do português do Brasil, 2002, 1. ed.
CBA	- Código Brasileiro de Aeronáutica
CC/1916	- Código Civil (Brasileiro) de 1916
CC/2002	- Código Civil (Brasileiro) de 2002
CCp	- Código Civil (de Portugal)
C. Com.	- Código Comercial (Brasileiro)
C. Com. p.	- Código Comercial (de Portugal)
Cegalla/08	- Novíssima gramática da língua portuguesa, 2008
CERS/89	- Constituição do Estado do Rio Grande do Sul (1989)
Cf., cf.	- Confira, confira
CLT	- Consolidação das Leis do Trabalho
CNMP	- Conselho Nacional do Ministério Público
CPC	- Código de Processo Civil (Brasileiro)
CPCp	- Código de Processo Civil (de Portugal)
CP	- Código Penal (Brasileiro)
CPp	- Código Penal (de Portugal)
CPP	- Código de Processo Penal (Brasileiro)
CPPM	- Código de Processo Penal Militar (Brasileiro)
CPPp	- Código de Processo Penal (de Portugal)
CRFB	- Constituição da República Federativa do Brasil (1988)
CTN	- Código Tributário Nacional (Brasileiro)
DELP	- Dicionário escolar da língua portuguesa (ABL), 2008, 2. ed.
DJ/04	- Dicionário jurídico (Academia Brasileira de Letras Jurídicas), 2004, 9. ed.
DJ/98	- Dicionário jurídico (Saraiva), 1998
DL	- Decreto-Lei
DTJ/82	- Dicionário de Tecnologia Jurídica (Freitas Bastos), 1982, 11. ed.
DLP/09	- Dicionário da língua portuguesa (Porto Editora), 2009
DLPC/01	- Dicionário da língua portuguesa contemporânea (da Academia das Ciências de Lisboa), 2001
FSP	- Folha de São Paulo

GDSLP/10	- Grande dicionário Sacconi da língua portuguesa, 2010
Houaiss/09	- Dicionário Houaiss da língua portuguesa, 2009, 1. ed.
LCP	- Lei das Contravenções Penais
LEP	- Lei de Execução Penal
LINDB	- Lei de Introdução às Normas do Direito Brasileiro
PVOLP/43	- Pequeno Vocabulário Ortográfico da Língua Portuguesa (da Academia Brasileira de Letras), 1943
Michaelis/00	- Moderno dicionário da língua portuguesa (Reader's Digest; Melhoramentos, 2000)
Napoleão/09	- Gramática metódica da língua portuguesa, 2009
RISTF	- Regimento Interno do Supremo Tribunal Federal
RISTJ	- Regimento Interno do Superior Tribunal de Justiça
RO	- Recurso Ordinário
RETRT-4ª	- Revista Eletrônica do Tribunal Regional do Trabalho da 4ª Região
RITRF-4ª	- Regimento Interno do Tribunal Regional Federal da 4ª Região
RTRF-4ª	- Revista do Tribunal Regional Federal da 4ª Região
STF	- Supremo Tribunal Federal
STJ	- Superior Tribunal de Justiça
TARGS	- Tribunal de Alçada do Estado do Rio Grande do Sul
TJRS	- Tribunal de Justiça do Estado do Rio Grande do Sul
TRF-4ª	- Tribunal Regional Federal da 4ª Região
TRT-4ª	- Tribunal Regional do Trabalho da 4ª Região
TST	- Tribunal Superior do Trabalho
VOLP/99	- Vocabulário ortográfico da língua portuguesa (ABL) 1999, 3. ed.
VOLP/09	- Vocabulário ortográfico da língua portuguesa (ABL) 2009, 5. ed.
VJ/07	- Vocabulário jurídico (Forense, 2007, 27. ed.)
ZH	- Zero Hora

Notas

1. Ao contrário do que se observa nos documentos legais do Brasil, em que os artigos são indicados por numerais ordinais do primeiro ao nono, e por meio numerais cardinais do décimo em diante, na legislação codificada de Portugal todos os artigos vêm indicados por numerais ordinais: art. 14º, art. 342º, art. 2316º, etc. Por outro lado, enquanto é da tradição legislativa brasileira escrever por extenso **parágrafo único**, empregando-se, nos demais casos, o signo correspondente – § (*signum sectionis*), em Portugal, mesmo no caso de **parágrafo único**, faz-se a representação pelo sinal abreviativo: § **único**.

2. Na apresentação gráfica da obra, adotaram-se os seguintes critérios: os ***verbetes***, quer no título, quer em sua repetição no texto explicativo, foram compostos em negrito italizado; os *exemplos*, em itálico simples; e os **destaques**, em negrito simples.

3. A matéria pertinente ao novo sistema ortográfico – Acordo Ortográfico da Língua Portuguesa (1990) – está exposta pormenorizadamente e exemplificada amplamente no livro *Nova ortografia integrada: o que continuou + o que mudou = como ficou*, de Adalberto J. Kaspary (2. ed., Porto Alegre: EDITA, 2013).

4. A matéria concernente aos verbos jurídicos e correlatos, inclusive com informações pontuais sobre flexão e etimologia, está explanada e exemplificada, em aproximadamente cinco centenas de verbetes, no livro *O verbo na linguagem jurídica: acepções e regimes*, de Adalberto J. Kaspary (7. ed., Porto Alegre: Livraria do Advogado Editora, 2010).

A – À(s) – Há (na indicação de tempo)

¶ *A* indica distância temporal, tempo que falta(va) ou tempo futuro (nas expressões daqui a..., daí a..., dali a...).
Estamos a dez dias do grande evento (= faltam dez dias...).
A duas semanas do pleito (= faltando duas semanas...), *o eleitorado ainda se mostra indeciso.*
Estávamos a dois meses (= faltavam dois meses...) *das eleições presidenciais.*
O réu suicidou-se a vinte minutos do início do júri.
A reunião terá início daqui a duas horas.
A um mês da formatura, foi expulso do colégio.
Voltou para casa dali a duas semanas.

¶ *À(s)* indica hora certa, determinada (hora do relógio).
A sessão teve início às 10 horas (= quando eram...).
À uma hora (= quando era uma hora), *saímos de Curitiba.*
O expediente externo termina às 17 horas (= quando são...).

¶ *Há* indica tempo passado, anterior. É substituível por **faz.**
A reunião teve início há (= faz) *duas horas.*
Há (= faz) *pouco tempo, um réu de homicídio enforcou-se naquela mesma cela.*
A comissão examinadora está reunida há (= faz) *mais de quatro horas.*
Veja o verbete *Acerca de – A cerca de – Há cerca de.*

Abaixo-assinado – Abaixo assinado

¶ *Abaixo-assinado* é o documento, o pedido, o requerimento assinado por mais pessoas. Contém, geralmente, reivindicação, pedido, manifestação de protesto ou de solidariedade, e é dirigido à pessoa ou entidade com atribuições para decidir acerca do pedido ou da solicitação feita.

Os advogados encaminharam um abaixo-assinado à direção do presídio.

O plural é **abaixo-assinados.**

¶ *Abaixo assinado*, sem hífen, é a pessoa que subscreve a petição ou o documento de caráter coletivo; o requerente, o peticionário.

Ismael Ribeiro e Sálvio Garcia, abaixo assinados, requerem...

Comporta feminino: *A e B, abaixo assinadas, declaram que...*

É perfeitamente dispensável, na qualificação, após o nome do requerente, a expressão *abaixo assinado*, quando apenas uma pessoa subscreve o documento. Havendo mais pessoas, a situação é diferente, já que podem constar muitos nomes no documento (até incluídos ilicitamente ou sem autorização), mas cujos titulares não se encontram abaixo assinados.

Abaixo (de) – Debaixo (de) – Embaixo (de) – De cima (de) – Em cima (de)

¶ No advérbio *abaixo* e na locução prepositiva *abaixo de* o elemento nuclear *abaixo* escreve-se numa só palavra;

Os remédios abaixo mencionados estão em falta nas farmácias.

Na Alemanha, o desemprego está abaixo do da média europeia.

¶ No advérbio *debaixo* e na locução prepositiva *debaixo de,* o núcleo *debaixo* escreve-se junto:

Com o temporal, a parte de cima do prédio ficou totalmente destruída; a debaixo sofreu poucos danos.

As drogas estavam escondidas debaixo da cama de casal.

¶ No advérbio *embaixo* e na locução prepositiva *embaixo de,* o elemento-base *embaixo* grafa-se numa só palavra.

A portaria do prédio fica embaixo.

Pôs a carta embaixo de uma pilha de livros.

¶ A locução adverbial **de cima** e a locução prepositiva **de cima de** escrevem-se separadas:

De cima vinha uma voz que denotava angústia e desespero.

De cima do prédio, foi possível acompanhar as negociações entre o policial e o sequestrador.

1. Os elementos da locução **de cima a baixo** – que significa minuciosamente, completamente, sem falhas – também se escrevem separadamente: *Li de cima a baixo as oitocentas folhas dos autos.* A locução também é empregada na acepção de desdenhosamente, da cabeça aos pés. *O desafiante mirou o adversário de cima a baixo.*

2. A locução **de cima para baixo** tem o significado de ao contrário, às avessas, de pernas para o ar: *os assaltantes deixaram o interior da casa de cima para baixo*

¶ Também se grafam separadas a locução adverbial *em cima* e a locução prepositiva *em cima de*:
No prédio em que trabalho, o estacionamento é em cima.
Deixei os documentos em cima da mesa do gerente.

Abortamento – Aborto

Os cultores de uma linguagem tecnicamente mais apurada fazem diferença ente os termos *abortamento* e *aborto*.

¶ *Abortamento* indica o processo, a ação de abortar, ou seja: a expulsão, espontânea ou provocada, de um feto sem tempo de gestação normal que o torne apto para viver. É o termo usual na literatura médica brasileira.

¶ *Aborto* designa o produto eliminado pela ação de abortar.

Nos dicionários comuns – não técnicos – brasileiros, os dois termos são registrados como sinônimos. Os dicionários de Portugal, no entanto, privilegiam o termo *aborto* em ambos os sentidos.

Acaso – Caso

¶ Há que fazer distinção entre o advérbio *acaso* e a conjunção subordinativa *caso*, não empregando aquele como sinônimo desta, o que tenho visto com indesejada e deplorável frequência.

¶ *Acaso*, como advérbio, tem as acepções de casualmente, fortuitamente, eventualmente, por acaso, por casualidade, porventura:
Um rei não se avilta se, acaso, apresenta
satisfações quando foi o primeiro a ofender sem motivo.
(Homero – *Ilíada*, XIX, 182-3 – tradução de Carlos Alberto Nunes)
Mas o que penso e proponho fazeres é como se eu própria
Me propusesse, se acaso me visse em igual conjuntura.
(Homero – *Odisseia*, V, 188-9 – Tradução de Carlos Alberto Nunes)
Deveremos nós, acaso, arcar com os ônus desses desmandos?

¶ *Caso* é conjunção subordinativa condicional, sinônima de **se**:
Caso a norma regimental determine a escolha de novo relator, esta recairá, se possível, em juiz que não haja participado do julgamento anterior. (CPC, art. 534)

Observe a presença de duas conjunções subordinativas condicionais sinônimas no mesmo período.

O agravante assevera que, caso não lhe seja concedida a liminar, ao final da ação de cobrança nada mais restará para garantir o seu crédito.

Caso se inscrevam muitos candidatos, aplicaremos um teste de seleção.

Caso haja tempo, analisaremos sua proposta na reunião de hoje à tarde.

Para não confundir *acaso*, advérbio, com *caso*, conjunção subordinativa condicional, lembre-se da estrofe abaixo, em que o advérbio *acaso* vem logo em seguida a uma conjunção condicional (**se**). Os autores da composição certamente não cometeram o pleonasmo de empregar, lado a lado, duas conjunções subordinativas condicionais.

Se acaso você chegasse / No meu chateau [sic] *e encontrasse*
Aquela mulher que [sic] *você gostou / Será que tinha coragem*
De trocar nossa amizade / Por ela que já lhe [sic] *abandonou?*
(Composição de Felisberto Martins e Lupicínio Rodrigues)

Aceitado – Aceito – Aceite

¶ **Aceitado** é o particípio regular de aceitar. Emprega-se com os verbos ter e haver (voz ativa).

Até ontem os grevistas não haviam/tinham aceitado a contraposta dos banqueiros.

¶ **Aceito** é o particípio irregular, contraído, de aceitar. Emprega-se na voz passiva (com o verbo ser) e também na voz ativa.

A partir de amanhã serão aceitas novas inscrições para o curso de linguagem jurídica.

Pensávamos que tivesse aceitado/aceito o convite.

¶ **Aceite** é variante do particípio irregular, contraído, *aceito*. Pouco usada no Brasil, tem mais curso em Portugal, como particípio e também como adjetivo.

Ele viu a sua proposta aceite prontamente.

Rico e elegante, o moço foi aceite sem restrições na alta sociedade local.

Foram aceites todas as sugestões apresentadas pela comissão revisora do estatuto.

Aceite, como substantivo, significa compromisso de pagar a quantia expressa em letra de câmbio, nota promissória, duplicata de fatura, na data de seu vencimento. O *aceite* sem restrições (pleno, completo, incondicional) é representado pela expressão *aceito*, seguida de data e da assinatura do sacado.

Acerca de – A cerca de – Há cerca de

¶ **Acerca de** significa a respeito de, sobre.

Aplicam-se aos árbitros, no que couber, as normas estabelecidas neste Código acerca dos deveres e responsabilidades dos juízes. (CPC, art. 1.083, revogado)

O juiz, ouvido o Ministério Público, decidirá acerca da realização das provas propostas pelo assistente. (CPP, art. 271, § 1º)

Comparecendo as partes à audiência, o juiz tentará, previamente, a conciliação acerca do litígio. [...] (Lei n. 9.307, de 23-9-1996, art. 7º, § 2º)

¶ *A cerca de* significa a uma distância (espacial ou temporal) aproximada de, faltando aproximadamente.

Montevidéu fica a cerca de 900km de Porto Alegre.

O crime ocorreu a cerca de duas quadras do posto policial.

Estávamos a cerca de quarenta dias do plebiscito (= faltavam aproximadamente quarenta dias...).

Os docentes entraram em greve a cerca de duas semanas do término do semestre letivo (= quando faltavam aproximadamente duas semanas...).

¶ *Há cerca de* tem o sentido de:
1. faz aproximadamente, faz perto de.

A audiência foi realizada há cerca de duas semanas.

A sessão teve início há cerca de vinte minutos.

2. existe(m) aproximadamente, existe(m) perto de.

De Machado de Assis, há cerca de cem volumes na biblioteca.

Há cerca de sessenta pacientes à espera de doadores de órgãos.

Falar **acerca de** um assunto significa analisá-lo a fundo, ao passo que falar **sobre** um assunto é tocá-lo (ou tocar nele) por alto, por cima, perfun(c)toriamente, sem entrar em pormenores.

Achádego – Salvádego

¶ *Achádego* é a recompensa a que faz jus aquele que achou e restituiu coisa alheia perdida (cf. arts. 1.233 e 1.234, *caput* e parágrafo único, do CC/2002).

De acordo com o que se deduz do art. 1.237, *caput*, do CC/2002, essa recompensa é atribuída ao descobridor (inventor, segundo o CC/1916, arts. 603 a 609), mesmo que não lha tenha prometido o proprietário ou dono legítimo.

O CCp (arts. 1323º [sic] e 1324º [sic]) emprega o termo **achado** no sentido de *achádego*, e **achador**, em lugar de descobridor, ou inventor.

As **Ordenações Filipinas** tratam minuciosamente do *achádego* no livro V, tit. XLII.

¶ *Salvádego* é a retribuição devida àquele que desempenhou tarefa de salvamento de navio, de aeronave, ou de carga desses, em caso de sinistro.

Também recebe o nome de *salvádego* o navio que presta socorro a outro navio em perigo ou que salva passageiros, tripulantes e carga de navios naufragados ou em via de naufragar.

Têm privilégio especial: [...]; II – sobre a coisa salvada, o credor por despesas de salvamento; (CC, art. 964, II).

Também trata do *salvádego* o art. 143, inciso II e parágrafo único, do CBA – Lei n. 7.565, de 19-12-1986.

O sufixo **-ádego** (com a forma variante **-ádigo**) originou-se do sufixo latino **-aticu**, formador de substantivos designativos de: imposto, renda, foro. Também existe a grafia **achádigo**, menos usual.

Como sinônimo de *achádego*, há o termo **alvíssaras**, raramente empregado, todavia, nessa acepção.

À *conta de* – *Por conta de* – *Por conta*

¶ A locução prepositiva *à conta de* tem o significado de: por causa de, a pretexto de, à custa de, a expensas de.

Só à conta dele [por causa dele] *já la vai uma dezena de contos.* (DLPC, v. 1, p. 943)

Ele lançou à conta de seu padrasto [atribuiu a seu padrasto] *todas as suas desventuras.*

À conta da escassez de chuva, os gêneros de primeira necessidade têm seus preços reajustados constantemente.

À conta da queda dos juros, os empresários estão investindo na modernização de suas empresas.

As despesas com o depósito, quando julgado procedente, correrão à conta do credor, e, no caso contrário, à conta do devedor. (CC, art. 343)

¶ A locução prepositiva *por conta de* tem os significados de: à custa de, a expensas de; em nome de, no interesse de; para deduzir de, antecipado, adiantado, parcial; por incumbência ou sob a responsabilidade de; mantido, financiado, sustentado por; por ordem de; por causa de, em virtude de, em razão de, em vista de:

As despesas do traslado correrão por conta de quem o solicitar, [...] (CPP, art. 601, § 2º)

Este empréstimo transfere o domínio da coisa emprestada ao mutuário, por cuja conta [por conta de quem, por conta do qual] *correm todos os riscos dela desde a tradição.* (CC, art. 587)

Hospedou-se em Paris por conta de [a expensas de] *empresários do setor agropecuário.*
Adiantei-lhe nove mil reais por conta da venda do sítio.
A administração da empresa ficaria por conta do irmão mais velho.
A apuração das causas do acidente ficou por conta do [sob a responsabilidade do] *Ministério da Aeronáutica.*
Vive por conta dos [à custa dos] *pais da noiva.*
Por conta da [por causa da] *nova lei, haverá redução na contratação de mão de obra.*
Tomei a medida por conta do [por ordem do] *chefe do departamento de pessoal.*
Por conta do [em virtude do] *que ocorrera na festa de aniversário da filha, as relações entre o pai e a mãe ficaram estremecidas.*
A rua foi alargada, por conta do [por causa do, em virtude do, em vista do] *grande fluxo de veículos que trafega pelo local.*

¶ No Direito Civil, a locução **por conta** tem o sentido de *pagamento parcial de um débito, lançado a crédito do seu titular, para fins de amortização.* (Diniz, Maria Helena – *Dicionário jurídico*. São Paulo: Saraiva, 1998, v. 3, p. 641).
A quitação parcial revela-se nos recebimentos dos juros relativos ao principal da dívida.

As locuções **à conta de** e **por conta de**, como se observa, são intercambiáveis em diversas acepções.

Acórdão – Aresto

Embora, de modo geral, sejam empregados como sinônimos, tecnicamente os dois termos não se confundem:

¶ *Acórdão* designa, genericamente, *o julgamento proferido pelos tribunais* (CPC, art. 163). *As decisões dos tribunais coletivos têm a denominação especial de acórdãos* (CPCp, art. 156°, 2). O termo origina-se da terceira pessoa do plural do presente do indicativo do verbo **acordar – acordam** (concordam, põem-se de acordo, ficam de acordo). Traduz, assim, o consenso, a vontade predominante, ao menos pela maioria, dos membros do tribunal sobre determinada questão jurídica em julgamento.

¶ *Arestos* são *as decisões judiciais não suscetíveis de reforma, proferidas em forma de julgamento definitivo pelos tribunais superiores* (Mendes Júnior – *Direito judiciário brasileiro, apud* Edmundo Dantès Nascimento – *Linguagem forense*, p. 222). O termo origina-se do adjetivo grego **arestós**, derivado, por sua vez, do verbo **aresco**, que, entre outros, tem o significado de: conciliar as boas vontades, contentar. Segundo Nagib Slaibi Filho. *Sentença cível: fundamentos e técnica*. 3ª edição, Rio de Janeiro: Forense, 1995, p. 210), *Aresto é a decisão, de 1º ou 2º graus de jurisdição, da qual não mais cabe recurso.*

Como se verifica, os dois conceitos de *aresto* supratranscritos não são rigorosamente uniformes. Além do mais, em pesquisa a que procedi em seis dicionários jurídicos de minha biblioteca, constatei que todos registram o termo *aresto* como sinônimo de *acórdão*. A tendência aponta, pois, fortemente para a identidade semântica dos dois termos. Resta, pois, tão somente, ficar atento à inconfundível diferença de sentido entre os termos parônimos *aresto* e **arresto**.

Confira o verbete *Arresto – Sequestro*.

A (curto, longo, médio) prazo

Nos mesmos moldes da locução básica *a prazo*, as formas correlatas – *a curto prazo, a longo prazo* e *a médio prazo* – também são introduzidas pela preposição **a:**

¶ *A prazo* significa: em prestações, a crédito, com pagamento ou rendimento futuro: *vendas a prazo, compras a prazo, depósitos a prazo, investimentos a prazo,* etc.

¶ *A curto prazo* tem o sentido de: num tempo próximo, dentro de pouco tempo, (muito) brevemente.

A curto prazo não há perspectivas de solução para a carência de mão de obra especializada.

Novas medidas de austeridade devem ser anunciadas a curto prazo.

¶ *A médio prazo* significa: dentro de um período não muito longo.

O secretário da pasta prometeu adotar medidas, a médio prazo, para resolver o problema da falta de médicos nos postos de saúde.

¶ *A longo prazo* significa: em espaço de tempo longo:

A iniciativa somente deve apresentar resultados a longo prazo.

À custa de – Custas – A expensas de

¶ *À custa de* é locução prepositiva e significa: à força de, a poder de, com o emprego de, a preço de, com sacrifício de.

Se o fato puder ser executado por terceiro, será livre ao credor mandá-lo executar à custa do devedor, [...] (CC, art. 249)

Aquele que, sem justa causa, se enriquecer à custa de outrem, será obrigado a restituir o indevidamente auferido, [...] (CC, art. 884)

Observe a posição proclítica – correta – do pronome **se** no exemplo acima, exigida pelo pronome relativo **que**, não obstante a presença do adjunto adverbial (*sem justa causa*), intercalado e devidamente virgulado, entre este e aquele pronome.

Ressalvada proibição legal, pode o título nominativo ser transformado em à ordem ou ao portador, a pedido do proprietário e à sua custa (CC, art. 924)

Se o fato puder ser prestado por terceiro, é lícito ao juiz, a requerimento do exequente, decidir que aquele o realize à custa do executado (CPC, art. 634)

No caso de revelia, consignar-se-á o preço à custa do credor. (Lei n. 6.015, de 31-12-1973, art. 267, parágrafo único).

Fez concessões à custa da honra.

Obteve o poder à custa de traições.

Embora alguns autores considerem válida a forma **às custas de**, a forma legítima, tradicional, clássica é **à custa de**, no singular.

¶ **Custas**, substantivo feminino plural (em latim, denomina-se *pluralia tantum*), tem o significado de: prestação pecuniária devida ao Estado pela realização do processo, incluídas taxas e emolumentos.

Compete à União, aos Estados e ao Distrito Federal legislar concorrentemente sobre: [...]; IV – custas dos serviços forenses; (CRFB, art. 24, IV)

O art. 835 do CPC dispõe sobre a **ação de caução às custas**.

¶ **A expensas de** é locução prepositiva sinônima de **à custa de**. Não admite outra grafia, sendo incorreta a forma *às expensas de*.

O aqueduto será construído de maneira que cause o menor prejuízo aos proprietários dos imóveis vizinhos, e a expensas do seu dono, [...] (CC, art. 1.293, § 3º)

Antes de vencida a dívida, o devedor, a suas expensas e risco, pode usar a coisa segundo sua destinação, [...] (CC, art. 1.363)

Se o menor possuir bens, será sustentado e educado a expensas deles, arbitrando o juiz para tal fim as quantias que lhe pareçam necessárias, [...] (CC, art. 1.746)

A obra foi editada a expensas de entidades culturais do Estado do Paraná.

No caso de interdição do estabelecimento de longa permanência, os idosos abrigados serão transferidos para outra instituição, a expensas do estabelecimento interditado, enquanto durar a interdição. (Lei n. 10.741 [Estatuto do Idoso], de 1º-10-2003, art. 56, parágrafo único).

A destempo

¶ **A destempo** significa fora de tempo, fora de prazo, inoportunamente.

Os embargos foram opostos totalmente a destempo.

O recurso foi interposto a destempo.

Adjetivos compostos de adjetivo + adjetivo (flexão)

¶ Nos adjetivos compostos de dois ou mais adjetivos, somente se flexiona o último, tanto em gênero quanto em número, adequando-o ao gênero e número do substantivo a que se refere. Seguem exemplos, com os adjetivos precedidos de substantivos:

direitos *fundamental-sociais*

normas *processual-penais*

divergências *doutrinário-jurisprudenciais*

equivalência *semântico-mórfico-funcional*

prioridades *econômico-político-administrativas*

iniciativas *argentino-paraguaio-brasileiras*

trâmites *financeiro-burocráticos*

paradigmas *aristotélico-tomistas*

proposições *liberal-individualista-normativistas*

relações *jurídico-processuais*

candidatos *social-democratas*

No substantivo **social-democrata**, flexionam-se ambos os elementos: *Os sociais-democratas obtiveram excelente votação.*

Adminículo

¶ O termo *adminículo* provém do substantivo neutro latino **adminiculum, -i**, que tem as acepções de: tudo em que algo se apoia, sustenta e firma; daí: escora, estaca, esteio, suporte; arrimo, encosto; ajuda, amparo, apoio, auxílio, socorro, subsídio.

Na linguagem jurídica, nas áreas processual-civil e processual-penal, tem o sentido de: meio auxiliar de prova; começo ou complemento de prova; prova subsidiária; todo elemento probatório que corrobora uma prova efetiva, perfeita, ou contribui para constituí-la.

Adrede (ê)

¶ *Adrede* é advérbio, com as acepções de: especialmente, intencionalmente, de caso pensado, propositadamente; antecipadamente, com antecedência, previamente.

No latim, o advérbio **recte** tinha, entre outros, o significado de: a propósito, convenientemente.

O **e** tônico de *adrede* tem a pronúncia fechada, segundo o VOLP/09.

Um comissão adrede nomeada pelo Presidente do Tribunal está estudando a viabilidade de implantação das medidas sugeridas pelos servidores.

Dados adrede manipulados facilitaram a aprovação da proposta pelos conselheiros.

A parte responderá pessoalmente sobre os fatos articulados, não podendo servir-se de escritos adrede preparados; [...] (CPC, art. 346)

Existe a locução adverbial **de adrede**: de propósito. Confira o verbete **Rectius – Recte**.

Advérbios em -mente (sucessão de)

¶ Quando, numa frase, figuram dois ou mais advérbios em *-mente*, o usual é juntar o sufixo *-mente* apenas ao último.

Os pressupostos recursais podem ser analisados conjunta ou separadamente.

Adverti-o suave e delicadamente.

No concurso de crimes, as penas de multa são aplicadas distinta e integralmente. (CP, art. 72)

Na Justiça do Trabalho, a condenação em honorários advocatícios, nunca superiores a 15%, não decorre pura e simplesmente da sucumbência, [...] (Enunciado n. 219-85 do TST)

A situação agravou-se lenta, mas gradualmente.

Viveu modesta, porém tranquilamente.

¶ Quando, todavia, se quer dar ênfase à expressão, pode-se empregar o sufixo *-mente* com todos os advérbios da série, de modo especial quando ligados por vírgula(s).

Procedeu corretamente, lealmente, exemplarmente.

Assim, em suma, logicamente, juridicamente e tradicionalmente, não há outra maneira legítima de nos exprimirmos [...] (Rui Barbosa – *Réplica*, I, p. 107)

Era soberbamente, dramaticamente, terrestre. (Joaquim Nabuco – *Escritos e discursos*, p. 278)

[...], seja-me lícito perguntar-lhe confidencialmente, amigavelmente e respeitosamente com que meios tenciona viver a sua irmã, e que projetos tem. (Camilo Castelo Branco)

Acima de tudo, a Justiça, e não as regras, que são mudadas diariamente, semanalmente, mensalmente e anualmente. (RTRF-4ª, n. 2, p. 52)

Aeródromo – Aeroporto – Heliponto – Heliporto

¶ *Aeródromo* é toda área destinada a pouso, decolagem e movimentação de aeronaves. (CBA – Lei n. 7.565, de 19-12-1986, art. 27)

Os aeródromos classificam-se em civis e militares; os civis, em públicos e privados. (CBA, arts. 28 e 29).

¶ *Aeroporto* é o *aeródromo* público dotado de instalações e facilidades para apoio de operações de aeronaves e de embarque e desembarque de pessoas e cargas. (CBA, art. 31, I)

¶ *Heliponto* é o *aeródromo* destinado, exclusivamente, a helicópteros. (CBA, art. 31, II).

¶ *Heliporto* é o *heliponto* público dotado de instalações e facilidades para o apoio das operações de helicópteros e de embarque e desembarque de pessoas e cargas. (CBA, art. 31, III)

À evidência – A toda a evidência

¶ *À evidência*, locução adverbial feminina, significa: claramente, sem lugar a dúvidas:

Com isso se demonstra à evidência a fragilidade do álibi invocado pelo réu.

¶ *A toda a evidência*, também locução adverbial feminina, significa: com toda a clareza, com inteira clareza, sem nenhuma margem a dúvidas:

A toda a evidência, as ofensas relatadas nos autos não constituem o cerne da discórdia entre os litigantes.

Não cabe o sinal da crase no **a** inicial da locução *a toda a evidência*, pois **todo**, pronome indefinido, não admite artigo. É necessário, todavia, o artigo (**a**) após **toda**, porquanto, aqui, significa: total, completa, inteira. Como se sabe, na linguagem atual, **todo**, quando não seguido de artigo, é sinônimo de *qualquer, cada*.

Confira o verbete **Todo – Todo o**.

Afeito – Afeto (adjetivos participiais)

¶ *Afeito*, como adjetivo participial, deriva do verbo **afazer**, que significa: acostumar(-se), adaptar(-se), habituar(-se). Com base no verbo originário, tem as acepções de: acostumado, adaptado, habituado. Rege complemento nominal introduzido pela preposição **a**:

Essas pessoas estão afeitas ao frio e às intempéries.

Homem afeito a regulamentos e ao trabalho organizado, não lhe foi difícil assimilar o regime disciplinar imperante na empresa em que passou a exercer suas atividades.

O autor é pessoa esclarecida, afeita às práticas comerciais.

Afeito, desde cedo, à vida sossegada do campo, o rapaz, a princípio, estranhou muito a agitação enervante da grande metrópole.

Os oradores, por estarem afeitos a pausas enfáticas, muitas vezes infringem regras elementares de pontuação em seus textos escritos.

A menos que afeitas a gracejos, as mulheres mudam de calçada para desviar dos bares. (Drauzio Varella – FSP)

¶ *Afeto*, como adjetivo participial, origina-se do verbo **afetar**, que significa: atribuir; destinar a um uso, a uma função específica.

Com base na acepção de atribuir do verbo *afetar*, o adjetivo participial *afeto* tem o significado de: relacionado com, entregue a; incumbido a, sujeito a, pendente de (decisão) de, (posto) sob a responsabilidade de, entregue ao estudo, ao exame ou à decisão de alguém; da competência ou da alçada de. Rege complemento nominal introduzido pela preposição **a**:

O juízo de validade desses contratos está afeto ao Tribunal de Contas.

Esse problema está afeto ao analista de projetos.

É afeto à Justiça do Trabalho o exame e julgamento de ações de indenização por danos morais originários de vínculo empregatício ou relação de trabalho. (Cf. art. 114, inciso VI, da CRFB)

A existência, ou não, do direito é matéria afeta ao mérito e, como tal, deverá ser examinada. (excerto de sentença trabalhista)

Nos procedimentos afetos à Justiça da Infância e da Juventude fica adotado o sistema recursal do Código de Processo Civil, [...]. (ECA, art. 198, *caput*)

Não se conhece de pedido de hábeas-córpus que intenta ver reexaminada questão vinculada a tema afeto à execução criminal.

O efeito suspensivo, em regra, não é afeto ao recurso de agravo de petição.

O trabalho de auxiliar os pacientes e conduzi-los ao atendimento é afeto aos técnicos de enfermagem.

A autora não tinha poderes para aumentar o quadro de pessoal da loja, o que estava afeto ao gerente distrital.

A apuração das aludidas diferenças é procedimento afeto à fase de liquidação de sentença.

Não está caracterizada nos autos conduta ilícita da reclamada, que fez uso razoável do poder disciplinar que lhe é afeto.

O anjo a que estava afeto o cuidado da Terra/Dá de asas e come o ovo. (Mário Quintana)

Confira em Adalberto J. Kaspary. *O verbo na linguagem jurídica – acepções e regimes.* 7. ed. rev., atual., ampl. e adaptada ao novo sistema ortográfico, Porto Alegre: Livraria do Advogado Editora, 2010, o verbete *Afetar – Desafetar*, especialmente no que concerne ao significado dos respectivos verbos no Direito Administrativo.

Afim – A fim de (que)

¶ *Afim*, na linguagem jurídica, significa parente por afinidade (vínculo que liga cada um dos cônjuges aos parentes do outro).

Não podem casar [...]; II – os afins em linha reta. (CC, art. 1.521, II)

¶ *Afim*, por extensão, é sinônimo de semelhante, análogo: *objetivos afins, vocábulos afins, termos afins,* etc.

¶ *A fim de (que)* é sinônimo de para (que).

O advogado poderá, a qualquer momento, renunciar ao mandato, notificando o mandante, a fim de que lhe nomeie sucessor. [...] (CPC, art. 45)

Citação é o ato pelo qual se chama a juízo o réu ou o interessado a fim de se defender. (CPC, art. 213)

Existindo cláusula compromissória e havendo resistência quanto à instituição da arbitragem, poderá a parte requerer a citação da outra parte para comparecer em juízo a fim de lavrar-se o compromisso, [...] (Lei n. 9.307, de 23-9-1996, art. 7°)

Portanto, as matérias levadas à revisão pelos tribunais deveriam ser apenas de direito, a fim de resguardar o tempo útil de tramitação das demandas. (Des. Carlos Alberto Robinson – *A efetividade da súmula vinculante n. 4 do STF e suas repercussões na esfera trabalhista.* (RETRT-4ª)

Na linguagem atual, há outras acepções ligadas à expressão *a fim*, algumas da gíria:

1. a fim: disposto, desejoso, interessado.

2. *a fim de*: com o propósito de, com a intenção de (sentido equivalente a **para**).

3. estar *a fim (de)*: estar com disposição ou desejo (mais usual em sentido negativo: não estar a fim [de]).

Não estou a fim de retornar a esse assunto.

4. estar *a fim de* (**alguém**): querer namorar determinada pessoa ou fazer amor com ela.

Afinal – A final

¶ *Afinal* significa: por fim, finalmente, afinal de contas, em conclusão, em síntese:

Afinal, aonde vocês querem chegar?

Afinal (de contas), o que é que eles pretendem?

Esse sistema, afinal, somente pode funcionar num regime de plena liberdade de expressão.

¶ *A final* tem o sentido de: ao fim, no final, ao termo (de outros atos a terem precedência na execução ou no cumprimento). É expressão, hoje em dia, praticamente exclusiva da linguagem jurídica.

As despesas dos atos processuais, efetuados a requerimento do Ministério Público ou da Fazenda Pública, serão pagas a final pelo vencido. (CPC, art. 27)
Incumbe ao curador: [...]; V – prestar contas a final de sua gestão. (CPC, art. 1.144, V)
Nos processos perante a Justiça do Trabalho, constituem privilégio da União, dos Estados, do Distrito Federal, dos Municípios e das autarquias ou fundações de direito público federais, estaduais ou municipais que não explorem atividade econômica: [...]; VI – o pagamento das custas a final, salvo quanto à União Federal [sic], que não as pagará (DL n. 779, de 21-8-1969, art. 1º, VI).

Confira o verbete **União Federal** (impropriedade).

A fortiori – A posteriori – A priori

¶ *A fortiori*, expressão latina, tem o sentido de: com maior pertinência e razão, com razão mais forte. Argumento *a fortiori* é aquele pelo qual do menor se deduz o maior, do menos evidente se tira conclusão mais clara: a lei que permite o mais também permite o menos (**a maiori ad minus**, isto é, do maior ao menor; quem pode o mais também pode o menos); e a que proíbe o menos também proíbe o mais (**a minori ad maius**, isto é, do menor ao maior; uma restrição relativa ao mais também atinge o menos). Como disse Rui Barbosa: *Quem pode o mais a* fortiori *poderá o menos; se se exige para o menos, a* fortiori *se exigirá para o mais*. (Neto, João Mendes. *Rui Barbosa e a lógica jurídica*. São Paulo: Livraria Acadêmica, 1943, p. 71)

¶ *A posteriori*, expressão latina, aplica-se ao raciocínio que se escuda nos fatos, em que se remonta do efeito à causa. Raciocínio *a posteriori* é, portanto, o que não se baseia na regra abstrata, mas se funda nos fatos, na experiência, nos dados concretos, para chegar a uma conclusão indutiva. *'Argumentum a posteriori' é a prova que se baseia em fatos constatados pela experiência, e da qual se pode concluir a realidade do fundamento daqueles.* (Jaime M. Mans Puigarnau – *Lógica para juristas*. Barcelona: Bosch, 1978, p. 206)

É impróprio o emprego de *a posteriori* como sinônimo de **depois**, **posteriormente**. Assim, o advogado não deve dizer que juntará documentos *a posteriori* (em vez de **posteriormente**).

¶ *A priori*, outra expressão latina, indica o ato de discorrer independentemente dos fatos, da experiência, partindo da causa para o efeito. Argumento *a priori* é, pois, o argumento dedutivo, que parte do geral para o particular. *'Argumentum a priori' é a demonstração cujo fundamento é o princípio real ou objetivo do que se trata de demonstrar.* (Id., ibid., p. cit.)

A priori, por sua vez, não é sinônimo de **antes**, **anteriormente**. Assim, o advogado também não deve dizer, por exemplo, que deseja, *a priori* (em vez de **preliminarmente**, **antes de mais nada**), tecer algumas considerações sobre o sistema carcerário brasileiro.

A poesia é compatível com uma infinidade de formas e de temas. Nenhuma opção é vedada ao poeta a priori. (Antonio Cicero, FSP, ed. de 2-19-2010, p. E 14).

Nunca se pode estabelecer a priori *que alguém, repelindo tal ou qual agressão, se serviu de meio desnecessário. A essa conclusão só se chega* a posteriori, *depois de examinadas as circunstâncias do caso concreto.* (Ladislau Fernando Röhnelt. *Apontamentos de Direito Penal*. Porto Alegre: TJRS, DAC)

Na linguagem comum, usual, vulgar, a expressão *a priori* passou ainda, por extensão ao sentido técnico, a ser empregada com o significado de arbitrário, gratuito, não fundamentado sobre algo de positivo.

Afretador – Fretador

¶ *Afretador* é aquele que toma a embarcação a frete. O verbo correspondente é **afretar**: alugar o veículo alheio, tomar o veículo a frete.

¶ *Fretador* é aquele que dá a embarcação a frete. O verbo correspondente é **fretar**: dar o veículo em aluguel.

No artigo 566 do Código Comercial, os dois termos vêm empregados lado a lado, seguidos das respectivas acepções:

O contrato de fretamento de qualquer embarcação, quer seja na sua totalidade ou em parte, para uma ou mais viagens, quer seja à carga, colheita ou prancha, o que tem lugar quando o capitão recebe carga de quantos se apresentam, deve-se provar por escrito. No primeiro caso o instrumento, que se chama carta-partida *ou* carta de fretamento, *deve ser assinado pelo fretador e o afretador, e por quaisquer outras pessoas que intervenham no contrato, do qual se dará a cada uma das partes um exemplar; e no segundo, o instrumento chama-se* conhecimento, *e basta ser assinado pelo capitão e o carregador. Entende-se por fretador o que dá, e por afretador o que toma a embarcação a frete.*

Al (... se por al ...)

¶ *Al* é pronome indefinido arcaico, abreviação do pronome indefinido neutro latino **aliud**. Tem a significação de: outra coisa, coisa diversa. Comum em antigos adágios, emprega-se, atualmente, no meio jurídico, na expressão *se por al*: se por outros fatos, se por outros motivos.

[...] *nas sentenças absolutórias de réu preso os juízes costumam usar a seguinte expressão, já consagrada: '[...] determinando seja posto imediatamente em liberdade, se por al não estiver preso'.* (Ney Fayet – *A sentença criminal e suas nulidades*, p. 229). (*Se por al* **não estiver preso** significa, pois, *se por outro motivo não deva continuar preso.*)

Acordam os Juízes da 1ª Câmara Criminal do Tribunal de Alçada em conceder a ordem, determinando a soltura do réu se por al não estiver preso. (TARGS – *Julgados*, n. 81, p. 28)

Algoz (ô ou ó) – Carrasco – Verdugo

¶ *Algoz* é sinônimo de *carrasco, verdugo*, termos mediante os quais se designa o executor da pena de morte.

O termo *algoz* origina-se do turco **gozz**, nome de uma tribo cujos membros serviam como carrascos aos almôades (príncipes berberes) da Espanha e de Marrocos. A procedência imediata do nosso termo *algoz* é a forma árabe **algozz**, que se compõe do vocábulo turco **gozz** precedido do artigo árabe invariável **al**.

Lembra-se, por oportuno, que o **o** do vocábulo *algoz* tem a pronúncia fechada (ô) ou aberta (ó), tanto no singular quanto no plural (algozes), segundo o VOLP/09.

¶ *Carrasco*, no sentido de executor da pena capital, origina-se, segundo Bluteau (*Vocabulário latino e português*), do antropônimo **Carrasco**, de Belchior Nunes Carrasco, que foi algoz em Lisboa, antes do século XVIII.

¶ *Verdugo* origina-se do adjetivo latino biforme **viridis, -e** (verde, verdejante), tendo passado pela forma intermediária hipotética hispano-latina **viriducum**.

Originariamente, *verdugo* designava a vara verde que servia de açoite; depois, por extensão, passou a indicar o homem da vara verde, i. é, o açoitador. Finalmente, o termo passou a designar o algoz, o carrasco, o executor da pena de morte.

Na linguagem comum, *algoz*, *carrasco* e *verdugo* assumiram a significação figurada, extensiva, de indivíduo que inflige maus-tratos a alguém; indivíduo cruel, desumano.

Algures – Dalgures – Alhures – Dalhures

¶ *Algures* é advérbio de lugar, com o significado de: em algum lugar, em alguma parte:

Não foi este o próprio vocábulo empregado por ela; já lá disse algures que D. Carmo não possui o estilo enfático. (Machado de Assis – *Memorial de Aires*, p. 258-9)

¶ **Dalgures** é forma derivada de *algures* (de + algures) significa: dalgum (ou de algum) lugar:

Quem cabritos vende e cabras não tem, dalgures lhe vêm. (adágio popular)

Existe, como antônimo de *algures*, a forma **nenhures**, que significa: em nenhum lugar.

¶ **Alhures** é advérbio de lugar e significa: noutro lugar, noutra parte:

A solução não parece difícil. Basta que se abandone o apego à literalidade – aqui talvez mais funesto que alhures – na interpretação da letra 'a' do art. 105, III [CRFB]. (José Carlos Barbosa Moreira – *Que significa 'não conhecer' de um recurso?* Revista AJURIS n. 66, p. 134)

O aparelho da Justiça vê-se onerado com uma carga podre, espoliado de tempo e de energias que melhor aplicaria alhures. (José Carlos Barbosa Moreira – *Que significa 'não conhecer' de um recurso?* Revista AJURIS n. 66, p. 148)

Como escrevemos alhures, 'no plano teórico, a intimação da sentença condenatória ao advogado do réu é o que basta a que o réu seja considerado completamente ciente da ordem de pagamento. [...]' (Athos Gusmão Carneiro – *O princípio 'sententia habet paratam executionem' e o prazo do artigo 475-J do CPC*, p. 5)

Estabeleci comigo mesmo compromisso de não mais, aqui ou alhures, mencionar-lhe o nome. (Ciro dos Anjos – *O amanuense Belmiro*, p. 138)

O dinheiro na gaveta ou alhures não é a única forma de corrupção que precisa ser combatida. (Percival Puggina – *Vulnerabilidade da democracia*, ZH, 18-12-2011, p. 16)

¶ **Dalhures**, forma derivada de *alhures* (de + alhures), significa de outro(s) lugar(es):

Os políticos – tanto os daqui quanto os dalhures – não diferem muito entre si.

Alimentando – Alimentário – Alimentante

¶ O termo *alimentando* designa a pessoa a quem são devidos alimentos, por não ter bens nem poder prover ao seu sustento. Origina-se do particípio futuro passivo latino, usualmente chamado gerundivo, terminado em **-ndus** (m.), **-nda** (f.), **-ndum** (neutro), quase sempre com ideia de *obrigatoriedade*: o que deve ser realizado. Assim, *alimentando* é aquele que deve ser alimentado.

São devidos os alimentos quando quem os pretende não tem bens suficientes, nem pode prover, pelo seu trabalho, à própria mantença, e aquele, de quem se reclamam, pode fornecê-los, sem desfalque do necessário ao seu sustento. (CC, art. 1.695)

¶ *Alimentário* é sinônimo de *alimentando*. Origina-se do adjetivo latino triforme **alimentarius** (m.), **-aria** (f.), **-arium** (n.). O sufixo **-arius**, no caso, tem valor passivo, com ideia de: que recebe (o paciente da ação de receber). Assim, o termo *alimentário* significa: o que recebe alimentos, uma pensão para alimentos – acepção na qual foi empregado pelo jurisconsulto latino Ulpiano. **Alimentarii pueri**: crianças que recebem alimentos.

Há, portanto, uma sutil (e despicienda) diferença semântica entre *alimentando* – o que deve ser alimentado; e *alimentário* – que recebe alimentos. Empregar, pois, um termo ou outro, é questão de gosto, de preferência.

Observem-se, a propósito, os termos **locatário**: que recebe a locação; **mandatário**: que recebe o mandado; **donatário**: que recebe a doação; etc.

¶ *Alimentante* é aquele que supre, presta, assegura alimentos a alguém. O sufixo **-nte,** presente no termo, tem origem no particípio presente latino, terminado em **-ns**, que tem valor ativo, indicando, pois, aquele que faz, realiza, executa uma ação – **amans**: o que ama; **delens**: o que destrói; **legens**: o que lê; **audiens**: o que ouve; etc.

Confira o verbete *Mantença*.

Aluguel / Aluguéis – Aluguer / Alugueres

¶ *Aluguel*, com o plural *aluguéis*, é a forma hoje mais usada no português do Brasil. Fora do meio jurídico-forense, é a única que se vê e ouve.

¶ *Aluguer*, com o plural *alugueres*, é forma variante de *aluguel* (*aluguéis*), resultante da dissimilação do segundo **l** por **r**.

¶ No CC/1916, somente apareciam as formas *aluguer* e *alugueres*, por influência do português de Portugal, onde, ainda hoje, são de uso praticamente exclusivo.

No CC/2002, encontram-se, tão somente, as formas *aluguel* e *aluguéis* (arts. 206, § 3º; 569, II; 572; 574; 575, *caput* e parágrafo único; 1.415; etc.).

A forma *aluguer* parece ter caído, atualmente, em completo desuso, no português do Brasil, talvez pela conotação pejorativa que se atribui à sua pronúncia (pronúncia caipira). O plural *alugueres* ainda é bastante usual no meio jurídico-forense, principalmente na escrita (contratos de locação, p. ex.). De qualquer modo, convém ter cuidado: já ouvimos pessoas estranhas ao linguajar jurídico dizer que o Dr. Fulano precisava de umas aulas de português, pois dizia *alugueres* em vez de *aluguéis*...

A maior/a mais – A menor/a menos

¶ **A maior** é locução adverbial e tem o significado de: além do devido, do esperado, do essencial, do ideal, do necessário: devolução a maior, diferença a maior, gratificação a maior, pagamento a maior, etc.

¶ **A mais**, com a variante mais adstrita que **de mais**, é locução adverbial sinônima de *a maior*.

¶ **A menor** é a locução adverbial antônima de *a maior*, com o significado, pois, de: em quantidade, qualidade ou teor inferior ao esperado; em quantidade inferior ao devido ou necessário: diferença a menor, produção a menor, receita a menor, resultado a menor, etc.

¶ **A menos**, com a variante de uso mais restrito que **de menos**, é locução adverbial sinônima de *a menor*.

As locuções – *a maior* e *a menor* – ocorrem predominantemente nas áreas contábil, econômica, tributária e correlatas. E, em temas e matérias concernentes a essas áreas, elas têm igualmente presença assídua, sob as mesmas formas assinaladas (*a maior* e *a menor*), na doutrina, na legislação e na jurisprudência.

Num *guia prático de redação*, vêm taxadas de errôneas as formas *a maior* e *a menor* nas respectivas acepções suprarreferidas, com a recomendação de substituí-las pelas respectivas formas sinônimas *a mais* e *a menos*. O apontamento desse erro, cuja razão não vem fundamentada, vai de encontro à lição uniforme de obras de inquestionável prestígio, dentre as quais se destacam o Aurélio/10, o Houaiss/09 e o DLPC/01. E a lição contida nessas obras vem abonada, como supramencionado, em textos doutrinários, legislativos e jurisprudenciais disponíveis em sítios da rede mundial de computadores.

Ambos

¶ **Ambos**, numeral dual (= que designa dois seres), ou, segundo outros, pronome (qualificador indefinido), diante de substantivo é obrigatoriamente seguido de artigo:

A medida foi objeto de duras críticas em ambas as casas do Congresso.
Um dos acidentados perdeu ambas as mãos.
Ambos os símbolos têm evidente conotação sexual.
Se ambas as partes procederem com dolo, nenhuma pode alegá-lo para anular o negócio, ou reclamar indenização. (CC, art. 150)

É nulo o negócio jurídico quando: [...] III – o motivo determinante, comum a ambas as partes, for ilícito; (CC, art. 166, III)

Não convindo os dois no preço da obra, será este arbitrado a expensas de ambos os confinantes. (CC, art. 1.329)

Admitidos ambos os recursos, serão remetidos ao Tribunal Superior de Justiça. (CPC, art. 543)

O casamento putativo baseia-se na boa-fé de ambos os nubentes ou, pelo menos, de um deles.

Da decisão caberá apelação em ambos os efeitos. (Lei n. 6.015, de 31-12-1973, art. 76, § 4º)

Em vez de artigo, pode aparecer pronome adjetivo demonstrativo ou possessivo:

Em ambos esses casos, ficou caracterizada a omissão das autoridades.

Ambos os seus livros tratam de problemas ambientais.

1. **Ambos** tem sentido de *dois*; não, porém, de conjunção, coordenação, coexistência, contemporaneidade ou simultaneidade. Assim, quando se faz referência a *pessoas de ambos os sexos*, não significa que se está falando de hermafroditas, isto é, de indivíduos que apresentam caracteres e órgãos reprodutores dos dois sexos. *Apareceram curiosos de ambos os sexos e todas as idades* escreveu Machado de Assis em seu romance *Quincas Borba*.

2. **Ambos** não pode ser usado para se referir a pessoas ou a coisas opostas: Os dois (e não **ambos** os) partidos chegaram a um acordo.

3. Os escritores clássicos empregavam as formas enfáticas *ambos os dois*, ou *ambos de dois*, hoje em desuso, embora corretas. Paulo Brossard, ministro aposentado do STF, empregou a forma **ambos os dois** em artigo, sob o título *Boas lembranças*, publicado no jornal *Zero Hora* de 18-6-12, p. 13: *Recordo-me nitidamente quando o Lessinha, como o [= Luiz Carlos Barbosa Lessa] chamava [...], juntamente com Paixão Côrtes, ambos os dois fundaram o primeiro Centro de Tradições Gaúchas – CTG 35*. O eminente jurista, conhecedor, admirador e, consequentemente, leitor diligente e apaixonado dos clássicos, tem todo o direito de fazer uso da requintada locução. Em italiano, é usual a expressão **ambedue** (um e outro, os dois, as duas; ambos, os dois, as duas): ~ *gli amici*: os dois amigos; ~ *le sorelle*: as duas irmãs; ~ *frequentavano la stessa scuola*: ambos (ambas) frequentavam a mesma escola.

À medida / proporção que – Na medida / proporção em que

¶ **À medida que** forma um conjunto indivisível e é locução conjuntiva proporcional; indica tempo proporcional, concomitância: ao passo que, conforme, quando, enquanto.

Também, a vida humana aumentou de valor à medida que os modos de conservá-la se foram aperfeiçoando; e a dor se foi tornando cada vez mais intolerável à medida que se descobriram os meios de suprimi-la. (Joaquim Nabuco – *Escritos e discursos*, p. 181)

À medida que entramos no conhecimento da natureza humana, vamos ficando mais tolerantes.

À medida que passa o tempo, a reforma tributária é uma necessidade cada vez mais premente.

À medida que o cristianismo conquistava a sociedade, os códigos romanos iam admitindo novas leis, já não por subterfúgios, mas abertamente e sem hesitações. (Fustel de Coulanges – *A cidade antiga*, pp. 398-9).

À medida que os salários aumentavam, subiam os preços dos gêneros.

¶ ***Na medida em que*** é locução causal, sinônimo de: pelo fato de que, uma vez que (eventualmente com significação secundária de tempo: quando).

Na medida em que [uma vez que, quando] *se esgotaram as possibilidades de negociação, o projeto foi integralmente vetado.*

Este período, destinado à discussão do trabalho, reveste-se de enorme importância, na medida em que [porquanto, visto que] *permite o melhoramento do texto.*

O assistente não poderá impedir ou obstar que a rescisão seja formalizada, quando o empregado com ela concordar, na medida em que [uma vez que] *essa concordância só vale como quitação relativamente ao exato valor de cada verba especificada no Termo de Rescisão, [...]* (Instrução Normativa n. 2, de 12-3-1992, do Secretário Nacional do Trabalho, art. 21, § 1º)

[...], e, não estabelecido o nexo causal entre as atividades desenvolvidas e as moléstias apontadas, não há como imputar responsabilidade civil aos reclamados, na medida em que [porquanto] *ausentes elementos necessários à caracterização dessa.* (excerto de acórdão do TRT-4ª).

As decisões dos tribunais superiores extrapolam o mero interesse das partes do processo, na medida em que representam pautas gerais para a sociedade. (Rafael Santos de Barros e Silva).

Importa ressaltar que nem sempre a configuração do assédio moral é de fácil constatação, na medida em que sua prática geralmente ocorre de forma dissimulada, [...] (RETRT-4ª n. 56, p. 27)

1. ***À proporção que*** é sinônimo de *à medida que*:

À proporção que avançávamos, as casas iam rareando.

À proporção que as plantas crescem, suas raízes se aprofundam.

2. ***Na medida em que***, assim como ***na proporção em que,*** constituem, às vezes, construções complexas, com o pronome relativo **que**, regido da preposição **em**, introduzindo oração adjetiva que restringe o significado do vocábulo anterior (**medida** ou **proporção**). No caso, indicam proporção (ou equivalência) **exata,** podendo ser reforçadas por **mesmo**. *Na* (mesma) *medida em que perdoarmos ser-nos-á perdoado.*

Serão contratados novos docentes na (mesma) *proporção em que os antigos se forem aposentando.*

Se o prejuízo sofrido pela pessoa transportada for atribuível à transgressão de normas e instruções regulamentares, o juiz reduzirá equitativamente a indenização, na [mesma] medida em que a vítima houver concorrido para a ocorrência do dano. (CC, art. 738, parágrafo único)

A regra da igualdade não consiste senão em quinhoar desigualmente aos desiguais, ns medida em que se desigualam. (Rui Barbosa – *Oração aos moços*)

3. Não existem as locuções **à medida/proporção em que**, com a preposição (**em**) a mais, como também não existem as expressões **na medida/proporção que**, com uma preposição (**em**) a menos. **À medida/proporção em que** e **na medida/proporção que** são deturpações a que se dá o nome de cruzamento sintático, ou quiasma: construção anômala, originada do cruzamento de estruturas normais; contaminação sintática. No Código Civil de 2002 aparece, entre outros erros (lastimavelmente!), a forma **à medida em que** (art. 1.107), em lugar de *à medida que*.

A meu (teu, seu) talante

¶ *A meu (teu, seu) talante*, locução adverbial, tem o significado de: consoante meu (teu, seu) alvedrio, arbítrio, vontade ou desejo; *a meu (teu, seu)* bel-prazer: *Assiste-lhe o direito de resolver a questão a seu talante.*

Talante – termo nuclear da locução – é substantivo masculino e significa arbítrio, alvedrio, desejo (dependente apenas da vontade), gosto, vontade. Origina-se do francês antigo **talant**, com a acepção de estado de espírito, intenção, propósito.

A polícia prendia e soltava presos a seu talante.

Existe também a locução prepositiva **a talante de**: segundo a vontade ou o desejo de.

Confira o verbete *Ao alvedrio – Ao arrepio de*.

A meu ver – A meu juízo

¶ Na locução *a meu ver*, **ver** é substantivo masculino, com o significado de: modo de ver, de considerar; opinião, juízo.

¶ Na locução *a meu juízo*, o substantivo *juízo* tem o sentido de opinião ou parecer que formamos acerca de alguma coisa ou que emitimos a respeito dela.

Trata-se de locuções estereotipadas (padronizadas, tradicionais), à semelhança de outras, tais como: a meu/seu pedido; a meu/seu bel--prazer; a meu/seu cargo; a meu/seu respeito; em meu/seu poder; a meu/seu critério a meu/teu/seu pesar (= contra minha/tua/sua vontade; a meu sentir, etc.

Os dicionaristas, gramáticos e autores de obras técnico-profissionais em geral somente registram a forma *a meu ver* – sem o artigo **o** (a meu ver). Alguns chegam a tachar expressamente de errônea, inexistente ou imprópria a forma *ao meu ver.*

Todavia, Celso Pedro Luft, linguista que dispensa apresentações, após observar que *é caprichoso o emprego do artigo nas locuções*, registra as formas **a meu ver** e **ao meu ver** (*No mundo das palavras* – 218 (*Correio do Povo*, 17-10-1970) e 465 (*Correio do Povo*, 27-8-1971). Em seu *Grande manual de ortografia Globo* (Rio de Janeiro: Globo, 1985), o mesmo autor registra estas formas, com substantivo precedido de pronome adjetivo possessivo: a meu cargo, *a meu juízo,* a meu pedido, a meus pés, *a meu ver* (somente esta forma); a nosso juízo, a nosso respeito, a nosso ver; a seu bel-prazer, a seu cargo, a seu contento, a(o) seu lado, a seu malgrado, a seu pedido, a seu respeito, a seu sabor, a seus pés, a seu tempo, a seu ver.

Cláudio Brandão, em sua valiosa *Sintaxe clássica portuguesa* (edição do autor, Belo Horizonte: Imprensa da Universidade de Minas Gerais, 1963), após afirmar que, *Quanto ao emprego do artigo definido* [diante dos pronomes adjetivos possessivos], [ele] *sempre existiu na língua desde as suas fases mais remotas, conquanto se observe a respeito constante hesitação* (p. 240), faz esta importante observação (p. 241): *Há, porém, casos em que se omite o artigo antes do adjetivo possessivo, a saber: [...]; c) nas locuções desprovidas de artigo, no caso de o possessivo substituir um complemento ligado pela preposição* **de**: *em benefício de alguém, em favor de, em honra de, em louvor de, a pedido de, a rogo de, a cargo de, a juízo de, para uso de, por causa de, por vontade de, etc.* E conclui, relacionando locuções usuais sem a anteposição do artigo definido ao pronome possessivo: *Dir-se-á, pois:* **a** *meu (teu, seu, nosso, vosso) pedido,* **em** *minha (tua, sua, nossa, vossa) presença,* **por** *minha (tua, sua, etc.) vontade, etc.*

Em face das locuções acima relacionadas ou transcritas, em sua maioria sem o artigo **o** diante do adjetivo possessivo, permitimo-nos concluir (*a*) e opinar (*b*) que: a) esta última forma – sem o artigo **o** diante do pronome adjetivo possessivo – parece ser a preferida, não, todavia, a única correta; e b) a forma sem o artigo definido é mais eufônica, isto é, soa melhor.

Exemplos de frases:

A meu juízo, 'Memorial do convento' é uma das melhores obras de José Saramago.

A meu sentir, esse procedimento vai de encontro a disposições expressas do Código de Defesa do Consumidor.

[...]; a meu sentir, a violência passou a ser instrumento de uma ação coletiva com particulares objetivos ilícitos. (Paulo Brossard. *Guerra civil ou epidemia.* ZH de 12-11-12, p. 15)

A meu ver, as conclusões a que chegou a comissão são um tanto precipitadas.

Em meu entender, seu erro foi ter confiado demasiadamente na boa-fé dos colegas de partido.
Uma vez que todas as tentativas de negociação fracassaram, somente me resta resolver a questão a meu modo.

A mim me parece ...

¶ É construção de linhagem clássica o emprego pleonástico do pronome pessoal oblíquo tônico (a mim, a ti), ou do pronome reto regido de preposição (a nós, a eles), e da correspondente forma oblíqua átona (me, te, nos, lhes).

Posicionado, geralmente, no início da oração, ou próximo deste, trata-se de pleonasmo estilístico, destinado a enfatizar, salientar a pessoa designada pelo pronome em suas duas formas:

A mim não me enganam mais.
A nós não nos interessam essas discussões.
A eles pouco se lhes dá de nossos problemas.
A mim, parece-me que Renan criou o instrumento com o qual ele mesmo deve ser combatido e a imagem de Cristo restaurada nos pontos em que ele a desfigurou. (Joaquim Nabuco – *Escritos e discursos literários*, p. 294)
Se faço a vontade de Deus na terra, já o reino de Deus me pertence a mim, e se a mim me pertence o reino de Deus, também Deus está santificado em mim. (Padre Antônio Vieira – *Sermões*, vol. 10, p. 109)
Se Deus é santificado em mim, a tentação não me vence a mim, senão eu a ela. (id., ibid., p. 109).
A mim me toca de perto. É verdade que tenho esse fraco. Não posso ver multidão sem que me abale. (Otto Lara Rezende, FSP, ed. de 19-9-92, cad. 1, p. 2)
A nós nos parece que a tendência cada vez mais marcante é usar o verbo explodir em todos os tempos, modos e pessoas. (Marcos de Castro – *A imprensa e o caos na ortografia*, p. 164).

A não ser(em) – A não ser que – A ser(em)

¶ Os autores em geral recomendam empregar a forma invariável da locução *a não ser* quando seguida de substantivo no plural, como sinônima das partículas de exclusão *salvo, exceto*:

Até agora não se tem nenhuma informação sobre a renúncia do secretário, a não ser (= exceto) boatos.
Nada restou do prédio, a não ser escombros.

Todos concordaram com a proposta do síndico, a não ser os críticos de sempre.

Todavia, os mesmos autores que aconselham o uso da forma invariável da locução *a não ser*, nas condições suprarreferidas, não condenam taxativamente a forma flexionada dela, com a concordância do verbo ser com o substantivo seguinte, na condição de sujeito da oração infinitiva, abonando-a inclusive com exemplos de autores respeitáveis, brasileiros e portugueses:

As dissipações não produzem nada, a não serem dívidas e desgostos. (Machado de Assis – *Contos fluminenses*)

¶ *A não ser que* é locução conjuntiva, sinônima de **a menos que**, **salvo se**, **exceto se**. Emprega-se para introduzir circunstância(s) em que determinado acontecimento não deverá ou poderá verificar-se:

Não aceitarei essa proposta, a não ser que me apresentem provas mais consistentes de sua vantagem.

Ele corre sério risco de ser preso, a não ser que pague imediatamente a fiança.

¶ *A ser(em)*, oração reduzida de infinitivo, pode ter o verbo invariável ou flexionado, em concordância com o sujeito:

A diretora expôs algumas das medidas a ser(em) tomadas pela escola.

O exequente poderá, em seu requerimento, indicar desde logo os bens a serem penhorados. (CPC, art. 475-J, § 3°)

O credor poderá, na inicial da petição, indicar os bens a serem penhorados. (CPC, art. 652, § 2°)

Para instruir a inicial, o interessado poderá requerer às autoridades competentes as certidões e informações que julgar necessárias, a serem fornecidas no prazo de 15 (quinze) dias. (Lei n. 7.347, de 24-7-1985, art. 8°).

Ao despachar a inicial, o juiz fixará, de plano, os honorários advocatícios de dez por cento, a serem pagos pelo executado. (Projeto de CPC, art. 784).

Do mandado de citação constarão, também, a ordem de penhora e a avaliação a serem cumpridas pelo oficial de justiça, [...] (Projeto de CPC, art. 786, § 2°)

Nos documentos normativos, evidencia-se a preferência pela forma flexionada do verbo **ser** da oração reduzida de infinitivo.

Ancilar

¶ *Ancilar* é adjetivo derivado do substantivo latino **ancilla** (serva, escrava, criada), tendo o significado de *servil; próprio de servo, escravo, criado*, em consonância com o significado do vocábulo de origem.

Por extensão, tem as acepções de *auxiliar, acessório, suplementar* (como antônimo de principal), com as quais aparece em locuções tais como:

ciência ancilar, disciplina ancilar, procedimento ancilar, serviço(s) ancilar(es), terapia ancilar, etc. Assim, por exemplo, na área da radiodifusão, as estações retransmissoras e repetidoras constituem serviços ancilares em relação ao serviço principal, isto é, o da emissora de televisão.

Também existe o advérbio **ancilarmente**:

[...], mas são pouquíssimos os textos que chegam às redações em francês, hoje, e o que o brasileiro atual gosta mesmo de imitar ancilarmente [servilmente] *é o inglês.* (Marcos de Castro. *A imprensa e o caos da ortografia*, p. 111).

Desse modo, o caráter transdisciplinar aparece no relacionamento da Terminologia, tanto com as áreas especializadas, como com as áreas formais, posto que [sic] *todas elas se comportam como ancilares dos processos terminológicos e, ao mesmo tempo, como usuárias de seus produtos* (Ana Maria Becker Maciel. Para o reconhecimento da especificidade do termo jurídico. UFRGS, Instituto de Letras, Tese de Doutorado em Estudos da Linguagem, Porto Alegre, agosto de 2001, p. 38)

De uns tempos para cá, o adjetivo *ancilar* tem aparecido associado aos substantivos autarquia ou ente – *autarquia ancilar, ente ancilar* –, pretendendo-se, ao que parece, significar, com essas expressões, o Instituto de Previdência Social. Mas, pergunta-se: o que o adjetivo *ancilar* tem a ver com essa entidade? Seria ela uma instituição dirigida às escravas, às servas, aos criados?

Lembra-se, por oportuno, que o adjetivo *ancilar* não tem nenhum parentesco semântico com o termo *ancião*. Este, com efeito, deriva (provavelmente) do latim medieval **anteanus** (ou **antianus**, segundo outros), significando *aquele que vem antes*; e daí: *pessoa de idade avançada, velho*. Ocorre que, de *ancião*, é impossível derivar o adjetivo *ancilar*. Há um abismo intransponível entre os dois termos. Resta, pois, insistir na pergunta: o que seria uma *autarquia*, ou um *ente ancilar*? No máximo, uma autarquia, um ente dirigido a servos e servas, a escravos e escravas, a criados e criadas, com semântica evidentemente pejorativa.

Anexo – Em anexo – Anexado

¶ *Anexo*, como adjetivo, concorda em gênero e número com o substantivo a que se refere:

Anexas, seguem as fichas de inscrição.

Encaminho-lhe, anexos, os documentos que devem ser preenchidos.

Anexa ao ofício, enviamos-lhe cópia do atestado.

¶ *Em anexo* é locução adverbial e, como tal, é invariável:

Encaminho-lhe, em anexo, o resultado dos exames.

1. *Em anexo* é locução absoluta, *i. e.*, não pode ser acompanhada de complemento preposicionado: Escreva, pois: *Em anexo, encaminho-lhe as informações solicitadas*; e não '*Em anexo ao ofício*', *encaminho-lhe as informações solicitadas*.

2. Ainda no presente século, há pessoas "ensinando" que a expressão *em anexo* é incorreta, condenada, etc. De dez obras consultadas, sete desdizem essa "lição".

¶ *Anexado* é o particípio do verbo *anexar*:
As fotografias foram anexadas aos autos do processo.

A nível (de) = em / no / ao nível (de) (impropriedade)

¶ **A nível (de)** é cópia do castelhano **a nivel**, em expressões como **paso a nivel, arco a nivel**, etc.

Em bom português diz-se **em nível (de)**, **no nível (de)** (pouco usual), **ao nível (de)**, de acordo com o sentido da frase.

O ensino profissional será ministrado em nível [grau] *de iniciação ou de aperfeiçoamento.* (Lei n. 7.210, de 11-7-1984, art. 19).

Os serviços públicos devem ser prestados em nível [grau] *de excelência.*

Em nível [na esfera, no âmbito] *estadual, não existe lei que discipline a matéria.*

Em nível político [na instância política], *será difícil chegar ao consenso.*

Houve algumas realizações de vulto em nível local [no âmbito, na esfera local].

A decisão fica em nível de departamento [é da alçada dos departamentos, cabe aos departamentos, é da competência dos departamentos, etc.].

Aquela rua está ao nível [na mesma altura, no mesmo plano que] *do mar.*

Seu caráter está ao nível [à altura] *do seu gênio.*

Sua maior preocupação é manter-se sociofinanceiramente ao nível [à altura de] *de seus colegas de trabalho.*

Essas crenças deixaram de estar ao nível [à altura] *da inteligência humana.*

O soluço é um sinal clínico traduzido por um ruído ao nível [à altura] *da glote, que vibra em se fechando à passagem do ar expirado bruscamente.* (W. Santos. *Corinto*)

1. O impróprio **a nível de**, mesmo substituído pelo vernáculo **em nível de**, quando empregado a torto e a direito, revela indigência verbal ou, no mínimo, subserviência a um modismo endêmico. Como, a propósito, disse Celso Pedro Luft, em um de seus sempre brilhantes *No mundo das palavras* (*Correio do Povo*, Porto Alegre, RS): *A variada potencialidade do idioma reduz-se a um miserável cacoete.*

2. No português de Portugal, o emprego da forma **a nível** parece não sofrer restrições. Tanto que o *Dicionário da língua portuguesa contemporânea*, de autoria da Academia das Ciências de Lisboa – entidade correspondente à nossa Academia Brasileira de

Letras –, registra, entre outras, as seguintes locuções adverbiais: **a nível internacional**, **a nível interno**, **a nível local**. A locução prepositiva (terminada pela preposição **de**), todavia, vem registrada com o artigo definido **o** aglutinado à preposição **de**: **ao nível de**: *A janela aberta ao nível* [à mesma altura, à altura de] *do pavimento está provida de uma escada.*

Ante – Anti

¶ O prefixo *ante* traduz ideia de **anterioridade**, **antes**: *antecontrato* (pré-contrato), *antedata* (data falsa, anterior à verdadeira), *antedatar*, *antenome* (prenome), *antenupcial* (pacto, por exemplo), *anteprojeto*, *anterrosto*, *antessala*, etc.

¶ O prefixo *anti* contém ideia de *contra, contrário, oposição*: *antiaéreo, antiético, anti-inflacionário, antijuridicidade* (ilegalidade), *anti-higiênico, antipreclusivo* (protesto, por exemplo), *antirreformista, antissocial, antitruste* (adjetivo invariável: leis *antitruste*), etc.

Anverso (facies) *– Verso* (tergum)

¶ *Anverso* é a parte anterior de um título ou documento, também denominada frente, rosto ou, em latim, **facies**.
Para a validade do aceite é suficiente a simples assinatura do próprio punho do sacado ou do mandatário especial, no anverso da letra. (Decreto n. 2.044, de 31-12-1908, art. 11)

¶ *Verso* é a parte posterior de um título ou documento. Também se denomina **reverso** ou, em latim, **tergum** (costas, dorso, lombo; face posterior das coisas).
[...] Para a validade do endosso, é suficiente a simples assinatura do próprio punho do endossador ou do mandatário especial, no verso da letra. (Dec. n. 2.044, de 31-12-1908, art. 8º)
Os dois lados do título [letra de câmbio] *têm destinação legal. Na parte anterior,* facies, anverso, *escreve-se o contexto da letra e se lança o aceite. Na parte posterior,* tergum, *portam-se os endossos.* (Pontes de Miranda – *Tratado de direito privado*, t. XX-XIV, p. 110)

Denomina-se **opistógrafo** o documento ou papel escrito ou impresso nos dois lados.

Ao alvedrio de – Ao arrepio de

¶ *Ao alvedrio de* é locução prepositiva e tem o significado de: à vontade de, ao arbítrio de. Tem por núcleo o substantivo **alvedrio**, que significa: vontade sem constrangimento externo; arbítrio. No Direito Civil, tem a acepção de: vontade livre manifestada sem nenhum constrangimento externo. Origina-se do substantivo neutro latino **arbitrium, -i**, que tem as acepções de: julgamento, juízo, parecer; poder de decidir, decisão; vontade. Como se observa, o termo passou por algumas transformações em sua passagem ao português.

O fato de um bem estar na categoria de dominical não significa, entretanto, que só por isto seja alienável ao alvedrio da Administração, [...] Celso Antônio Bandeira de Mello. *Curso de direito administrativo.* 20ª ed., São Paulo: Malheiros Editores, 2006, p. 861)

Trata-se de matéria relevante, razão por que qualquer decisão a respeito dela não pode ficar ao alvedrio de pessoas descomprometidas com os interesses da classe.

Por ser ele o único e legítimo dono da fortuna, pode usá-la a seu inteiro alvedrio.

Deixo ao alvedrio de cada leitor pontuar o período à medida do seu pasmo. (Camilo Castelo Branco).

Cada um é dono de seu tempo, podendo usá-lo a seu inteiro alvedrio.

¶ *Ao arrepio de* é locução prepositiva, com o significado de: ao revés de, ao contrário de, contra. O núcleo da locução é o substantivo **arrepio**, com as acepções de: calafrio, estremecimento; direção inversa da que costuma ter o cabelo, o pelo, etc. O substantivo origina-se, por derivação regressiva, ou deverbal, do verbo **arrepiar**: levantar, encrespar (o cabelo); fazer tremer, enrugar. **Arrepiar** forma-se do verbo latino **horripilare**, ou **horripilari (de horrere** [estar eriçado, arrepiado] **+ pilus** [pelo, cabelo]), que significa ter os cabelos em pé, arrepiados, eriçados.

Em situações extremas, muitas vezes agimos ao arrepio do bom-senso.

O Presidente tomou a medida ao arrepio da lei.

Essas despesas foram realizadas ao arrepio dos critérios previstos na LC n. 101, de 4 de maio de 2000. (Lei de Responsabilidade Fiscal)

Ainda que ao arrepio das insistentes súplicas de seus pais, cedo o rapaz abandonou os estudos para envolver-se em negócios escusos.

Os termos **livre-alvedrio** e **livre-arbítrio** (ambos constantes no VOLP/09, p. 505) são sinônimos.

Ao encontro de – De encontro a

¶ *Ao encontro de* traduz ideia favorável, valendo por: no sentido de, para junto de, a favor de, em benefício de:

O deputado, assim que desceu do avião, foi ao encontro de seus eleitores.

Essas medidas vêm ao encontro das aspirações do povo (= satisfazem, favorecem).

A decisão de liberar a divulgação das pesquisas eleitorais vem ao encontro dos que querem a liberdade de imprensa.

Levantou-se, foi ao encontro do amigo e saudou-o alegremente.

A crise econômica não facilita a adoção de medidas capazes de vir ao encontro das necessidades de nosso povo.

¶ *De encontro a* significa: contra, em desfavor de, em prejuízo de:

O automóvel foi de encontro a um poste (= chocou-se com...)

Essas medidas vêm de encontro às aspirações do povo (= contrariam, desfavorecem).

Ao fim e ao cabo

¶ *Ao fim e ao cabo* é locução de origem espanhola – **al fin y al cabo** –, mas já de longa data é usual em português, frequentando os textos de escritores de primeira linha.

Aparece nas acepções de: por fim, afinal, ao termo, finalmente, consideradas todas as circunstâncias, vistas e ponderadas todas as razões; na realidade, em conclusão:

Tais atitudes, ao fim e ao cabo, retratam a postura ética desses representantes do povo.

Ao fim e ao cabo, todos se puseram de acordo.

Ao fim e ao cabo, quem perdeu com isso foi, mais uma vez, a classe dos empregados.

A impressão é que a escola quer formar escritores (escreventes, quando mais não seja), e ao fim e ao cabo nem sabe orientar a fala, que é o que todos precisam no dia a dia. (Celso Pedro Lutf – Mundo das palavras – 3.834, Correio do Povo, ed. de 27-9-83, p. 20, Porto Alegre-RS).

Ao fim e ao cabo há um sentido de justiça nas consciências. (Miguel Torga – A criação do mundo)

A rigor, trata-se de locução pleonástica, porquanto *ao fim* significa o mesmo que *ao cabo*. Justifica-se, todavia, pela sua especial carga enfática.

Ao invés de – Em vez de

¶ *Ao invés de* significa ao contrário de; exprime, pois, oposição, antítese:

Quando, por acidente ou erro no uso dos meios de execução, o agente, ao invés de atingir a pessoa que pretendia ofender, atinge pessoa diversa, responde como se tivesse praticado o crime contra aquela, [...] (CP, art. 73)

Não é possível analisar um problema novo valendo-se de uma metodologia antiga, assim como não se pode empregar os antigos conceitos jurídicos para explicar os novos fenômenos. Essa opção metodológica tem o grave defeito de, ao invés de elucidar os problemas, turvá-los, [...] (José Miguel Garcia Medina – *Execução civil*)

Quando facultativa a revogação [da pena], o juiz pode, ao invés de decretá-la, prorrogar o período de prova até o máximo, se este não foi fixado. (CP, art. 81, § 3º)

Enfim, com o processo eletrônico, ao invés de o jurisdicionado ir até a Justiça, é esta que pode ir até onde o cidadão está. (Juiz Federal Sérgio Renato Tejada Garcia).

Ao invés de punir o infrator, recompensou-o.

O mau professor, ao invés de estimular os alunos, desencoraja-os.

¶ **Em vez de** significa em lugar de; indica, pois, escolha, opção:

É preferível aperfeiçoar em vez de reformar o ensino.

Em vez de acompanhar os pais numa excursão pela Europa, resolveu frequentar um curso de atualização em linguagem jurídica.

Do cruzamento entre *ao invés de* e *em vez de* surgiu a forma **ao em vez de**, deturpação decorrente de lamentável equívoco, devendo, por isso, ser rigorosamente evitada.

Ao mesmo tempo que

¶ *Ao mesmo tempo que* é locução adverbial temporal (tempo simultâneo). Escreve-se, consoante a lição de conceituados gramáticos (Cegalla, Bechara e outros), sem a anteposição da preposição **em** ao **que**.

Ao mesmo tempo que criticava a falta de educação dos motoristas no trânsito, estacionava seu carro em vagas reservadas a idosos e mulheres grávidas.

1. A preposição **em** é correta nas expressões **no tempo (na época) em que** e **desde o tempo (a época) em que**. *No tempo em que não havia televisão, os cinemas andavam superlotados, principalmente nos fins de semana. Desde o tempo em que começou a trabalhar na empresa, não teve sequer uma falta não justificada.*

2. São usuais e irrepreensíveis as locuções adverbiais de tempo não introduzidas pela preposição inicial **em**, em frases como estas: *Semana passada fui duas vezes a São Paulo. Sexta feira próxima o expediente das repartições públicas terminará ao meio-dia.*

Aonde – Onde – Donde

Modernamente, no idioma culto padrão, assim se empregam as formas *aonde*, *onde* e *donde*:

¶ **Aonde** emprega-se com verbos de *movimento para um lugar* e significa: a que lugar, para que lugar; a ou para o qual (como pronome relativo):

Aonde vais? (**Quo vadis**?, em latim).

A cidade aonde iremos tem ótimos hotéis.

Já compreendi aonde eles querem chegar.

Vá aonde quiser, mas fique morando conosco. (Machado de Assis – *Dom Casmurro*, p. 812)

E votar é um pouco como dirigir, você precisa enxergar aonde quer ir. (Luís Fernando Veríssimo, *Veja* n. 950, 19-11-1986, p. 27)

Não importa de onde vim, mas, sim, aonde quero chegar. (Eduardo Galeano)

A polícia já descobriu o lugar aonde eram levadas as vítimas de sequestro.

¶ **Onde** emprega-se com verbos de *permanência, estabilidade, lugar fixo*, e significa: em que lugar; em que ou no qual (como pronome relativo); o lugar em que:

A rua onde morávamos não era calçada.

Quero morrer onde nasci.

Onde há fumaça, há fogo.

Neste parágrafo, num mesmo período, Carlos Drummond de Andrade empregou, em sequência, *aonde* e *onde*:

Pediram-me que definisse o Arpoador. É aquele lugar dentro da Guanabara e fora do mundo, aonde não vamos quase nunca, e onde desejaríamos (obscuramente) viver. (A Contemplação do Arpoador, em *Cadeira de balanço*, p. 93)

1. *Onde* tem valor **locativo** (significa em que lugar). Devem-se, pois, evitar construções como:

No momento atual, **onde** as ameaças começam a concretizar-se, [...]

Estive num encontro de advogados, **onde** se discutiram as novas tendências da [...]

As relações humanas devem pautar-se pelas ações comunicativas, **onde** o outro é visto como um fim em si mesmo.

Nesses casos, **onde** deve ser substituído por **em que**, **no qual**, **na qual**, **nos quais**, **nas quais**.

No momento atual, **em que** *as ameaças começam a concretizar-se, [...]*

Estive num encontro de advogados, **em que** (**no qual**) *se discutiram as novas tendências da [...]*

As relações humanas devem pautar-se pelas ações comunicativas, **nas quais** *o outro é visto como um fim em si mesmo, e não como simples meio.*

2. Na indicação de movimento, ao advérbio *aonde* está associada a ideia de voltar logo; e à preposição **para**, no caso, a intenção de demorar, de permanecer.

¶ **Donde** emprega-se com verbos de *movimento de um lugar* (procedência, origem) e significa: de que lugar (como pronome relativo). Equivale, pois, a **de onde**:

Quero saber donde procede a queixa.
Donde vêm todas essas pessoas?

Também se emprega *donde* em sentido figurado, indicando motivo ou origem, conclusão ou consequência:

Tinha sido excluído da equipe, donde [motivo, origem] *sua profunda amargura.*
Ele não veio, donde se conclui que algo lhe aconteceu [conclusão].
É jurista de renome, donde sua indicação para o cargo de ministro [consequência].

No exemplo acima, **donde** pode ser substituído por **daí**: *É jurista de renome; daí sua indicação para o cargo de ministro.*

Aos costumes

¶ **Aos costumes** é locução empregada em processo – quer civil, quer criminal – para indicar as perguntas que o juiz, antes de inquirir a testemunha ou qualquer pessoa que vai ser interrogada em Juízo, faz a esta a fim de verificar se há, ou não, algum impedimento do depoente, por motivo de relações de parentesco, amizade íntima ou animosidade que porventura tenha para com a pessoa a cujo respeito vai depor ou prestar declarações (cf. o art. 415, *caput* e parágrafo único, do CPC, e o art. 210, *caput* e parágrafo único, do CPP).

A locução originária era **às perguntas de costume**, da qual *aos costumes* constitui corruptela.

A frase *Aos costumes, disse nada,* consignada pelo escrivão no termo, significa que, interpelado sobre seu relacionamento com qualquer das partes no processo, o depoente respondeu negativamente *às perguntas de costume,* não havendo, assim, impedimento em depor.

A palácio – Em palácio

¶ Desacompanhada de artigo, a palavra **palácio** significa sede do governo.
Amanhã cedo irei a palácio.
Estive em palácio esta manhã.

¶ Se a palavra **palácio** for acompanhada de adjunto (determinativo), aparecerá o artigo.
Estiveram no palácio do Governador.
Estavam-se dirigindo ao palácio municipal.

O edifício onde se reúne a Câmara Municipal também recebe a denominação de **paço municipal**.
Hoje à tarde iremos ao Palácio da Alvorada.

A par – Ao par

¶ *A par* significa: ciente, informado; ao lado, junto; lado a lado; além de, ao mesmo tempo, simultaneamente; igual em quantidade, em merecimento ou adiantamento:

Como lê jornais e revistas, está a par do que ocorre no mundo.

Na sua alma viviam a par os dois amores.

O corpo docente deverá, a par da indispensável preparação pedagógica, ter boa experiência profissional.

Esta arte, meu amigo, é velha e nova; há nela, a par do imenso antigo, algo também moderno. (Antônio Feliciano de Castilho)

A lei nova, que estabeleça disposições gerais ou especiais a par das já existentes, não revoga nem modifica a lei anterior. (Lei de Introdução às Normas do Direito Brasileiro,[1] art. 2°, § 2°).

[1] Nova denominação (dada pela ementa da Lei n. 12.376, de 30-12-2010) da Lei de Introdução ao Código Civil (LINDB).

É permitido estipular no contrato dotal: [...]; II – que, a par dos bens dotais, haja outros, submetidos a regimes diversos. (CC/1916, art. 287, II)

¶ *Ao par* diz-se das ações ou quaisquer outros papéis de crédito, quando seu valor nominal é o mesmo da sua cotação pelo câmbio do dia; diz-se também do câmbio, quando é igual entre dois ou mais países.

À parte – Aparte

¶ *À parte* é locução preposicional, com função adjetiva ou adverbial.

Função adjetiva: conversas à parte; encontros à parte; escrúpulos à parte; modéstia à parte; etc.

Chamou-o para uma conversa à parte (uma conversa particular, confidencial).

Função adverbial: discutir à parte; trabalhar à parte; conversar à parte; etc.

Chamei-o à parte e informei-o do porquê de minha desistência do cargo que me oferecera.

À parte os [além dos] *danos materiais, o acidente não teve consequências graves.*

¶ *Aparte* é substantivo masculino, derivado da locução *à parte*.

O orador avisou que não concederia apartes.

Em aparte inflamado, o deputado oposicionista manifestou seu repúdio às insinuações que, da tribuna, se lançavam contra sua pessoa e seu partido.

São usuais as locuções **da** (ou **por**) **parte de alguém**: por ordem ou mando de; em nome de; e **de** (ou **por**) **minha parte**: pelo que me diz respeito; pelo que me toca, da (ou pela) parte que me toca.

A partir de = com base em (impropriedade)

¶ *A partir de* deve usar-se, preferentemente, em sentido **temporal**.

A partir de hoje, considero-me desvinculado da associação.

A partir desse momento, toda a Itália passou a formar um só Estado.

A cobrança do imposto entrará em vigor a partir do início do próximo ano.

A partir de 1º de agosto, a lista dos aprovados estará disponível no sítio do Tribunal de Contas do Estado.

Evite-se, portanto, o uso de *a partir de* com o sentido de **com base em**, preferindo-se esta última expressão e outras equivalentes, tais como: considerando, baseando-se em, fundando-se em, valendo-se de, tomando(-se) por base, etc.

A pedido – Apedido

¶ *A pedido* é locução preposicional, com a significação de: por pedido, mediante pedido.

A pedido de amigos, resolveu ingressar na política partidária.

Todos os sábados, a emissora transmite música clássica a pedido (i. é, *a pedido* de ouvintes).

¶ *Apedido* é substantivo, derivado da locução *a pedido*.

O apedido dos pais da vítima saiu em todos os jornais da Capital.

Os grevistas justificaram sua decisão num apedido veiculado em todos os grandes jornais do Brasil.

Apenação – Apenamento

¶ *Apenação*, ou *apenamento*, tem as acepções de: sanção prevista pela norma penal que deve ser aplicada em caso de sua violação ou pela prática de delito nela consignado (Direito Penal); ou aplicação, pelo Judiciário, de pena prevista na norma penal, em razão da ocorrência de sua violação (Direito Processual Penal).

O VOLP/99 registra apenas a forma *apenação*, que tem, portanto, a chancela da Academia Brasileira de Letras.

O DJ/98 e o DJ/04 registram, ambos, a forma *apenação*. O Borba/02 traz a forma *apenamento*.

Nas obras de doutrina e nos repertórios de jurisprudência, as duas formas se fazem presentes, mais ou menos com igual frequência.

Ocorre que os sufixos de ambas as formas – **-ação**, de apenação, **-mento**, de apenamento – indicam **ação** ou **resultado de ação**. Assim, sob o aspecto de sua formação, os dois termos são inteiramente corretos. A única vantagem que, de certo modo, leva a forma *apenação* é a de que, entre os clássicos, as palavras com o sufixo **-ação** eram preferidas àquelas com o sufixo **-mento**. Foi certamente por isso que mereceu a preferência da Academia Brasileira de Letras.

1. O VOLP/09 registra os termos **apenado** (adj. e s. m.), **apenar** (v.) e **apenável** (adj. 2g.). Não constam nele os termos *apenação* (presente na edição de 1999) e *apenamento*.

2. Acerca dos verbos **apenar** e **penalizar** (sobre a possibilidade de emprego deste na acepção daquele), confira a obra O *verbo na linguagem jurídica – acepções e regimes* (Livraria do Advogado Editora, PA/RS), de Adalberto J. Kaspary, nos verbetes respectivos.

Apenso – Em apenso – Apensado

¶ *Apenso*, como adjetivo, concorda em gênero e número com o substantivo a que se refere:

Os documentos ficam apensos aos autos até decisão final.

As informações apensas esclarecem alguns pontos obscuros dos autos do processo.

¶ *Em apenso*[1] é locução adverbial. É, pois, invariável.

A contestação e a reconvenção serão oferecidas simultaneamente, em peças autônomas; a exceção será processada em apenso aos autos principais. (CPC, art. 299)

Depois de encerrada a instrução, o incidente de falsidade correrá em apenso aos autos principais. (CPC, art. 393)

¶ *Apensado* é o particípio do verbo **apensar**:[2]

Os autos do procedimento cautelar serão apensados aos do processo principal. (CPC, art. 809)

[1] Quanto à legitimidade do emprego da locução *em apenso*, vale, *mutatis mutandis*, a observação constante no final do verbete *Anexo – Em anexo – Anexado*, cuja consulta recomendo.

[2] Sobre o significado técnico-processual do verbo **apensar** e seus cognatos (apenso, apensação [ou apensamento], em apenso), confira o verbete respectivo (**Apensar**) no livro: O *verbo na linguagem jurídica – acepções e regimes*, de Adalberto J. Kaspary, identificado na bibliografia da presente obra.

Confira o verbete *Juntar por linha – Junto por linha*.

A ponto de

¶ *A ponto de* é locução prepositiva e tem as acepções de: prestes a, próximo a, quase a, na iminência de (proximidade de ação); em perigo de; chegando mesmo a, chegando até a. Vem sempre seguida de infinitivo:

Era rigoroso a ponto de [chegando mesmo a] *repreender publicamente seus assessores.*

Com mais essas denúncias, o ministro está a ponto de cair.

Todos notavam aflitos que o professor estava a ponto de [prestes a] *perder a paciência.*

Era um trabalhador incansável, a ponto de se esquecer das horas das refeições.

Descontente com o tratamento recebido pelos superiores, chegou a (ponto de) pôr seu cargo à disposição.

No último exemplo, a locução prepositiva *a ponto de* tem função expletiva enfática, com valor equivalente à simples preposição **a.**

É bem verdade que não podemos ser tolerantes a (tal) ponto de abrirmos mão de princípios fundamentais.

No exemplo acima, a locução *a ponto de* pode ser reforçada pelo pronome **tal**.

Conquanto a maioria dos autores (gramáticos, dicionaristas, etc.) somente registrem a forma *a ponto de*, e alguns mesmo tachem de errônea a variante **ao ponto de** – nas acepções suprarreferidas (chegando até ao estado de, quase, prestes a, disposto a, etc.) –, esta é registrada e abonada em dicionários autorizados, como, por exemplo, o *Grande e novíssimo dicionário da língua portuguesa,* de Laudelino Freire (volume I, p. 620), que traz um exemplo de Rui Barbosa (forma **ao ponto de**): *exagerando os direitos dos governados, ao ponto de suprimir os dos governantes*; e outro de Latino Coelho (forma *a ponto de*): *Na presença de uma guerra, de uma invasão, de uma conquista do território está a ponto de perder-se.* Também registra as duas formas o *Dicionário estrutural, estilístico e sintáctico da língua portuguesa,* de Énio Ramalho, com estes exemplos, entre outros: (forma *a ponto de*, p. 527) *o homem estava a ponto de* (prestes a, disposto a, quase) *confessar tudo, quando a porta foi arrombada e entraram dois agentes armados*; (forma **ao ponto de**, p. 528) *ele levou seu escrúpulo ao ponto de* (chegando mesmo a) *verificar o estado de todos os utensílios antes de os utilizar na confecção dos alimentos*; (idem, p. 528) *o seu atrevimento chegou ao ponto de exigir explicações ao chefe por este se ter ausentado uns dias.*

Aposentação – Desaposentação – Aposentadoria

Conquanto os dicionários brasileiros registrem os termos *aposentação* e *aposentadoria* como sinônimos, eles, na verdade, têm significados diferentes:

¶ *Aposentação* designa, especificamente, o ato de aposentar ou aposentar-se. É a forma usual no linguajar jurídico de Portugal, também usada por Rui Barbosa em seus *Trabalhos Jurídicos*. Aplica-se também à remuneração paga ao trabalhador ou servidor aposentado.

¶ Nos textos trabalhistas e previdenciários, doutrinários ou jurisprudenciais, criou raízes o neologismo **desaposentação**. Trata-se, em síntese, do ato de renunciar ao atual benefício com o objetivo de obter um novo, em condições mais favoráveis, no mesmo ou em outro regime previdenciário.

¶ *Aposentadoria* é o termo mais usual, no Brasil, para designar o estado de quem se aposentou, por atingimento da idade regulamentar; por doença; ou por incapacidade física. Aplica-se também, por metonímia,[1] à remuneração paga mensalmente àquele que se aposentou.

[1] Substituição de uma palavra ou expressão por outra, por haver entre elas uma relação lógico-semântica: copo por bebida; Jorge Amado por obra(s) de Jorge Amado; (o) Piratini por (o) governo gaúcho; etc.

A princípio – Em princípio

¶ *A princípio* significa no começo, no início.

A princípio ninguém esperava muito da sua ação como político, mas ele acabou por se revelar um chefe excepcional.

A princípio não quisemos acreditar na história, mas bem cedo verificamos que ele tinha razão.

[...] as lembranças afluíam, a princípio, vagas, depois precisas, exatas, [...] (Inglês de Sousa – O missionário, p. 15)

A princípio, todos rodearam o leito; mas, com a dilatação da agonia, o pessoal foi-se espalhando pela casa. (Carlos Heitor Cony – FSP, 23-9-1993, Cad. 1, p. 2).

¶ *Em princípio* significa antes de qualquer consideração, antes de tudo, antes de mais nada, em tese, sem entrar em pormenores.

A lei, em princípio, é constituída por dois elementos fundamentais: conceito e forma. (De Plácido e Silva. VJ/07, p. 827)

Em princípio, devem ser observados os regramentos frutos de negociação coletiva, em observância ao princípio da autonomia das vontades coletivas. (RETRT-4ª n. 63, p. 36 – excerto de ementa).

Em princípio, a solução parece adequada ao caso.

Os grevistas aceitaram, em princípio, a proposta da direção da empresa.

Daí por que, em princípio, aceito a denúncia como apta em relação aos dois sócios. (TARGS – Julgados n. 81, p. 20)

Aquele – Este

¶ Quando, num contexto, se faz referência discriminada a duas pessoas ou coisas já mencionadas, *este* indica a citada por último, e *aquele* representa a referida em primeiro lugar.

A mulher é mais tolhida socialmente do que o homem. A este se permitem direitos que se negam àquela.

Sempre haverá distância entre fala e escrita. Espontânea aquela, calculada esta. (Celso Pedro Luft)

Agradam-nos o futuro e o passado: aquele pela expectativa, este pela lembrança. (Sêneca)

Se o testador cometer designadamente a certos herdeiros a execução dos legados, por estes só aqueles responderão. (CC/1916, art. 1.703)

Se, porém, a pessoa natural tiver diversas residências onde alternadamente viva, ou vários centros de ocupações habituais, considerar-se-á domicílio seu qualquer destes ou daquelas. (CC/1916, art. 32)

Não se admitem, nos atos e termos, espaços em branco, bem como entrelinhas, emendas ou rasuras, salvo se aqueles forem inutilizados e estas expressamente ressalvadas. (CPC, art. 171).

[...] No caso de aplicação cumulativa de penas de reclusão e de detenção, executa-se primeiro aquela [a pena de reclusão]. (CP, art. 69)

Preços de serviços públicos e taxas não se confundem, porque estas, diferentemente daqueles, são compulsórias e têm sua cobrança condicionada a prévia autorização orçamentária, em relação à lei que as instituiu. (Súmula n. 545 do STF).

Aquestos

¶ O substantivo *aquestos*, termo do Direito Civil, designa os bens que cada um dos cônjuges obtém, a qualquer título, na vigência da sociedade conjugal, e que entram na comunhão, quando esta é do regime e desde que não haja cláusula expressa em contrário, em pacto antenupcial. Por extensão, aplica-se também aos bens adquiridos pelos companheiros durante a união estável.

O termo *aquestos* forma-se do prefixo latino **ad-** (ideia de finalidade, destinação) + o substantivo, também latino, **quaestus** (ganho, lucro, proveito). Na base de **ad- + quaestus** está o verbo **acquirere** (formado de **ad- + quaerere**), que significa: (a)juntar a uma coisa que já se possui; aumentar o capital; juntar dinheiro; adquirir; enriquecer.

O CC/1916 não empregou o termo *aquestos* no título sobre o regime dos bens entre os cônjuges. Já no CC/2002, o termo aparece no Capítulo V do Livro IV, Título II, Subtítulo I, e nos artigos 1.672, 1.674, 1.675 e 1.683.

O VOLP/09 registra a forma *aquesto*, sem indicação de pronúncia do **u**, o que significa que este é mudo. Registra também a variante **adquisto** (pouco usual atualmente).

Como adjetivo, *aquestos* aparece na expressão **bens aquestos**, com o mesmo significado suprarreferido.

A quo – Ad quem

¶ A locução adverbial *a quo* tem por núcleo o ablativo singular masculino ou neutro – **quo** – do pronome relativo **qui** (masc.), **quae** (fem.), **quod** (neutro) desse pronome, regido pela preposição **a**. Contém a ideia de origem, procedência, indicada pelas palavras ou expressões: de, de quem, desde, do qual, desde o qual, etc.

Tem por antecedente; a) o substantivo latino masculino subentendido **iudex, -icis**, com o significado de: o que profere a fórmula da justiça; o que ou a que julga; juiz e, por extensão, tribunal, juízo; b): o substantivo latino masculino subentendido **terminus, -i**, que significa: termo, limite; ou, ainda, c): o substantivo latino masculino (predominante) e feminino subentendido **dies, -ei**: dia, espaço de tempo desde o amanhecer até o pôr do sol, e espaço de vinte e quatro horas, de meia-noite a meia-noite.

Juízo *a quo* é aquele do qual se recorre; **dies a quo** é o dia inicial de um prazo; **terminus a quo** é o limite desde o qual.

¶ A locução adverbial *ad quem* compõe-se do pronome relativo **quem**, forma do acusativo singular masculino do pronome relativo **qui** (masc.), **quae** (fem.), **quod** (neutro), regido pela preposição **ad**, com o sentido de: para quem, para onde; termo final, Juízo para o qual se recorre.

Com o substantivo subentendido **judex**, identifica o juiz ou tribunal para quem se recorre de despacho ou decisão de juiz inferior.

Precedida do substantivo expresso ou subentendido **dies** ou **terminus**, designa o dia final ou termo final de um prazo relacionado com o processo; limite ou termo final em que vencem os direitos e se extinguem os efeitos dos negócios jurídicos.

Recorre-se do juízo inferior para o juízo superior.

São usuais na linguagem jurídico-forense os seguintes brocardos relacionados ao tema do verbete:

Dies a quo non computatur in termino – O dia de início não se computa no prazo.

Dies a quo non computatur in termino; dies termini computatur in termino – O dia do começo (do termo inicial) não é contado; conta-se, todavia, o dia (do termo) final (o termo final).

Em face das observações supraexpendidas – quanto aos substantivos antecedentes, expressos ou subjacentes às expressões *a quo* e *ad quem*, no que pertine aos respectivos gêneros – não cabem as locuções sentença, decisão **a qua** ou **ad quam** e quejandas. Tanto que não têm guarida nos dicionários de brocardos jurídico-forenses.

Arbitrariedade – Discricionariedade

¶ *Arbitrariedade* tem o sentido de: abuso de direito; ação, comportamento ou procedimento de alguém que age segundo a sua própria vontade, sem se sujeitar a regras ou leis. Caracteriza a atitude típica dos déspotas. Não se confunde com o termo **arbítrio**, que expressa a ideia de: decisão, deliberação ou resolução dependente apenas da própria vontade, não determinada por quaisquer normas, regras ou leis. Com esse sentido, ocorre frequentemente na locução prepositiva **a(o) arbítrio de**: à escolha de, ao critério de, à determinação de, ao sabor de, à vontade de, etc.

¶ *Discricionariedade* é a prerrogativa conferida a certa pessoa de direito público ou autoridade administrativa de agir, em determinada circunstância, com base tão somente na oportunidade e conveniência da medida. Assim, ato discricionário é aquele que *a Administração pratica com certa margem de 'avaliação' ou 'decisão' segundo critérios de conveniência e oportunidade formulados por ela mesma, 'ainda que adstrita à lei reguladora da expedição dele'*. (Celso Antônio Bandeira de Mello. *Curso de direito administrativo*. 20ª edição, São Paulo: Malheiros Editores, 2006, p. 401)

Há, pois, diferença entre *discricionariedade* e *arbitrariedade*: aquela é liberdade dentro da lei; esta, agressão à ordem jurídica. Na mesma linha técnico-semântica, distingue-se, portanto, o **poder discricionário** do **poder arbitrário**.

A respeito = a respeito de (impropriedade)

¶ Não é recomendável, por constituir anglicismo – expressão própria da língua inglesa –, o emprego de *a respeito* sem complemento, indeterminadamente, como locução adverbial.

Ele não disse nada a respeito.
Nada sei a respeito.

Prefira-se, portanto, a expressão acompanhada de adjunto adnominal (determinação demonstrativa: (**tal, esse**) ou seguida de complemento regido pela preposição **de**.

Nada nos dizem os velhos documentos a esse respeito. (Alexandre Herculano)

[...] assaz o demonstra a circunstância de não existir palavra minha a tal respeito. (Rui Barbosa)

O que sei a respeito desse assunto é o que está nos jornais de hoje.

Não se pretende dizer que a primeira expressão seja errada. É, isto sim, uma questão de qualidade.

Também existe, como variante (correta), a expressão **com respeito a**: *Com respeito a isso, nada lhe posso dizer.*

Arguente – Arguinte – Arguido

¶ *Arguente*, ou *arguinte*, é aquele que suscita uma arguição; aquele que argui, argumenta, inquire; a parte que argumenta contra a outra em uma demanda; que impugna ato ou alegação contrária.

Embora *arguente* seja a forma mais usual, inclusive, segundo alguns, a única correta, o VOLP/09 também registra a forma *arguinte*. *Arguente* origina-se do verbo latino **arguere**, ao passo que *arguinte* tem por base o nosso verbo **arguir**. Empregar uma ou outra forma, uma vez que ambas são corretas, é questão de gosto, de preferência.

O RISTF (art. 286) e o RISTJ (art. 279, *caput* e parágrafo único, e art. 282) apresentam a forma *arguente*, que também aparece no RITRF-4ªR de 2010 – art. 326 – e no CPCp – art. 1340°, por exemplo.

¶ *Arguido*, como substantivo, designa aquele contra quem se argui alguma coisa; réu. É também o particípio do verbo arguir, com as acepções de acusado (de), tachado (de); alegado; interrogado, inquirido.

Afirmado o impedimento ou a suspeição pelo arguído, ter-se-ão por nulos os atos por ele praticados. (RITRF-4ª de 2010, art. 324)

Não se fornecerá, salvo ao arguente [agente da ação de arguir] *e ao arguído* [paciente da ação de arguir], *certidão de qualquer peça do processo de suspeição* (RITRF-4ª de 2010, art. 326).

Quanto à flexão (completa) do verbo **arguir**, consulte: Adalberto J. Kaspary. *Nova ortografia integrada: o que continuou + o que mudou = como ficou.* 2. ed., Porto Alegre: Edita, 2013.

Arrependimento posterior

¶ Sob o título *Arrependimento posterior*, dispõe o art. 16 do Código Penal:

Nos crimes cometidos sem violência ou grave ameaça à pessoa, reparado o dano ou restituída a coisa, até o recebimento da denúncia ou da queixa, por ato voluntário do agente, a pena será reduzida de um a dois terços.

Aparentemente, a expressão *arrependimento posterior* é redundante, porquanto o arrependimento – a amarga pena que sentimos de haver cometido um delito ou erro, desejando ao mesmo tempo, sinceramente, repará-lo – só pode ser posterior, subsequente.

Todavia, há que analisar a expressão *Arrependimento posterior* em consonância com a expressão *Desistência e arrependimento eficaz*, que encima o texto do art. 15 do Código Penal:

O agente que, voluntariamente, desiste de prosseguir na execução ou impede que o resultado se produza, só responde pelos fatos já praticados.

Como se vê, o **arrependimento eficaz** ocorre se o agente desiste de prosseguir na ação criminosa ou impede que o resultado dela se consume, ao passo que o *arrependimento posterior* ocorre após o cometimento do crime, com a reparação do dano ou a restituição da coisa, até o recebimento da denúncia ou da queixa.

Arresto – Sequestro

¶ *Arresto*, no Direito Processual Civil, é a apreensão e depósito, por ordem judicial, de bens do devedor com a finalidade de garantir a execução da sentença que vier a reconhecer o direito do credor. Conforme disposto no CPC, art. 653, o *arresto*, que é efetivado pelo oficial de justiça, incide em tantos bens quantos bastem para garantir a execução.

O termo tem origem no verbo latino **arripere**, com o sentido de: agarrar, arrebatar, tomar, apossar-se de, apoderar-se de, lançar mão de, apreender; levar violentamente a juízo. **Arripere** compõe-se do prefixo **ad-** (ideia de hostilidade) + o verbo **rapere** (agarrar, arrebatar, tirar violentamente ou à força).

Denomina-se **arrestado** a pessoa contra quem se requereu o embargo ou a apreensão dos bens (o arresto); (como adjetivo, qualifica os bens apreendidos pelo arresto). **Arrestante** é aquele que requer o arresto. **Arrestando** é o bem que está prestes a ser arrestado.

¶ *Sequestro*, no Direito Processual Civil, é a apreensão da coisa litigiosa; incide, pois, sobre um bem determinado, o objeto do litígio, ao passo que o arresto incide sobre quaisquer bens do devedor.

O termo é formado, por derivação regressiva ou deverbal, do verbo **sequestrar**, que, por sua vez, é oriundo do verbo latino **sequestrare**: pôr em depósito, confiar a, depositar; apartar, separar, arredar, afastar.

1. No Direito Penal, *sequestro* é crime contra a liberdade pessoal consistente em privar alguém de sua liberdade de locomoção. É crime hediondo, conforme disposto na Lei n. 8.072, de 25-7-1990, art. 1º, inciso IV, com a redação dada Lei n. 8.930, de 1994 – *extorsão mediante sequestro e na forma qualificada*.

2. Damásio E. de Jesus (Direito Penal, v. 2, Parte Especial, 11. ed., São Paulo: Saraiva, 1988, p. 228), faz esta distinção entre *sequestro* e **cárcere privado**: naquele, *embora a vítima seja submetida à privação da faculdade de locomoção, tem maior liberdade de ir e vir* (todas as dependências de um imóvel, por exemplo); neste, *a vítima vê-se submetida à privação da liberdade* (trancafiada ou manietada) *num recinto fechado*. As duas figuras criminosas vêm tratadas no art. 148, *caput*, § 2º, I-V, e § 2º, do Código Penal.

As mais das vezes

¶ Não cabe o sinal da crase no **a[s]** da locução adverbial *as mais das vezes*.

Existem as variantes **o mais das vezes, no mais das vezes** e (a mais usual) **na maioria das vezes**.

E o pior é que as mais das vezes também fica em custas a alma, que se condena eternamente. (Padre Manuel Bernardes)

Só se sabe quem ganhou depois que o jogo acaba. Antes, tudo está sujeito a fatores no mais das vezes imprevisíveis. (João Ubaldo Ribeiro – *Política*)

Astreinte

¶ *Astreinte* é substantivo francês e tem, na linguagem jurídica, a acepção de: medida coercitiva mediante a qual o juiz pode obrigar o devedor recalcitrante a pagar determinada soma por dia de demora no adimplemento de uma obrigação de fazer ou não fazer. *Consiste numa condenação acessória, na qual o juiz fixa determinada multa que o executado deve pagar por dia de atraso no cumprimento da obrigação principal.* (Orlando Gomes – *Obrigações*, p. 203)

Trata-se de instituto de construção jurisprudencial francesa que inspirou sanção pecuniária compulsória, introduzida no Direito português (art. 809º-A do CCp) e também no Direito Brasileiro.

Segundo o artigo 645, *caput*, do CPC, *Na execução de obrigação de fazer ou não fazer, o juiz, ao despachar a inicial, fixará multa por dia de atraso no cumprimento da obrigação e a data a partir da qual será devida* (redação determinada pela Lei n. 8.953, de 13-12-1994).

O termo *astreinte* forma-se do verbo francês **astreindre** (obrigar estritamente, constranger, forçar, obrigar), que, por sua vez, se origina do verbo latino **adstringere** (**ad-** + **stringere**), com o significado de amarrar estreitamente (**stringere**) e (**ad-**), ligar, atar, apertar e, por extensão, obrigar, sujeitar. *Astreinte* é forma substantivada do particípio passado de **astreindre** – *astreinte*. Emprega-se como sinônimo de compulsão, constrição, e não tem forma equivalente em português.

As vezes – Às vezes

¶ *As vezes*, sem o sinal da crase, entra na expressão **fazer as vezes de**: desempenhar as funções que competem a; servir para o mesmo fim que; substituir. No caso, **vezes** é objeto direto do verbo fazer.

Se o testador souber escrever, poderá fazer o testamento de seu punho, contanto que o date e assine por extenso, e o apresente aberto ou cerrado, na presença de duas testemunhas, ao auditor, ou ao oficial de patente, que lhe faça as vezes neste mister. (CC, art. 1894)

A degradação da criança-mulher geralmente começa em casa, onde o poder é do pai, ou de quem lhe faça as vezes. (Luiza Nagib Eluf – FSP, 23-9-1993, Cad. 1, p. 3)

Dormia ao relento, e um frio banco de pedra lhe fazia as vezes de cama.

Era ele quem fazia as vezes do gerente quando este viajava a serviço da empresa.

¶ *Às vezes*, isto é, com o sinal da crase, é locução adverbial, com a significação de: algumas vezes, por vezes.

Às vezes, diante de certas ocorrências, somos levados a crer que determinadas pessoas não são dotadas de razão.

Confira o verbete *As mais das vezes*.

Até a / até à – Até aquele / até àquele – Até o / até ao

¶ As gramáticas e obras assemelhadas geralmente ensinam que não cabe o emprego do sinal da crase após preposição. Assim, são corretas as seguintes frases, em que não cabe o sinal da crase, por se tratar de simples artigos definidos femininos:

A sessão foi adiada para as 16 horas.

Esperei pelo médico desde as 9 horas.

Creio que chegaremos a Porto Alegre somente após a meia-noite.

O acidente ocorreu entre as 9 e as 10 horas desta manhã.

Há, no entanto, um caso em que cabe, *em caráter facultativo*, o emprego do sinal da crase após a preposição *até*. Esse sinal da crase indica: a contração da preposição **a**: a) com o artigo definido feminino **a(s)**; b) com o pronome demonstrativo feminino **a(s)** ou; c) com o **a** inicial do pronome demonstrativo **aquele** e suas flexões:

Fiquei no escritório até à (ou até a) meia-noite.

Todos nós, até àquele (ou até aquele) momento, tínhamos esperança de que houvesse sobreviventes.

Até àquela hora (ou até aquela) hora, ninguém havia sido avisado da reunião.

Ontem li o relatório até à (ou até a) página 560; amanhã pretendo chegar até à (ou até a) de número 950.

Diante de substantivos masculinos, pode ocorrer a combinação da preposição **a** com o artigo definido masculino **o(s)**:

O relatório deve estar pronto até ao (ou até o) meio-dia.

A razão do emprego facultativo das formas *até à(s)* e *até ao(s)* está no fato de, sem o emprego do sinal da crase nesses casos, a frase poder ficar ambígua.

Observem-se estas construções:

O incêndio destruiu tudo, até a fábrica de móveis; ou

O incêndio destruiu tudo, até à fábrica de móveis.

A chuva alagou toda a área, até o hospital; ou

A chuva alagou a área toda, até ao hospital.

Em ambos os conjuntos de frases, a primeira forma de construção é ambígua: no primeiro, na frase introdutória não fica claro se a fábrica também foi destruída pelo incêndio, ou se ela ficou a salvo do sinistro; e no segundo, em sua primeira frase igualmente não se sabe se o hospital também sofreu alagamento, ou se foi poupado pela chuva.

Nos dois casos, a ambiguidade deve-se ao fato de que **até** tanto pode ser preposição, quanto partícula de inclusão, como sinônimo de **inclusive**.

Para desambiguizar tal tipo de construções, pode-se escrever a frase de duas formas: com a palavra **até** não seguida da preposição, dando a entender que ela tem o sentido de **inclusive**; assim, na construção *O incêndio destruiu tudo, até a fábrica de móveis*, entende-se que o incêndio destruiu tudo, inclusive a fábrica de móveis. Já na construção *O incêndio destruiu tudo, até à fábrica de móveis*, fica claro que destruiu tudo até junto à fábrica de móveis, tendo esta, pois, ficado a salvo do sinistro. Na construção *A chuva alagou tudo, até o hospital*, fica entendido que o hospital também foi alagado. E na construção *A chuva alagou tudo, até ao hospital*, fica-se sabendo que o alagamento foi tão somente *até junto ao hospital*.

Do exposto, conclui-se que convém empregar a forma *até à(s)* ou *até ao(s)* quando há risco de ambiguidade. Se inexistir esse risco, é preferível empregar as formas *até a(s)* e *até o(s)*.

As formas *até às*, *até ao(s)* e *até àquele(s)* e respectivas flexões foram introduzidas no português de Portugal no século XVII e nele são de uso geral até hoje. No Brasil, elas tinham presença quase absoluta no CC/1916, por influência portuguesa; no CC/2002, ainda podem ser encontradas em vários dispositivos. Haja vista os seguintes:

Art. 227. O pagamento parcial feito por um dos devedores e a remissão por ele obtida não aproveitam aos outros devedores, senão até à concorrência da quantia paga ou relevada.

Art. 823. A fiança pode ser de valor inferior ao da obrigação principal e contraída em condições menos onerosas, e, quando exceder o valor da dívida, ou for mais onerosa que ela, não valerá senão até ao limite da obrigação afiançada.

Art. 1.518. Até à celebração do casamento podem os pais, tutores ou curadores revogar a autorização.

Atempar – Atempação – Atempado – Atempadamente

¶ *Atempar*, juridicamente, significa marcar prazo, à apelação ou ao agravo, para subir à instância superior; determinar o prazo dentro do qual o recurso deve subir ao juízo superior. Termos cognatos:

¶ *Atempação* – ato de atempar, de marcar prazo; prazo para a remessa do recurso à instância superior; tempo marcado para que a pessoa pratique, no processo, determinado ato.

¶ *Atempado* – que tem o prazo já marcado para fazer subir a apelação ou o agravo à instância superior.

¶ *Atempadamente* – com atempação, com marcação de prazo certo.

O *Dicionário da Língua Portuguesa Contemporânea*, da Academia de Ciência de Lisboa, atribui ao advérbio **atempadamente** estas acepções:

1. *Dentro de um espaço de tempo em que ainda é útil, possível ou vale a pena e não é tarde demais; em tempo.*

2. *Na altura própria ou ocasião devida; em tempo oportuno.*

A tempo – Há tempo

¶ *A tempo* significa: no momento oportuno, na ocasião própria; em tempo hábil, dentro do prazo.

Os policiais chegaram a tempo de impedir a fuga dos criminosos.

Não se preocupe: os documentos serão entregues a tempo.
Se quisermos chegar a tempo, teremos de nos apressar.
A carta foi expedida a tempo de ele a receber antes do embarque.

Existe a locução adverbial **a tempo e horas**: *Gosto de fazer tudo a tempo e horas* (sem atrasos, sem deixar para a última hora). *Todos estavam prontos a tempo e horas para o início da cerimônia* (*a tempo*, dentro da hora marcada, na ocasião e no momento propícios).

Também existe a locução adverbial **a todo tempo**, com o significado de a qualquer momento, a qualquer tempo, sempre, mais cedo ou mais tarde, em breve, em qualquer altura): *Trata-se de servidor atencioso e disponível a todo tempo. Não se preocupe, pois a todo o tempo a questão será resolvida.*

¶ *Há tempo* significa: faz tempo (tempo decorrido, portanto) ou existe tempo.

Li essa obra há tempo.
As autoridades desconfiam há tempo da lisura dessas negociações.
Há tempo para tudo – tempo de plantar, tempo de colher.
A empresa enfrenta há tempo dificuldades financeiras.

Através de = por, por meio de (impropriedade)

¶ *Através de* significa

1. de um para outro lado de, de lado a lado.
Para atingir sua meta, deveria passar através de rios e montanhas.

2. por entre.
Os seres vivos perpassam, renovam-se e sucedem-se através das vicissitudes do meio, no tempo e no espaço, como efêmeros depositários da vida – que é eterna! (F. de Castro)
Conserva sempre o bom humor, através das adversidades da vida.

3. no decurso de.
Foi sempre o mesmo homem honesto, através de anos e anos.
Esses golpes ainda soam através das eras. (Camilo Castelo Branco)
Através dos tempos, os vocábulos sofrem modificações de forma e de significação. (Laudelino Freire)

Deve-se evitar o emprego da locução *através de* com o sentido de: **meio**, **instrumento** ou **intermediação**. Nesse caso, empregue-se *por*, *por meio de*, **mediante**, **por intermédio de**, **servindo-se de**, **valendo-se de**, etc.

A citação far-se-á: I – pelo correio; II – por oficial de justiça; III – por edital; IV – por meio eletrônico. (CPC, art. 221, *caput* e incisos I, II, III e IV)

As partes interessadas podem submeter a solução de seus litígios ao juízo arbitral mediante convenção de arbitragem, [...] (Lei n. 9.307, de 23-9-1996, art. 3º)

Não havendo acordo prévio sobre a forma de instituir a arbitragem, a parte interessada manifestará à outra parte a sua intenção de dar início à arbitragem, por via postal ou por outro meio qualquer de comunicação, [...] (Lei n. 9.307, de 23-9-1996, art. 6º)

O assunto deve ser regulado por (meio de) decreto.

A comissão foi criada mediante portaria do Ministro da Justiça.

A ré Fulana de Tal, por intermédio de outro procurador, também contestou o pedido.

É errada a construção com **através** sem a preposição **de** (*através os anos, através os tempos,* etc.).

As formas *por meio de* e **mediante** não devem ser aplicadas a pessoas, como se vê, por exemplo, nos arts. 224 (*Far-se-á citação por meio de oficial de justiça, [...]*) e 239 do CPC: (*Far-se-á a intimação por meio de oficial de justiça [...]*) Melhor seria o emprego da preposição **por** *(oficial de justiça),* como aparece no inc. II do art. 221 do CPC, supratranscrito, e no art. 241, II, também do CPC.

Para os procuradores das partes, a melhor forma é a locução **por intermédio de**, uma vez que eles i**ntermedeiam** entre as partes e o Juízo.

Atravessar o Rubicão

¶ Esteve em Porto Alegre, recentemente, o economista e jornalista inglês Brian Nicholson, participando do seminário *Educação e Previdência (In)Justa?* Há trinta anos no Brasil, ele é autor do livro *A Previdência injusta: como o fim dos privilégios pode mudar o Brasil* (São Paulo: Geração Editorial, 2007). Percebe-se, pelo título da obra, que ela retrata a difícil situação do sistema previdenciário brasileiro e apresenta propostas para resolvê-la.

O capítulo 12 do livro tem este título: *Transição – como atravessar o Rubicão?*

Seria esse **Rubicão** (**Ru**bicon em latim) um afluente do rio Amazonas? Não! Trata-se, isto sim, de um rio costeiro da Itália, que corre para o Adriático entre Arímino e Cesena, e que servia de limite entre a Itália e a província da Gália Cisalpina, nos tempos da República Romana. Não se podia atravessá-lo com soldados sem ordem expressa do Senado, sob pena de ser considerado traidor da pátria e atirado aos deuses infernais.

Todavia, Júlio César, governador da Gália Cisalpina, não se intimidou: saiu de sua jurisdição e transpôs ilegalmente o pequeno rio em janeiro de 49 a. C., para marchar com seu exército contra o Senado e

Pompeu. César sabia perfeitamente do risco desse ato e, por isso, ao tomar a decisão, audaciosa e irrevogável, e dar-lhe curso, teria pronunciado a famosa frase: *Iacta alea est*, ou *Alea iacta est* (forma mais usual) – *O dado está lançado* ou *A sorte está lançada*.

A expressão **Atravessar** (*transpor, passar*) **o Rubicão** passou à História com o significado especial de *praticar um grande feito, realizar uma façanha perigosa ou difícil, tomar uma decisão audaciosa e irrevogável*.

Júlio César atravessou o **Rubicão** vitoriosamente, e a decisão de fazê-lo converteu-se no marco mais importante de sua carreira. Alguém se arriscará a transpor o **Rubicão** da reforma do sistema previdenciário brasileiro? Tarefa gigantesca... e perigosa! Júlio César, após ter atravessado, em 49 a. C., o histórico curso d'água e ter-se feito, em pouco tempo, senhor absoluto de toda a Itália, apenas cinco anos depois, nos idos de março de 44 a. C., foi morto no Senado, atingido por vinte e três punhaladas, tendo rolado ao chão, num mar de sangue, junto aos pés da estátua de Pompeu. E uma das punhaladas partiu de seu filho adotivo Brutus, a quem cumulara de favores, gesto que fez o guerreiro-ditador formular esta pergunta de amarga surpresa ao pupilo mal-agradecido: *Tu quoque, Brute, fili mi?* – *Até tu, Brutus, meu filho?*

Portanto, antes de se aventurar a uma empreitada dessas, há que ponderar as consequências!

Autópsia / autopsia (s. f.) – Necrópsia / necropsia (s. f.)

¶ O substantivo **autópsia** (ou **autopsia**) origina-se do substantivo grego **autopsía**, que significa *ação de ver com os próprios olhos*. (Florêncio I. Sebastián Yarza – *Diccionario griego español*, Sopena, Barcelona, 1983, p. 139)

Antenor Nascentes, em seu *Dicionário etimológico da língua portuguesa* (Acadêmica, Rio de Janeiro, 1955), na p. 54 do I tomo, registra: **Autópsia** – do gr. autopsía, *exame que se faz pelos próprios olhos, do interior de um cadáver, para reconhecer a causa da morte* (Moreau, *Racines grecques*, 38).

E acrescenta: *Neologismo de Alemanus, que entendia que o médico-legista, ao examinar o cadáver, observava-se a si mesmo.* (Pedro Pinto, *Vocábulos e frases*, p. 10)

Como se vê, **autópsia** (ou **autopsia**) não significa *exame de si mesmo*, conforme alguns afirmam e muitos repetem, mas, sim, *exame por si mesmo*. Na Medicina Legal, **autópsia** (ou **autopsia**) passou a ter o significado específico de *Exame médico-legal minucioso de todas as partes de um cadáver, para verificar e determinar a causa da morte*. (Pedro Nunes – *Dicionário de tecnologia jurídica*, vol. I, p. 136) Com essa acepção específica, *autópsia* é o termo empregado em nosso CPP (art. 162, *caput*), bem como no CPPp (art. 191º, *caput* e parágrafo único).

O VOLP/09 registra as grafias *autópsia* e *autopsia* para o substantivo. *Autopsia* (com a tonicidade no **i**, sem acento gráfico) também pode ser forma do verbo **autopsiar** – terceira pessoa do singular do presente do indicativo ou segunda pessoa do singular do imperativo afirmativo.

¶ O substantivo *necrópsia* (ou *necropsia*) origina-se do substantivo grego **necrós** (corpo morto, cadáver) + **ópsis** (vista, ato de ver) + o sufixo **-ia** (indicador de substantivo abstrato).

Em razão de sua composição etimológica, *necrópsia* (ou *necropsia*) é, sem dúvida, o termo mais adequado para designar o exame anatômico do cadáver, com o intuito de descobrir a natureza da morte, já que o termo *autópsia* (ou *autopsia*), empregado com tal acepção, não apresenta, em sua estrutura, radical algum que se refira ao cadáver, ao corpo morto.

O uso dos textos legislativos, no entanto, como se viu, resolveu ignorar a etimologia.

O VOLP/09 registra as grafias *necrópsia* e *necropsia* (com **i** tônico, sem acento gráfico) para o substantivo. *Necropsia* também pode ser forma do verbo **necropsiar** – terceira pessoa do singular do presente do indicativo ou segunda pessoa do singular do imperativo negativo.

Para o substantivo *autópsia*, além da forma variante *autopsia*, também existe a forma **autopse**. Já para o substantivo *necrópsia*, além da variante *necropsia*, há também as formas **necropse** e **necroscopia**.

B

Baixa (dos autos) – Subida (dos autos)

¶ *Baixa*, na linguagem técnico-processual, é o retorno dos autos, do grau superior para o Juízo originário, após o julgamento do último recurso cabível e interposto.

Transitado em julgado o acórdão, o escrivão, ou secretário, independentemente de despacho, providenciará a baixa dos autos ao juízo de origem, no prazo de 5 (cinco) dias. (CPC, art. 510)

¶ *Subida*, na linguagem técnico-processual é a remessa dos autos ao tribunal superior ao qual é afeto o conhecimento de recurso tempestivamente interposto.

Denomina-se **conclusão** a remessa dos autos – pelo escrivão, ou pelo secretário – para despacho ou sentença. **Autos conclusos** são aqueles em que foi feito termo de conclusão, para serem submetidos ao juiz.

Denomina-se **baixa na distribuição** o cancelamento da distribuição dos autos do processo, por ordem do juiz, quando tiver havido extinção do processo.

Chama-se **termo de conclusão** o ato mediante o qual o escrivão certifica que fez os autos conclusos ao magistrado para despacho ou sentença. (Cf. art. 800, § 4º, do CPP)

Incumbirá ao serventuário remeter os autos conclusos no prazo de 24 (vinte e quatro) horas e executar os atos processuais no prazo de 48 (quarenta e oito) horas, contados: [...] (CPC, art. 190)

Tratando-se de apelação, de embargos infringentes e de ação rescisória, os autos serão conclusos ao revisor. (CPC, art. 551)

Confira o verbete *Afeito – Afeto (adjetivos participiais)*

Bastante – Bastantes

Bastante, quando acompanha substantivo, concorda com ele em número. Emprega-se com duas acepções básicas diferentes:

¶ **Posposto** ao substantivo, é adjetivo e significa: que basta ou satisfaz, suficiente; ou, mais precisamente, na linguagem jurídica, que preenche as condições e qualidades exigidas para o exercício do ato ou para atender às responsabilidades da obrigação:

Se o patrimônio do menor for de valor considerável, poderá o juiz condicionar o exercício da tutela à prestação de caução bastante, [...] (CC, art. 1.745, parágrafo único)

As procurações bastantes dos comerciantes, ou sejam feitas pela sua própria mão ou por eles somente assinadas, têm a mesma validade que se fossem feitas por tabeliães públicos. (C.Com., art. 21, revogado)

A aquisição superveniente de renda, que assegure ao condenado meios bastantes de subsistência, extingue a pena. (LCP, art. 59, parágrafo único)

A este respeito, eu tinha em mim forças bastantes para repelir ideias más. (Machado de Assis – Contos, p. 107)

Ele tinha motivos bastantes para se rebelar.

Prova **bastante** (plural: provas **bastantes**) é aquela que, embora não completa, pode ser admitida como tal, sem embargo de outra(s) mais convincente(s).

Procuração **bastante** (plural: procurações **bastantes**) é aquela suficiente, nos poderes nela contidos ou conferidos, para os fins que se tem em vista.

Esporadicamente, no sentido acima, *bastante* aparece anteposto ao substantivo:

[...], e ensinou a Benadab que havia bastante (suficiente) terra em Samaria para sepultura de seus exércitos. (Antônio Vieira – Sermões, vol. XVI, p. 373)

Na seguinte passagem, Antônio Vieira empregou, no mesmo período, a forma anteposta e posposta de *bastante* no sentido de **suficiente**:

Logo, se o temor dos apóstolos foi bastante causa para o Senhor se deter em Jerusalém e antecipar o tempo de sua visita, por que não seria causa também bastante o seu amor para se não deter na sepultura, e antecipar o tempo da sua Ressurreição? (Sermões, vol. XV, p. 27)

¶ **Anteposto** ao substantivo, também é adjetivo (mais precisamente, determinante quantificativo) e significa **muito**. Conquanto alguns gramáticos condenem o emprego do adjetivo *bastante* nesta acepção, ele é abonado por autores de inquestionável prestígio:

Um dia, há bastantes [muitos] anos, lembrou-me reproduzir no Engenho Novo a casa em que me criei na antiga Rua de Mata-Cavalos. (Machado de Assis – Dom Casmurro, p. 807)

Aliás, existem bastantes palavras em português cuja história é não menos interessante que a de muitas pessoas. (Celso Pedro Luft – No mundo das palavras, Correio do Povo).

Na feira havia bastantes livros sobre ocultismo, mas muito poucos sobre orientação profissional.

É riquíssimo: tem bastantes prédios alugados.

Conversamos bastantes vezes a esse respeito.

Como advérbio, modificando verbos, adjetivos e outros advérbios, **bastante** significa **muito**, **suficientemente**, **em quantidade suficiente**, e é, naturalmente, invariável:
Pensamos bastante antes de tomar esta decisão.
As instruções são bastante claras a esse respeito.
Creio que vocês se saíram bastante bem.

Como advérbio, existe também a forma **bastantemente**, hoje pouco usual:
Agora entendo eu um lugar da Escritura, que há muitos anos não acabava de entender, nem achava em todos os intérpretes quem bastantemente o declarasse. (Antônio Vieira – *Sermões*, vol. 15, p. 177).

BGB

¶ *BGB* é a sigla de **Bürgerliches Gesetzbuch**: o Código Civil Alemão, promulgado em 1896, com validade a partir de 1º de janeiro de 1900. Compõe-se de 2.385 parágrafos (e não artigos, estes, sim, utilizados na *Grundgesetz für die Bundesrepublick Deutschland* – **GG** (Lei Fundamental da República Federal da Alemanha). A *BGB* vem acompanhada da *Einführungsgesetz zum Bürgerlichen Gesetzbuch* – **EGBGB** (Lei de Introdução ao Código Civil), com 245 artigos.

Souza Diniz, que traduziu a *BGB* para o português (Distribuidora Récord Editora, 1960), denominou-o de *monumento legislativo máximo*. Uma observação importante de Souza Diniz: os redatores do Código Civil Alemão não se pejaram de repetir *duas e três e mais vezes o mesmo substantivo em um só período, sem lançar mão de pronomes e de sinônimos*. Entre a beleza e a precisão, preferiram, sabiamente, esta àquela, na linha do que dispõe o art. 23, II, *b*, do Decreto n. 4.176, de 28 de março de 2002, que estabelece normas e diretrizes de redação legislativa: *Art. 23. As disposições normativas serão redigidas com clareza, precisão e ordem lógica, observado o seguinte: [...]; II – para a obtenção da precisão: [...], b) expressar a ideia, quando repetida no texto, por meio das mesmas palavras, evitando o emprego de sinonímia com propósito meramente estilístico.*

Bimensal – Bimestral – Trimensal – Trimestral

¶ *Bimensal* refere-se ao que ocorre duas vezes por mês: relatório bimensal, pagamento bimensal, extratos bimensais, etc.

¶ *Bimestral* indica o que dura dois meses; que aparece ou se realiza de dois em dois meses: módulo bimestral, reajuste bimestral, etc.

¶ *Trimensal* exprime o que se efetua ou publica três vezes por mês: uma publicação trimensal.

¶ *Trimestral* enuncia o que se efetua ou ocorre de três em três meses: prestações trimestrais.

Boa-fé – Má-fé

Boa-fé e *má-fé* sempre se escrevem com hífen, pois ambos os termos constituem unidades semânticas e vocabulares incindíveis. Não se trata de fé que é boa ou má, e não é possível graduar os adjetivos: não se pode dizer melhor fé, e sim **mais boa-fé**, como também não é possível dizer pior fé, senão **mais má-fé**.

¶ *Boa-fé* tem o sentido de intenção pura, isenta de dolo ou engano. Assim, agir de *boa-fé* é agir com honestidade, com sinceridade; no Direito, especificamente, agir de acordo com a lei.

Os contratantes são obrigados a guardar, assim na conclusão do contrato, como em sua execução, os princípios de probidade e boa-fé (CC, art. 422).

São deveres das partes e de todos aqueles que participam do processo: [...]; II – proceder com lealdade e boa-fé; (CPC, art. 14, I)

¶ *Má-fé* é o ânimo doloso de quem age ilicitamente, ciente do mal que se encerra no ato executado, ou do vício contido na coisa.

Se de ambas as partes houve má-fé, adquirirá o proprietário as sementes, plantas e construções, devendo ressarcir o valor das acessões. (CC, art. 1.256, *caput*)

Salvo a hipótese de má-fé, a parte não será prejudicada pela interposição de um recurso por outro. (CPP, art. 579, *caput*)

Ao representado de má-fé não aproveita a boa-fé do representante. (CCp, art. 259º, 2).

Na língua latina, o litigante de *má-fé* recebe a denominação de **improbus litigator**. Notem-se também estas expressões latinas, com os respectivos significados: **bona fides**: *boa-fé*; **bona fide**: de *boa-fé*: **mala fides**: *má-fé*; **mala fide**: de *má-fé*.

C / Ç (e não S / SC / SS)

¶ Palavras usuais com *c*, *ç*:

absorção	distorção	maçante
açambarcar	docente	maciço
acepção	ensurdecer	macilento
açodado (apressado)	escaramuça	mancinismo[3]
alicerce	estilhaço	mancomunação
coerção	estremeção	obcecado
colaço[1]	exceção	presunção
comborça[2]	execução	prevenção
complacente	facínora	proficiência
consecução	indisfarçável	rechaçar
deserção	inépcia	sanção
desfaçatez	inserção	sancionar
disfarce	isenção	soçobrar
displicente	liça (luta)	sucinto

[1] **Colaço** (adj. ou s. m.): designa aquele que, não sendo irmão de outro, foi amamentado com leite da mesma mulher; irmão de leite. Origina-se do substantivo latino **collacteus** (ou **collactius**), que se compõe do prefixo **com-** (na variante **co-**, diante de vogal e *h*) = com + **lacteus** = de leite.

[2] **Comborça** (s. f.): mulher que é amante de um homem, em relação a outra ou outras mulheres do mesmo homem. Existe também o substantivo masculino (**comborço**): aquele que é amante de uma mulher, em relação ao marido ou outro amante dessa mulher. O termo é de origem obscura, talvez do céltico *****combortia**. (O asterisco, aqui, indica, por convenção linguística, palavra de formação hipotética.)

[3] Uso predominante da mão esquerda; canhotismo, sinistrismo. **Mancinismo** origina-se do italiano **mancina**: mão esquerda. **Sinistrismo** provém do italiano **sinistra**: mão esquerda.

Cada

¶ *Cada* é pronome adjetivo indefinido invariável. Na linguagem culta formal não deve ser empregado autonomamente, isoladamente.

As romãs eram vendidas a oito reais cada uma.
Cada terra com seu uso, cada roca com seu fuso. (provérbio português)
Cada ovelha com a sua parelha. (provérbio português)
O prédio tem sete andares, com dois apartamentos em cada um deles.
Os pães pesavam quinhentos gramas cada um.
Os ingressos eram vendidos a duzentos reais cada um.
Haverá quatro aulas todos os dias, de segunda a sexta-feira, com a duração de cinquenta minutos cada uma.
Os participantes serão divididos em três grupos, cada um com no máximo trinta pessoas.

Caixa de Pandora

¶ **Pandora**, na mitologia grega, é a primeira mulher criada por Hefesto (para os romanos, Vulcano), por ordem de Zeus (para os romanos, Júpiter). A deusa da Sabedoria, Atena (Minerva), deu-lhe vida e dotou-a de todas as graças e de todos os talentos, e Zeus presenteou-a com uma caixa em que estavam encerrados todos os males. **Pandora** veio a habitar na Terra e casou com Epimeteu, o primeiro homem, que teve a imprudência de abrir a caixa fatal, e todos os males se espalharam pela Terra. No fundo da caixa somente ficou a Esperança. **Pandora** era a Eva dos gregos.

A expressão *caixa de Pandora* entrou na literatura para designar figuradamente o que, sob a aparência de encanto ou de beleza, é ou pode ser fonte de calamidades; algo em que não se deve tocar, sob pena de provocar desgraças.

Calcanhar de aquiles

¶ Segundo a lenda grega, Tétis, mãe de Aquiles, mergulhou-o nas águas do rio Estige, o que o fez vulnerável, exceto no calcanhar, por onde a mãe o segurava e que, por isso mesmo, passou a ser seu ponto fraco. Na Guerra de Troia, Aquiles, após ter matado Heitor, foi mortalmente ferido no calcanhar por uma flecha envenenada que Páris lhe arremessou. Em razão disso, a expressão *calcanhar de aquiles* passou a ser objeto de frequentes alusões na literatura para indicar o ponto fraco, a parte ou o lado vulnerável de qualquer indivíduo ou instituição.

O escritor Luís Fernando Verissimo, em texto publicado no jornal *Zero Hora* (Porto Alegre-RS), usou a expressão em um de seus apreciados jogos de palavras: *O calcanhar de aquiles do Aquiles era o calcanhar.*

Calendas gregas

¶ **Kalendae**, com a forma variante **calendae**, era uma das três datas fixas do calendário romano, caindo no primeiro dia de cada mês. Assim, se um historiador romano diz que determinado fato ocorreu nas **kalendis februariis**, ele está informando que esse fato ocorreu no dia 1º de fevereiro.

Sucede que **kalendae** – **calendas** em português – era denominação exclusiva do calendário romano. Em outras palavras, no calendário grego não havia **calendas**, do que se conclui que *postergar algo para as calendas gregas – ad kalendas graecas*, diriam os romanos – significa postergá-lo para o *dia de São Nunca*, que, como sabemos, também não existe, porquanto nenhum hagiólogo (catálogo de santos) faz menção a um possível *São Nunca*.

A par da expressão *postergar algo para as calendas gregas*, há também as formas variantes *deixar algo para as calendas gregas* ou *ficar para as calendas gregas*.

Em artigo publicado na edição de 13 de dezembro de 2009 do jornal *Folha de São Paulo*, p. A 3, sob o título *Licença Inconstitucional*, o Ministro do STF Marco Aurélio Mello empregou a locução *calendas gregas* no seguinte parágrafo:

Com a obrigatoriedade de licença, posterga-se para as calendas gregas a tomada de providências inibidoras de desvios de conduta, passando os governadores, quem sabe também os prefeitos, a gozar de verdadeira blindagem, embora temporária, de privilégio – não bastasse a extravagante prerrogativa de foro –, odioso como todo e qualquer privilégio, perdendo-se, no tempo e na memória, os elementos fáticos envolvidos no episódio merecedor de imediata glosa penal.

Do substantivo latino **kalendae** formou-se, no latim, o adjetivo triforme **kalendarius** (m.), **-a** (f.), **-um** (n.), com o significado de: relativo às **calendas**, isto é, ao primeiro dia do mês. Desse adjetivo formou-se, também no latim, o substantivo neutro **kalendarium, -ii**, com a acepção de: registro ou livro de contas (onde estão anotadas as datas das dívidas). Desse substantivo procede o nosso **calendário**, que, como substantivo, tem a significação geral de: tabela com a indicação dos dias, semanas e meses do ano, fases da Lua, festas religiosas, feriados nacionais, etc.

Canto da sereia

¶ *Canto da sereia* era uma canção irresistível que, segundo a fábula, era usada pelas sereias – seres mitológicos, metade mulher e metade peixe ou ave – para atrair os marinheiros aos rochedos escarpados onde moravam, entre a ilha de Capri e o golfo de Nápoles (Itália).

Na literatura, *canto de sereia* passou ser empregado como sinônimo de armadilha, ilusão, engodo; proposta tentadora, todavia perigosa, cujo cumprimento se dá pelo oposto daquilo que ela prometia ou dela se esperava.

A locução tem origem numa passagem da *Odisseia*, poema épico de Homero. Ulisses, para fugir ao canto sedutor das sereias, tapou com cera os ouvidos dos seus companheiros e pediu que o amarrassem solidamente ao mastro do navio, e não o desamarrassem, mesmo que tal lhes pedisse. Ao verem que o herói não lhes sucumbia ao canto sedutor, as sereias, por despeito, precipitaram-se ao mar.

Para mudar o rumo dessa história [utilização, pela empresa, de mecanismos fraudulentos para evitar a incidência dos direitos sociais do empregado], *é preciso não se deixar levar pelos cantos da sereia.* (Jorge Luiz Souto Maior – *A supersubordinação: invertendo a lógica do jogo*).

Deixou-se ir no canto das sereias e só demasiado tarde se deu conta disso.

Cariz

¶ *Cariz*, termo usual na linguagem jurídica, tem o significado de: aspecto, aparência; natureza, caráter: *concepção jurídica de cariz sociocausal; recurso a modos de pensamento de cariz teleológico; ontologia jurídica de cariz real-factualista; temas de cariz social; medida de cariz político;* etc.

Casamento avuncular

¶ *Casamento avuncular* é aquele realizado entre os irmãos unilaterais ou bilaterais, e demais colaterais, até o terceiro grau inclusive.

O art. 1.521, inc. IV, do Código Civil estabelece que não podem casar as pessoas com esse tipo de parentesco (Cf. o citado dispositivo e o art. 1º do DL n. 3.200, de 19-4-1941.).

A denominação *casamento avuncular* origina-se do substantivo latino **avunculus, -i** (Cícero), que significa tio materno.

Casamento nuncupativo

¶ *Casamento nuncupativo* é aquele realizado quando um dos nubentes está em iminente perigo de vida. Dispensa, por isso, as formalidades de praxe e é celebrado pelos próprios nubentes, na presença de seis testemunhas, quando a autoridade competente não puder presidir o ato. Pelas circunstâncias em que é realizado, também recebe a denominação de casamento **in extremis vitae momentis** – nos últimos momentos da vida – ou casamento **in articulo mortis** – no momento da morte, na hora extrema.

Nuncupativo é adjetivo de base verbal e origina-se do adjetivo triforme latino **nuncupativus** (m.), **-a** (f.), **-um** (.), que provém do substantivo **nuncupatio, -onis**, e este, finalmente, se forma do verbo **nuncupo, -as, -avi, -atum, -nuncupare**: tomar o nome (sentido originário – de **nomen capere**), pronunciar o nome; e posteriormente: proclamar, pronunciar solenemente, em voz alta, nomear de público, declarar, exprimir por palavras. **Nuncupatio** é, assim, declaração solene, pronunciação pública; e o adjetivo **nuncupativus** significa: que é declarado, pronunciado solenemente, em voz alta.

A denominação *casamento nuncupativo* relaciona-se, pois ao fato de, na presença das testemunhas, os nubentes declararem, de viva voz, que livre e espontaneamente se recebem por marido e mulher. E, realizado o casamento, devem essas testemunhas comparecer perante a autoridade judicial mais próxima, dentro em dez dias, pedindo que lhes tome a declaração de que foram convocadas por parte do enfermo; que este parecia em perigo de vida, mas em seu juízo; e que, em sua presença, os contraentes declararam livre e conscientemente a intenção de se receberem por marido e mulher. (Cf. os arts. 1.539, 1540 e 1.541 do Código Civil.)

O verbo **nuncupare** e seus cognatos aparecem com frequência em textos latinos, principalmente jurídicos. Haja vista os seguintes: **nuncupatio testamenti** (Gaio) – enunciação oral e solene do testamento; **nuncupatio votorum** (Tito Lívio, Tácito) – solene pronunciação de votos para com o Estado, para com o imperador; **nuncupatum testamentum** (Plínio o Jovem) – testamento feito de boca, de viva voz; **nuncupatus heres** (Digesto) – herdeiro designado de viva voz pelo testador; **nuncupare heredem** (Ulpiano) – instituir um herdeiro por testamento nuncupativo; **nuncupare adoptionem** (Tácito) – declarar uma adoção.

Os artigos 1.893-1896 do CC/2002 tratam do **testamento nuncupativo** (feito oralmente, de viva voz) dos militares. O artigo 1.663 do CC/1916 dispunha que *As pessoas designadas no art. 1.660, estando empenhadas em combate, ou feridas, podem testar nuncupativamente, confiando sua última vontade a duas testemunhas.*

Casamento putativo

¶ *Casamento putativo* é o casamento contraído de boa-fé pelos cônjuges que ignoram circunstância que o torna nulo ou anulável. É, pois, o casamento realizado na convicção de que todas as prescrições legais acerca do ato haviam sido atendidas.

Putativo é adjetivo de base verbal oriundo do adjetivo triforme latino **putativus** (m.),**-a** (f.), **putativum** (n.). Significa imaginário e é formado, por derivação sufixal, do verbo **puto**, **-as**, **-<u>a</u>vi**, **-<u>a</u>tum**, **put<u>a</u>re**, que tem, entre outras, as acepções de: crer, imaginar, julgar, pensar, supor.

Assim, na linha da semântica do verbo que lhe dá origem, *casamento putativo* é aquele que se imagina (crê, julga, pensa) detentor da qualidade que, na realidade, não tem. Essa putatividade do casamento goza de presunção **iuris tantum**, relativa – afastável, pois, mediante prova em contrário, com os efeitos daí decorrentes, nos termos do que dispõe o art. 1.561, *caput* e §§ 1º e 2º, do Código Civil.

O Código de Direito Canônico dispõe sobre o casamento putativo em seu art. 1.061, § 3º: *O matrimônio inválido chama-se putativo, se tiver sido celebrado de boa-fé ao menos por uma das partes, enquanto ambas as partes não se certificarem de sua validade.*

1. A par da figura do *casamento putativo*, existe a do **filho putativo** – aquele tido como filho, embora não o seja na realidade; filho suposto; filho que, conquanto ilegítimo, é objeto de presunção de legitimidade, fundada na boa-fé. Por extensão, aplica-se o termo **putativo** a tudo que tem aparência de verdadeiro, legal ou juridicamente; pretenso, suposto; presumido: herdeiro putativo, credor putativo, legítima defesa putativa, etc.

2. Nos arts. 20, § 1º, 1ª parte, 23, *caput* e incisos I, II e III, e 25, o Código Penal trata das **descriminantes putativas**. Na linha do significado-base, acima explicitado, do adjetivo **putativo** (imaginário), elas ocorrem quando o sujeito, levado a erro pelas circunstâncias do caso concreto, supõe agir em face de uma causa excludente de ilicitude. Conforme dispõe o art. 20, § 1º, 1ª parte, do Código Penal: *É isento de pena quem, por erro plenamente justificado pelas circunstâncias, supõe situação de fato que, se existisse, tornaria a ação legítima.*

As denominadas **eximentes putativas** ou **causas putativas de exclusão da antijuridicidade** vêm arroladas nos incisos I a III do art. 23 do CP, sob o título **Exclusão de ilicitude**: *Não há crime quando o agente pratica o fato: I – em estado de necessidade* [putativo]; *II – em legítima defesa* [putativa]; *III – em estrito cumprimento de dever legal* [putativo] *ou no exercício regular de direito* [putativo]. Quando ocorre uma dessas situações, aplica-se o disposto no § 1º, 1ª parte, do art. 20 do CP, supratranscrito.

Caso fortuito – Força maior

¶ O *caso fortuito* é acontecimento decorrente de fato da natureza, natural, imprevisível e inevitável, estranho à ação do homem: terremoto, inundação, erupção vulcânica, queda de raio, estiagem, avalancha, aluvião, etc.

¶ A *força maior* (também denominada **caso de força maior**), é ocasionada por ato humano irresistível, impeditivo do cumprimento de uma obrigação pelo devedor: guerra, roubo, greve, revolução, invasão de território, etc.

Os doutrinadores dissentem sobre algumas características distintivas entre *caso fortuito* e (caso de) *força maior*. A distinção, de qualquer modo, tem efeito meramente acadêmico, uma vez que a lei lhes dá tratamento idêntico. (Código Civil, art. 393, *caput* e parágrafo único).

No Direito Romano, à atual *força maior* correspondia a **vis ma͟ior**, ou **vis maior cui res͟isti non potest** *(força maior a que não se pode resistir)* – complexo de circunstâncias estranhas à vontade do devedor de cumprir sua obrigação. Ao nosso *caso fortuito* correspondia o **casus fortuitus** – obra do acaso, circunstância imprevista decorrente de um fato da natureza. O adjetivo triforme latino **fortuitus, -a, -um** significa contingente, casual.

Causa mortis – Mortis causa

Embora muitos empreguem as duas expressões indistintamente, elas, no rigor técnico, têm significados distintos.

¶ *Causa mortis* significa, propriamente, a causa da morte, aquilo que, do ponto de vista médico, provocou a morte (tiro, queda, afogamento, asfixia, atropelamento, parada cardiorrespiratória, etc.).

¶ *Mortis causa* tem o sentido específico de: por causa da morte, em razão da morte, em decorrência da morte. Ana Prata, em seu *Dicionário jurídico* (3. ed., rev. e atual., 5. reimpressão, Coimbra: Almedina, 1999, p. 651), assim define *mortis causa*: *Expressão latina que significa por causa da morte, e que se utiliza para qualificar o ato jurídico que há de produzir os seus efeitos no momento da morte de alguém, ou para significar a situação em que alguém sucede num direito de outrem em razão da morte deste último* (ortografia atualizada).

Temos, assim, a locução **sucessão** *mortis causa* – sucessão cuja causa é constituída pela morte do sujeito titular dos direitos em que outrem sucede, também denominada **transmissão** *mortis causa*. À **transmissão** *mortis causa* opõe-se a **transmissão inter vivos** – transferência de coisas ou direitos operada entre pessoas vivas.

Em latim, é praxe a anteposição, ao substantivo **causa**, no caso ablativo – com o significado de por causa de ou com o objetivo ou a finalidade de –, do termo que traduz a causa ou a finalidade: **honoris causa**: por (causa da) honra, a título de honra, por mérito; **honoris mei causa** (Cícero): por causa da minha candidatura; **dissimulandi causa** (Salústio): com o fim de dissimular.

Já o tipo, a espécie de causa, o latim pospõe à palavra **causa**, no caso nominativo: **causa acquir͟endi**: a causa da aquisição; **causa agendi**: a causa de agir; **causa deb͟endi**: a causa (a origem) do débito, o motivo (o fundamento jurídico) da obrigação; **causa petendi**: a causa de pedir; **causa traditionis**: a razão (o fundamento) da transmissão da coisa objeto de tradição; **causae obligationum**: as causas (os fundamentos jurídicos) das obrigações.

Causa / motivo – Efeito / consequência

¶ Como ensina Othon M. Garcia, em sua excelente *Comunicação em prosa moderna*, p. 237, *Legitimamente, só os* fatos *ou* fenômenos físicos têm causa; os atos *ou* atitudes praticados ou assumidos pelo homem têm razões, motivos *ou* explicações. *Da mesma forma, os primeiros têm* efeitos, *e os segundos,* consequências.

Observa, no entanto, o mesmo autor, que a palavra *causa*, por seu sentido mais amplo e mais claro, se emprega também nas ciências ditas sociais e humanas (História, Política, Sociologia, Direito, etc.). É correto, pois, falar de causas políticas, causas históricas, tanto quanto o é ensinar a causa da dilatação ou da queda dos corpos.

CH (e não X)

¶ Palavras usuais com *ch*:

achacar	conchavo	garrucha
arrochar (apertar fortemente)	coqueluche	linchar
beliche	cupincha	mochila
brecha	deboche	pecha
cambalacho	encharcar	pechincha
chacina	escorchante	piche
chacota	estrebuchar	rechaçar
charlatão	fantoche	reproche
chumaço	flecha	ricochetear
cochichar	frincha	tacha (defeito)
cochilar	garrancho	trapiche

Chapa (Direito do Trabalho)

¶ *Chapa*, na linguagem trabalhista, é termo usado para designar *aquele que opera em carga e descarga de caminhões, em caráter meramente eventual, recebendo ao final da tarefa e sem obrigação de retorno.* (Acórdão do TRT-8ª, 4ª Turma, Relator Juiz Georgenor de Sousa Franco Filho – RO 3.265-96).

Sérgio Pinto Martins (*Direito do trabalho*, 18ª edição, Atlas, 2003), após ensinar que *Trabalhador eventual é aquela pessoa física que presta serviços esporádicos a uma ou mais pessoas* (p. 171), exemplifica sua conceituação:

É o que ocorre com os 'chapas' [itálico no original] *que trabalham para várias empresas, carregando e descarregando mercadorias* (p. 172). E remata, em sequência: *O mesmo acontece com 'o boia-fria'* [itálico no original; grafia atualizada] *que um dia trabalha para uma fazenda, noutro dia presta serviços a outra, e assim por diante.*

A prestação de serviço na condição de *chapa*, por ser eventual, descontínua, sem exclusividade nem subordinação jurídica, não constitui relação de emprego, nos termos do art. 3º da CLT.

Chicana

¶ *Chicana* (do francês **chicane**: objeção capciosa, artifício, sutileza, etc.) tem, na linguagem jurídica, o sentido de: dificuldade criada por malícia, artimanha ou má-fé com o propósito de tumultuar, atrasar ou prejudicar o andamento normal de um processo; expedientes inescrupulosos e condenáveis para empecer a parte adversa no processo, dificultando-lhe a ação; litigância de má-fé.

Como sinônimo de *chicana*, emprega-se também o termo **alicantina**: ardil, trapaça com que se procura enganar outrem. Denomina-se **chicanista** aquele que procede com chicana. O verbo correspondente ao substantivo *chicana* é **chican(e)ar**.

O CPC dispõe sobre as penas cominadas aos praticantes da *chicana*, especialmente nos artigos 16-8, que tratam da responsabilidade das partes por dano processual.

Num texto jurisprudencial, alguém confundiu *chicana* com **gincana**: *É que a experiência nos tem demonstrado que, sendo o serviço de correio muito eficiente no nosso País, na maioria das vezes, essas defesas de nulidade da citação não significam mais do que gincanas* [sic] *feitas pelas réus.*

Cipeiro

¶ *Cipeiro* é o trabalhador membro de uma Comissão Interna de Prevenção de Acidentes (CIPA).

O VOLP/09 não registra o termo; e, em pesquisa feita em doze dicionários, comuns e jurídicos, com edições até 2001, encontramo-lo tão somente no Borba/02.

O termo, no entanto, tem presença assídua em documentos jurídico-judiciários (decisões, súmulas, etc.) e em obras doutrinárias. Aparece, v. g., na Súmula n. 339-05 do TST, infratranscrita parcialmente. Em duas páginas (400-1) de sua obra *Direito do trabalho*, 18ª edição, Sérgio Pinto Martins, ao tratar dos membros da CIPA, faz uso do termo *cipeiro* por sete vezes.

A estabilidade provisória do cipeiro não constitui vantagem pessoal, mas garantia para as atividades dos membros da Cipa, que somente tem razão de ser quando em atividade a empresa [...] (Súmula n. 339, II, do TST)

Citação circunduta

¶ *Citação circunduta* era, no direito processual antigo, a citação defeituosa, por ter sido efetuada com violação dos preceitos processuais, acarretando a nulidade do feito.

O adjetivo **circunduto** origina-se de **circunductus, -a, -um**, particípio (passado) do verbo **circumducere**, que significa conduzir, guiar, levar ao redor. Assim, da acepção originária do particípio latino (conduzido, levado ao redor), o adjetivo **circunduto** passou a identificar um ato da causa que deve ser repetido por declarado nulo ou sem efeito. O art. 175 do CPC de 1939 – revogado pelo CPC de 1973 – dispunha que *A prescrição não se interrompe com a citação nula por vício de forma, por circunduta, ou por se achar perempta a instância ou ação.*

Circundução era a pena, imposta ao autor, de ficar sem efeito a citação ou diligência, em virtude de não ter sido acusada na audiência para a qual fora chamado o réu.

Citação editalícia (impropriedade)

¶ É impróprio o emprego da expressão *citação editalícia*, uma vez que o sufixo **-ício**, quando formador de adjetivos, denota concernência (chapéu cardinalício, privilégios tribunícios, etc.) ou qualidade (contrato feneratício [usurário], venda fictícia, usufruto vitalício, vantagem sub-reptícia, etc.).

A citação é feita **por edital**. A preposição **por**, no caso, indica meio, instrumento (= mor meio de, mediante, com o uso de). E o edital é um dos meios mediante os quais se procede à citação, daí o emprego apropriado da expressão citação **por** edital. A preposição **por** também aparece em outras locuções indicativas do meio de se movimentar a ação, tais como: citação **por** carta, **por** fac-simile, **por** precatória, **por** rogatória, etc.

Cabe a citação por edital em ação monitória (Súmula n. 282 do STJ).

A citação far-se-á: I – pelo correio; II – por oficial de justiça; III – por edital; IV – por meio eletrônico, conforme regulado em lei própria. (CPC, art. 221)

1. Pelo (no inciso I, acima – *pelo correio*) é a combinação da antiga preposição **per** com o artigo definido **o** (a, os, as).

2. No inciso II, acima – *por oficial de justiça* –, a preposição **por** assinala, propriamente, o **agente** (da passiva) da citação (= da ação de citar).

3. Na indicação de procuradores, é mais apropriada a locução **por intermédio de**, uma vez que o procurador *intermedeia* a relação entre a parte e o Juízo. A expressão *por meio de procurador* caracteriza, de certa forma, a *coisificação* desse personagem, e também a de outros, como, por exemplo, o oficial de justiça: *Far-se-á a intimação por meio de oficial de justiça* [*rectius*, por oficial de justiça] *quando frustrada a realização pelo correio* (CPC, art. 239). A mesma impropriedade – *por meio oficial de justiça* – ocorre também no art. 224 do CPC: *Far-se-á a citação por meio de oficial de justiça nos casos ressalvados no art. 222, ou quando frustrada a citação por edital.* É desrecomendado o emprego de sinônimos com o mero intuito de evitar a repetição de um termo.

Confira os verbetes *Através de = por meio de (impropriedade)* e *Rectius*.

Coagido – Coa(c)to

¶ Como particípio de **coagir**, apenas se emprega *coagido*. *Coa(c)to* emprega-se como substantivo ou adjetivo, na acepção de paciente de coação, que se encontra obrigado por meio de força física ou moral, constrangido: **cônjuge coato** (CC/1916, art. 178, § 5º, I).

Coletivo partitivo (concordância com)

¶ Quando o sujeito é um *coletivo partitivo*, isto é, coletivo seguido de substantivo ou pronome preposicionado no plural – grande número, grande quantidade, a maioria, a maior parte, etc. – o verbo pode ir ao plural, ou ficar no singular.

Empregar, no caso, o singular ou o plural é uma questão de ênfase: quem prefere realçar o conjunto, a coletividade, usa o verbo no singular, em concordância com o núcleo do sujeito; e quem deseja enfatizar as partes, põe o verbo no plural. Não é, pois, uma questão de "tanto faz", mas, sim, de uma opção, consciente ou inconsciente, de pôr em evidência o coletivo, o todo, ou as diversas partes – os agentes particulares – da coletividade.

Tanto em textos literários quanto não literários, estão fartamente documentadas ambas as construções. Haja vista as seguintes:

A maioria das pessoas que viajam não sabem ler, nem contar. (Machado de Assis – *Contos*)

Uma porção de moleques me olhavam admirados. (José Lins do Rego)

A maior parte dos contemporâneos não sabem ler senão os jornais. (Manuel Bandeira)

A maior parte dos trabalhos legislativos envolvem casos pessoais. (Carlos Maximiliano – *Hermenêutica e aplicação do direito*, p. 104)

A maioria das provas apresentadas contra os acusados durante o julgamento foram depois refutadas. (Raquel de Queirós)

A maioria dos servidores trabalham bem e ganham pouco. (Jornal do Comércio, Porto Alegre-RS).

Dos vinte e sete formandos, a maior parte deles já tinha emprego fixo.

Grande parte das pessoas pensa menos do que fala.

Grande quantidade de bairros ficou às escuras durante toda a noite.

Colocar = expor, propor (modismo)

¶ Um dos grandes modismos em voga nos últimos tempos é o verbo *colocar*. Como escreveu o saudoso Otto Lara Rezende (FSP, 12-8-1991, cad. 1, p. 2), *é um tal de colocar que não para mais*.

Não se propõe: coloca-se; não se expõe: coloca-se; não se explica: coloca-se; não se explana: coloca-se; não se argumenta: coloca-se. Não se fazem observações, comentários ou esclarecimentos: fazem-se colocações (ou até se *colocam colocações...*).

A adesão incondicional a esses modismos, que resulta num linguajar convencional e estereotipado, revela, no mínimo, penosa indigência verbal, desconhecimento ou desprezo comprometedor dos múltiplos e inexauríveis recursos léxicos de nosso idioma.

Não se prega a busca desenfreada de sinônimos raros e empolados. O que se recomenda é a procura permanente da palavra mais justa e mais precisa, com vista à expressão mais clara e fiel das ideias.

Confira o verbete **Resgatar** = *recuperar (modismo)*.

Colusão

¶ *Colusão*, na linguagem processual-civil, é o ato de autor e réu se valerem do processo para praticar ato simulado ou conseguir fim proibido por lei, em prejuízo de terceiro.

A figura da *colusão* está caracterizada no art. 129 do CPC: *Convencendo-se, pelas circunstâncias da causa, de que autor e réu se serviram do processo para praticar ato simulado ou conseguir fim proibido por lei, o juiz proferirá sentença que obste aos objetivos das partes.*

O termo aparece em dois artigos do CPC:

Art. 485. A sentença de mérito, transitada em julgado, pode ser rescindida quando: [...]; III – resultar de dolo da parte vencedora em detrimento da parte vencida, ou de colusão entre as partes, a fim de fraudar a lei; [...]

Art. 487. Tem legitimidade para propor a ação: [...]; III – o Ministério Público: [...]; b) quando a sentença é o efeito de colusão das partes, a fim de fraudar a lei.

O termo *colusão* provém do substantivo latino feminino **collusio, -onis** (com a variante neutra **collusium, -ii**). Este tem origem no verbo **colludere**, que se compõe do prefixo **co-** (variante de **com-**, ideia de companhia) + o verbo **ludere** (jogar, brincar), tendo, assim, o sentido originário de jogar ou brincar. Depois, evoluiu para o sentido de fazer conluio, ter inteligência secreta com alguém com a intenção de ludibriar o juiz e prejudicar terceiros, com fraude à lei.

Comistão – Confusão – Adjunção

¶ A Seção VI do Capítulo III do Título III do Livro III da Parte Especial do Código Civil tem este título: *Da confusão, da comissão* [sic] *e da adjunção*; e os três institutos de que trata estão disciplinados nos artigos 1.272 a 1.274.
Ocorre que há um grave equívoco (ou ato falho!) na grafia do segundo instituto – "comissão" –, cuja denominação correta é *comistão*. Do instituto da **comissão** tratam os artigos 693 a 709.

¶ *Comistão*, na terminologia jurídica, é a mescla, a mistura, para formar um todo, de coisas sólidas. Essas coisas, designadas de gêneros secos, podem ser homogêneas ou heterogêneas.
O termo *comistão* origina-se do substantivo latino feminino **commistio** (ou **commixtio**), **-onis**, e significa mistura, mescla. O substantivo forma-se do verbo **comisceo, -es, -ui, -mixtum, -ere** (misturar com), que se compõe do prefixo **com-** (ideia de reunião, junção) + o verbo **miscere** (misturar, juntar, mexer).

¶ Denomina-se *confusão* a mistura indissolúvel de substâncias líquidas ou liquefeitas. O termo procede do substantivo latino feminino **confusio, -onis** (ação de reunir, misturar), que tem origem no verbo **confundere**, formado do prefixo **con-** (variante de **com-**, ideia de reunião, junção) + o verbo **fundere** (verter, com referência a um líquido, derramar).

¶ *Adjunção* é a justaposição ou união de uma coisa móvel a outra também móvel, formando um todo inseparável ou de separação excessivamente dispendiosa (CC, art. 1.272, § 1º). O termo provém do substantivo latino feminino **adiunctio, -onis** (união, junção, adição, acréscimo), originário do verbo **adiungere**, composto do prefixo **ad-** (ideia de adição, junção, acréscimo) + o verbo primitivo **iungere** (jungir, unir, reunir).

Complessivo (salário)

¶ O vocábulo (adjetivo) *complessivo* provém do idioma italiano, em que tem a mesma forma – **complessivo**, com as acepções de **global**, **de conjunto**, **geral**, **total**.

Emprega-se, entre nós, na expressão **salário complessivo**, designativa *[...] da modalidade de pagamento em que, na complexidade da remuneração, formada pelo salário propriamente dito e mais por gratificações e comissões, ela figura em valor único, não distinguindo as diferentes parcelas que o compõem.* (Academia Brasileira de Letras Jurídicas – *Dicionário jurídico*, p. 506).

O Direito Trabalhista brasileiro veda a adoção do **salário complessivo**, exigindo a modalidade denominada **salário discriminado**, em que se especificam as diferentes parcelas componentes do total da remuneração:

Nula é a cláusula contratual que fixa determinada importância ou percentagem para atender englobadamente vários direitos legais ou contratuais do trabalhador. (Súmula n. 91-78 do TST).

A par de *complessivo*, existe, em português, o adjetivo (mais usual) **complexivo**: fato gerador complexivo, etc.

Comprobabilidade – Comprovabilidade

¶ As duas formas – *comprovabilidade* e *comprobabilidade* – estão registradas no VOLP/09, que assinala a mesma dupla grafia para os pares cognatos comprobação – comprovação; comprobado – comprovado; comprobador – comprovador; comprobante – comprovante; comprobativo – comprovativo; comprobatório – comprovatório.

Os adjetivos **comprovativo** e **comprovatório**, sinônimos, têm os significados de: que comprova ou serve para comprovar; que contém prova ou provas do que se afirma.

Como derivados sufixais de **comprovativo** (e **comprovatório**), também aparecem dicionarizados os substantivos **comprovatividade** (qualidade do que é comprovativo) e **comprovatoriedade** (qualidade do que é comprovatório).

As formas com **b** são denominadas eruditas, por conservarem a consoante originária do radical ou vocábulo latino correspondente: amabilidade (do latim **amabilis**); honorabilidade (do latim **honorabilis**); probabilidade (do latim **probabilis**); probatório (do latim **prob<u>a</u>re**). As formas com a consoante **b** substituídas por **v** são as que seguiram a evolução normal do português: amável (em latim, **amabilis**); admirável (em latim, **admirabilis**); etc.

Concelho – Conselho

¶ *Concelho*, na organização político-administrativa de Portugal, é a divisão administrativa de categoria imediatamente inferior à de distrito. Almada é um dos concelhos do distrito de Setúbal. O concelho divide-se em freguesias.

O termo *concelho* tem origem no substantivo latino **concilium, -ii** (ajuntamento, ligação, união; assembleia, reunião), procedente do verbo **conciere** ou **concire** (ajuntar, reunir, chamar, convocar; causar, produzir, dar origem).

¶ *Conselho* designa, na linguagem comum, usual, aquilo que se diz a uma pessoa para ajudá-la a tomar uma decisão sobre algo ou influenciá-la no seu comportamento. Na linguagem técnica, aparece em diversas locuções designativas de órgãos, públicos ou privados, de consulta, fiscalização, exame, decisão, opinião, zelo e outros fins correlatos: Conselho de Estado (em Portugal, órgão político de consulta do Presidente da República – CRP, art. 141º); Conselho da República (CRFB, arts. 89 e 90); Conselho Tutelar (ECA, arts. 131-140); Conselho Penitenciário, LEP, art. 69); Conselho de Administração (Lei n. 6.404, de 15-12-1976 – Lei das SAs, arts. 138-160); etc.

Conselho origina-se do substantivo latino **consilium, -ii** (deliberação, resolução, plano), derivado do verbo **consulere** (deliberar, ocupar-se de; consultar, tomar conselho; etc.).

Concertação

¶ *Concertação* provém do substantivo latino feminino **concertatio, -onis**, que tem as acepções de: combate, briga, peleja; debate, discussão, altercação, disputa. O substantivo procede do verbo **concerto, -as, -avi, -atum, -are** (combater, lutar, pelejar; discutir, disputar, argumentar, altercar; e, atualmente, discutir para atuar de maneira harmonizada, ajustada, combinada), que se compõe do prefixo **con-** (variante de **com-**, ideia de reunião, pluralidade) + o verbo primitivo **certare** (na linguagem jurídica: procurar obter uma decisão, debater, demandar, contestar; na linguagem comum: combater, lutar (para obter determinado fim), disputar prêmios nos jogos públicos, rivalizar.

Modernamente, *concertação*, no meio sociopolítico-econômico-administrativo, estabeleceu-se com o sentido de sistema de relações entre o Estado e o setor privado, por intermédio das entidades (parceiros sociais) que o representam (sindicatos, associações profissionais, etc.), mediante o qual o Poder Público se empenha em estabelecer e manter um diálogo com os destinatários de suas decisões administrativas, antes de concretizá-las.

Trata-se, pois, de uma negociação – com vista a um entendimento – entre um governo ou seus representantes, de um lado e, pelo outro, de delegações profissionais representativas da sociedade, para alcançar um acordo sobre questões concernentes a seu trabalho ou interesses.

A *concertação* ocorre com maior ênfase entre o Estado, por intermédio de seus interlocutores, e as organizações ou entidades patronais e as sindicais – concertação tripartite, ou tripartida –, com a intenção de definir as grandes orientações da política social e os objetivos da negociação profissional.

Em consideração aos objetivos específicos que tem em vista, a *concertação* assume diversas qualificações, como, por exemplo: concertação social (a mais em evidência, visa a solucionar um problema de cunho econômico ou social), concertação ambiental (visa à construção de soluções, de forma compartilhada com a sociedade, para temas do meio ambiente). Em Portugal, existe a Comissão (ex-Conselho) Permanente de Concertação Social (CPCS), talvez inspiradora do "Conselhão" instituído pelo Governador Tarso Genro (RS).

A *concertação*, desde que desligada dos calendários eleitorais, pode ser um instrumento importante de promoção do diálogo permanente entre os diversos setores da sociedade, em busca de soluções consensuais, acordadas, de problemas enfrentados pelos trabalhadores, pelas empresas e pela sociedade em geral, principalmente em questões básicas como as de saúde, segurança e educação.

A *concertação* pode dar-se também no âmbito interno de entidades, entre seus componentes, na busca em comum – pelas pessoas cujos interesses são convergentes, complementares ou mesmo opostos –, de acordo tendente à harmonização de suas respectivas condutas.

Nos principais dicionários brasileiros, e também no VOLP/09, o termo *concertação* é substituído pelo de **concertamento** (Houaiss/09, Aurélio/10, Sacconi/10), termo também usado no italiano (Zingarelli). Nos demais idiomas, sedimentou-se o termo *concertação*, em suas variações idiomáticas: **concertación** (espanhol); **concertation** (francês); **Konzertierung** (alemão). Portugal emprega o termo *concertação*, que consta inclusive no DLPC/01. Assim, em termos gerais, prevalece amplamente o termo *concertação*, levando a crer que veio para ficar.

Com a mesma semântica supradelineada do substantivo **concerto**, existe o verbo **concertar**: harmonizar, ajustar interesses, práticas, pontos de vista, etc. de duas ou mais partes, com o objetivo de chegar a uma posição ou solução comum. Assim, concertam-se políticas, estratégias, esforços, opiniões, vontades, linhas de ação, etc.

Confira o verbete *Concerto – Conserto*.

Concerto – Conserto

¶ *Concerto*, na linguagem jurídica, tem as seguintes acepções específicas:

1. Ato pelo qual se autentica, após conferência ou comparação, documento extraído por um funcionário ou serventuário de justiça. Um deles **extrai** o documento; um segundo o **confere** (promovendo, se for o caso, as correções cabíveis); e um terceiro o **autentica**, isto é, declara a conformidade da cópia com o original.

Será de quinze (15) dias o prazo para a extração, a conferência e o concerto do traslado, [...] (CPC, art. 525)

Ao substantivo *concerto* corresponde o verbo **concertar**, na mesma acepção.

O traslado será extraído, conferido e concertado no prazo de cinco dias, [...] (CPP, art. 587, parágrafo único)

Assim, documentos **concertados** são documentos **autenticados,** após confronto com o respectivo original.

No art. 216 do Código Civil, aparece a grafia **consertados**, em vez da forma (correta) *concertados*. Não é, infelizmente, em matéria de linguagem, o único erro desse Código!

2. Combinação, acordo, arranjo.

Pertence ao capitão escolher e ajustar a gente da equipagem, e despedi-la, nos casos em que a despedida possa ter lugar (art.155), obrando de concerto com o dono ou o armador, caixa ou consignatário do navio, [...] (C. Com., art. 499)

3. Ajuste entre duas ou mais pessoas para a prática de um ato delituoso, acepção sob a qual o termo é usual, sobretudo no Direito Penal português.

A pena de prisão maior de dois a oito anos será imposta: [...]; 3º Ao que, por concerto ou cumplicidade com o falsificador [de moeda]*, praticar algum dos actos declarados neste artigo, ou neles tiver parte.* (CPp, art. 208º)

Na mesma acepção do substantivo (*concerto*), aparece o verbo **concertar**.

O que passar a dita moeda falsificada por qualquer dos modos declarados neste artigo ou a expuser à venda, não se concertando nem sendo cúmplice com o falsificador, será condenado ao máximo da pena de prisão e ao máximo da multa. (CPp, art. 208º, § 2º)

Verifica-se, pelos exemplos dados, que, nas três acepções, está presente a ideia básica do termo *concerto*: harmonia entre dois fatos ou entre dois atos. Onde não há *concerto* impera o **desconcerto**, que pode resultar em reações **desconcertantes**.

¶ *Conserto* é o ato ou efeito de consertar, remendar, reparar; remendo, reparo, reparação. Designa, assim, toda obra de reparação feita em prédios, veículos, embarcações, etc.

Se o capitão for obrigado a consertar a embarcação durante a viagem, o afretador, carregadores ou consignatários, não querendo esperar pelo conserto, podem retirar as suas fazendas pagando todo o frete, estadias e sobrestadias e avaria grossa, havendo-a, as despesas da descarga e desarrumação. (C. Com., art. 613)

Concluído – Concluso

¶ **Concluído** é o particípio usual de **concluir**.
Já havíamos concluído os trabalhos.
Estão sendo concluídos os últimos pavimentos do prédio.

¶ A forma contraída, irregular, **concluso**, aparece, na linguagem jurídico-processual, como adjetivo, na expressão **autos conclusos**: autos entregues ao juiz para despacho ou sentença (CPC, arts. 190, 519, 534, parágrafo único, 1.126, etc.). Nesse sentido, mesmo com o verbo **ser**, na voz passiva analítica, emprega-se a forma *concluso*.
Tratando-se de apelação, de embargos infringentes e de ação rescisória, os autos serão conclusos ao revisor (CPC, art. 551).
Conclusos os autos ao Relator, este submeterá o feito a julgamento na primeira sessão que se seguir à data da conclusão. (RISTJ, art. 245, parágrafo único)
O processo é concluso ao juiz para, no prazo de quarenta e oito horas, proferir sentença homologando a partilha constante do mapa [...] (CPCp, art. 1382º, 1)

Concordância com as locuções verbais

¶ Nas locuções verbais (dois verbos com o mesmo sujeito) de **auxiliar** (geralmente **dever** ou **poder**) + **infinitivo** (do verbo principal), este (o infinitivo) fica invariável, mesmo que aquele (o auxiliar) esteja no gerúndio.
Os candidatos podem inscrever-se a partir da próxima segunda-feira.
Poderão as partes, até quarenta e oito horas antes do julgamento, apresentar memoriais, [...] (RITRT-4ª, art. 162)
As provas terão início às 14 horas, devendo os candidatos estar no respectivo prédio às 13 horas.
As imunidades de Deputados ou Senadores subsistirão durante o estado de sítio, só podendo ser suspensas mediante o voto de dois terços dos membros da Casa respectiva, [...] (CRFB, art. 53, § 7º)
Os efeitos de que trata este artigo não são automáticos, devendo ser motivadamente declarados na sentença. (CP, art. 92, parágrafo único)

Do despacho que admitir, ou não, o assistente, não caberá recurso, devendo, entretanto, constar dos autos o pedido e a decisão. (CPP, art. 273)

As declarações e depoimentos serão tomados por termo, podendo ser usados recursos audiovisuais. (Conselho Nacional do Ministério Público, Resolução n. 13, de 2-10-2006, art. 9º)

As provas terão caráter prático, podendo os candidatos consultar qualquer manual de legislação não comentada.

Concordância com sujeito constituído de infinitivo (sujeito oracional)

¶ Quando o sujeito tem por núcleo um **infinitivo**, o verbo a ele referente fica no singular.

Resta-me examinar três processos. (Sujeito de **resta: examinar**...: *Examinar três processos* [sujeito] é o que me resta.)

São decisões que não nos compete discutir. (Sujeito de **compete: discutir**...)

Trata-se de medidas que cabe às autoridades tomar. (Sujeito de **cabe: tomar**...)

De fato, por motivos que não interessa relatar, afastei-me da comissão. (Sujeito de **interessa: relatar**...)

Foi necessário remover muitos obstáculos. (Sujeito de **Foi necessário: remover**...)

Veja a diferença entre as duas construções:

Agora tratarei de assuntos que lhes interessam. (O que interessa são **os assuntos**.)

Agora tratarei de assuntos que lhes interessa conhecer. (O que interessa é **conhecer os assuntos**.)

Confessado – Confesso

¶ Como particípio de **confessar**, somente se emprega *confessado*.
Ele já havia confessado outros crimes.

¶ *Confesso* tem valor adjetivo, como na expressão **réu confesso**: réu que confessou sua atuação ou participação no fato delituoso de que é acusado.

Confidente – Confitente

¶ *Confidente* (s. 2g.) é quem recebe informação secreta, ou em confidência (revelação que não pode transpirar).

¶ *Confitente* (s. 2g.) é aquele que confessa.

A confissão judicial faz prova contra o confitente, não prejudicando, todavia, os liticonsortes. (CPC, art. 350)

Cônjuge (o / a)

¶ O VOLP/09 registra o substantivo *cônjuge* como comum de dois (s. 2g.): o cônjuge, a cônjuge.

Assim, não há razão para se continuar dizendo o **cônjuge varão** (ou o **cônjuge marido**) e o **cônjuge mulher** (ou o **cônjuge virago**), à maneira tradicional.

Quanto a **virago**, registra-se, por oportuno, que, além de ser forma obsoleta como feminino de **varão**, é termo de conotação fortemente pejorativa. Haja vista, entre outros, os significados que lhe atribuem os dicionários: *mulher com maneiras, voz e robustez próprias de homem; mulher máscula, varonil* (DLPC/01; *mulher de aspecto, inclinações sexuais e hábitos masculinos, fanchona, paraíba* – Houaiss/09); *mulher que tem estatura, voz, aspecto e maneiras de homem; machona; sapatão; mulher-macho* – Sacconi/10); *mulher forte, de compleição e trejeitos masculinos* – DELP/08. O Aurélio/10, no verbete **virago**, remete o consulente ao verbete **machão**... Dessa forma, a fim de evitar constrangimentos e consequências piores, evite fazer menção a **cônjuge virago**.

Cônjuge supérstite

¶ *Cônjuge supérstite* é o que sobrevive à morte do outro; cônjuge sobrevivente. O termo **supérstite** origina-se do adjetivo latino **superstes, superstitis**, que tem as significações de: que está em cima, que fica em cima, daí: sobrevivente, que resta, que subsiste, conservado, salvo, incólume, são e salvo. Origina-se do verbo **supersto, -stas, -steti, -statum, -stare**, composto do prefixo **super** (sobre, por cima de) + o verbo **stare** (estar de pé, estar levantado, estar ereto).

Em português, **supérstite** somente se emprega, como adjetivo 2g., na terminologia jurídica, para denominar o cônjuge sobrevivente, o cônjuge viúvo, o cônjuge que sobrevive à morte do outro.

Em nosso CPC (1973), está presente nos arts. 998, I (*cônjuge supérstite*); 993, II (*cônjuge supérstite*); 1.025, I, *a* (*cônjuge supérstite*); 1.043 (cônjuge meeiro supérstite); e 1.045, parágrafo único (cônjuge herdeiro supérstite). No CPCp, está nos arts. 1392º, 1 (*cônjuge supérstite*); e 1395º, 2 (*cônjuge supérstite*).

No art. 990, I, do CPC, em lugar da expressão *cônjuge supérstite*, aparece a locução **cônjuge** ou **companheiro sobrevivente**, com a substituição do adjetivo tradicional **supérstite** por **sobrevivente** e do acréscimo do termo companheiro, dentro das novas diretrizes do nosso Direito Civil.

No art. 1.043 do CPC, ao adjetivo *supérstite* se opõe o adj. **premorto** (grafia do VOLP/09); e, nos arts. 1392º, 1, e 1395º, 2, do CPCp, a *cônjuge supérstite* se opõe a locução cônjuge **predefunto** (grafia do VOLP/09)

Conquanto – Porquanto

¶ ***Conquanto*** é conjunção subordinativa concessiva, sinônima de embora, posto que, não obstante. Tanto pode introduzir orações antepostas quanto pospostas à principal. Pede o verbo no modo subjuntivo:

Conquanto o Código tenha procurado manter-se fiel ao critério terminológico anunciado na Exposição de Motivos, segundo o qual o substantivo lide *seria sempre utilizado como significante de* mérito, *a verdade é que, em alguns casos, o legislador deixa-se apanhar em certos descuidos.* (Manoel Antonio Teixeira Filho – *A sentença no processo do trabalho*, p. 235).

Só o homem é capaz de ter consciência do que é justo e do que é injusto, conquanto vá, nesse juízo, no mais das vezes, uma considerável carga de subjetividade. (Id., ibid., p. 346)

A calúnia, conquanto escrita em palavras ocultas e penteadas, é sempre calúnia. (Camilo Castelo Branco)

¶ ***Porquanto*** é conjunção coordenativa explicativa ou subordinativa *causal*, sinônima de porque, pois, uma vez que, visto que, etc. Tanto pode introduzir orações antepostas quanto pospostas à principal:

Havendo exigência do uso de uniforme, o tempo despendido pelo empregado para colocá-lo e retirá-lo deve ser considerado como tempo à disposição do empregador, porquanto destinado ao cumprimento de ordens dele emanadas, integrando a jornada de trabalho, [...] (RETRT-4ª, n. 63, p. 37 – excerto de ementa)

Nem sempre a prática do assédio moral é de fácil comprovação, porquanto, na maioria dos casos, ocorre de forma velada, dissimulada, visando a minar a autoestima da vítima e a desestabilizá-la. (RETRT-4ª, n. 63, p. 47)

Para julgar requer-se certamente o entendimento, porquanto nada podemos julgar de uma coisa que de nenhum modo percebemos. (Descartes – *Princípios da filosofia*).

Cumpre renovar o método [...] nas escolas. Ou antes, cumpre criar o método, porquanto o que existe entre nós usurpou um nome, que só por antífrase lhe assentaria: não é o método de ensinar; é, pelo contrário, o método de inabilitar para aprender. (Rui Barbosa – *A reforma do ensino primário*).

Em se tratando de falsidade ideológica, é desnecessária a perícia no documento, porquanto ele próprio substitui o corpo de delito. (RJTJRS, n. 207, p. 164)

1. Há que fazer distinção entre *conquanto* e **com quanto**. *Conquanto*, como visto, é conjunção subordinativa concessiva (embora, ainda que, se bem que, etc.); e **com**

quanto (quantos, quanta, quantas) é expressão de quantidade composta da preposição **com** + o pronome interrogativo **quanto** (e suas flexões), indicando, pois, quantidade: *Com quantos anos você começou a trabalhar?*

2. Também é preciso distinguir entre ***portanto*** e ***por tanto***. Portanto, como supradito, é conjunção coordenativa conclusiva: logo, pois (intercalado ou final), por isso, por conseguinte, etc.). **Por tanto** é expressão indicativa de preço ou quantidade. *A obra é, sem sombra de dúvida, valiosa, mas por tanto (por este preço, por tal preço) ela extrapola minha capacidade financeira. Fique aqui por tantos dias quantos lhe sejam necessários.*

Consectário – Consentâneo

¶ *Consectário*, como substantivo, significa consequência, efeito, resultado.

Como adjetivo, tem a acepção de consequente, decorrente, concludente.

O termo é mais empregado como substantivo.

E contudo os progressos morais e intelectuais, e como seu forçoso consectário, o adiantamento político dos povos, tornaram não somente possível, mas também mais fácil, mais flexível, mais elástico o complexo mecanismo das nações. (Latino Coelho)

Consectário origina-se do adjetivo latino triforme **consectarius, -a, -um,** que, por sua vez, se forma do prefixo **con** (variante de **com**; ideia de concordância, acordo, harmonia, conformidade) + o verbo **sectari** (seguir habitualmente, acompanhar, ir atrás). O verbo **sectari** provém do substantivo **secta, -ae** (séquito, partido, seita, escola), do qual se origina o nosso substantivo **seita.**

¶ *Consentâneo* significa apropriado, adequado, coerente, conforme, congruente, de acordo.

No sentido de adequado, apropriado, constrói-se com a preposição *a*.

A linguagem do periódico é consentânea às ideias que veicula.

Essa atitude seria inegavelmente mais consentânea aos dogmas fundamentais da liberdade.

Na acepção de coerente, congruente, constrói-se com a preposição *com.*

Espera-se da pessoa adulta um comportamento consentâneo com suas convicções e princípios de vida. (Celso Pedro Luft – *Dicionário prático de regência nominal*, p.122)

A mulher consciente não aceita ser objeto e reivindica direitos consentâneos com a condição de pessoa humana. (Id., ibid., p. 122)

Consentâneo origina-se do adjetivo latino triforme **consentaneus, -a, -um,** que, por sua vez, se forma do prefixo **con** (forma variante de

com; ideia de concordância, harmonia, acordo, conformidade) + o verbo **sentire** (sentir, pensar, julgar)

Evite-se o emprego do termo **consectâneo**, cruzamento vicioso de *consectário* com *consentâneo*.

Considerandos

¶ *Considerandos* são o conjunto sintático-estrutural da exposição de motivos ou da justificativa invocados como fundamentos de atos legislativos, judiciais ou administrativos. São expostos individualizadamente, em períodos introduzidos pelas locuções *considerando (que)* ou *atendendo a(o) (que)*. Muitas vezes vêm seguidos de um texto articulado (artigos, parágrafos, incisos, alíneas, itens), principalmente em atos legislativos e administrativos.

Os *considerandos* têm, muitas vezes, a finalidade subsidiária de facilitar a aceitação, pelos destinatários, de certas medidas não muito favoráveis a esses. Há os que empregam, em lugar do substantivo português *considerandos*, o substantivo neutro latino **considerandum**, em sua forma plural **consideranda**.

Considera-se

¶ Em textos técnico-legislativos, aparece, com frequência, a forma verbal pronominal *considera-se* para indicar que determinada coisa (A, B ou C) é algo por disposição legal específica: o que a lei considera que algo é não se presume (presunção relativa) nem se reputa (presunção absoluta) que o seja – é, sim, isso por determinação legal, em termos absolutos ou nos limites que a norma estabelece.

Às vezes a mencionada forma pronominal vem complementada pela expressão *para os efeitos desta Lei*, para incluir no âmbito desta pessoas, coisas, obrigações, etc. que guardam semelhança com o preceito neles estabelecido, e, como tais, passam a ter tratamento legislativo por eles exposto. No caso, a abrangência tratamento atribuído a essas pessoas, coisas, obrigações etc. limita-se à natureza do ato normativo em que foram inseridas.

Outras vezes, a forma verbal *considera-se* vem substituída pela forma pronominal **equipara-se**, complementada, ou não, pela locução *para os efeitos desta Lei* ou congênere (*para os efeitos penais*, p. ex.).

Exemplos das diversas formas supraexpostas:

Considera-se empregador a empresa, individual ou coletiva, que, assumindo os riscos da atividade econômica, admite, assalaria e dirige a prestação pessoal de serviço. (CLT, art. 2º).

Considera-se empregado toda pessoa física que prestar serviços de natureza não eventual a empregador, sob dependência deste e mediante salário. (CLT, art. 3º).

Consideram-se extintas todas as obrigações do devedor, decorrido o prazo de 5 (cinco) anos contados da data do encerramento do processo de insolvência. (CPC, art. 778).

Considera-se criança, para os efeitos desta Lei, a pessoa até dez anos de idade incompletos, e adolescente aquela entre doze e dezoito anos. (ECA, art. 2º)

Equipara-se a consumidor toda a coletividade de pessoas, ainda que indetermináveis, que haja intervindo nas relações de consumo. (Lei n. 8.078, de 11-9-90, art. 2º, parágrafo único)

Para os efeitos penais, equipara-se a documento público o emanado de entidade paraestatal inclusive Fundação de Estado. (CE, art. 348, § 2º).

Consignante / consignador – Consignatário / consignado

Na modalidade de pagamento denominada *consignação de vencimentos, consignação em folha* ou *desconto em folha*, temos as figuras do **consignante** e do **consignatário**.

¶ *Consignante*, no caso, é o devedor, servidor público ou empregado particular, que faz, que autoriza a consignação em folha em favor do credor da obrigação. Também recebe a denominação de *consignador*.

¶ *Consignatário*, no caso, é a pessoa de direito público ou privado em favor de quem se faz consignação de vencimentos, remuneração, salário, provento, etc.

1. Emprega-se também, no mesmo sentido de *consignatário*, o termo *consignado*. É recomendável, no entanto, inclusive para evitar ambiguidade, reservar este último para designar aquilo que foi objeto de consignação.

2. As figuras do *consignante* e do *consignatário* também aparecem na consignação comercial (consignação de mercadorias) e na consignação em pagamento. Também aqui, quanto ao termo *consignado*, vale a recomendação feita acima.

Constrição

¶ *Constrição* origina-se do substantivo latino feminino **constrictio, -onis** (ação de apertar, aperto), que procede do verbo **constringere** (ligar estreitamente com, atar, prender, apertar, contrair). **Constringere** compõe-e do prefixo **com**, sob a forma **con** (ideia de intensidade) + o verbo **stringere**: cerrar, apertar, estreitar, comprimir, constringir (verbo registrado no VOLP/09).

Na linguagem médica, *constrição* tem o significado de compressão circular, estreitamento patológico de qualquer canal ou esfíncter (músculo com fibras circulares que envolve um orifício e que garante sua oclusão ou abertura – esfíncter anal ou esfíncter da bexiga, p. ex.), estenose.

Na linguagem jurídica, o termo aparece na locução **constrição judicial de bens**. Consiste no ato judicial mediante o qual se procede à apreensão, ao bloqueio ou à declaração de indisponibilidade de bem ou bens do devedor, tantos quantos necessários para perfazer o valor da execução movida pelo credor, se vitorioso em seu pleito. Tem a finalidade de retirar o bem ou os bens da posse do devedor, para trazê-los e conservá-los à disposição do Juízo perante o qual se intenta a ação ou se tenciona intentá-la.

Ao substantivo *constrição* correspondem os seguintes cognatos: **constringência, constringente, constringir, constringível, constritividade, constritivo, constrito** e **constritor**, todos constantes no VOLP/09). O termo *constrição* aparece seis vezes nos arts. 660-3 do Projeto de Código de Processo Civil.

Consumar – Consumir

¶ *Consumar* significa levar ao fim, completar, realizar, terminar, acabar.
O desvio de dinheiro consumou a falência.
Uma discussão banal consumou-se numa lamentável tragédia.
Jamais permitiremos que se consumem esses atentados à liberdade de expressão.
É preciso evitar que se consume essa balbúrdia institucional.

¶ *Consumir* significa exaurir, esgotar, abater, acabar com, dissipar, aniquilar, absorver, gastar, destruir pelo uso.
O alcoolismo consumiu suas energias.
Os desatinos do rapaz consomem (afligem, desgostam, desatinam) a família.
É necessário que as crianças consumam menos refrigerantes e mais sucos naturais.

É frequente a confusão no emprego dos dois verbos, principalmente no presente do subjuntivo, cujas formas corretas são:

1. para *consumar*: consume, consumes, consume, consumemos, consumeis, consumem;

2. para *consumir*: consuma, consumas, consuma, consumamos, consumais, consumam.

A confusão chegou a tal ponto, que até se consagrou a **taxa de consumação**, quando o correto seria **taxa de consumição**. Aqui, no entanto, a confusão nos veio do idioma francês, em que **consommation**, entre outros significados, tem o de despesa num café, bar, restaurante, etc.

Consumerismo – Consumerista

¶ *Consumerismo*, do inglês americano **consumerism** (derivado de **consumer**, consumidor), tem o significado de: proteção dos interesses do consumidor por intermédio de associações; tendência dos consumidores de se organizarem em associações, com o objetivo de se protegerem nas aquisições e de sensibilizar as autoridades sobre os problemas do consumo.

Em francês, tomou a forma **consumérisme** (Paul Robert – *Dictionaire alphabétique et analogique de la langue française*); em italiano, **consumerismo**, com a variante **consumatorismo** (Nicola Zingarelli – *Vocabolario della lingua italiana*); em alemão, **Konsumerismus** (Gehrard Wahrig – *Deutsches wörterbuch*). O VOLP/09 também registra o termo.

¶ *Consumerista*, adjetivo derivado de *consumerismo*, tem o significado de: concernente às relações de consumo. Aparece, na literatura especializada, em diversas expressões, tais como: normas consumeristas, suporte fático consumerista, Lei Consumerista, ou Estatuto Consumerista (Código de Defesa do Consumidor), legislador consumerista, sistema consumerista, etc.

Equivocou-se um autor de dicionário jurídico que, em sua obra, consigna o termo *consumerismo* como sinônimo de **consumismo.**

Contas a pagar = Contas por / para pagar (impropriedade)

¶ Embora não constitua erro, há impropriedade no uso da preposição **a** entre um substantivo ou pronome e um infinitivo para indicar *o que cumpre fazer*, em construções como: cartas a escrever, contas a pagar, honorários a receber, problemas a resolver, etc.

Tais construções ganham em qualidade estilística com a substituição da preposição **a** pela preposição **por**, uma de cujas acepções é a de denotar ato ou estado não realizado. Assim, pois, fica melhor dizer-se: cartas por escrever, contas por pagar, honorários por receber, problemas por resolver, provas por corrigir, etc. A preposição **por**, nesses casos, também pode ser substituída pela preposição **para**: mercadorias para despachar, textos para revisar, cálculos para conferir, etc.

No fim do mês, as pessoas geralmente têm muitas contas por/para pagar.

Tenho muitos problemas por/para resolver.

Com os valores que ainda tenho por/para receber, pretendo comprar uma casa numa praia de Santa Catarina.

Conteste – Inconteste (significados de)

¶ *Conteste* significa que depõe uniformemente com outrem (**testemunha conteste**); que comprova ou confirma o mesmo fato; que é concorde com outro (**testemunhas contestes, depoimentos contestes**). O termo vem empregado, com a primeira acepção acima, no Código Civil de 2002, numa das disposições sobre o testamento particular:

Se as testemunhas forem contestes sobre o fato da disposição, ou, ao menos, sobre a sua leitura perante elas, e se reconhecerem as próprias assinaturas, assim como a do testador, o testamento será confirmado (art. 1.878).

¶ *Inconteste* é antônimo de *conteste* (**in** = não); significa, pois, discordante, discrepante, contraditório. **Prova inconteste** é, pois, prova contraditória, assim como **testemunha inconteste** é testemunha discordante, não concordante.

Muitos profissionais do Direito empregam o termo *inconteste* como sinônimo de irrefutável, irretorquível, irrespondível (argumentos, provas *incontestes*). Fazem-no por confusão com o termo **incontestável**. Até dicionaristas incidem nesse equívoco. Em linguagem técnica, como é a do Direito, exige-se precisão, exatidão no emprego dos termos. *Toda ciência se inicia com o estudo da significação dos termos* disse, a propósito, Altimare.

Contrato – Contratual – Contratualidade

¶ O termo *contrato* origina-se do particípio passado **contractus, -a, -um**, do verbo **contrahere**, com o significado de: ajuntado, reunido, composto, formado. Tem a acepção genérica de acordo estabelecido entre duas (contrato bilateral) ou mais partes (contrato multilateral) com vista à realização de um objetivo comum.

Do termo *contrato* originam-se, entre outras palavras, o adjetivo *contratual* e o substantivo *contratualidade*, ambos por derivação sufixal. O sufixo **-dade**, derivado do sufixo latino **-tas**, forma substantivos abstratos derivados de adjetivos e indicadores de *caráter, estado, feição, natureza, qualidade* de algo: admissibilidade, calculabilidade, *contratualidade*, inamovibilidade, (in)disponibilidade, oponibilidade, penhorabilidade, (pré)-executividade, substancialidade, sustentabilidade, validade, etc.

¶ *Contratual* tem o significado de: relativo ao contrato; que consta de contrato; aquilo que tem as formalidades de contrato; procedente do contrato ou derivado dele; pertinente a um contrato.

¶ *Contratualidade* é o conjunto de traços peculiares que ligam determinada relação jurídica à figura do contrato. É a qualidade daquilo que é contratável: p. ex., a natureza da relação estabelecida entre o empregado e o empregador (a relação jurídico-trabalhista).

Alguns empregam o termo *contratualidade* como sinônimo de contrato; outros lhe atribuem o sentido de: o curso, o desenrolar, do contrato; a dinâmica do contrato. À semelhança da distinção entre processo (conceito estático) e processamento (conceito dinâmico), o contrato (conceito estático) seria o ajuste propriamente dito; e contratualidade (conceito dinâmico) seria o movimento, a dinâmica do contrato. No Direito do Trabalho, relação que vincula empregado e empregador: a contratualidade das relações de trabalho.

Em síntese conclusiva: não tem apoio semântico o emprego do termo *contratualidade* com o significado de *contrato* (o ato em si) e muito menos com o de a **dinâmica do contrato** (o curso, o desenrolar da relação jurídico-trabalhista estabelecida mediante contrato).

Contundido – Contuso

¶ *Contundido* é o único particípio atual de **contundir** (produzir lesão, ferir).

¶ *Contuso* somente se emprega como adjetivo. Aparece na expressão **feridas contusas**: feridas resultantes de contusão ou esmagamento.

Convencer – Persuadir (significado de)

¶ *Convencer* significa: obter de alguém, por meio de argumentos ou provas racionais, o reconhecimento da verdade de uma proposição ou da obrigatoriedade de um ato. Deriva do verbo latino **convincere** (provar, convencer, demonstrar), que, por sua vez, é formado da preposição **con** (variante de **com**) + o verbo **vincere** (vencer). Tem, assim, o significado etimológico de *provar vitoriosamente*.

¶ *Persuadir* tem o significado de: levar alguém a querer ou fazer alguma coisa; em outras palavras, provocar alguém a aderir a uma ideia ou ação, mediante o exercício de influência sobre sua sensibilidade (desejo, emoção, paixão) ou vontade.

¶ O ato de *convencer* atua sobre a razão, ao passo que o de *persuadir* age sobre o sentimento ou a vontade. Podemos, assim, convencer alguém da necessidade de fazer ou deixar de fazer algo, sem, no entanto, conseguir persuadi-lo a agir de acordo com aquilo de que o convencemos.

Izidoro Blikstein, em seu excelente opúsculo *Técnicas de comunicação escrita* (p. 23), após insistir em que *a comunicação escrita deve ser agradável, suave e persuasiva*, lembra que *os termos* suave, persuadir *e* persuasivo *provêm da mesma raiz latina SUAD* – doce, doçura – *e pertencem à mesma família de palavras*.

A convicção – disse o político francês Jacques Duclos – *é muitas vezes somente passiva; a persuasão é ativa, dá impulso e faz obrar.* Jaime M. Mans Puigarnau, em sua obra *Lógica para juristas* (p. 164), ensina: *La* convicción *opera sobre el entendimiento, la* persuasión *sobre la voluntad. El instrumento de la* convicción *es el* argumento; *el de la* persuasión, *el* consejo (A convicção *opera sobre o entendimento,* a persuasão *sobre a vontade. O instrumento da* convicção *é o* argumento; *o da* persuasão, *o conselho*).

J. I. Roquete e José da Fonseca, em seu *Dicionário dos sinónimos poético e de epítetos da língua portuguesa* (p. 143), ao estabelecer a diferença entre **convicção** e **persuasão**, esclarecem: *Aquela* [a convicção] *é filha da razão, e do domínio da inteligência; esta* [a persuasão] *obra mais sobre o coração, e depende da sensibilidade.*

Em síntese: *convencer* é atingir a mente da pessoa – é fazer-crer. *Persuadir* é atingir o sentimento da pessoa – é fazer-fazer.

Convenente – Conveniente

¶ *Convenente* é o nome atribuído àquele que é parte numa convenção, ajuste, convênio ou contrato; sinônimo, por extensão, de contratante, estipulante.

Trata-se de palavra de longo uso em nosso idioma. Já a registram, p. ex., na acepção de **contraente**, **estipulante**, Fr. Joaquim de Santa Rosa Viterbo, em seu precioso *Elucidário* (1ª edição, 1798-1799), e Antonio de Moraes Silva, em seu paradigmático *Diccionario da lingua portugueza* (edição de 1813).

Os Sindicatos convenentes ou as empresas acordantes promoverão, conjunta ou separadamente, dentro de 8 (oito) dias da assinatura da Convenção ou Acordo, o depósito de uma via do [...]. (CLT, art. 614)

¶ *Conveniente* é adjetivo relacionado ao substantivo **conveniência**; sinônimo de vantajoso, proveitoso, útil.

Um número sobremaneira reduzido de dicionários registra a acepção de **participante de convênio** para a palavra *conveniente* (três, de quatorze obras consultadas, e, ainda assim, em caráter secundário). Trata-se de registros, a par de isolados, sem apoio, ao que parece, no uso efetivo do idioma, máxime no mundo jurídico.

Correição – Correcional (e não correicional)

¶ Ao substantivo *correição* (inspeção, pelo corregedor, dos órgãos judiciários ou administrativos, com o objetivo de corrigir ou emendar erros, irregularidades, omissões, abusos, negligências ou faltas das autoridades judiciárias ou administrativas e seus auxiliares) corresponde o adjetivo *correcional*.

A correição parcial visa à emenda de erros ou abusos que importem a inversão tumultuária de atos e fórmulas legais, a paralisação injustificada dos feitos ou a dilação abusiva dos prazos por parte dos Juízes de Primeiro Grau, quando, para o caso, não haja recurso previsto em lei. (RITRF-4ª de 2010, art. 263)

Os Conselhos da OAB constituem também tribunais correcionais, com poderes necessários para suspender e expulsar advogados faltosos.

O corregedor procede à correição, isto é, exerce atividade correcional

É incorreta a forma **correicional**, empregada, por exemplo, na CRFB, art. 96, I, *b* (atividade **correicional**).

O VOLP/09, bem como os dicionários em geral (comuns e jurídicos), somente registram a forma *correcional*.

Correção e *correição* provêm do mesmo substantivo latino: **correctio, -onis**. Em *correição* houve a vocalização do **c**, à semelhança do que ocorreu com feito, de **factu**; leite, de **lacte**; biscoito, de **bisc<u>o</u>ctus** (cozido duas vezes); doutor, de **d<u>o</u>ctor**; auto, de **actu**; etc.

Corrigido – Correto

¶ Como particípio de **corrigir**, só se emprega *corrigido*.

As provas foram corrigidas ontem.

Os textos já estão corrigidos.

¶ *Correto* é exclusivamente adjetivo. Assim, prova corrigida é prova que alguém corrigiu, e prova correta é prova certa, sem erros, perfeita.

Observe os dois particípios:

Tenho corrigido milhares de provas de concurso público; raras vezes encontrei alguma correta.

Das trezentas provas corrigidas, somente duas estão corretas.

Cujo (significado e emprego de)

¶ *Cujo* é um pronome relativo sintético. Equivale a **de** (preposição indicativa de posse ou pertinência) + **que(m)** ou **do/da qual, dos/das quais** + **o/a/os/as** (artigo definido).

O motorista cuja sogra (= "do qual a sogra", "de quem a sogra") *foi sequestrada dirigiu-se ao posto policial.*

O prédio cujas paredes superiores (= "do qual as paredes superiores") *desabaram parecia novo.*

¶ Quanto ao emprego de *cujo*, dois cuidados se fazem necessários:
1. Nunca é precedido de artigo, razão por que jamais ocorrerá crase diante dele.
2. Nunca pode ser seguido de artigo (pois o artigo já está contido nele, conforme demonstrado acima).

Cujo, que sempre concorda em gênero e número com o termo consequente, pode vir precedido, ou não, de preposição. Tudo dependerá da regência da palavra (verbo, adjetivo, substantivo) a que serve de complemento a expressão em que se encontra. Observem-se estes exemplos:

O autor cuja doutrina adoto é francês. (Adota-se algo.)

O autor com cujas ideias concordo é francês. (Concorda-se **com** algo.)

O autor a cuja obra me refiro é francês. (Refiro-me **a** algo.)

Morreu ontem o autor a cujas obras fiz alusão em minhas aulas. (Faz-se alusão **a** algo.)

É uma pessoa de cuja indiscrição tenho sérios receios. (Tem-se receio **de** algo.)

Expôs um sistema a cuja adoção sou plenamente favorável. (É-se favorável **a** algo.)

O valor da mocidade depende da causa a cujo serviço ela for posta [pôr a mocidade **a serviço de** uma causa]. (Tristão de Athayde)

Um exemplo múltiplo de emprego do pronome *cujo*, de Rui Barbosa:

A primeira desgraça foi a morte do próprio presidente. A segunda, o governo do Sr. Nilo. Dessas duas emanou o que aí está. O candidato de maio enxertou-se no governo, a cujos despachos assiste, de cujas conferências participa, sobre cujas deliberações manda, a cujo lado comparece em solenidades públicas, e de cuja mesurice [lisonja, servilismo] *recebe com escândalo o tratamento de sucessor, como se eleito já estivesse.* (Campanhas presidenciais, p. 17)

Alguns exemplos do Código Civil de 2002:

Este empréstimo transfere o domínio da coisa emprestada ao mutuário, por cuja conta correm [algo corre por conta **de**] *todos os riscos dela desde a tradição.* (CC, art. 587)

O mútuo feito a pessoa menor, sem prévia autorização daquele sob cuja guarda estiver [algo ou alguém está sob a guarda **de**], *não pode ser reavido nem do mutuário, nem de seus fiadores.* (CC, art. 588)

É de simples participação a sociedade de cujo capital outra sociedade possua menos de dez por cento do capital com direito a voto [alguém possui menos de dez por cento **do** capital com direito a voto]. (CC, art. 1.100)

São excluídos da sucessão os herdeiros ou legatários: I – que houverem sido autores ou partícipes de homicídio doloso, ou tentativa deste, contra a pessoa de cuja sucessão se tratar [trata-se da sucessão **de** alguém], [...] (CC, art. 1.814, I)

São grosseiramente erradas construções como estas: *O rapaz 'que a noiva dele' é nossa colega* [...] Forma correta: *O rapaz cuja noiva é nossa colega* [...] *A servidora 'que seu pai' é desembargador* [...] Forma correta: *A servidora cujo pai é desembargador* [...] *Os alunos 'cujas as redações' foram premiadas* [..] Forma correta: *Os alunos cujas redações forma premiadas* [...]

Curriculum vitae – Curricula vitae

¶ **Curriculum** é substantivo latino neutro da segunda declinação, cujo plural se forma pela troca da desinência **um** por **a: curricula**. Significa curso, carreira.

Vitae é o genitivo singular do substantivo latino feminino **vita**, **-ae**, da primeira declinação, e significa *da vida*. Assim, *curriculum vitae* significa, literalmente, curso, ou carreira, da vida.

Ao pluralizar-se a expressão, **vitae** fica no singular, pois o plural é cursos, ou carreiras, da vida, com o adjunto adnominal no singular, à semelhança de meios de vida, seguros de vida, fases da vida, etc.

Em lugar da forma latina, pode-se empregar o substantivo português **currículo**, que, entre outras acepções, tem a de *curriculum vitae*.

A forma **vitae** pronuncia-se com i tônico (**vitae**), e a desinência **ae** tem som de **e** aberto (**é**).

Custodiante – Custodiário – Custodiado

¶ *Custodiante* é aquele (pessoa ou instituição) que retém ou conserva algo ou alguém sob custódia (guarda, proteção, defesa, responsabilidade, etc.).

O termo é usual nas locuções **agente custodiante** ou **instituição custodiante:** entidade banco, p. ex., que registra, mantém sob custódia as ações em nome de quem as compra, garantindo-lhes a propriedade.

¶ *Custodiado* indica a coisa ou pessoa que está sob guarda (proteção, responsabilidade, etc.) do *custodiante* (nas acepções supraexplicitadas).

¶ *Custodiário* tem o significado de guarda, vigia. Origina-se do substantivo latino **custodia, -ae** (ação de guardar, vigiar; guarda; conservação) + o sufixo, também latino, **-arius** (com ideia de que recebe). *Custodiário* é, portanto, aquele que recebe em custódia.

O sufixo **-ário**, forma portuguesa do sufixo latino **-arius**, está presente em expressivo número de termos da linguagem jurídica, tais como alimentário, comanditário, comissário, consignatário, fiduciário, locatário, mandatário; etc.

Os dicionários em geral, comuns e jurídicos, não registram o termo *custodiário*. Este, todavia, já existia em latim, estando averbado, p. ex., no clássico *Dicionário latino-português* de F. R. dos Santos Saraiva (Garnier, 10. ed., 1993, p. 239).

D

Dado – Devido a

¶ O adjetivo participial *dado* significa considerado, ponderado, visto, etc. Não é seguido de preposição e, como adjetivo que é, concorda em gênero e número com o substantivo a que se refere: **dadas as** circunstâncias; **dada a** natureza do crime; **dados os** elementos colhidos; etc.

¶ A locução (prepositiva) *devido a* significa por causa de, em virtude de, em razão de: **devido à** chuva, **devido aos** cortes de despesas, **devido às** más condições do prédio, etc.

É incorreta a forma sem a preposição *a*: *devido 'o' incêndio; devido 'as' revelações da testemunha*, etc. Escreva-se, pois: *devido ao incêndio; devido às revelações da testemunha*.

Compare, nas frases a seguir, o emprego diferenciado das duas expressões:

Dado o interesse do público/Devido ao interesse do público, o conferencista estendeu sua exposição por mais trinta minutos.

Dada a inconsistência das provas/Devido à inconsistência das provas, o autor teve indeferida sua pretensão.

Dados os compromissos já agendados/Devido aos compromissos já agendados, o Presidente não virá ao Estado.

Dar à luz

¶ No sentido de **parir, expelir do útero**, a expressão correta é **dar à luz alguém** (e não dar a luz a alguém). Luz tem, nesta expressão, o sentido de mundo: ***dar à luz*** = dar (entregar) ao mundo.

Ela acabara de dar à luz uma robusta criança do sexo masculino.

Nossa vizinha do terceiro andar está prestes a dar à luz.

No sentido de publicar (obra), a regência é a mesma:

O escritor gaúcho Liberato Vieira da Cunha acaba de dar à luz seu primeiro romance.

Dar-se ao trabalho de...

¶ A melhor forma da expressão é *dar-se ao trabalho de*. Nela, o pronome é objeto direto; o substantivo (trabalho), objeto indireto. Significa entregar-se ao trabalho (ao incômodo, ao sacrifício) de, preocupar-se com, incomodar-se com.

Não ponho o número, para que algum curioso, se achar este livro na Biblioteca, se dê ao trabalho de investigar e completar o texto. (Machado de Assis – *Esaú e Jacó*, p. 330)

Margarida não se deu ao trabalho de me dizer quem fosse esse homem. (Camilo Castelo Branco – *O romance de um rapaz pobre*, p. 67)

[...] Não te dês a esse trabalho, por tua vida! (Alexandre Herculano – *Lendas e narrativas*)

Ela nem se deu ao trabalho de me olhar.

Nunca me dei ao trabalho de ler esses comunicados.

Embora menos usual e condenada pelos gramáticos tradicionais, também ocorre a forma **dar-se o trabalho de**, no caso com a semântica de impor-se (impor a si) o trabalho, o incômodo, o sacrifício de:

Ele nem se dá o trabalho de responder à pergunta. (Érico Veríssimo)

Ninguém se deu o trabalho de verificar a autenticidade das assinaturas.

Nesta forma da expressão, o pronome é objeto indireto; e o substantivo, objeto direto.

Decêndio – Decênio – Decíduo

¶ *Decêndio* é espaço, período ou prazo de dez dias. O termo origina-se do latim **decem** (dez) + **dies** (dia).

¶ *Decênio* é o espaço, período ou prazo de dez anos. O termo origina-se do substantivo latino **decennium, -ii** (espaço de dez anos), que se compõe de **decem** (dez) + **annus** (ano).

¶ *Decíduo*, na linguagem jurídica, tem o sentido de: caduco (= que se tornou inválido ou nulo); aquilo que foi extinto pelo não exercício no tempo previsto.

Quanto à etimologia, ao emprego e à regência do verbo **caducar** na linguagem jurídica, confira a obra *O verbo na linguagem jurídica – acepções e regimes*, de Adalberto J. Kaspary (Livraria do Advogado Editora).

Na linguagem comum, tem o significado de: que cai; caduco; cadivo; que se desprende precocemente; que cai ou é eliminado em determinada época de crescimento; que não dura; breve; transitório.

Decíduo origina-se do adjetivo triforme latino **deciduus, -a, -um** (= que cai, caduco, caído; colhido, apanhado, desprendido de). Compõe-se do prefixo **de** (com ideia de afastamento) + o verbo **c<u>a</u>dere** (cair). Sêneca empregou a expressão **decídua sidera**: estrelas cadentes.

Confira os verbetes *Octódio* e *Trintídio*.

De conseguinte – Por conseguinte

De conseguinte e *por conseguinte* são locuções conjuntivas conclusivas, sinônimas de: por consequência, consequentemente, logo, portanto, assim, pois (intercalado), etc.

A obrigação pertence à categoria das relações jurídicas de natureza pessoal. Estrutura-se, de conseguinte, pelo vínculo entre dois sujeitos, para que um deles satisfaça determinada prestação em proveito do outro. (Orlando Gomes – *Obrigações*)

Trata-se de questões complexas; por conseguinte, teremos de examiná-las com o máximo cuidado.

Há os que preferem não empregar a forma *por conseguinte*, por ser cacofônica (= "porco seguinte"). Também existe a variante **conseguintemente**, pouco usual.

De cuius – Decujo

¶ *De cuius* é parte da expressão latina **Is de cuius successione agitur**: Aquele ou aquela (a pessoa) de cuja sucessão se trata. *De cuius* é, pois, o defunto cuja sucessão se acha aberta ou da qual se trata.

Os romanos não conheciam a letra **j**. Esta só existe desde a Renascença, tendo sido inventada por Pierre La Ramée – donde sua denominação de **letra ramista** –, com a finalidade de representar o **i** latino com valor de semivogal. Assim, as letras **i** e **j** equivalem-se em palavras como **cuius/cujus**; **ius/jus**; **iustitia/justitia**; **iuris et de iure/juris et de jure**; etc. Escrever, pois, tais palavras com **i** ou **j** é questão de gosto, de preferência. Dada minha formação em Letras Clássicas – Latim, Português e Grego –, opto pela grafia do latim clássico.

São excluídos da sucessão os herdeiros ou legatários: I – que houverem sido autores ou partícipes de homicídio doloso, ou tentativa deste, contra a pessoa de cuja sucessão se tratar, [...] (CC, art. 1.814, I)

¶ Existe a forma aportuguesada *decujo*, registrada em vários dicionários jurídicos e usada, entre outros, pelo jurista Pontes de Miranda, como nestes passos:

A lei do dia da morte do decujo é que rege a validade e a eficácia, em se tratando de erro, de reserva mental, ou gracejo, ou de falsa demonstratio (nocet ou non nocet). (*Tratado de direito privado*, t. LVI, § 5.691, 3, p. 205)

Se o decujo era domiciliado, ao morrer, no Estado de que era nacional, não há questão. (Id., ibid., § 5.692, 2, p. 205)

De (do, da, dos, das) + título (em livros, leis, decisões judiciais, etc.)

¶ No latim, uma das relações expressas pela preposição **de** era a de assunto, argumento, na construção denominada **complemento de argumento**, com o sentido de: acerca de, a respeito de, de que coisa, sobre. Era comum em títulos de obras:

Cícero: *De legibus* (Sobre as leis); Lucrécio: *De rerum natura* (Sobre a natureza das coisas); César: *De bello gallico* (Sobre a guerra gaulesa); Sêneca: *De brevitate vitae* (Sobre a brevidade da vida); etc.

O termo **argumento**, no texto do presente verbete, tem o significado de: aquilo que constitui um assunto; tema, temática.

Também no português, a preposição *de* indica, entre dezenas de outras relações, as de assunto, de argumento, traduzidas pelas expressões acima referidas.

A construção está presente:

a) em títulos de obras: Cesare Beccaria: *Dos delitos e das penas (Dei deliti e delle pene)*;

b) em títulos, subtítulos, capítulos e secções de documentos normativos – constituições, códigos, leis e tratados:

Constituição da República:

Preâmbulo

Título I – Dos Princípios Fundamentais

Título II – Dos Direitos e Garantias Fundamentais

Capítulo I – Dos direitos e deveres individuais e coletivos

Capítulo II – Dos direitos sociais

Capítulo III – Da Nacionalidade

Capítulo IV – Dos direitos políticos

Capítulo V – Dos partidos políticos

c) em tópicos e subtópicos de decisões judiciais

MÉRITO

1. Da Validade do Contrato de Trabalho. Da inexigibilidade de Concurso Público

2. Da Relação Jurídica Mantida entre as Partes. Da Inexistência de Sucessão

3. Da Equiparação Salarial e Reflexos

d) em descritores e subdescritores do cabeçalho de ementa jurisprudencial:

DA INCOMPETÊNCIA DA JUSTIÇA DO TRABALHO. DA AÇÃO DE COBRANÇA DE HONORÁRIOS DE ADVOGADO.

Não é muito usual o emprego da preposição *de* nos casos dos itens *c* e *d* supramencionados, principalmente no do último item. Neste chega a ser esporádico.

Deferir – Deferitório – Deferível

¶ O verbo *deferir* muda o **e** da sílaba **fe** em **i** na primeira pessoa do singular do presente do indicativo e, consequentemente, em todo o presente do subjuntivo, em todo o imperativo negativo e nas formas do imperativo afirmativo, com exclusão das correspondentes a **tu** e **vós** (que se originam das respectivas pessoas do presente do indicativo, com a eliminação do **s** final: defere tu, deferi vós).

¶ Já os adjetivos *deferitório* (em que há deferimento) e *deferível* (que pode ser deferido), como se observa, escrevem-se com **e** na sílaba **fe**.

Valem as mesmas observações acima para o verbo **indeferir** e os adjetivos **indeferitório** e **indeferível**.

Defeso (particípio) – Defeso (substantivo)

¶ *Defeso* pode ser adjetivo participial derivado do verbo **defender**. Significa proibido, vedado, interdito (por lei, por sentença judicial ou por outro ato a que se deva obediência).

Muito usual na linguagem jurídica, praticamente só nesta subsiste:

Quem se assenhorear de coisa sem dono para logo lhe adquire a propriedade, não sendo esta ocupação defesa por lei. (CC, art. 1.263)

Suspensa a execução, é defeso praticar quaisquer atos processuais. O juiz poderá, entretanto, ordenar providências cautelares urgentes. (CPC, art. 793)

¶ *Defeso* também existe como substantivo, na locução **período de defeso**, com o sentido de *período do ano em que são proibidas ou controladas as atividades de caça, coleta e pesca esportivas e comerciais em diversos locais do território nacional.*

O DL n. 5.894, de 20 de outubro de 1943, que *aprova e baixa o Código de Caça* contém, entre outras, as seguintes disposições sobre o (período de) *defeso*:

Art. 7º O defeso durará sete meses, no mínimo.

Art. 8º Durante o defeso é vedado transitar com arma de caça.

Parágrafo único. Ao proprietário rural ou ao seu preposto será, porém, permitido transitar com arma de caça no período de defeso, dentro de sua propriedade, para defesa de suas lavouras e criações.

1. No português clássico, era comum o emprego do verbo **defender** com a significação de **proibir, vedar, impedir**:

Mas comer o gentio não pretende, / Que a seita, que seguia, lho defende [a seita veda, proíbe, ao gentio, que era brâmane, comer em companhia de pessoas de outra religião]. (Camões – *Os Lusíadas*, VII, 75)

Ergueu-se lesta escancarando os braços entre os umbrais da porta defendendo [vedando, impedindo] *a entrada, a gritar desesperadamente.* (Coelho Neto)

2. Na forma negativa formada com o advérbio (em função prefixal) **não**, a grafia correta é **não defeso**, sem hífen (p. ex., forma prescrita e **não defesa** em lei), à semelhança de não essencial, não existente, não positivo, não simétrico, etc. (exemplos do VOLP/09).

3. Lugar *defeso* ao público é aquele cujo acesso é vedado ao povo em geral.

De forma que / a – De maneira que / a – De modo que / a

¶ As locuções corretas são *de forma que/a*; *de maneira que/a*; e *de modo que/a*, com os respectivos substantivos sempre no singular. As locuções terminadas em **que** empregam-se nas orações desenvolvidas; as terminadas em **a**, nas orações reduzidas de infinitivo.

Deu amplas explicações aos associados, de forma que tudo ficou claro.

Trabalha em excesso, de maneira que se acha estafado.

Cobriu o rosto com as mãos, de modo que não pudesse ser reconhecido pelos transeuntes.

O departamento sofrerá ampla reestruturação, de modo a possibilitar a dinamização das atividades que lhe são afetas.

Há autores (geralmente mais antigos) que desaconselham o emprego das locuções *de forma a*, *de maneira a*, e *de modo a*, tachando-as de galicismos (expressões afrancesadas). Quer-nos parecer que se trata, a esta altura, de xenofobia extemporânea, uma vez que essas formas de dizer já têm entrada e permanência livres nos domínios do idioma culto.

Dentre – Entre

¶ *Dentre*, aglutinação das preposições **de** e **entre**, significa: do grupo composto de, do meio de:

O Tribunal Regional Eleitoral elegerá seu Presidente e o Vice-Presidente dentre os desembargadores. (CRFB, art. 120, § 2º)

O árbitro será escolhido dentre os juízes leigos. (Lei n. 9.099, de 26-9-95, art. 24, § 2º)

O Tribunal compõe-se de vinte e sete Ministros, escolhidos dentre brasileiros com mais de trinta e cinco anos e menos de sessenta e cinco, nomeados pelo Presidente da República após aprovação pelo Senado Federal. (RITST, art. 3º)

Vontade é a capacidade de escolher dentre várias condutas a mais adequada à realização do fim em vista.

Dentre os direitos fundamentais de aplicação no ambiente de trabalho destacam-se aqueles concernentes à vida e à saúde (tanto física quanto psíquica) do empregado.

O Supremo Tribunal Federal já editou várias súmulas vinculantes, dentre as quais destaco a Súmula n. 4, por sua relevância para o Direito do Trabalho.

Retirou uma carta dentre velhos papéis.

Como a preposição *dentre* contém a ideia de **exclusão, afastamento, separação**, não pode ser empregada com palavras (verbos, etc.) que denotem **inclusão**.

¶ *Entre*, ao contrário de *dentre*, expressa a ideia de inclusão, no grupo de (além, é claro, de inúmeras outras):

A Constituição da República inclui o seguro-desemprego entre os direitos sociais do trabalhador.

São extensivos às entidades sindicais, para fins da cobrança judicial da contribuição sindical, os privilégios da Fazenda Pública, entre os quais se inclui a isenção das custas.

O ministro recém-nomeado figura entre os mais respeitáveis juristas do País.

Dentro de – Dentro em

¶ Na língua atual, praticamente só se emprega a locução (prepositiva) *dentro de*, com sentido temporal.

O resultado dos exames será conhecido e divulgado dentro de três semanas.

A empresa vencedora da licitação deverá ser conhecida dentro de dias [= daqui a poucos dias].

¶ No português clássico, empregava-se a locução *dentro em*, que se observa ainda em nosso atual Código Civil (2002).

Dentro em trinta dias, contados do registro do título aquisitivo, tem o adquirente do imóvel hipotecado o direito de remi-lo, [...]. (CC, art. 1.481)

Na execução das hipotecas será intimado o representante da União ou do Estado, para, dentro em quinze dias, remir a estrada de ferro hipotecada, [...]. (CC, art. 1.505)

Atualmente, na linguagem comum, a locução *dentro em* sobrevive na expressão **dentro em breve**, ou **dentro em pouco** (menos usual).

Denunciação da lide a alguém – Denunciar a lide a alguém

¶ *Denunciação da lide* é o anúncio, a comunicação, mediante notificação, da lide (a alguém); é o ato pelo qual a lide é comunicada a alguém.

Note-se que **a lide é denunciada** (comunicada, anunciada) a alguém, não sendo, pois, alguém **denunciado à lide**. A lide é o objeto (em gramática, complemento nominal) da **denunciação**, e a pessoa (o proprietário, o adquirente, etc.) é o seu destinatário, isto é, aquele a quem a lide é denunciada.

Citada, a Caixa Econômica Federal contestou a ação e requereu a denunciação da lide à União.

O instituto da *denunciação da lide* está regulado nos artigos 70 a 76 do atual CPC (1973), sob o título (correto!) **Da Denunciação da Lide**.

Assim, o art. 70 do CPC estabelece: *A denunciação da lide é obrigatória: I – ao alienante, [...] II – ao proprietário ou ao possuidor indireto quando, [...] III – àquele que estiver obrigado, [...]*

Observe-se atentamente a linguagem do legislador: *A denunciação* **da** *lide [...]* **ao** *alienante [...],* **ao** *proprietário [...],* àquele que [...] **Denunciação** origina-se do substantivo latino feminino **denuntiatio**, que significa aviso, anúncio, comunicação (por exemplo, **denuntiatio calamitatum**: anúncio de calamidades).

O CPC, instituído pela Lei n. 5.869, de 11 de janeiro de 1973, entrou em vigor no dia 1º de janeiro de 1974. Vige, pois, há quase quarenta anos. Chama a atenção, por sobremaneira estranho, o fato de, ainda hoje, aparecer, em decisões judiciais e em outro documentos jurídico-forenses, a expressão incorreta "denunciação à lide", a par da construção, também incorreta, "denunciar alguém à lide". Estar-se-á confundindo "denunciação da lide" com "chamamento ao processo" (CPC, arts. 77-80)? E isso após 40 anos de vida do CPC/1973?

No projeto do novo CPC, o termo **Denunciação da Lide**, para alívio dos incautos, vem substituído por **Denunciação em Garantia** (art. 314).

¶ Ao substantivo **denunciação**, no sentido de **anúncio**, **comunicação**, corresponde o verbo **denunciar**, que pede objeto direto daquilo que se denuncia (comunica, avisa, anuncia) e objeto indireto, com a preposição **a**, daquele a quem se denuncia algo: denunciar a lide ao adquirente do imóvel; denunciar a lide à companhia de seguros.

A pretensão de denunciar a lide ao adquirente, como forma de sustentação de ausência de culpa e a inexistência de responsabilidade, é absolutamente imprópria.

Denomina-se **denunciante**, ou **litisdenunciante**, aquele que faz a denunciação; e **denunciado**, ou **litisdenunciado**, aquele a quem a lide é denunciada.

Confira mais informações sobre os diferentes significados e regências do verbo **denunciar**, na obra *O verbo na linguagem jurídica – acepções e regimes*, de Adalberto J. Kaspary (Livraria do Advogado Editora), no verbete respectivo.

De per si

¶ *De per si* é locução adverbial portuguesa e tem as acepções de: cada um por sua vez; por si só; isoladamente; separadamente; considerado em si mesmo, sem relação com outros; em si.

Trata-se de locução usual na linguagem jurídica; haja vista os seguintes exemplos:

Se o associado for titular de quota ou fração ideal do patrimônio da associação, a transferência daquela não importará, de per si [por si só]*, na atribuição de qualidade de associado ao adquirente ou herdeiro, salvo disposição diversa do estatuto.* (CC, art. 56, parágrafo único)

São singulares os bens que, embora reunidos, se consideram de per si [isoladamente, separadamente]*, independentemente dos demais.* (CC, art. 89)

As testemunhas serão inquiridas cada uma de per si [separadamente]*, de modo que umas não saibam nem ouçam os depoimentos das outras, devendo o juiz adverti-las das penas cominadas ao falso testemunho.* (CPP, art. 210)

1. Na redação do art. 413 do CPC, preferiu-se o emprego do advérbio **separadamente**, em sua forma reduzida (**separada**), em vez da locução *de per si*: *O juiz inquirirá as testemunhas separada e sucessivamente;* [...].

2. Sobre a sequência **separada e sucessivamente** e outras do mesmo gênero, consulte o verbete *Advérbios em -mente (sucessão de)*.

3. É preciso não confundir a locução adverbial portuguesa *de per si* com a locução adverbial latina **per se** (sem a preposição **de**): em si mesmo, por si mesmo, intrinsecamente. Esta, por ser latina, deve, num texto, ser grafada em itálico, o que não se exige com aquela, por ser portuguesa.

Depósito em juízo – Depósito judicial

¶ Dispõe o art. 33 do CPC em seu parágrafo único: *O juiz poderá determinar que a parte responsável pelo pagamento dos honorários do perito deposite em juízo o valor correspondente a essa remuneração. O numerário, recolhido em depósito bancário à ordem do juízo e com correção monetária, será entregue ao perito após a apresentação do laudo, facultada a sua liberação parcial, quando necessária.*

O art. 890 do CPC, em seu § 1°, estabelece: *Tratando-se de obrigação em dinheiro, poderá o devedor ou o terceiro optar pelo depósito da quantia devida, em estabelecimento bancário oficial, onde houver, situado no lugar do pagamento, em conta com correção monetária, cientificando-se o credor por carta com aviso de recepção, assinado o prazo de 10 (dez) dias para a manifestação da recusa.*

A Lei n. 6.830, de 22 de setembro de 1980, que dispõe sobre a cobrança da Dívida Ativa da Fazenda Pública e dá outras providências, estabelece, em seu art. 32 e seus incisos: *Os depósitos judiciais em dinheiro serão obrigatoriamente feitos: I – na Caixa Econômica Federal, [...]; II – na Caixa Econômica ou no banco oficial da unidade federativa ou, à sua ordem, na Caixa Econômica Federal, [...];*

Como se conclui pelo texto dos dispositivos supratranscritos, *o depósito judicial não se faz em juízo, mas em banco indicado pela lei, à disposição do juízo.* Aliás, o *caput* do art. 32 da Lei n. 6.830 refere-se explicitamente a **depósitos judiciais**, e não a *depósitos em juízo*.

Desapercebido – Despercebido

¶ ***Desapercebido*** significa não apercebido, isto é, não aparelhado, não guarnecido, desprovido, desguarnecido; desprevenido, desacautelado, despreparado.

Nossas forças estavam desapercebidas para o encontro.

Como estivesse desapercebido de dinheiro, teve de voltar para casa a pé.

Apanhou-o desapercebido e, num gesto rápido, roubou-lhe a carteira.

Desapercebido é adjetivo participial formado do verbo **aperceber-se**: preparar-se para fazer ou esperar alguma coisa; pôr-se em condições; prevenir-se; prover-se do necessário.

¶ ***Despercebido*** significa não percebido, não notado; que não se viu ou não se ouviu; a que não se prestou atenção.

Todo o seu trabalho foi anônimo e poderia assim passar despercebido de outra geração, se não restasse o testemunho unânime dos que trabalharam com ele [...] (Joaquim Nabuco – *Minha formação*, p. 206).

Ao juiz não passou despercebido o nervosismo do depoente.

Lamentavelmente, alguns senões de linguagem passaram despercebidos ao revisor do texto.

1. ***Despercebido*** é adjetivo participial formado do verbo **perceber**: captar pelos sentidos; ver ou ouvir distintamente; notar; ter ideia de; entender; compreender.

2. Embora, na linguagem culta mais exigente, se faça rigorosa diferença entre ***desapercebido*** e ***despercebido***, hoje se aceita o emprego de ***desapercebido*** com as acepções de ***despercebido***. Isso porque **aperceber**, segundo registram os dicionários e ensinam os tratadistas, pode ser considerado variante de **perceber**, decorrente do metaplasmo de prótese (acréscimo de fonema no início da palavra sem alterar-lhe o sentido), à semelhança do que ocorre, por exemplo, com baixar/abaixar, calmar/acalmar, cumular/acumular; levantar/alevantar; quietar/aquietar; profundar/aprofundar, sentar/assentar, etc. Escritores como Camões, Rebelo da Silva, Camilo Castelo Branco, Latino Coelho, Oliveira Martins, Alexandre Herculano e Aluísio de Azevedo empregaram ***desapercebido*** na acepção de não notado, não avistado, não percebido (isto é, de ***despercebido***), segundo comprovaram o filólogo cearense Heráclito Graça (em seu livro *Fatos da linguagem*) e o linguista Celso Pedro Luft (*Mundo das palavras – 3.881* e *Dicionário prático de regência nominal*). O emprego diferenciado dos dois adjetivos constitui, pois, uma questão de nível de linguagem, antes que de mera correção gramatical.

3. Uma incisiva observação do Houaiss/09, p. 626-7, no verbete *desapercebido*, corrobora o que ficou dito acima (nota **2.**): *GRAM/USO os parônimos 'desapercebido' e 'despercebido' foram objeto de censura purista, acoimados de falsa sinonímia (na acp. 3 [não percebido, não observado, despercebido]), mas o emprego desses vocábulos como sinônimos por autores de grande expressão tornou a rejeição inaceitável*. O Aurélio/10, p. 666, no verbete *desapercebido*, registra, sem comentários, certamente por considerá-los supérfluos: *desapercebido* [Part. de desaperceber] *Adj*. *1. Desprevenido, desacautelado. 2. Desprovido, desguarnecido; despercebido*.

Desistência da ação – Renúncia do direito

Os dois atos têm significados e efeitos distintos no Direto Processual Civil.

Dispõe o CPC, art. 267, *caput* e inciso VIII: *Extingue-se o processo, sem resolução de mérito: [...], VIII – quando o autor desistir da ação;*

¶ A *desistência da ação* é o ato pelo qual o autor de uma demanda manifesta a sua vontade de que o processo não prossiga, de que se lhe sobresteja a tramitação. É a desistência da ação intentada. Essa **desistência** provoca a extinção do processo sem julgamento do mérito, isto é, do conteúdo material da demanda, mas não impede que o autor intente de novo a ação, salvo no caso de o juiz acolher a alegação de perempção, litispendência ou coisa julgada (cf. art. 267, V, do CPC).

Dispõe o CPC, art. 269, *caput* e inciso V: *Haverá resolução de mérito: [...]; V – quando o autor renunciar ao direito sobre que se funda ação.*

¶ A *renúncia do direito* é o ato de alguém declarar que abre mão de sua titularidade sobre um direito, despojando-se, pois, dele. Trata-se de ato abdicativo unilateral do direito, que respeita à coisa levada a Juízo, ao direito material que a ação se destinava a fazer valer (em latim, *res in iudicium deducta* – a matéria levada a Juízo). Essa renúncia impede o ajuizamento de ação que tenha por objeto o mesmo pedido da anterior, sobre cujo direito incidiu a renúncia.

Desmistificação – Desmitificação

¶ *Desmistificação* é a eliminação de um erro, de um engano, de uma burla, de um logro; denúncia verbal ou escrita que visa a desenganar um grupo ou uma coletividade acerca de uma opinião ou de um conjunto de opiniões preconcebidas, isto é formadas ou admitidas de antemão, antes da obtenção de conhecimentos adequados mediante um exame crítico.

Mistificação é o ato ou o propósito de enganar ou iludir alguém, de abusar de sua credulidade; engano coletivo de natureza intelectual ou moral; coisa vã, enganadora.

¶ *Desmitificação* é a eliminação ou perda do caráter sagrado, divino, inatingível ou mítico. Exame crítico de concepções coletivas, destinado a revelar seu caráter de mito (o mito do bom selvagem, da fleuma inglesa, do caráter heróico e humanitário de certos personagens históricos de épocas antigas ou menos recentes, etc.).

Mitificação é o ato de atribuir caráter fabuloso ou mítico a forças da natureza, a fatos ou personagens históricos, etc.

Desora(s) – A desoras

¶ *Desora*, substantivo feminino, mais usado no plural – *desoras* –, tem o significado de *hora tardia, alta noite.*

Na linguagem de hoje, praticamente só aparece na locução adverbial *a desoras*: a altas horas da noite, tarde da noite, em hora(s) inoportuna(s), inoportunamente.

Pela sua significação específica, é inteiramente desproposital o emprego de *desoras* na acepção de *horas extras*, como nesta frase de uma decisão trabalhista:

As desoras deverão ser calculadas com a observância do adicional legal de 50%, [...]

Trata-se, a toda a evidência, de criatividade exagerada, de extensão semântica incabível; em síntese, de impropriedade gritante.

Despejo do prédio (e não do inquilino ou locatário)

¶ **Despejo** é a desocupação compulsória de um imóvel alugado, por decisão judicial. Nas palavras de Ana Prata (*Dicionário jurídico*. 3. ed. rev. e atual. Coimbra: Almedina, 1999, p. 343): *Desalojamento dos prédios que ocupam os arrendatários, e ação tendente a tal fim.*

Assim, não se despeja o locatário, o inquilino, mas o prédio.

Despejado é o imóvel, não o inquilino, como vulgarmente se pensa. (Marcus Cláudio Acquaviva – *Dicionário jurídico Acquaviva*. 5. ed. atual. e ampl., São Paulo: Rideel, 2011, p. 296)

Findo o prazo, o prédio será despejado por dois oficiais de justiça, se necessário com o emprego de força, inclusive arrombamento. (Lei n. 6.649, de 16-5--1979, art. 43, § 2º – revogada pela Lei n. 8.245, de 18-10-1991, que trata das ações de despejo, i.e., de desocupação do imóvel, nos arts. 59-66.)

Isento [forma verbal – 1ª pessoa do singular do presente do indicativo] o inquilino do pagamento de custas e honorários caso desocupe o prédio no prazo antes referido, voluntariamente, sob pena de, além de ser despejado o prédio, pagar as custas e honorários de 20% (vinte por cento) do valor da causa. (excerto de sentença)

A respeito da equivocada expressão **despejo do inquilino**, do locatário ou do réu), uma incisiva observação de Nagib Slaibi Filho e Romar Navarro Neto (*Sentença cível: fundamentos e técnica*. 7. ed. rev. e atualizada. Rio de Janeiro: Forense, 2010, p. 179: [...] – *aliás, não poucos advogados insistem em pedir o despejo do réu, o que é ridículo, pois a* actio de evacuando, *como era chamada, destina-se a evacuar o prédio e não a parte...*

A ação de despejo tem por finalidade a retomada de imóvel objeto do contrato de locação, residencial ou não residencial. Daí por que a denominação *despejo* (isto é, retomada) *do prédio*.

A ação de despejo do prédio resulta em que o inquilino ou locatário seja dele expulso, com todos os seus pertences, caso se recuse injustamente a restituí-lo.

O jornal *Folha de São Paulo*, na edição de 28-8-2010, caderno C, p. 6, empregou a expressão correta em título de notícia:

Casa de espetáculos Scala, no Rio, é despejada por falta de pagamento.

A mesma correção no texto da notícia:

A tradicional casa de espetáculos Scala, no Leblon (zona sul do Rio), foi despejada ontem. [...]

O termo (substantivo) **despejo** origina-se, por derivação regressiva ou deverbal, do verbo **despejar**: desocupar um espaço retirando ou fazendo sair de dentro dele algo ou alguém. **Despejar** compõe-se do prefixo **des-**, com ideia de afastamento, separação, mais o verbo primitivo **pejar**, que significa encher, carregar completamente.

Despender / despesa – Dispêndio / dispendioso

¶ O verbo *despender*, que significa fazer despesa de, gastar, empregar, grafa-se com **e** (não existindo o verbo **dispender**). *Despesa*, derivado de *despender*, também se escreve com **e**.

Prescreve: [...] § 5º Em cinco anos: [...] III – a pretensão do vencedor por haver vencido o que despendeu em juízo. (CC, art. 206, § 5º, III)

O mandatário tem sobre a coisa de que tenha a posse em virtude do mandato,[1] direito de retenção, até se reembolsar do que no desempenho do encargo despendeu. (CC, art. 681)

[1] É facultativo o emprego da vírgula no fim da oração subordinada adjetiva, principalmente se longa.

¶ O substantivo *dispêndio*, que significa gasto excessivo, despesa, consumo, escreve-se com **i**, o mesmo ocorrendo com o adjetivo, dele derivado, *dispendioso* (custoso, caro).

Se para o melhoramento, ou aumento, empregou o devedor trabalho ou dispêndio, o caso se regulará pelas normas deste Código atinentes às benfeitorias realizadas pelo possuidor de boa-fé ou de má-fé. (CC, art. 242)

Despiciendo

¶ *Despiciendo*, adjetivo, tem estas acepções: que deve ser desprezado, que merece desprezo, digno de desprezo ou indiferença, desprezível; de pouca ou nenhuma valia, que, dada a sua insignificância, nem se deve levar em conta; que se pode desdenhar, desdenhável; inteiramente desnecessário, dispensável: *questões despiciendas; reclamações despiciendas; opinião despicienda; pormenores despiciendos*.

O termo, usual entre os profissionais da área jurídica, provém de **despiciendus, -a, -um**, o particípio futuro passivo, ou gerundivo, do verbo latino **despicio, -is, -exi, -ectum, -icere**, que significa olhar de cima; e, por extensão: desprezar, desdenhar. O particípio futuro passivo, ou gerundivo, quando empregado como adjetivo verbal triforme, indica a obrigação moral que se tem de fazer alguma coisa. Dessa forma, o adjetivo **despiciendo,** proveniente dessa forma verbal latina – **despiciendus, -a, -um** –, tem o sentido originário de: que deve ser olhado de cima, a par das acepções extensivas de: que deve ser desprezado, desdenhado, desconsiderado, etc. É o chamado **gerundivo de obrigação**.

Despronúncia – Impronúncia

¶ *Despronúncia* é a decisão pela qual o juízo de segunda instância reforma a sentença de pronúncia do indiciado, prolatada por juiz inferior.

Ao substantivo *despronúncia* corresponde o verbo **despronunciar**.

¶ *Impronúncia* é a sentença em que é julgada improcedente a denúncia contra o indiciado, deixando este, em consequência, de ser submetido a julgamento pelo tribunal do júri.

Ao substantivo *impronúncia* corresponde o verbo **impronunciar.**

Na *impronúncia*, é reconhecida desde logo a inexistência de base ou fundamento para a pronúncia do indiciado, ao passo que, na *despronúncia*, é alterado um julgamento anterior, em que o réu já fora pronunciado.

Como sinônimo de *impronúncia*, existe o termo **não pronúncia** (sem hífen), registrado no VOLP/09.

Confira o verbete *Prefixo des- (significados do)*

Dês que = desde que

¶ *Dês que* é forma reduzida da locução *desde que*. Embora rigorosamente vernácula e até mais eufônica que a forma completa, tem sabor arcaico.

Dessarte – Destarte

¶ *Dessarte* é a forma mais em consonância com a norma gramatical moderna, já que os pronomes **esse**, **essa**, **isso** indicam o que já se mencionou, o que já foi dito.

¶ *Destarte* tem sua validade embasada no uso tradicional do idioma, merecendo a preferência dos escritores clássicos.

Assim, não cabe nenhuma restrição ao emprego de uma ou outra das formas, cujo significado é: assim, assim sendo, diante disso/disto, desse/deste modo, dessa/desta maneira, dessa/desta forma, dessa/desta maneira, por essa/esta forma, em vista disso/disto, em face disso/disto, etc.

Destarte e as locuções sinônimas com o pronome **este** e suas variações têm caráter holístico, isto é, caracterizam ênfase ao texto mencionado em sua totalidade, ao passo que *dessarte* e as locuções sinônimas com o pronome **esse** e suas variações destacam parte(s) do texto mencionada(s), em ponto anterior do texto. A diferença entre elas está, pois, em se realçar o conjunto do texto ou parte anterior dele.

O acusado se diz pai da criança, destarte não há mais o que discutir. (Sacconi/10)

Dessarte, magoando talvez a amizade, serviria sem dúvida ao país. (Rui Barbosa)

Dessarte, goza o advogado igualmente de inviolabilidade quanto à calúnia praticada no exercício da profissão, desde que guarde ela pertinência com o interesse que patrocina. (TARGS – Julgados, n. 79, 1991, p. 19)

Associaram-se assim por mero recreio às lidas dos vaqueiros, cujo ofício destarte enobreciam. (José de Alencar)

Destarte, o princípio da unidade da sucessão, ou da sua pluralidade, dependerá das leis dos países em que estiverem situados os bens. (RJTJRS n. 149, 1991, p. 366)

O VOLP/09, que registra ambas as formas – *dessarte* e *destarte* –, atribui-lhes a classe gramatical de advérbio.

Confira o verbete *Isso posto – Isto posto*.

Desta / dessa / daquela feita – Certa feita – (De) uma feita

¶ **Feita**, como substantivo, tem o significado usual de: vez, ocasião, oportunidade, momento ou ocasião em que ocorre um fato ou se realiza uma ação.

Aparece, principalmente, nas seguintes locuções adverbiais: *desta/dessa/daquela feita*: desta, dessa ou daquela vez; nesta, nessa ou naquela oportunidade; *certa feita*: (em) certa vez/ocasião/oportunidade; *(de) uma feita*: certa vez, (em) certa ocasião/oportunidade.

É impróprio o emprego das locuções *desta feita* ou *dessa feita* como sinônimas de: deste/desse modo, desta/dessa maneira, assim, assim sendo, em vista disso, etc. Isso porque elas não indicam *conclusão*, mas, sim, *tempo*.

[...] e soldado de cavalaria houve que daquela feita [daquela vez, ocasião] *se adiantou até pregar a lança na porta da cidade.* (Pe. Antônio Viera – *Cartas*)

Destaque de expressões latinas e abreviaturas

¶ Segundo a NBR 6021 – NB-66 da ABNT, é desnecessário, em publicações mencionadas em determinado trabalho, destacar (pelo emprego de itálico, p. ex.) expressões latinas e abreviaturas que já se incorporaram ao domínio comum, tais como: in; e. g.; a. C.; cf.; etc.; i. e.; ibid.; id.; loc. cit.; op. cit.; apud; et alii; etc.

Deveras

¶ *Deveras* é advérbio e tem os significados de: em grau muito elevado, muito, bastante; a valer, a sério, de fato, de verdade, na verdade, na realidade, realmente, verdadeiramente. É, pois, empregado para destacar o caráter verdadeiro do que se diz:
Trata-se de uma questão deveras confusa.
É deveras uma pessoa resoluta: não descansa enquanto não atinge a meta que se propôs.
A situação econômica de alguns países da Comunidade Europeia é deveras crítica.

Devolvido – Devoluto

¶ Como particípio de **devolver**, somente se emprega *devolvido*.
Centenas de cartas são devolvidas por endereçamento incorreto.
Havia devolvido aos netos todos os direitos sobre os imóveis.

¶ *Devoluto*, que tem o sentido genérico de vago, desocupado, desabitado, permanece na expressão **terras devolutas**: terras que, embora não sejam destinadas nem aplicadas a algum uso público, nacional, estadual ou municipal, nem sejam objeto de concessão ou utilização particular, ainda se encontram sob o domínio da União, dos Estados ou dos Municípios.

São bens da União: [...]; II – as terras devolutas indispensáveis à defesa das fronteiras, das fortificações e construções militares, das vias federais de comunicação e à preservação ambiental, definidas em lei; (CRFB, art. 20, II)

A destinação de terras públicas e devolutas será compatibilizada com a política agrícola e com o plano nacional de reforma agrária. (CRFB, art. 188)

1. As terras devolutas são bens públicos **dominicais**, também denominados **dominiais**. Os dois adjetivos originam-se, respectivamente, do adjetivo triforme **domin̲icus, -a, -um** e do adjetivo biforme **domini̲alis, -e**, forma variante do primeiro, ambos com o significado de relativo ou pertencente ao senhor, ao imperador, ao soberano. Os dois adjetivos latinos têm origem no substantivo masculino **dominus, -i**: senhor, chefe, soberano.

2. O adjetivo **dominicus, -a, -um** está presente na expressão **dies dominicus**, ou **dies dominica**, em que o adjetivo significa **do Senhor, de Deus** – o domingo dos cristãos.

Difundido – Difuso

¶ *Difundido* é o único particípio de **difundir**.
De início, essas ideias eram difundidas apenas em ambientes reservados.

¶ *Difuso* somente se emprega como adjetivo. Aparece na expressão **direitos difusos**: direitos disseminados; *[...] direitos coletivos, ou fundamentais, que se difundem na coletividade, ou lhe são próprios, extravasando a órbita individual.* (Academia Brasileira de Letras Jurídicas – DJ/04, p. 304)

A defesa coletiva será exercida quando se tratar de: I – interesses ou direitos difusos, assim entendidos, para efeitos deste Código, os transindividuais, de natureza indivisível, de que sejam titulares pessoas indeterminadas e ligadas por circunstâncias de fato; (Lei n. 8.078, de 11 de setembro de 1990, art. 81, parágrafo único, inciso I)

Nos incisos II e III do parágrafo único do art. 81 da Lei n. 8.078, são conceituados, respectivamente, os interesses ou direitos coletivos e os interesses individuais homogêneos.

Diurno – Diário – Diuturno

¶ *Diurno* significa **pertinente ao dia**. O conceito de dia varia de acordo com a matéria a que se refere: **dia civil** – período de 24 horas, contado da zero hora de um dia à hora zero do dia seguinte; também se diz **dia de calendário**; **dia legal**, ou **judicial** – período compreendido entre as seis e as dezoito horas; **dia útil** – qualquer dia da semana que não seja domingo nem feriado e em que se processam normalmente as atividades da vida cotidiana; também se diz **dia hábil**; **dia marítimo**, ou **náutico** – é o que começa ao meio-dia e termina ao meio-dia seguinte; as doze horas entre o meio-dia e a meia-noite designam-se com a expressão latina **post meridiem** (abreviadamente **p. m.**), que significa após o meio-dia; as doze horas entre a meia-noite e o meio-dia seguinte indicam-se pela expressão **ante meridiem** (abreviadamente **a. m.**): antes do meio-dia; **dia móvel** – é o período de 24 horas contado desde certo momento; **dia natural** – é o espaço de 24 horas que decorre entre duas passagens superiores consecutivas do sol pelo meridiano.

Para efeito do trabalho nas cidades, considera-se **diurno**, relativamente aos empregados sujeitos ao regime trabalhista, o serviço realizado entre as cinco e as vinte e duas horas. No caso, **diurno** opõe-se a **noturno** (cf. CLT, art. 73, § 2º).

¶ *Diário*, no sentido mais usual, como adjetivo, é o que corresponde a todos os dias, ou que se faz num dia.

¶ *Diuturno*, do adjetivo triforme latino **diuturnus, -a, -um,** tem, em latim e em português, o significado de: que dura muito tempo, duradouro, de longa duração, constante. **Diuturnus**, por sua vez, origina-se do advérbio **diu**: por muito tempo, há muito tempo.

Diuturna consuetudo pro iure et lege in his, quae non ex scripto descendunt, observari solet (Ulpiano) – *O costume constante tem força de direito e de lei na falta de leis escritas.*

Dobra (significado na legislação trabalhista)

¶ *Dobra*, na terminologia trabalhista, *é o vocábulo usado para indicar o serviço que empregado ou trabalhador faz, após a terminação de seu horário, em substituição a outro empregado ou trabalhador, que faltou ao serviço, em outro turno ou horário.* (De Plácido e Silva (atualizadores: Nagib Slaibi Filho e Gláucia Carvalho) – VJ/07, 27. ed., p. 493).

Humberto Piragibe Magalhães e Christovão Piragibe Tostes definem *dobra* como: *serviço extraordinário, trabalho realizado após o decurso da jornada regular, normal, de trabalho* (Dicionário jurídico, 3ª ed., vol. I, p. 363).

TRABALHADOR AVULSO. DOBRA DE FÉRIAS. ESPECIFICIDADE DO TRABALHO DO AVULSO QUE IMPOSSIBILITA A APLICAÇÃO

DO DISPOSITIVO DA CLT RELATIVAMENTE A PERÍODOS NÃO REGULARMENTE USUFRUÍDOS.
A especificidade do trabalho do avulso impossibilita a aplicação do dispositivo da CLT que determina o pagamento da dobra legal relativamente a período de férias não regularmente usufruídos (Ementa – RETRT-4ª n. 117 – Processo n. 0111000-79.2009.5.04.0122 RO – Relatora Desa. Vania Mattos)

Os dicionários comuns não registram o substantivo *dobra* na acepção que lhe é conferida no Direito do Trabalho.

Docimasia

¶ *Docimasia* origina-se do substantivo grego **dokimasía**: prova, exame.

Na Grécia antiga, o termo designava o inquérito a que se procedia acerca da vida particular do cidadão indicado para ocupar um cargo público.

Na Medicina Legal, *docimasia* designa o conjunto de provas mediante as quais a perícia médica pode verificar se a criança, ao nascer, chegou a respirar, isto é, se nasceu viva ou morta.

São diversos os tipos dessas provas, cada uma designada por qualificativo específico: docimasia visual, hidrostática, radiológica, histológica, etc.

Embora alguns autores empreguem a forma **docimásia**, o VOLP/09, o Aurélio/10, o Houaiss/09 e o GDSLP/10 somente registram o termo *docimasia* (com a tonicidade no último **i**).

Dolo (dólo) – Doloso (dolôso)

No termo jurídico-penal *dolo*, o **o** da primeira sílaba tem a pronúncia aberta: **ó** (*dólo*).

É fantasioso o argumento de que esse **o** deve ter a pronúncia fechada, uma vez que se pronuncia fechado o **o** da primeira sílaba do adjetivo *doloso*.

Para evidenciar a inconsistência dessa postura, comparem-se os exemplos a seguir, em que o **o** em destaque no primeiro termo tem a pronúncia aberta, e o do segundo termo a tem fechada: c**o**pa – c**o**peiro; c**o**sta – c**o**steiro; f**o**rte – f**o**rtidão; m**o**rte – m**o**rtalidade; n**o**rte – n**o**rdeste; p**o**rta – p**o**rteiro; s**o**l – s**o**lar, etc.

Se restar alguma dúvida, gramáticas e dicionários e outras obras prestativas e de boa estirpe estão à disposição dos inconvencidos. De resto, há que estudar.

Já no substantivo grego **dólos, -ou** (com o significado de manha, astúcia, estratagema, engano), que deu origem ao substantivo português *dolo*, o **o** da sílaba inicial era aberto, o que também ocorreu no substantivo latino **dolus, -i** (artifício, manha, trapaçaria, velhacaria, engano, insídia).

Drogadição / drogadito – Toxicomania / toxicômano

¶ O termo *drogadição* origina-se do substantivo inglês **drug** (droga, estupefaciente) + o substantivo **addiction** (vício, dependência).

Ao termo **addiction** estão ligados os cognatos **addict** (substantivo: viciado, viciada), **addicted** (adjetivo: viciado, viciada) e **addictive** (adjetivo: viciante, que vicia, que causa dependência). A expressão **to be addicted** significa, pois, ser viciado em e, figuradamente, ser fanático por.

Do termo inglês **addict** originou-se, em português, o adjetivo **adicto**, com o significado, na área médica, de: que não consegue abandonar um hábito nocivo, especialmente de álcool e drogas, por motivos fisiológicos ou psicológicos, E, do termo inglês **addictive**, em português se formou o adjetivo **adictivo**, com a significação de: que causa dependência, vício.

Os termos ingleses **addiction**, **addict**, **addicted** e as formas portuguesas deles originárias procedem do verbo latino **addico, -is, -xi, -ctum, -addicere**, com os significados, entre outros, de: consagrar, dedicar, devotar, entregar. Entre as acepções do particípio passado **addictus, -a, -um** estão as de obrigado, condenado, entregue. É conhecida a expressão, da autoria de Horácio, *addictus iurare in verba magistri*: obrigado a jurar nas palavras de um mestre.

Drogadição, com a forma variante **drogadi(c)ção**, significa, portanto, hábito ou vício criado pela droga; dependência química; toxicomania. Ao substantivo drogadição associa-se o substantivo e adjetivo **drogadito**, com a forma variante **drogadi(c)to**, com o significado de dependente químico, toxicômano.

¶ *Toxicomania* é o *estado de intoxicação periódico ou crônico gerado pelo consumo repetido de uma droga (natural ou sintética) e que é acompanhado de um invencível desejo ou de uma necessidade de continuar a consumir a droga e de procurá-la por todos os meios, com tendência de aumentar as doses e à dependência psíquica e, frequentemente, física em relação aos efeitos das drogas* (Manuila, A., et al. Dicionário médico. 9ª ed., Rio de Janeiro: Guanabara Koogan, p. 341). É sinônimo de *drogadição*. Os prefixos-radicais variantes **tox-, toxi-, toxico-, toxo-** relacionam-se ao substantivo grego **toxicón**: veneno para flechas, isto é, veneno com que se impregnava a flecha. **Mania** também é palavra grega (**mania**), com as acepções de loucura furiosa, demência, hábito mórbido.

¶ *Toxicômano,* como adjetivo, significa: que padece de *toxicomania*; como substantivo, designa o indivíduo *toxicômano*, i. e., que padece de *toxicomania*.

Dum, num – Doutro, noutro

¶ São conhecidas e fartamente empregadas as combinações das preposições **de** e **em** com os pronomes **ele**, **este**, **esse**, **isso**, **aquele** e **aquilo**: dele(s), dela(s), nele(s), nela(s); deste(s), desta(s), neste(s), nesta(s); desse(s), dessa(s), nesse(s), nessa(s), disso, nisso; daquele(s), daquela(s), naquele(s), naquela(s), daquilo, naquilo.

¶ Muitos, todavia, estranham as combinações das preposições **de** e **em** com os pronomes **um** e **outro**, nos mesmos moldes das supramencionadas: **dum**, **duns**, **duma(s)**, **numa(s)**; **doutro(s)**, **doutra(s)**, **noutro(s)**, **noutra(s)**. No entanto, elas também podem ser empregadas, sem nenhum receio, em lugar das formas não combinadas, e, como estas, são de excelente nível e, por isso mesmo, fazem-se presentes em textos literários e não literários, com a mesma elegância e propriedade das formas descombinadas. Vejamos alguns exemplos:

Todos esses livros, eu os recebi dum ex-professor recém-aposentado.

Encontrei a solução do problema numa das obras de Pontes de Miranda.

Numa livraria de Curitiba vi uma obra com o título 'Diário íntimo duma aeromoça'.

Não havendo na herança dinheiro suficiente e não acordando os interessados noutra forma de pagamento imediato, procede-se à venda de bens para esse efeito, [...] (CPCp, art. 1357, 2)

Os bens que já tenham sido avaliados noutro inventário não são objeto de nova avaliação, [...] (CPCp, art. 1393º, 1)

Não obsta à cumulação a incompetência relativa do tribunal para algum dos inventários nem o facto de só num haver herdeiros incapazes. (CPCp, art. 1394º, 2)

Num caso e noutro, faltou clareza e objetividade nos critérios de seleção dos melhores trabalhos.

Dum jeito ou doutro, temos de pôr um fim a esses desmandos.

Roma e Pavia [cidade da Itália] *não se fizeram num dia* [de um dia para outro]. (provérbio português)

Nos intervalos da adoção duma e doutra heresia, voltava-se ardentemente para a ortodoxia com grandes desalentos e tentativas de disciplinar-se. (Sousa, Inglês de. *O missionário*. São Paulo: Martin Claret, 2010, p. 42)

Era na segunda página, em meio da primeira coluna, e todo o resto da folha ficava às escuras, sumia-se numa confusão de caracteres baralhados, ilegíveis no amontoado dos tipos duma só cor e duma só forma. (Id. ibid., p. 332)

Confira o verbete *Sujeito aparentemente preposicionado* (sobre o caso em que é vedado o emprego das formas combinadas **dele**, **deste**, **desse**, **disso**, **daquele**, **daquilo**, **doutro**, **dum** e suas variações flexionais.

E

E (e não I)

¶ Palavras usuais com *e*:

cadeado	desprevenido	marceneiro
candeeiro	empecilho	merceeiro
creolina	eletricidade	mimeógrafo
cumeeira	eletricista	penico (urinol)
desequilíbrio	entorpecente	pexotada
despender	hastear	pexote[2]
despendido[1]	irrequieto	sequer
desperdício		

[1] No entanto, **dispêndio** e **dispendioso**.

[2] O VOLP/09 também registra as formas **pixotada** e **pixote**. **Pexotada** significa má jogada; falta decorrente de inexperiência ou ignorância; **pexote é** pessoa que, por ser inexperiente, imatura, comete erros elementares em qualquer atividade; tem também o sentido de moleque. Os dois substantivos provêm do chinês **pe xot** (não sei).

Eficácia – Eficiência

¶ A *eficácia* está ligada ao atingimento do efeito, do objetivo, do resultado previsto: decisão eficaz; remédio eficaz; medida eficaz.

¶ A *eficiência* está ligada ao fazer certo o que se faz. No conceito de eficiência não se examina se o produto ou o resultado do trabalho eficiente está adequado à finalidade pretendida.

Em síntese: ser eficiente é fazer bem feito o que se faz. Ser eficaz é fazer bem efeito aquilo que deve ser feito, atingindo o efeito concreto tencionado.

Égide (significado)

¶ O termo *égide* origina-se do substantivo grego **aigís, -ídos**, que significa escudo ou couraça de pele de cabra. Especificamente, era o escudo feito da pele da cabra Amalteia, com a cabeça de Medusa no meio e orlado de serpentes, que Zeus (Júpiter entre os romanos) agitava à noite entre relâmpagos e trovões, infundindo terror. Às vezes também se serviam dele Apolo e Atena (Minerva entre os romanos). Depois, desapegando-se da acepção original, passou a significar escudo e, por extensão, amparo, proteção; defesa.

Dessa forma, a frase *Vivemos sob a égide da lei* significa que *vivemos sob o amparo (a proteção, etc.) da lei*.

O termo *égide* não é sinônimo de **vigência**, significado grosseiramente errôneo com que o empregam alguns profissionais do Direito.

Na Odisseia, IV, 172-4, Homero faz menção ao termo *égide* em seu significado original: *Antes que houvesses nas naus embarcado, a Zeus grande que vibra a égide e às mais divindades, devias ter feito holocaustos, para que à pátria pudesses chegar pelo mar cor de vinho,* [...] (tradução de Carlos Alberto Nunes)

Eis que, (de) vez que = visto que, uma vez que (impropriedade)

¶ Não constitui bom português o emprego de *eis que*, *de vez que* ou *vez que* com sentido causal, como sinônimos de já que, visto que, uma vez que, porque, porquanto, etc.

Já que existem tantas formas corretas, genuínas, não há por que lançar mão de expressões menos puras, sem nenhuma tradição no idioma culto.

Seguem alguns exemplos em que, na versão original, apareciam as locuções condenáveis, vitandas:

Está presente, portanto, o direito do autor de ser reintegrado na posse de seu imóvel, uma vez que sofreu esbulho possessório.

Quanto à contestação da ré, realmente se verifica sua intempestividade, visto que protocolada após 30 de novembro.

No crime de falsidade ideológica, o exame pericial no documento é dispensável, pois não se trata de falsidade material a exigir tal prova.

É infundada, portanto, a alegação de intempestividade da defesa, uma vez que foi apresentada no prazo legal.

É correto o emprego de *eis que* na indicação de superveniência, surpresa, imprevisto.

Nesse momento, eis que se apaga a luz.

Íamos fechando portas e janelas, eis que ouvimos gritos agudos, vindos da cozinha.

Tem também o sentido de *olhai, vede, aqui tendes*:

Eis que deixamos tudo e te seguimos. (*Evangelho de Marcos*, 10, 28)

Eiva – Eivar – Eivado

¶ O substantivo *eiva*, de etimologia incerta, tem as acepções básicas de falha, fenda, rachadura, em vidros ou em louça; falha nos metais; nódoa num fruto que principia a apodrecer. Figuradamente, significa defeito físico ou moral; mancha, nódoa, mácula. É com este último significado que mais frequentemente se vê empregado.

Mas a eiva moral quase que lhe começou no berço. (Alexandre Herculano)

¶ O verbo *eivar* emprega-se com os significados de produzir mancha em, contaminar, infectar (física ou moralmente).

As más leituras, as companhias perniciosas e a bebida eivaram precocemente o espírito do jovem.

¶ O adjetivo participial *eivado* tem a acepção de contaminado, inçado, infectado (em sentido físico e moral).

O inquérito policial está eivado de falhas técnicas.

Desde os onze anos entrou a admitir-me às anedotas reais ou não, eivadas todas de obscenidade ou imundície. (Machado de Assis – *Memórias póstumas de Brás Cubas*, p. 35)

Decai em três anos o direito de anular as decisões a que se refere este artigo, quando violarem a lei ou estatuto, ou forem eivadas de erro, dolo, simulação ou fraude. (CC, art. 48, parágrafo único)

A competência para processar ação anulatória é do juízo em que foi praticado o ato alegadamente eivado de nulidade. (excerto de decisão trabalhista)

Dada a sua origem do verbo *eivar* (contaminar, infectar), jamais se pode empregar o adjetivo *eivado* em sentido positivo, como sinônimo de repleto. Em provas de concursos da área jurídica, mais de uma vez flagramos frases como "O autor está **eivado** de razão".

Elegido – Eleito

¶ No sentido de escolher alguém mediante votação e prélio eleitoral, diz-se, na voz passiva, **ser eleito**, e, na voz ativa, **ter eleito**.

O Presidente, o Vice-Presidente e o Corregedor-Geral da Justiça serão eleitos por dois anos, mediante escrutínio secreto e pelo voto da maioria absoluta, em sessão extraordinária do Tribunal Pleno, [...] (RITST, art. 30)

Após terem eleito os membros das diversas comissões regimentais, os deputados recepcionaram o Senhor Governador do Estado.

¶ Para indicar a seleção de alguém por outro tipo de processo e no sentido de escolher alguma coisa, usa-se o particípio *elegido*, tanto na voz ativa como na passiva.

O operário acidentado foi elegido (indicado) *para um programa de recuperação profissional.*

Temos elegido (selecionado) *alguns poemas.*

Nessas acepções prefere-se, atualmente, usar outras palavras, como **apontado**, **indicado**, **selecionado**, etc., pois *elegido* já soa fora de moda, arcaizante.

Eletrocussão – Eletroplessão

¶ *Eletrocussão* significa execução, mediante procedimentos específicos (aplicação de eletrodos à fronte e à perna direita do condenado), em cadeira elétrica. Ao substantivo *eletrocussão* corresponde o verbo **eletrocutar** (com a forma variante **eletrocutir**), que se origina do verbo inglês **eletrocute**.

¶ *Eletroplessão*, em Medicina Legal, é *o resultado da ação da corrente elétrica ou da eletricidade industrial sobre o organismo dos seres vivos* (Hélio Gomes – *Medicina legal*, p. 536). É, pois, o resultado da ação da eletricidade artificial. Pode resultar em morte.

O auto de necropsia aponta eletroplessão como causa da morte. (TARGS, *Julgados*, n. 83, p. 13).

A eletroplessão de um dos pintores era fato previsível aos embargantes, [...] (Id., ibid., nº 83, p. 15)

Eletroplessão origina-se de **ele(c)tro + plésso**, ou **plétto**, verbo grego que significa bater, ferir, golpear. Com base no substantivo *eletroplessão*, está-se empregando também o adjetivo **eletroplessado**.

Na linguagem comum, somente se vê empregado o termo *eletrocussão*, nas duas acepções acima referidas. Recomenda-se a distinção, sobretudo em escritos técnicos.

Denomina-se **fulguração** *a ação da eletricidade cósmica, representada, especialmente, pelos raios.* (Hélio Gomes, op. cit., p. 532)

Em absoluto = absolutamente (emprego correto)

¶ *Em absoluto*, locução adverbial, pode ter os significados de: a) inteiramente, completamente, absolutamente; e b) de jeito (ou de modo) nenhum, de forma alguma, absolutamente (não). No Brasil, é mais usual o emprego com ideia de *negação*.

Significado *a*:

Os acionistas concordaram em absoluto [= inteiramente] *com a proposta.*

O reclamado desmentiu em absoluto [= inteiramente, categoricamente] *a prática de assédio sexual em sua empresa.*

Significado *b* (negação):
Já tenho lido que o conselho trabalha pouco, mas não aceito em absoluto esta afirmação. (Machado de Assis – *A Semana*)
Desconheço, em absoluto, a origem dessa informação.
Não se trata, em absoluto, de descaso dos servidores.

As duas acepções da locução *em absoluto* estão registradas nos dicionários Borba/02; DLP/08; Houaiss/09; Aurélio/10; DLPC/01, da Academia das Ciências de Lisboa.

Embaçar / embaciar – Embaçado / embaciado

¶ São corretos (oficiais) os dois verbos – *embaçar* e *embaciar* –, nas acepções de tornar(-se) baço, perder o brilho, empanar(-se), etc.
O vapor embaça os vidros das janelas.
A emoção intensa embaciava-lhe os olhos.
As lágrimas, que eu mal sustinha, embaciavam-me a vista. (Alexandre Herculano)
O hálito deixou de embaciar o vidro: tudo indicava que ali já não havia vida. (Camilo Castelo Branco)
[...], nem crime, nem desonra, nem nada que embaciasse o caráter de um homem. (Machado de Assis)
Os falsos talentos, não raras vezes, embaçam os verdadeiros.

¶ Também para o adjetivo são corretas as duas formas – *embaçado* e *embaciado* –, nas acepções de sem brilho, fosco, desmaiado, etc.
Os ingredientes farmacêuticos ficavam meses inteiros nos embaçados e esborcinados [com as bordas quebradas] *frascos.* (Visconde de Taunay)
Leu a carta, muitas vezes interrompida pelo relance de olhos embaciados que lançou ao filho. (Camilo Castelo Branco)

Ambas as formas – *embaçar* e *embaciar*, *embaçado* e *embaciado* – vêm registradas nos dicionários em geral e no VOLP/09. Também as registra o DLPC/01, da Academia das Ciências de Lisboa.

Em cartório – A cartório

¶ A locução adverbial *em cartório* – sem artigo e sem complementação (adjunto adnominal) – emprega-se, com os verbos de *quietação*, ou *repouso*:
Os autos estão em cartório.
Ficaram alguns autos em cartório.

Se o substantivo **cartório** vem determinado, emprega-se o artigo, aglutinado com a preposição:

Você encontrará esses dados no Cartório de Registro de Imóveis.

¶ A locução adverbial *a cartório* – sem artigo e sem complementação (adjunto adnominal) – emprega-se com os verbos de *movimento*:

Os *autos baixaram a cartório*

Se o substantivo **cartório** vem determinado, emprega-se o artigo definido, aglutinado com a preposição:

Já encaminhamos todas as informações ao Cartório de Títulos e Documentos.

As locuções supracomentadas têm tratamento gramatical idêntico ao das locuções **a palácio** e **em palácio**. Confira o verbete *A palácio – Em palácio*.

Em contrário

¶ *Em contrário*, locução adverbial, tem o significado de: contrário, em oposição, contrariamente:

Salvo disposição em contrário, admite-se a transferência do contrato a terceiro com a alienação ou cessão do interesse segurado. (CC, art. 784)

Por não haver provas em contrário, o juiz julgou procedente o pedido do reclamante.

Tudo que se disser em contrário é ficção, seja ela científica ou não. (Borba/02, p. 397)

Em que pesem as opiniões em contrário, fundadas no § 2º do art. 62 da Constituição da República ou no art. 54 da Lei n. 4.320, de 17-3-64, entendemos que inexiste óbice constitucional ou legal a essa vinculação. (Hely Lopes Meirelles – *Direito municipal brasileiro*, pp. 211-2)

A locução adverbial *em contrário* constava, tradicionalmente, na parte final das leis, na chamada **cláusula de revogação**, sob a forma genérica *Revogam-se as disposições em contrário*. Atualmente, conforme dispõe o art. 9º da LC n. 95, de 26 de fevereiro de 1998, *A cláusula de revogação deverá enumerar, expressamente, as leis ou disposições legais revogadas*, A mesma regra vem corroborada, em termos similares, no art. 21 do Dec. n. 4.176, de 28 de março de 2002, da Presidência da República.

Um manual de prático de redação tacha de incorreta a locução *em contrário*, sem fundamentar sua 'lição', que, aliás, é contrariada pelos registros de bons dicionários e por sua presença em textos literários e técnicos de respeitável procedência.

Em definitivo

A locução adverbial *em definitivo* tem os significados de: de vez; sem possibilidade de retrocesso, desistência ou alteração; definitivamente;

de maneira irrevogável; depois de tudo bem ponderado e resolvido; de uma vez para sempre.

Eu gostaria que você me desse algumas horas para pensar e decidir, em definitivo.

Em face da baixa e aviltante remuneração, resolveu abandonar, em definitivo, a carreira do magistério.

1. A locução *em definitivo* consta, entre outros, nos seguintes dicionários: Aurélio/10; Houaiss/09; Borba/01; e DLPC/01, da Academia das Ciências de Lisboa.

2. A par da locução *em definitivo*, também é usual (e correta) a variante **a título definitivo**, com o significado de: com (ou em) caráter definitivo; para sempre. *O diretor da empresa afirmou que a decisão do conselho administrativo fora tomada por unanimidade e a título definitivo* (= com [ou em] caráter definitivo). *Uma vez que foi aprovado em concurso público de títulos e provas, assumiu o cargo a título definitivo.*

Em face de – Face a – Face

¶ *Face a*, neologismo que talvez se explique pela tendência à economia, já está definitivamente incorporado em nosso léxico, empregado que é pelos usuários cultos do idioma, nas mais diversas áreas de atividade. Encontra-se também registrado em dicionário, como, por exemplo, no Borba/02 (p. 684), que lhe consigna as acepções de *em comparação, perante; por causa, devido.*

¶ A variante *face*, isto é, não seguida de preposição (**face o exposto, face os resultados**, etc.), constitui erro grosseiro. É errada, também, a forma **em face a**.

Empreguem-se, pois, as construções *em face de* e *face a*, de legitimidade irretorquível.

Em face do exposto, nego provimento à apelação.

Em face da confusão reinante no presídio, a direção cancelou as visitas.

Face ao exposto, dou provimento ao agravo.

Face à fragilidade das provas que apresentou, o autor teve denegado seu pedido.

Há outras construções possíveis, todas igualmente legítimas:

À vista do exposto, inadmito o recurso.

O verbo **inadmitir** está registrado no VOLP/09, bem como no Houaiss/09.

Ante a inconsistência das provas, [...]

Ante o exposto, dou provimento ao agravo.

Diante do exposto, [...]

Pelo exposto, [...]

Confira o verbete *Dado – Devido a*.

Em fé de

¶ *Em fé de*, é locução prepositiva. Significa *em testemunho da verdade de* e é empregada pelos oficiais públicos – todo aquele que exerce ofício público, de caráter judicial ou não (tabeliães, escrivães, etc.) – em documentos por eles firmados em razão do ofício.
Em fé do que lhe digo, apresento-lhe todos estes atestados. (Caldas Aulete)

Em + gerúndio

¶ A construção gerundial com o gerúndio precedido da preposição *em* geralmente indica tempo ou condição. Com a preposição *em*, o gerúndio, em muitos casos, expressa com mais força a precedência imediata deste à ação do verbo principal. A construção também ocorre com outros verbos, como se pode ver nos exemplos a seguir:
Em se tratando da própria consideração, mentia sem dificuldades. (Machado de Assis)
Em se tratando de caso de urgência, iremos à casa do paciente.
Em me escutando, logo compreenderá minha postura.
Tais gases, em chegando ao pulmão, implicam risco de vida.
Em nos vendo sãos e salvos, abriu um largo sorriso.
Em ela chegando (= assim que ela chegar), *informá-la-ei do ocorrido.*
Em vindo a hora, veremos qual a melhor forma de agir.
Os juros de mora, em se tratando de responsabilidade extracontratual, incidem desde a data do evento danoso. (Cf. Súmula 54 do STJ)
O gerúndio precedido da preposição *em* também pode conferir à frase conotação durativa (embora a frase comporte outras interpretações):
Em tendo saúde (= enquanto goza de saúde), *a pessoa encara eventuais problemas com maior serenidade.*
Em sendo afortunado (= enquanto for afortunado), *ele certamente terá muitos amigos.*

Empregado – Empregue

¶ Como particípio de **empregar**, ao lado da forma regular, *empregado*, aparece, principalmente em Portugal, a forma irregular, contraída, *empregue*.
A preposição **a** *também pode ser empregue com* **ter** *e o infinito de qualquer verbo que denote a obrigação ou a necessidade de realizar uma acção: 'Ela tem sempre tanta coisa a fazer que não estranho que se esquecesse'.* (Pilar Vázquez Cuesta e Maria Albertina Mendes da Luz – *Gramática da língua portuguesa*, p. 430)

Emprego dos pronomes pessoais pelos possessivos

¶ Na linguagem literária, é frequente o emprego do pronome pessoal oblíquo pelo pronome possessivo. Trata-se de construção elegante, própria do português genuíno, que foge do uso repetido dos possessivos, característico da língua francesa.

Os juristas têm especial gosto nessa construção; haja vista sua presença assídua em textos normativos, jurisprudenciais, doutrinários e forenses.

Para consolidar uma constituição, é necessário enxergar-lhe as máculas, que o fanático não vê, e prever-lhe os perigos, de que o otimista não cura. (Rui Barbosa – *Discursos, orações e conferências*, p. 537)

Todos lhe reconhecem as qualidades.

Criticam-me a linguagem áspera e as atitudes impulsivas.

Quando lhe morreu o pai, resolveu mudar-se para a cidade.

Aquele que, por quinze anos, sem interrupção, nem oposição, possuir como seu um imóvel, adquire-lhe a propriedade, independentemente de título e boa--fé; [...] (CC, art. 1.238)

A minoria vencida na modificação dos estatutos poderá, dentro em 1 (um) ano, promover-lhe a nulidade, recorrendo ao juiz competente, salvo o direito de terceiros. (CC/1916, art. 29)

1. No artigo transcrito, o emprego do pronome **lhe** deixa claro que a promoção da nulidade se refere, especificamente, ao termo **modificação** (i. é, à parte modificada), e não aos estatutos em geral, em seu todo. Tivesse o redator empregado o pronome possessivo (..., *promover sua nulidade*, ...), a promoção da nulidade poderia tanto referir-se à modificação (parte modificada) em especial, quanto aos estatutos em geral. Verifica-se, assim, que, associada ao valor estético do emprego do pronome pessoal oblíquo pelo possessivo, pode estar a função de evitar a ambiguidade do texto.

Incumbe ao tutor, quanto à pessoa do menor: I – dirigir-lhe a educação, defendê-lo e [...] (CC, art. 1.740, I)

Cessa a fé do documento, público ou particular, sendo-lhe declarada judicialmente a falsidade. (CPC, art. 387)

2. No caso do emprego do pronome pessoal oblíquo pelo possessivo, o número do pronome oblíquo depende do número da pessoa gramatical. Assim, referindo-nos a uma só pessoa, diremos: *Todos lhe admiram a coragem*; se a duas, ou mais: *Todos lhes admiram a coragem.*

Em preliminar – Preliminar(es)

¶ A locução *em preliminar* é de largo uso na doutrina e na jurisprudência.

A Defensoria alega, em preliminar, a ocorrência da prescrição [...]

A conexão deve ser alegada em preliminar de contestação [...]

A Quarta Turma define cabimento de embargos infringentes em preliminar de ação rescisória.

[...], em preliminar, alegou tratar-se de lei de efeitos concretos [...]

1. Nos textos transcritos, a locução ***em preliminar*** pode ser entendida como *mediante questão (demanda, questionamento) preliminar*. A locução vem introduzida, as mais das vezes, pelo verbo transitivo direto *alegar* ou do substantivo *alegação*, com a regência da preposição ***de*** introdutória de complemento nominal expresso pelo termo ***preliminar(es)***: alegação de preliminar de carência de ação, de incompetência do juízo, de coisa julgada, de nulidade na sentença, de deserção, etc.

2. Num manual de redação jurídica está informado que a locução ***em preliminar*** é errada, devendo ser substituída por **preliminarmente**. *Preliminarmente... há que estudar.*

¶ ***Preliminar(es)***, como substantivo, tem, entre outros, o significado de: o que antecede algo considerado mais importante; o que precede o objeto principal; condição prévia (para algo).

Na linguagem jurídico-processual, designa a questão que se levanta inicialmente, antes de tratar do mérito da causa, e que, resolvida favoravelmente, impede o exame daquele; questão cujo julgamento precede a causa principal. Há preliminares que podem ser arguidas no processo civil – preliminares da contestação –, e outras, no processo trabalhista (inépcia de petição inicial, p. ex.).

Qualquer questão preliminar suscitada no julgamento será decidida antes do mérito, deste não se conhecendo se incompatível com a decisão daquela. (CPC, art. 560)

Versando a preliminar sobre nulidade suprível, o tribunal, havendo necessidade, converterá o julgamento em diligência, [...] (CPC, art. 560, parágrafo único)

Rejeitada a preliminar, ou se com ela for compatível a apreciação do mérito, seguir-se-ão a discussão e julgamento da matéria principal. (CPC, art. 561)

Observe-se que, no art. 560 do CPC, supratranscrito, *preliminar* está empregado como adjetivo, delimitando o substantivo **questão**. Já nos dispositivos subsequentes (CPC, arts. 560, parágrafo único, e 561), está como substantivo. Esse emprego do adjetivo como substantivo recebe o nome de **substantivação do adjetivo**, processo largamente difundido na linguagem jurídico-forense. Haja vista estes exemplos: inicial (por petição inicial); precatória (por carta precatória); cambial (por título cambial). O uso abusivo desse expediente vai de encontro a um dos principais atributos requeridos pela linguagem jurídica: a propriedade vocabular – o emprego correto das palavras adequadas ou expressões próprias a uma determinada ideia ou pensamento.

Em que pese a – Em que pese(m)

¶ Forma clássica: *em que pese a*; pronúncia: **e** fechado; significação: ainda que cause pesar a, ainda que contrarie a opinião de, ainda que doa a, ainda que custe a, embora desagrade a; classificação: locução conjuntiva concessiva (em que = embora, ainda que); emprego: sempre no singular, por causa da preposição **a**, que introduz o que segue, com a função de objeto indireto, regido pelo verbo **pesar**.

Falhou neste ponto, em que pese à sua forma atraentíssima, a teoria planeada. (Euclides da Cunha – *Os sertões*, p. 32)

Em que pese aos entendidos, essa ignorância do pretinho não o impede de ter boa pontaria, de ser inexcedível no manejo e utilização do instrumento. (Athos Damasceno – *Persianas verdes*, p. 56)

Em que pese aos argumentos do eminente jurista, não me sinto inclinado a mudar de opinião.

Atualmente, a forma originária *em que pese a* está praticamente em desuso. Causa até certa estranheza às pessoas, principalmente na fala, com a pronúncia fechada de *pese*.

É, todavia, a única forma possível quando diz respeito a **pessoas**, como se verifica nos exemplos acima.

¶ Forma moderna: *em que pese(m);*
pronúncia: **e** aberto; significação: ainda que tenha(m) peso ou valor, ainda que conte(m), ainda que se leve(m) em conta ou consideração, ainda que tenha(m) influência; classificação: locução conjuntiva concessiva (em que = embora); emprego: a) sem preposição; e b) em concordância com o sujeito (aquilo que pesa, i. e., que tem valor, importância, etc.):

Em que pesem as aparências [sujeito]*, não escrevi um livro sobre teoria da comunicação.*

Em que pesem as colocações doutrinárias do eminente criminalista [sujeito]*, tenho que permanece em toda a sua eficácia o comando do artigo 35 da Lei Antitóxicos* (RTF-4ª, ano 3, n. 10, p. 419)

Em que pese o nome angélico [sujeito]*, Los Angeles mais parecia um trecho do inferno.* (Otto Lara Rezende – *Por baixo e por cima*, FSP, 7-5-1992, cad. 1, p. 1)

Em primeiro lugar, cabe ressaltar que as contestações são tempestivas, em que pesem os argumentos [núcleo do sujeito] *expendidos pelo autor na réplica.*

E, em que pesem os méritos [núcleo do sujeito] *de Mário Quintana, creio ter a eleição feito justiça a quem foi, durante toda sua vida, apenas poeta.* (Ives Gandra da Silva Martins, FSP, 30-11-1991, cad. 6, p. 2)

1. A forma moderna constitui uma revitalização semântica da locução originária, com a consequente reformulação sintática: o que era objeto indireto passou a ser sujeito do verbo **pesar**.

2. A forma *em que pese(m)* não é aplicável a pessoas. A construção *Em que pesem os meus colegas* teria o significado de: *embora (ainda que) meus colegas sejam obesos (adiposos, fofos,* etc.).

3. Em Portugal há preferência pela forma **pese embora**.

No livro *Hermenêutica e jurisprudência,* de José Lamego (Lisboa: Editorial Fragmentos, 1990), por exemplo, a expressão aparece nove vezes, nas p. 9-62: Haja vista estes exemplos (excertos):

[...], pese embora estes inspirarem concepções justeoréticas opostas: [...] (p. 9)

Mas, pese embora a 'radicalidade' hermenêutica das teses de DWORKIN, [...] (p. 11)

[...], pese embora a circunstância de uma consciência sempre aguda do que é decisivo em cada uma das tradições – [...] (p. 52)

[...], pese embora a intencionalidade política de cada uma destas posturas, [...] (p. 62)

Em sede de (italianismo)

¶ De uns tempos para cá, virou cacoete de profissionais do Direito (juízes, procuradores, advogados, etc.) o emprego do italianismo **em sede (de)**.

Esse italianismo, corpo estranho em nosso idioma, é perfeitamente dispensável, pois, quando não desnecessário, supérfluo, há expressões vernáculas que o substituem com inteira propriedade.

Seguem alguns exemplos da referida expressão, colhidos em petições, pareceres, sentenças, acórdãos, etc., com formas substitutivas sinônimas, disponíveis em bom português:

em sede de execução fiscal: *em* (caso de) *execução fiscal*;

em sede de recurso ordinário: *em* (caso de) *recurso ordinário*;

em sede de ação mandamental: *em ação mandamental*;

em sede de medida cautelar: *em* (caso de) *medida cautelar*;

em sede de liminar: *em* (caso de) *liminar*;

em sede de habeas corpus/*hábeas-córpus*: *em* (caso de) habeas corpus/*hábeas-córpus*;

em sede penal: *em matéria penal*;

na sede inquisitorial: *na fase do inquérito*;

em sede de arresto: *em caso/matéria de arresto*;

em sede administrativa: *na fase/via administrativa*.

O *Dicionário de Italiano-Português* de Giuseppe Mea (Porto, Porto Editora, 1989, p. 894) registra alguns exemplos da locução **in sede di** e similares, com a sua tradução em português:

in sede di esame: durante o exame;

in sede di bilancio: ao fazer o balanço;

in sede storica, politica: do ponto de vista histórico, político;

non è questa la sede adatta per: não é este o lugar adequado para.

Essas acepções atribuídas à locução pelo dicionário supraidentificado diferem daquelas presentes em dois dicionários jurídicos brasileiros consultados, que conferem à forma aportuguesada ***em sede de*** as acepções de *na condição de, em caráter de*.

Quando o próprio idioma oferece os recursos apropriados e eficazes para a expressão de uma ideia, não há por que tomar de empréstimo termos e construções alienígenas. Há que zelar, também, pela individualidade e pureza do vernáculo, quando mais não seja, em nome da clareza e uniformidade do entendimento.

O emprego da expressão *em sede de* no comando de questão de prova em concurso público já motivou a interposição de recurso administrativo, que, por indeferido, acabou levando o pleito ao Judiciário, onde o candidato obteve ganho de causa, com base na provada ambiguidade com que a referida expressão turvou o entendimento da formulação da banca examinadora.

Em suspenso

¶ A locução adverbial ***em suspenso*** tem o significado de: não concluído, não encerrado; que ainda está por ser resolvido.

Os dois países manifestaram o desejo de solucionar certas questões em suspenso. (Énio Ramalho – *Dicionário estrutural, estilístico e sintáctico da língua portuguesa*. Porto: Lello & Irmão, 1985, p. 698)

Em face da declaração de greve por tempo indeterminado, as negociações com o sindicato da classe ficaram em suspenso.

Com a aposentação de um dos ministros, o julgamento do processo ficou em suspenso.

O negócio ficou em suspenso. (Houaiss/09, p. 1211)

Em termos

¶ ***Em termos*** é locução técnico-forense que o juiz acrescenta a despacho em que deferiu, sem fundamentação, um requerimento, para significar que o deferimento fica condicionado à inexistência de qualquer circunstância que possa impedi-lo. A averiguação dessa circunstância compete ao escrivão.

Um exemplo, de José Náufel (*Novo dicionário jurídico brasileiro*, p. 426, identificado na bibliografia): *O terceiro interessado num feito formula pedido de visa dos respectivos autos. O juiz despachará: "Sim, em termos", significando que defere o pedido de vista, mas que ao escrivão incumbe verificar se a vista pode ser dada.*

Em última análise

¶ ***Em última análise***, locução adverbial, tem o significado de: em conclusão; em suma; em resumo; como último recurso; bem vistas as coisas; afinal; finalmente; esgotando todos os aspectos de (de uma questão, de um tema, etc.); por (em) conclusão; etc. Anuncia, pois, conclusão resultante de amadurecido exame. Foi, por muito tempo, tachada de galicismo, pelo fato de haver locução similar em francês (**En dernière analyse**). Todavia, esses pruridos francófobos perderam totalmente sua razão de ser, quando mais não seja, pelo emprego diuturno da construção por escritores clássicos da estirpe de Antônio Feliciano de Castilho, Alexandre Herculano, Latino Coelho e Rui Barbosa, entre outros.

Não aceitava, em última análise, o seu convite. (Rui Barbosa)

Em última análise, esse texto é um amontoado confuso de palavras e expressões dissonantes; sem nenhum proveito, portanto.

Para que possamos submeter o texto à apreciação da assembleia, resta-nos, em última análise, refazê-lo inteiramente.,

Em via de

¶ *Em via de* é locução prepositiva e significa: prestes a, na iminência de, a caminho de, em processo de, pronto para:

Estamos em via de passar por nova crise econômica.

A represa está em via de romper.

Paulo e Emília estavam em via de casar.

1. Os gramáticos em geral tacham de incorreta a forma **em vias de**.

2. A expressão **chegar** ou **ir às vias de fato** (= chegar a confronto corporal, violência física) não constitui locução prepositiva. *Durante a assembleia, alguns conselheiros do clube quase foram às vias de fato.*

E nem

¶ Em princípio, *e nem* constitui redundância viciosa ou, pelo menos, desnecessária.

Ele não estuda e nem trabalha (por: Ele não estuda nem trabalha; ou: Ele não estuda e não trabalha).

Sobre esse *e nem*, a opinião de um entendido:

Parece-nos que [...] a frase ganha em elegância e concisão, se dela suprimirmos aquele **e**, *inteiramente desnecessário. Daí, no entanto, a julgar errada a sintaxe em apreço, vai, por certo, longa distância.* (Luiz Carlos Lessa – *O modernismo brasileiro e a língua portuguesa*, p. 160)

A locução *e nem* é, todavia, perfeitamente justificável quando pode ser reforçada com **ao menos**, **mesmo** ou **sequer**.

Passou por nós e nem (sequer) nos cumprimentou.

Chegou com meia hora de atraso à audiência e nem (ao menos) pediu escusas às partes.
É formado há dois anos e nem (ao menos) sabe redigir uma simples petição.
E nem justifica-se, especialmente, quando a oração anterior é positiva:
Passou pela cidade natal e nem (ao menos) visitou os parentes.
Entrou na sala e nem (ao menos) cumprimentou os presentes.

Enquanto = sob o aspecto de (modismo)

¶ Não se recomenda, por atentar contra a desejada precisão e elegância da linguagem, o emprego de *enquanto* com o sentido de sob o aspecto de, na condição de, considerado como: enquanto sociólogo, enquanto líder sindical, enquanto produtor rural, enquanto norma de conduta, etc.
Assim, em vez de *Tenho o maior respeito por ele enquanto economista, [...]*, é melhor dizer, p. ex., *Tenho o maior respeito por ele como* (na condição de) *economista, [...]*.
Julgar com equidade é dever fundamental do magistrado, enquanto [rectius, na condição de] *agente político do Estado.*
Confira o verbete **Rectius – Recte**
Como diz jocosamente Josué Machado, em seu *Manual da falta de estilo* (Editora Best Seller, 1994), *Essa história de 'enquanto presidente', 'enquanto mulata', 'enquanto anta', 'enquanto ladrão' significa que se divide a pessoa em fatias para avaliar cada fatia em separado.*

¶ *Enquanto* é conjunção subordinativa temporal. Liga orações que expressam tempo concomitante, fatos simultâneos ou fatos opostos.
Enquanto a Justiça descansa, os ladrões trabalham. (Josué Machado)
Enquanto fores feliz, terás muitos amigos. (Ovídio)
A vítima faleceu enquanto os parentes estavam à procura de socorro médico.
Enquanto uns esbanjam o supérfluo, outros morrem à míngua do necessário.

Entregado – Entregue

¶ *Entregado*, particípio regular de **entregar**, emprega-se com os verbos **ter** e **haver** (voz ativa):
Havíamos/tínhamos entregado todos os documentos da compra ao diretor financeiro da empresa.

¶ *Entregue*, particípio irregular, contraído, de **entregar**, emprega-se com o verbo **ser** (voz passiva). Também se emprega como adjetivo.

Cópias do contrato foram entregues a todos os condôminos, para que opinassem sobre ele.

Por volta do meio-dia, todos os convites já estavam entregues aos associados.

É uma pessoa que vive completamente entregue à sua comunidade.

Eu mesmo levarei os exames ao médico. Assim eles ficarão/estarão bem entregues.

No Brasil, é usual o emprego do adjetivo *entregue* como sinônimo de **exausto**, **muito cansado**. *Os candidatos saíram da prova de redação completamente entregues.*

Epidemia – Epizootia

¶ *Epidemia* é a doença que ataca, ao mesmo tempo, muitas pessoas da mesma terra ou região. A palavra origina-se do prefixo grego **epi-** (sobre) + o substantivo, também grego, **demos** (povo).

¶ *Epizootia* é qualquer doença, contagiosa, ou não, que afeta, ao mesmo tempo e no mesmo lugar, grande número de animais da mesma espécie. A palavra origina-se do prefixo grego **epi-** (sobre) + o substantivo, também grego, **zoon** (animal).

Há que ter cuidado no emprego dos dois termos, uma vez que, em razão da respectiva origem, o primeiro se aplica tão somente a **pessoas**, e o segundo é a forma adequada quando se trata de **animais**.

Equacionamento (significado de)

¶ *Equacionamento* tem o significado de: arranjo; disposição dos dados de uma questão; busca ou encaminhamento de solução; avaliação ou análise pormenorizada de um problema, medindo-lhe as vantagens e as desvantagens, os prós e os contras.

É incorreto o emprego de *equacionamento* como sinônimo de **solução**. O ato de **equacionar**. i. e., o *equacionamento*, antecede o de resolver, solucionar; é etapa preliminar, prévia da solução propriamente dita. Antes de solucionar um problema, é necessário pô-lo em equação.

Sobre o verbo **equacionar** (significado e exemplos), consulte O *verbo na linguagem jurídica*, de Adalberto J. Kaspary (v. bibliografia, no final deste livro).

Erário público (impropriedade)

¶ **Erário** é o termo mediante o qual se designa o **tesouro público**, i. é, o conjunto dos bens pertencentes ao Estado. Assim, por ser o **erário** essencialmente **público**, não há por que anexar-lhe esse qualificativo.

De Plácido e Silva, em seu magistral VJ/07,27. ed., p. 538), estabelece a diferença moderna entre **erário** e **fisco**, nestes termos: *Modernamente, o sentido de erário é mais amplo que o de fisco, compreendendo este a organização a que se cometem os encargos da arrecadação de impostos, e aquele o conjunto de bens pertencentes ao Estado, representados em valores oriundos de imposto ou de qualquer outra natureza, significando, assim, a fortuna do Estado.*

Constitui ato de improbidade administrativa que causa lesão ao erário qualquer ação ou omissão, dolosa ou culposa, que enseje perda patrimonial, desvio, apropriação, malbaratamento ou dilapidação dos bens ou haveres das entidades referidas no art. 1º desta Lei, [...] (Lei n. 8.429, de 2-6-1992, art. 10)

[A ação de improbidade administrativa] *é uma ação de dupla face: é repressivo-reparatória, no que se refere à sanção de ressarcimento ao erário; e é repressivo-punitiva, no que se refere às demais sanções.* (Teori Albino Zavascki – *Processo coletivo: tutela de direitos coletivos e tutela coletiva de direitos*. 2. ed. rev. e atual., São Paulo: Editora Revista dos Tribunais, 2007, p. 117)

No inciso II, *in fine*, do art. 71 da CRFB, consta a locução errônea, por pleonástica, 'erário público'. *Error in scribendo* ou *culpa in vigilando*?

Escapado – Escape – Escapo

¶ *Escapado* é a única forma participial de **escapar**.

¶ *Escape* e *escapo* somente se usam como adjetivos e substantivos.

Salvados – Conjunto das coisas livradas ou escapes de um sinistro. (Pedro Nunes – DTJ/82, v. 2, p. 808)

O escape [= a fuga] da prisão foi mal planejado, e todos os evadidos foram logo recapturados.

Espada de Dâmocles

¶ **Dâmocles** era cortesão familiar de Dionísio, o Velho, tirano de Siracusa, de quem exaltava constantemente a felicidade. Para fazê-lo compreender e saborear, por uma alegoria, os prazeres e as benesses da grandeza, Dionísio convidou-o a tomar o seu lugar num festim e deu ordem aos seus servos para que o tratassem como se fosse ele próprio.

Dâmocles sentia-se inebriado por todas essas honras e julgava-se o mais feliz dos homens. Todavia, em dado momento, ao erguer os olhos, viu, suspensa sobre sua cabeça, uma pesada e afiadíssima espada, presa unicamente por um fio de crina de cavalo. Aterrorizado, a taça ainda cheia caiu-lhe das mãos, e o ingênuo cortesão compreendeu a fragilidade do poder de um tirano.

¶ A locução *espada de Dâmocles* fez-se presente na literatura como símbolo do perigo que ameaça permanentemente um soberano, mesmo que em plena fruição de uma prosperidade e felicidade sempre inconstantes.

Estada – Estadia

Tecnicamente, os dois termos têm acepções distintas:

¶ *Estada*: presença ocasional de alguém em dado lugar; o tempo de permanência transitória ou demora de alguém em determinada localidade, sem a intenção de aí fixar residência; na linguagem forense, presença da parte ao ato ou audiência a que é obrigada.

A estada do juiz na diligência foi fundamental ao esclarecimento dos fatos.

Durante sua estada no hotel, o político foi alvo de várias manifestações hostis.

A suposta estada do assassino na cidade gerou pânico no seio da comunidade.

¶ *Estadia*: no Direito Marítimo, período de tempo ou a demora autorizada de navio no porto em que se encontra, sem maiores ônus que aqueles previamente ajustados; neste sentido, também se diz **estalia**, ou **dias de prancha**.

Sendo o navio fretado por inteiro, o afretador pode obrigar o fretador a que faça sair o navio logo que tiver metido a bordo carga suficiente para pagamento do frete e primagem, estadias e sobrestadias, ou prestado fiança ao pagamento. [...] (C. Com., art. 595)

No exemplo acima, **primagem** é a gratificação ao capitão pela atenção que promete ter com a carga. Também se denominava **chapéu de capitão**. Atualmente, quando adotada, é incluída no frete e pertence ao armador do navio. **Sobrestadia**, que também se escreve **sobre-estadia**, é o prazo excedente da estadia; dias que ultrapassam os que se devem computar na *estadia*.

Atualmente, por extensão, *estadia* também significa a permanência de qualquer meio de transporte (avião, trem, caminhão, automóvel, etc.) em lugar próprio (terminal, hangar, garagem, etc.), para carga, descarga, guarda, etc. Emprega-se, também, como sinônimo de diária, isto é, preço cobrado, nos hotéis e estabelecimentos congêneres, hospitais, etc., por dia de hospedagem ou internamento.

Estrema – Estremar – Estreme

¶ *Estrema*, na linguagem jurídica, significa marco divisório de propriedades rústicas, limite de terras, limite entre dois imóveis rurais.

As raízes e os ramos de árvores, que ultrapassarem a estrema do prédio, poderão ser cortados, até ao plano vertical divisório, pelo proprietário do terreno invadido. (CC, art. 1.283 – texto similar ao do art. 558 do CC/1916)

¶ *Estremar*, na terminologia jurídica, tem a significação de delimitar por meio de estremas (marcos), demarcar.

Não pode ser objeto de venda com reserva de domínio a coisa insuscetível de caracterização perfeita, para estremá-la de outras congêneres. [...] (CC, art. 523)

São incorretas as grafias **extrema** e **extremar** nas acepções suprarregistradas.

¶ *Estreme*, adjetivo participial originário do substantivo *estrema* (limite, marco), mediante o verbo *estremar* (= delimitar, demarcar e, por extensão, separar, apartar; distinguir, discernir; assinalar, abalizar; etc.), significa puro, genuíno, que não tem mistura; isento (de), salvo (de).

Comecei por beber licor de hortelã-pimenta e acabei no absinto estreme [puro]. (Camilo Castelo Branco)

Sua prova é estreme de dúvidas, isto é, indiscrepante, indubitável, sem contradições.

Et alii (abrev. = et al.)

¶ Na locução *et alii*, **alii** é a forma plural masculina do pronome indefinido triforme latino **alius** (masculino), **alia** (feminino), **aliud** (neutro). O pronome tem os significados de: *outro* (quando se refere a mais de dois); *e outro* (quando se trata de dois – aqui como sinônimo do pronome indefinido triforme **alter**, **altera**, **alterum**); *diverso, diferente* – aqui como sinônimo do pronome indefinido triforme **ceterus**, **cetera**, **ceterum**).

Et alii significa, pois, **e outros**; e *et aliae* (plural da forma feminina), **e outras**. As duas formas plurais têm a abreviatura *et al.*, que se emprega, tecnicamente, na lista de referências, em citação de fonte com mais de três autores, após o primeiro deles. Assim, na citação bibliográfica MATEUS, M. et al. *Gramática da língua portuguesa*. Coimbra: Almedina, 1983, entende-se que a obra tem mais de três autores. O destaque da locução *et al.*, segundo a ABNT, é dispensável. É, todavia, necessário o ponto – *et al.* –, por se tratar de abreviatura.

¶ Nas citações com mais de três autores, deve-se ter em conta que, por haver mais de um autor, o sujeito é composto, o que exige a concordância do verbo em número (plural).

Em sua obra [...], GUARESCHI et al. relatam [e não 'relata', pois o sujeito é composto – mais de um autor] *um episódio que caracteriza [...]*

Selltiz, C. et al. (1987, p. 138) esclarecem que [...]

Barroso, Darlan, e Rossato, Luciano Alves (2009, p. 76-84) defendem a tese de que [...]

1. Nada impede que, em livros e trabalhos em geral com mais de três autores, se nomeiem todos eles.

2. Com frequência indesejada, vejo, em vez de *et alii*, a grafia **et alli**. Isso é latim "alternativo", próprio de insipientes.

Confira os verbetes *Etc. – Emprego e Pontuação* e *Destaque de expressões latinas e abreviaturas*.

Etc. – Emprego e Pontuação

¶ *Etc.* é abreviatura da expressão latina **et cetera (**ou **et caetera)**, que tem valor neutro, significando: **e outras coisas, e as coisas restantes, e as demais coisas, e assim por diante, e os outros**, em número indeterminado.

Assim, originariamente, a expressão só se aplicava a **coisas**. Além disso, a conjunção **e(t)** justificaria a ausência de pontuação antes dela.

Ocorre que, por evolução semântica, a expressão se desligou de seu sentido originário (somente aplicável a coisas). Emprega-se no final de uma enumeração para não ter de explicitar todos os elementos, com o significado de: e assim por diante, afora o mais, e ainda outros. Pode, hoje, referir-se também a **pessoas** e **animais**, prática registrada em dicionários (Aurélio/10; e Sacconi/10) – e em outras obras didáticas ou paradidáticas.

Por ter-se desligado de seu sentido etimológico, passando a ser mera expressão continuativa, **pode** também ser antecedida de pontuação.

¶ A Academia Brasileira de Letras (ABL), desde 1943, determina, embora implicitamente, a pontuação de *etc.*, pois, **sempre que emprega a abreviatura**, esta vem antecedida de pontuação.

Exemplos do *Formulário ortográfico* de 1943:

A acentuação gráfica obedecerá às seguintes regras: 3ª – [...], etc. Observação 1ª – Os paroxítonos terminados em **um**, **uns** *têm acento agudo na sílaba tônica:* **álbum**, **álbuns**, *etc.*

A acentuação gráfica obedecerá às seguintes regras: 11ª – [...], etc. Observação 1ª – Se é átona a sílaba onde figura o til, acentua-se graficamente a predominante: **acórdão**, **bênção**, **põem**, *etc.*

49. *Emprega-se letra inicial maiúscula: [...]; 13° – Nos nomes dos pontos cardeais, quando designam regiões: Os povos do* **Oriente***; o falar do* **Norte** *é diferente do falar do* **Sul***; a guerra do* **Ocidente***; etc.*

Exemplos do VOLP/09, 5ª edição:

2°) Não se emprega o hífen nas ligações da preposição **de** *às formas monossilábicas do presente do indicativo do verbo* **haver***:* **hei de, hás de, hão de***, etc. (Base XVII)*

'Obs.' Conserva-se, no entanto, o trema, de acordo com a Base I, 3°, em palavras derivadas de nomes próprios estrangeiros: 'hübneriano', de 'Hübner', 'mülleriano', de 'Müller', etc.

A conclusão, portanto, é esta: pode-se omitir a pontuação antes de *etc.*, mas a praxe – adotada pela ABL, desde 1943 – é empregá-la.

Observe-se que, numa enumeração, a pontuação de *etc.* deve ser idêntica à que separa os conjuntos anteriores:

Precisamos urgentemente de remédios, gêneros alimentícios, etc.

Não se dobra **r** *ou* **s** *após consoante: tenro, desonrado; transexual, intersindical; etc.*

Levantar cedo. Respirar o ar puro da manhã. Fazer ginástica. Etc. (Celso Pedro Luft – *Grande manual de ortografia Globo*)

Constitui pleonasmo o uso da conjunção **e** antes da expressão *etc.*, uma vez que ela já significa *e o resto, e outras coisas, e (os) outros, e assim por diante.*

A locução latina **et cetera** também aparece aportuguesada – sob a forma **etecétera**.

Quanto ao ponto único em *etc.* em final de frase, conforme se observa nos exemplos supratranscritos, confira o verbete *Ponto abreviativo em final de frase.*

Eurema – Heurema

¶ O termo *eurema*, ou *heurema*, deriva do substantivo grego **heurema**: invenção, descoberta; remédio contra. A forma grega do substantivo procede do verbo **heurisco, heuremai**: encontrar, achar, descobrir, inventar, imaginar, compreender, conceber.

Embora o VOLP/09 registre as duas grafias – *eurema* e *heurema* –, a mais lógica é com **h** inicial, uma vez que, no grego, o **e** inicial dos termos originários era **aspirado**, pronúncia que, no latim e na maioria das línguas neolatinas, se representa pelo **h** inicial. Também o *Dicionário latino-português* de F. R. dos Santos Saraiva registra as duas formas: **eurema, -ae** e **heurema, -ae**, o que fazem igualmente os dicionários brasileiros Houaiss/09, Aurélio/2010 e Sacconi/10. O PVOLP/43 apresenta somente a forma *heurema*.

¶ Na linguagem jurídica, *(h)eurema* significa a cautela, a precaução que se deve pôr em prática ao executar um ato jurídico ou elaborar um contrato, para assegurar-lhes a legalidade ou a validade jurídica; ato de prevenir ou acautelar a validade e eficácia de ato jurídico.

A revelia somente se substanciaria após o decurso, em branco, do prazo fixado pelo Juiz, para a sanação do defeito. Esse é um eurema em qualquer momento do processo. (RJTJRS, n. 139, p. 31)

Eutanásia – Ortotanásia – Distanásia – Mistanásia

¶ *Eutanásia* origina-se do substantivo grego **euthanasía**, que significa morte bela (boa, doce, feliz, suave), sem sofrimento. Compõe-se do prefixo **eu** (ideia de bem, bom) + o substantivo **thánatos, -ou** (morte). Embora alguns atribuam a criação do termo ao filósofo Francis Bacon (em sua obra *Historia vitae et mortis*), ele já aparece em Cícero (*Epistularum ad Atticcum libri XVI*, 7, 3) e em Suetônio (*De vita Caesarum*, na biografia de Otávio César Augusto).

Na Medicina Legal, *eutanásia* designa a prática de abreviar deliberadamente, sem dor ou sofrimento, a vida de um doente a que a medicina ainda não oferece possibilidade de cura. Pode ser ativa, quando se dá mediante ações que têm por objetivo pôr termo à vida; ou passiva, quando se dá pela interrupção de ações que tenham por fim prolongar a vida de paciente terminal.

¶ *Ortotanásia* é o não prolongamento artificial, pelo médico, do processo de morte, além do que seria o transcurso natural. É a morte no seu tempo, sem abreviação nem prolongamento do processo de morrer. É uma espécie de eutanásia por omissão dos meios terapêuticos. O termo origina-se do prefixo grego **orthós** (reto, correto, direito) + o substantivo **thánatos, -ou** (morte).

¶ *Distanásia* designa o prolongamento artificial e exagerado do processo da morte, da agonia, com muito sofrimento para o paciente portador de doença incurável – o tratamento fútil e inócuo. O termo origina-se do prefixo grego **dys** (ideia de mal, mau) + o substantivo **thánatos, -ou** (morte; confira o tópico *eutanásia*). É a morte lenta e dolorosa, sem dignidade, em consequência de agonia prolongada, em oposição à *eutanásia.*

O Pe. Leonard Martin, C. Ss. R.,[1] professor de Bioética, sugeriu ainda o termo *mistanásia*[2] para denominar a morte miserável, fora e antes do tempo, de doentes e deficientes que não conseguem um tratamento eficaz, são vítimas de erro médico ou são precariamente atendidos, por motivos econômicos, científicos ou sociopolíticos (desemprego ou condições de trabalho massacrantes, moradia precária, falta de água limpa, ausência de serviços de saúde, sucateamento do serviços públicos, etc.). Também é chamada *eutanásia social*, termo que Leonard Martin considera inapropriado, pois que ela não tem nada de *boa, suave nem indolor*, porquanto atinge crianças, jovens, adultos e idosos, e muitas vezes é fruto da maldade humana.

[1] Congregação do Santíssimo Redentor – Padres (Missionários) Redentoristas

[2] *Mistanásia* origina-se do prefixo inglês **mis** (mau, errado, inadequado, fora do caminho) + o substantivo grego **thánatos, -ou** (morte). O prefixo **mis** está presente em um considerável número de termos ingleses, tais como: **misadventure** (acidente, infortúnio), **misinformation** (má informação), **mismanagement** (má administração), **mismarriage** (mau casamento), etc. Em alemão, o prefixo equivalente ao inglês **mis**, com significado idêntico, é **miss** (ideia de mau, falho, defeituoso), presente em termos como: **Missbrauch** (abuso, uso indevido, mau uso), **Missdeutung** (má interpretação), **Misserfolg** (fracasso, malogro, insucesso), **Missetat** (delito), **Misszustände** (más condições, circunstâncias anormais), etc.

Excerto (é)

¶ **Excerto** significa trecho, fragmento, extrato; compilação de pensamentos de um autor. Pronuncia-se *'essérto'*. O termo origina-se do verbo latino **exc<u>e</u>rpere,** que significa: separar, apartar, tirar de, extrair de, escolher, tomar expressões (de um autor).

Nas horas de lazer, apraz-me ler excertos de autores clássicos.

O texto do exame era um excerto (trecho) *de uma obra de Jorge Amado.*

Na conclusão do curso, os alunos receberam um excerto (uma compilação) *de aforismos de Johann Wolfgang Von Goethe.*

Excipiente – Exce(p)to

¶ **Excipiente** é a parte que argui exceção (= defesa em processo).

O excipiente arguirá a incompetência em petição fundamentada e devidamente instruída, indicando o juízo para o qual declina. (CPC, art. 307)

Exce(p)to, como substantivo, é a parte (autor ou réu) contra quem a parte adversa argui exceção.

Com vista a evitar ambiguidade, é preferível empregar a forma *excepto* para o substantivo.

Exegese – Eisegese

¶ *Exegese* é a interpretação filológica ou doutrinal de textos fundamentais, principalmente religiosos (a Bíblia, o Corão, etc.), conquanto também se aplique a outros textos: gramaticais, legais, literários, etc. O termo tem os cognatos: **exegeta,** aquele que se dedica à exegese; e **exegética**, a ciência, arte ou prática da exegese.

O termo-base origina-se do substantivo grego **exégesis, -eos** (= narração, exposição), derivado do verbo **exegéomai** (= explicar pormenorizadamente, interpretar).

Em português, a consoante **x** de *exegese* tem som de **z**, e a tonicidade recai no **e** (aberto)da sílaba **ge**. Pronuncia-se, pois, '*ezegése*'.

¶ *Eisegese* é a interpretação de um texto, geralmente bíblico, atribuindo-lhe ideias ou pontos de vista próprios do leitor, com o consequente desvirtuamento do sentido consagrado ou prevalente. A *eisegese* pode ser intencional – com objetivos ideológicos, por exemplo –, ou involuntária, por eventual carência de conhecimentos históricos ou da exata compreensão de determinadas palavras ou expressões idiomáticas.

O termo origina-se do substantivo grego **eiségesis, -eos** (= introdução, investigação), derivado do verbo **eisegéomai** (= introduzir, propor). A tonicidade do termo recai no **e** (aberto) da sílaba *ge*. Pronuncia-se, portanto, '*eisegése*'. Denomina-se **eisegeta** aquele que pratica a *eisegese*.

Exequatur (lat.) / exequátur (port.)

¶ *Exequatur* tem o significado de cumpra-se, execute-se. É forma do verbo depoente (forma passiva e significação ativa) **ex(s)equor, -eris, -cutus** (ou **-quutus**) **sum, -qui**, que tem, entre outras, as acepções de cumprir, executar, efetuar, realizar. No Direito Processual, é o ato mediante o qual o Superior Tribunal de Justiça determina seja cumprida a sentença estrangeira devidamente homologada, ou a carta rogatória (emanada de autoridade estrangeira), independentemente de homologação. No Direito Internacional Público, é a autorização de um Estado para que o chefe da repartição diplomática ou consular de outro Estado entre no exercício de suas funções.

O VOLP/09 somente registra a forma aportuguesada *exequátur*, como substantivo masculino, e atribui ao **x** presente no termo a pronúncia de **z**.

Expender (e não despender) argumentos

¶ Frequentemente se lê, em documentos jurídico-forenses, a expressão '**despender argumentos**'. Trata-se de uso inadequado do verbo **des-**

pender (que significa gastar, fazer despesas, etc.), em lugar do verbo *expender* (que tem, entre outros, o sentido de *expor minuciosamente*).

O verbo *expender* pode ser empregado na acepção de **despender** (gastar), mas a recíproca não cabe, por imprópria.

Assim, na frase *Em outra peça, o INCRA despende os mesmos argumentos para contra-arrazoar o recurso de [...]*, dever-se-ia ter escrito *[...] expende os mesmos argumentos [...]*.

Na frase original, aliás, lia-se *[...] dispende* [!?] *os mesmos argumentos [...]*. Cumulação de equívocos [...]

Exprob(r)ação

¶ *Exprobração*, com a variante *exprobação* (registrada no VOLP/09), tem o sentido de: censura veemente; reprimenda, reproche, recriminação. Origina-se do substantivo latino **exprobratio, -onis** (= censura, repreensão), que, por sua vez, provém do verbo latino **exprobro, -as, -avi, -atum, -are** (= censurar, repreender, lançar em rosto), formado do prefixo **ex-** (com ideia de aumento, reforço, intensidade) + o substantivo **probrum, -i** (= ato digno de censura, ação vergonhosa, torpeza).

Exprob(r)ação tem os cognatos exprob(r)ador, exprob(r)ante, exprob(r)atório, exprob(r)ar e exprob(r)ável. As variantes sem o segundo **r** não constavam no PVOLP/43. A dificuldade de pronúncia das formas originárias certamente contribuiu para que a ABL oficializasse as variantes sem o segundo **r**, cujo emprego se disseminara entre os usuários do idioma.

Expulsado – Expulso

¶ *Expulsado* emprega-se com os auxiliares **ter** e **haver** (voz ativa).
O árbitro já havia/tinha expulsado dois atletas do time local.

¶ *Expulso* emprega-se na construção passiva (com o verbo **ser** – voz passiva) e como adjetivo.
Foram expulsos dois atletas de cada time.
Os atletas expulsos estarão impedidos de atuar por dois jogos.
O estrangeiro expulso não pode regressar ao país onde foi condenado.

Extorsão

¶ *Extorsão* é o ato de *Constranger alguém, mediante violência ou grave ameaça, e com o intuito de obter para si ou para outrem indevida vantagem econômica, a fazer, tolerar que se faça ou deixar de fazer alguma coisa.* (CP, art.158, *caput*)

O substantivo *extorsão* origina-se do verbo **extorquir**, que, por sua vez, provém do verbo latino **ext**o**rqueo, -es, -rsi, -rtum, -rqu**e**re**, com as acepções de: arrancar, tirar, tomar das mãos de; obter à força.

Observe-se que os substantivos derivados e eventuais cognatos dos dois verbos em **-quir (extorquir** e **retorquir**) – são grafados com **s** (e não com **c** ou **ç**): *extorsão* (cognatos: extorsionário, extorsivo); e retorsão.

Quanto à flexão e à regência do verbo **extorquir**, consulte: Kaspary, Adalberto J. *O verbo na linguagem jurídica: acepções e regimes.* 7. ed. rev. atual., ampl. e adaptada ao novo sistema ortográfico, Porto Alegre: Livraria do Advogado Editora, 2010.

Confira o verbete *Retorção – Retorsão.*

Extra = redução de extraordinário

¶ ***Extra***, quando redução do adjetivo **extraordinário**, concorda em número com o substantivo a que se refere: horas extras, despesas extras, ganhos extras, etc. A melhor pronúncia é com o **e** fechado: êxtra(s).

Vale lembrar que: a) não se emprega hífen em **hora(s) extra(s)** e outras expressões do mesmo feitio: quota(s) extra(s), despesa(s) extra(s), pagamento(s) extra(s), etc.; b) a expressão **horas extras** tem as variantes sinônimas *horas extraodinárias* e *horas suplementares.*

F

Fattispecie

¶ *Fattispecie*, na linguagem jurídica, é a situação fática abstrata prevista numa norma [previsão] e cuja verificação concreta desencadeia a produção dos efeitos estatuídos nesse comando normativo [estatuição].

O termo é italiano e origina-se dos substantivos latinos **factum**, **-i** (fato), e **species**, **-ei** (aparência). Tem, assim, como registra o *Vocabolario della lingua taliana* (p. 668), de Nicola Zingarelli, com o substantivo neutro **factum** no caso genitivo, o significado etimológico de *aparência de fato*. Os dois **tt** de **fatti** explicam-se pela assimilação regressiva da consoante *c* de **factum**, na passagem do latim para o italiano.

Zingarelli atribui a *fattispecie* o sentido de *Fatto produtivo de conseguenze giuridiche, spec. caso concreto di cui si tratta in giudizio* (Fato produtor de consequências jurídicas, especialmente caso concreto de que se trata em juízo).

Fideicomisso – Fidejussória

¶ *Fideicomisso* tem o **i** após o **e** (**fidei**), o mesmo ocorrendo com os termos cognatos: **fideicomissário** (beneficiário do fideicomisso), **fideicomissório** (relativo ao fideicomisso), **fideicomitente** (o testador que institui o fideicomisso), **fideicomitido** (sujeito a fideicomisso; o objeto do fideicomisso).

O termo origina-se do verbo latino **fideicommittere**, e este compõe-se do dativo singular do substantivo feminino **fides** (palavra dada, promessa solene, garantia) e do verbo **committere** (confiar, entregar a alguém).

Se, ao tempo da morte do testador, já houver nascido o fideicomissário, adquirirá este a propriedade dos bens fideicometidos, convertendo-se em usufruto o direito do fiduciário. (CC, art. 1.952, parágrafo único)

Caduca o fideicomisso se o fideicomissário morrer antes do fiduciário, ou antes de realizar-se a condição resolutória do direito deste último; [...] (CC, art. 1.958)

O instituto do *fideicomisso* (substituição fideicomissária) está previsto e regulado nos artigos 1.951 a 1.960 do Código Civil de 2002.

¶ *Fidejussória* não tem o **i** após o **e** (**fide**), o mesmo ocorrendo com os termos cognatos: **fidejussão** (fiança, garantia), **fidejussor** (fiador; aquele que garante o pagamento de uma dívida), **fidejussório** (relativo à garantia fidejussória, ou fiança).

O termo origina-se do verbo latino **fideiubere**, que tem o mesmo sentido de **fidepromittere** (responder por, dar-se por fiador). Em **fideiubere** e **fidepromittere**, o substantivo **fides** está no caso ablativo, o que explica a terminação **-e** (fid**e**).

Sendo o contrato a título oneroso, pode o credor, ao contratar, exigir que o rendeiro lhe preste garantia real, ou fidejussória. (CC, art. 805)

A caução *fidejussória* é a caução por fiança **pessoal**.

Opõe-se, assim, à caução **real** (do substantivo latino **res**: bens, propriedades, posses).

Fingido – Ficto

¶ Como particípio de **fingir**, somente se usa *fingido*.

No primeiro depoimento, ele havia fingido inocência.

¶ *Ficto*, na linguagem jurídica, significa **presumido**. Diz-se daquilo que, dadas as circunstâncias, se presume verdadeiro, ou que a lei assim admite por hipótese ou presunção: *confiança ficta, confissão ficta, domicílio ficto,* etc.

A **confissão ficta**, por exemplo, está prevista, entre outros, no art. 803 do CPC:

Não sendo contestado o pedido, presumir-se-ão aceitos pelo requerido, como verdadeiros, os fatos alegados pelo requerente; [...]

Fio de Ariadne

¶ Na mitologia grega, Ariadne é filha de Minos, rei de Creta. Apaixonou-se por Teseu e deu a esse o novelo de fio com que bordava, para que ele o fosse desenrolando à medida que entrasse no inextricável Labirinto construído por Dédalo e assim achasse o caminho de volta depois de matar o Minotauro, monstro metade homem e metade touro, meio-irmão de Ariadne.

A expressão *fio de Ariadne* passou a designar o fio condutor que leva à solução de um problema complexo; meio ou indício que serve de guia nas dificuldades ou obscuridades de uma situação; a chama que ilumina nossa inteligência em face de questões intrincadas.

[...] procurei encontrar o fio de Ariadne que conduz ao termo no texto legislativo. (Ana Maria Becker Maciel. *Para o reconhecimento da especificidade do texto jurídico.* UFRGS, Instituto de Letras, tese de Doutorado em Estudos da Linguagem, Porto Alegre, agosto de 2001, p. 25)

Fórum / foro(ó) – Foro(ô)

¶ *Fórum* (plural **fóruns**), com a variante (pouco usada) *foro* (o aberto no singular e no plural), indica o lugar onde funcionam os órgãos do Poder Judiciário; o prédio respectivo. O aportuguesamento *fórum* (pl. **fóruns**) já está registrado no VOLP/09.

¶ *Foro*, com o fechado no singular e aberto no plural (à semelhança de porto/portos; corpo/corpos; fogo/fogos; etc.), é a forma extensiva, abrangendo todas as acepções do termo: Tribunal de Justiça (prédio); lugar onde funcionam os órgãos do Poder Judiciário; conjunto de órgãos jurisdicionais da comarca; poder, alçada, jurisdição, juízo (*foro* civil, *foro* criminal, *foro* do domicílio, *foro* eletivo, *foro* eclesiástico, etc.); julgamento, juízo (*foro* íntimo: o juízo da própria consciência, julgamento íntimo); uso ou privilégio garantido pelo tempo ou pela lei; encargo ou despesa habitual obrigatória; domínio útil de um prédio; pensão certa e invariável que o enfiteuta paga anualmente ao senhorio direto; etc.

Fratricídio – Fratricida

¶ *Fratricídio* é o assassínio de irmão ou irmã. *Fratricida* é o assassino de irmão ou irmã. Os termos derivam do substantivo latino **frater**, **fratris** (genitivo): irmão.

Por extensão, *fratricídio* também significa **guerra civil**, pois se trata de matança de irmão quanto à nacionalidade. Da mesma forma, denomina-se **guerra fratricida** a guerra civil.

1. Evitem-se, por errôneas, as formas '**fraticídio**' e '**fraticida**'.

2. Para o assassínio da própria **irmã** também existe o termo **sororicídio**, recebendo o agente do crime o nome de **sororicida**. Os termos derivam do substantivo latino **soror**, **sororis** (genitivo): irmã. **Sororicídio** também designa o assassínio de **freira**, do termo **soror** (ou **sóror**), tratamento dado às freiras.

Fundiário = do FGTS (impropriedade)

¶ **Fundiário** (adjetivo) origina-se do substantivo latino **fundus**, **-i** (bens de raiz, propriedade, herdade, fazenda) + o sufixo **-arius**. Tem, em português, a acepção de: relativo a terrenos ou à garantia que se funda no valor destes; agrário. Está presente, assim, em expressões como direito fundiário, crédito fundiário, etc.

De uns tempos para cá, o adjetivo *fundiário* vem sendo empregado, em decisões trabalhistas e em textos doutrinários, p. ex., em substituição à locução *do Fundo de Garantia do Tempo de Serviço* (abreviadamente, *do FGTS*). Trata-se, na verdade, de emprego indevido do adjetivo em apreço, que, como visto acima, tem acepção definida e sedimentada no idioma pátrio, em especial na linguagem jurídica.

Assim, com o intuito de evitar ambiguidade, pela atribuição, ao adjetivo *fundiário*, de um significado que a tradição da linguagem jurídica não lhe confere, deve-se restringir seu emprego ao sentido de *relativo a terrenos*, *agrário*. Quando a referência for ao FGTS, empregue-se, por extenso ou na forma abreviada, a locução correspondente: (depósitos, regime, créditos) *do Fundo de Garantia do Tempo de Serviço* (ou *do FGTS*). Não constitui mérito ou honraria passar para a história como disseminador de impropriedades.

Futuro jussivo

¶ Um dos usos do **futuro do presente** é o de exprimir uma ordem, preceito, ou determinação, enunciados de modo categórico.

Esse futuro, denominado *futuro jussivo* (do verbo latino **iub<u>e</u>re**: ordenar, mandar) substitui, com mais energia, o imperativo.

O *futuro jussivo* é comum nos mandamentos (estilo bíblico), códigos, regulamentos e leis em geral.

1. Ordens bíblicas, do livro **Êxodo**:

Não dirás falso testemunho contra o teu próximo (XX, 16).

Não seguirás a multidão para fazeres o mal: nem em juízo te deixarás arrastar do sentimento do maior número, para te desviares da verdade (XXIII, 2).

Não terás também compaixão do pobre nos teus juízos (XXII, 3).

2. Determinações legais:

O juiz titular residirá na respectiva comarca, salvo autorização do tribunal. (CRFB, art. 93, VII)

O balanço de resultado econômico, ou demonstração da conta de lucros e perdas, acompanhará o balanço patrimonial e dele constarão crédito e débito, na forma da lei especial. (CC, art. 1.189)

O instrumento da autorização para casar transcrever-se-á integralmente na escritura antenupcial. (CC, art. 1.537)

O jurado incorrerá em multa pelo simples fato do não comparecimento, [...] (CPP, art. 443, § 3º)

O escrivão trasladará para os autos cópia autêntica do termo de audiência. (CPC, art. 457, § 3º)

G

G (e não J)

¶ Palavras usuais com g:

aborígine[1]	égide	impingir
agenda	exegese	rabugem
agiotagem	exegeta	rabugento
angélico	fuligem	rabugice
argila	garagem[2]	tigela
cogitar	hígido	viagem (substantivo)

[1] O VOLP/09 registra as formas **aborígene** e **aborígine**.

[2] **Garage** é substantivo feminino francês, que deu origem ao nosso termo **garagem**. O VOLP/09 somente registra a forma *garage* na relação de palavras estrangeiras (p. 862).

Gala (falta por motivo de) – Nojo (licença de ou por)

¶ Observe as seguintes disposições legais:

Art. 217. Não se fará a citação, porém, salvo para evitar o perecimento do direito: [...]; II – ao cônjuge ou a qualquer parente do morto, consanguíneo ou afim, em linha reta, ou na linha colateral, no dia do falecimento e nos 7 (sete) dias seguintes; (CPC)

Art. 320. A remuneração dos professores será fixada pelo número de aulas semanais, na conformidade dos horários. [...]. § 3º Não serão descontadas, no decurso de 9 (nove) dias, as faltas verificadas por motivo de gala ou de luto em consequência de falecimento do cônjuge, do pai ou mãe, ou de filho. (CLT)

Art. 473. O empregado poderá deixar de comparecer ao serviço sem prejuízo do salário: I – até 2 (dois) dias consecutivos, em caso de falecimento do cônjuge, ascendente, descendente, irmão ou pessoa que, declarada em sua Carteira de Trabalho e Previdência Social, viva sob sua dependência econômica; (CLT)

Art. 97. Sem qualquer prejuízo, poderá o servidor ausentar-se do serviço: [...]; II – por 8 (oito) dias consecutivos em razão de: [...]; b) falecimento do cônjuge, companheiro, pais, madrasta ou padrasto, filhos, enteados, menor sob tutela e irmãos. (Lei n. 8.112, de 11-12-1990)

¶ As situações constantes nas disposições legais supratranscritas, excetuadas as *faltas por motivo de gala* (v. parágrafo próximo), recebem a denominação de *licença de nojo*, *licença por nojo* ou **licença-nojo**. O termo *nojo*, no caso, designa o grande desgosto, a profunda tristeza ou o pesar em razão do falecimento de uma pessoa da família. Aplica-se também ao período de luto.

O escritor português Camilo Castelo empregou o termo **nojo**, nas acepções acima mencionadas, em seu romance *Santo da montanha*: Entreguei o governo da casa ao meu pequeno irmão segundo; e, passados os quinze dias de nojo, tornei para a serra.

¶ As faltas por motivo de *gala*, denominadas **licença-gala**, são aquelas autorizadas por lei em razão de casamento. A CLT dispõe sobre essas altas no art. 320, § 3º, acima transcrito. A Lei n. 8.112, de 11-12-1990, que *Dispõe sobre o Regime Jurídico dos servidores públicos da União, das autarquias, inclusive as em regime especial, e das fundações públicas federais* trata da licença por motivo de gala, embora não com esta denominação, no inciso III, alínea *a*, *verbis*: *Art. 97. Sem qualquer prejuízo, poderá o servidor ausentar-se do serviço: [...]; III – por 8 (oito) dias consecutivos em razão de: a) casamento; [...]*

O termo *gala* é de etimologia incerta. Joan Corominas, em seu *Diccionario critico etimologico de la lengua castellana*, dedica ao termo pouco mais de duas páginas, cada uma com duas colunas (no volume II, p. 616-7). Uma das procedências que lhe assinala é a do substantivo **gale**, do francês antigo – com o significado de prazer, gozo, diversão –, formado, por derivação regressiva, do verbo **galer**, com o sentido correlato de divertir-se, passar bem, festejar.

Ganhado / ganho – Gastado / gasto – Pagado / pago

¶ Os particípios regulares *ganhado*, *gastado* e *pagado* estão hoje em desuso, sendo substituídos pelas formas irregulares, contraídas, *ganho*, *gasto* e *pago*.

Mesmo após iniciada a construção, pode o dono da obra suspendê-la, desde que pague ao empreiteiro as despesas e lucros relativos aos serviços já feitos, mais indenização razoável, calculada em função do que ele teria ganho, se concluída a obra. (CC, art. 623)

O particípio *ganhado* ainda sobrevive em certas expressões e locuções, como, por exemplo, em *Vintém poupado, vintém ganhado.* Salvou-o a rima [...]

Gato – Turmeiro (Direito do Trabalho)

¶ *Gato*, na linguagem trabalhista, é termo usado para designar o aliciador de mão de obra, *o cidadão que arregimenta pessoas e as conduz direta ou indiretamente para execução de trabalhos sazonais ou não, recebendo o montante do detentor do trabalho e repassando aos arregimentados.* (Acórdão do TRT-12ª, 1ª Turma, Relator Juiz José Francisco de Oliveira – RO 006805-95)

Também se emprega, na mesma acepção, o termo *turmeiro*.

O *gato*, ou *turmeiro*, não possui vínculo empregatício com o favorecido. Sua atividade é independente, não compondo o contrato de trabalho.

Gorjeta

¶ *Gorjeta* origina-se de **gorja**, substantivo derivado do francês **gorge**, com o significado de garganta, nos dois idiomas. *Gorjeta* é, assim, forma diminutiva de **gorja**, pois o sufixo **-eta** é formador de diminutivos, tais como maleta, banqueta, lanceta, tabuleta, etc.

O termo *gorjeta* está associado à ideia de dar de beber, com significado equivalente a **propina**[1]. No alemão, denomina-se **Trinkgeld** (literalmente, dinheiro para beber); em francês, **pourboire** (com a tradução literal de para beber); no italiano, **mancia**; no espanhol, **propina**; no inglês, **tip**.

O art. 457, § 3°, dispõe: *Considera-se gorjeta não só a importância espontaneamente dada pelo cliente ao empregado, como também aquela que for cobrada pela empresa ao cliente, como adicional nas contas, a qualquer título, e destinada a distribuição aos empregados.*

Sérgio Pinto Martins, em sua obra *Direito do Trabalho*, 18. ed., São Paulo: Atlas, 2003), assinala a diferença entre *gorjeta* e **gratificação**: *A gorjeta diferencia-se da gratificação, pois a primeira é paga pelo cliente e a segunda pelo empregador.*

[1] Não, evidentemente, no sentido pejorativo de gratificação por prestação ilegal de favores, com ofensa ao princípio da moralidade administrativa. O substantivo propina origina-se do verbo grego **propíno** (= beber antes; beber à saúde), derivado prefixal do verbo **píno** (= beber).

H

H (inicial)

¶ Palavras usuais com *h* inicial:

hálito	hera (planta)	himeneu
halt<u>e</u>re	herma (escultura de busto)	hindu
hang<u>a</u>r	hermenêutica	hipocondria
haurir	hermético	hombridade (honradez)
hedonismo	hesitar	homogêneo
hemeroteca	hilaridade	humildade

1. Não se emprega **h** no meio de palavra originariamente portuguesa (exceto no substantivo **Bahia**, Estado e cidade, por tradição histórica secular). Escrevem-se, pois, sem **h** palavras como: baiano, coerdade, coerdeiro, inabilitar, inumano, lobisomem, niilismo, reabilitar, reaver, reumanização, etc.

2. No interior de palavra, o **h** aparece nos dígrafos **ch** (conchavo), **lh** (alheio) e **nh** (artimanha), e em palavras originárias de termos estrangeiros: leishmaniose (de William Boog Leishman, médico inglês), malthusianismo (de Thomas Malthus, economista e sociólogo inglês), behaviorismo (do inglês *behauviorism* ou *behaviorism*), etc.

Habeas corpus – Hábeas-córpus – Hábeas

¶ *Habeas corpus*, sem hífen e sem acentuação gráfica, é a forma latina. Como se sabe, em latim não se empregava acentuação gráfica nem hífen.

¶ *Hábeas-córpus* é a forma lógica e completamente aportuguesada: com hífen, para indicar a unidade semântica do termo (à semelhança de ano-luz, cão-guia, dia-multa, queixa-crime, etc.); com acento gráfico em **hábeas**, por ser paroxítona terminada em ditongo crescente (à semelhança de pâncreas, várzea, área, etc.); e também com acento gráfico em **córpus**, por ser paroxítona terminada em **-us** (à semelhança dos latinismos bônus, húmus, múnus, ônus, Vênus, vírus, etc.). Há muitos outros latinismos aportuguesados – fac-símile, mapa-múndi, vade-mécum, pró-forma, etc.

Ou se emprega o termo em sua forma latina, isto é, sem acentuação gráfica e sem hífen, ou se aportuguesa completamente: com hífen e com os respectivos acentos gráficos. A representação **habeas-corpus**, com hífen, mas sem acentuação gráfica, constitui aportuguesamento pela metade, trabalho de meia-sola, verdadeira incoerência gráfica, em suma.

¶ *Hábeas*, com acento gráfico, é a forma reduzida, já registrada no VOLP/09, o que implica reconhecer o termo como aportuguesado.

A expressão latina completa é **habeas corpus ad subiiciendum** (ou **subjiciendum**), com o significado de *que tenhas o corpo para submetê-lo* (apresentá-lo) *ao tribunal* (à corte de justiça).

Há cinco anos (atrás)

¶ Na expressão **há cinco anos atrás** ocorre pleonasmo vicioso, uma vez que *há cinco anos* já indica tempo passado. Assim, **há** e **atrás** exercem função semântica idêntica.

Dir-se-á, portanto, isso ocorreu *há cinco anos*, ou isso ocorreu *cinco anos atrás*.

Note-se, ainda, a disparatada cacofonia em **há cinco anos atrás**.

Há / havia dois meses que ...

¶ O verbo **haver**, quando indica o tempo que dura ou durava certa ação, está sujeito à *correlação temporal*. Em outras palavras: usa-se **há** para indicar quanto tempo **dura** uma ação, e **havia** para indicar quanto tempo **durava** determinada ação:

Há (= faz) *dois meses que não temos notícias dele.*

Havia (= fazia) *dois meses que não tínhamos notícias dele.*

Havia muito tempo que a polícia o procurava.

A sessão começou há meia hora.

A sessão começara havia meia hora.

Há (= faz) *alguns meses que protocolei esse pedido.*

Morávamos ali havia (= fazia) *seis anos.*

Havia vinte anos que se internara no silêncio e na inércia da vida sertaneja. (Inglês de Sousa – *O missionário*, p. 23)

Como se observa, a substituição de **haver** por **fazer** (há/faz; havia/fazia) ajuda a empregar a forma verbal no tempo correto: presente do indicativo ou pretérito imperfeito do indicativo.

Haja vista (significado e construção de)

¶ *Haja vista* não tem valor *causal*, razão por que não se deve empregar como sinônimo de *porque, uma vez que, já que,* etc.

Haja vista introduz assertiva que serve de *comprovação* de afirmação anterior, tendo sentido equivalente a *prova disso*:

Esta avenida é uma das mais perigosas da Capital. Haja vista [prova disso são] *os dois acidentes com morte que ocorreram ontem.*

A crise econômica brasileira acentua-se dia após dia; haja vista [prova disso é] *o número cada vez maior de pessoas desempregadas.*

A violência urbana está tomando proporções assustadoras, haja vista [prova disso são] *os assaltos, roubos, sequestros e homicídios que se noticiam diariamente.*

Na expressão *haja vista*, o verbo **haver** pode concordar em número com o substantivo que vem a seguir, contanto que este não esteja precedido de preposição. **Vista**, entretanto, fica sempre invariável nesta expressão, sendo totalmente incorreta a forma **haja visto**.

Haja vista é hoje uma *locução estereotipada*, uma espécie de *fóssil sintático* (Celso Pedro Luft). Daí por que o melhor é manter invariável a locução toda. É a construção mais elegante: *Seus métodos são excelentes, haja vista os resultados que vem obtendo.*

Haja(m) visto é forma do verbo **ver**. *Suponho que todos hajam/tenham visto o comunicado da direção afixado no refeitório.*

Hebdomadário

¶ **Hebdômada**, com a variante **hebdômade,** tem o significado de sete dias (semana) – emprego mais usual –, de sete semanas ou de sete anos. Origina-se do substantivo grego **hebdomás, -ádos**: o número sete, grupo de sete, espaço de sete dias, semana, se(p)tênio (período de sete anos).

¶ *Hebdomadário* tem as acepções principais de: a) como adjetivo – relativo a semana, que se renova a cada semana, o que é feito semanalmente, semanal; e b) como substantivo – publicação que surge uma vez por semana, semanário.

Na linguagem jurídico-trabalhista, os simpatizantes de refinamentos linguísticos, gostam de falar em descanso (ou repouso) hebdomadário, em lugar de descanso (ou repouso) semanal. Ocorre que muitas pessoas – como tenho verificado – ignoram o significado do requintado acepipe léxico.

Como derivados prefixais de *hebdomadário* existem os termos **bi-hebdomadário**, com a variante aglutinada oficial **biebdomadário**, com as acepções de, como adjetivo: que ocorre ou aparece duas vezes por semana; e, como substantivo: periódico que aparece regularmente duas vezes por semana; **semi-hebdomadário,** sinônimo do termo **bi-hebdomadário/biebdomadário**; e **tri-hebdomadário/triebdomadário**. Para o termo **semi-hebdomadário**, o VOLP/09 não registra a correspondente forma aglutinada *'semiebdomadário'*.

Hipótese – Caso

¶ Os dois termos – *hipótese* e *caso* – são usuais nos textos jurídicos (leis, petições, decisões, pareceres, etc.).

A *hipótese* é abstrata. Fala-se em hipóteses da lei, uma vez que esta é geral e abstrata. As hipóteses legais podem ocorrer, realizar-se, consumar-se, ou não. No Direito Tributário, **hipótese de incidência** é a descrição abstrata contida na lei. Quando a hipótese se concretiza, realiza, consuma, passa a ser *caso*. A hipótese é abstrata. O caso é concreto: é o fato ocorrido, e sobre ele incide a norma legal.

Em textos jurídicos (forenses, doutrinários, jurisprudenciais, etc.), são frequentes as locuções *na hipótese dos autos* ou *no caso dos autos*. E, não raras vezes, as hipóteses são tratadas por casos; e estes, por aquelas.

Hológrafo

¶ *Hológrafo* significa escrito por inteiro, com todas as letras, sem abreviações. Origina-se do adjetivo grego **hólos** (inteiro, completo, íntegro) + o verbo **graphein** (escrever, grafar).

As edições anteriores do VOLP também registravam a variante **ológrafo** (sem o **h** inicial). O VOLP/09 registra somente a forma *hológrafo*, única grafia correta, uma vez que o **o** inicial do adjetivo grego é **aspirado**, pronúncia que, no latim e na maioria das línguas neolatinas, se representa pelo **h** inicial.

No Direito das Sucessões, o termo aparece na expressão **testamento** *hológrafo* (do grego **hólos** = todo, inteiro + **graphein** = escrever): testamento todo escrito pela mão do testador ou mediante processo mecânico. **Testamento** *hológrafo* é sinônimo de testamento particular, aberto ou privado (arts. 1.876 a 1.880 do Código Civil).

Honorários – Honorários de advogado

¶ O termo *honorários* designa a remuneração pecuniária por serviços prestados por profissionais, especialmente os que exercem profissões liberais. Nesta acepção, o termo geralmente é registrado no plural (*pluralia tantum*: substantivos usados somente no plural). É o que observamos no VOLP/09 e nos dicionários comuns e jurídicos em geral, brasileiros e portugueses, bem como nos documentos normativos.

¶ Se os honorários são devidos a advogado, quando vencedor nas causas que patrocina, recebem a denominação específica de ***honorários de advogado***, locução recomendada pela boa técnica de redação jurídica.

São devidos honorários de advogado sempre que vencedor o beneficiário da justiça gratuita. (Súmula 450 do STF)

Não cumprida a obrigação, responde o devedor por perdas e danos, mais juros e atualização monetária segundo índices oficiais regularmente estabelecidos, e honorários de advogado. (CC, art. 389)

Responde o devedor pelos prejuízos a que sua mora der causa, mais juros, atualização dos valores monetários segundo índices oficiais regularmente estabelecidos, e honorários de advogado. (CC, art. 395)

[...]. A petição inicial, todavia, não será despachada sem a prova do pagamento ou do depósito das custas e dos honorários de advogado. (CPC, art. 268)

Prescreve em 5 (cinco) anos a ação de cobrança de honorários de advogado, [...] (Lei n. 8.906, de 4 de julho de 1994, art. 25)

Não condiz com a desejada (e necessária) precisão da linguagem jurídica substituir substantivos presentes nos institutos jurídicos tradicionais por adjetivos sinônimos (reais ou supostos) ou mesmo por adjetivos substantivados, como nos exemplos a seguir: honorários advocatícios, verba honorária e a honorária, por ***honorários de advogado***; parecer ministerial, por parecer do Ministério Público; auto flagrancial, por auto de prisão em flagrante; citação editalícia, por citação por edital; tese defensiva, por tese da defesa; rol testemunhal, por rol das testemunhas; contrato locatício, por contrato de locação; etc. Basta já termos a Constituição da República batizada de '*estatuto primaveril*', '*pergaminho inaugural*', '*nave-mãe*', '*norma-ápice*' e outras alcunhas esdrúxulas.

I

I *(e não E)*

¶ Palavras usuais com *i*:

aborígine[1]	disenteria	incinerar
antipático	dispêndio	intitular
calcário	dispendioso	irrupção
casimira	eletricista	meritíssimo
crânio	eletricitário	miscigenação
digladiar	escárnio	privilégio
dilapidar[1]	feminino	silvícola[1]
dirimir	frontispício	terebintina
discrição	imbuir	verossímil (ou verissímil)[2]

[1] O VOLP/09 também registra as formas **aborígene**, **delapidar** e **selvícola**, que são, todavia, de nível popular.

[2] O VOLP/09 também registra as variantes **verisímil** e **verosímil**, usadas em Portugal.

Imissão – Imissão na posse (e não imissão de posse)

¶ *Imissão*, na linguagem comum, designa o ato de introduzir, fazer entrar. O termo tem origem no substantivo latino feminino **immissio -onis** (ação de enviar, dirigir para), que se origina do verbo **immittere** (enviar, mandar para, contra; impelir, lançar, arrojar; meter, introduzir em).

¶ Na terminologia jurídica, no Direito Processual Civil, *imissão na posse* é o ato judicial que faz voltar a posse da coisa à pessoa a quem, por direito, pertence, ou sob cuja guarda deve estar. É o meio de aquisição da posse a que se tem direito. Assim, a ação de imissão na posse tem por objetivo a entrega da posse, que não está introduzida ou colocada em mãos do legítimo possuidor. No Direito Romano, denominava-se **interdictum adipiscendae possessionis causa** (*Gaii Institutiones, Commentarius Quartus*, § 144).

O mandado de imissão na posse visa ao ingresso na posse de *imóvel*. Em caso de bem móvel, o mandado é de busca e apreensão:

Não cumprindo a obrigação no prazo estabelecido, expedir-se-á em favor do credor mandado de busca e apreensão ou de imissão na posse, conforme se tratar de coisa móvel ou imóvel. (CPC, art. 461-A, § 2º)

Não sendo a coisa entregue ou depositada, nem admitidos embargos suspensivos de execução, expedir-se-á, em favor do credor, mandado de imissão na posse ou de busca e apreensão, conforme se tratar de imóvel ou de móvel (CPC, art. 625).

Comete atentado a parte que no decurso do processo: I – viola penhora, arresto, sequestro ou imissão na posse; (CPC, art. 879, I)

1. Observe-se que a expressão correta é *imissão na posse*, e não imissão **de** posse. A expressão incorreta – **imissão de posse** –, empregada no CPC de 1939, foi corrigida para *imissão na posse* pelo CPC de 1973, como se pode observar nos arts. acima transcritos e ainda nos arts. 879, I, e 998.

2. O termo *imissão* tem ainda o significado de ato de investir alguém num cargo.

3. Quanto à regência do verbo **imitir**, confira: Kaspary, Adalberto J. *O verbo na linguagem jurídica: acepções e regimes.* 7. ed. rev., atual., ampl. e adaptada ao novo sistema ortográfico. Porto Alegre: Livraria do Advogado Editora, 2010.

Imprimido – Impresso

¶ **Imprimir** possui particípio duplo no sentido de **estampar**, **gravar**: *imprimido*, com os verbos **ter** e **haver** (voz ativa); *impresso*, com os verbos **ser** (voz passiva) e **estar**.

A gráfica já tinha/havia imprimido milhares de folhetos.
Os panfletos são impressos numa gráfica clandestina.
Os dizeres estão impressos em caracteres miúdos.

¶ No sentido de imprimir movimento, infundir, fixar, usa-se apenas a forma *imprimido* (regular).

Era excessiva a velocidade imprimida ao veículo.
Ele tinha imprimido grande velocidade ao carro.
Foi imprimida nova orientação ao órgão.
Fora imprimida uma linha sensacionalista ao jornal.

Inaudita altera parte

¶ A expressão correta é *inaudita altera parte*, e não **inaudita altera 'pars'**, como às vezes se vê grafada.

Trata-se da construção participial latina (equivalente à nossa oração reduzida de particípio) denominada **ablativo absoluto**, em que o sujeito fica no caso ablativo. E o ablativo singular do substantivo feminino **pars**, da terceira declinação, é **parte** (com **e** final).

A tradução de *inaudita altera parte* é: **não ouvida a outra parte**, **sem ter sido ouvida a outra parte** ou, mais livremente, **sem audiência da parte contrária**. A expressão correlaciona-se com o brocardo **Audiatur et altera pars**: **Que seja ouvida** (ou **Que se ouça**) **também a outra parte** (i. e., a parte contrária), construção desenvolvida passiva, em que o substantivo **pars** se encontra no nominativo, caso normal do sujeito.

O espírito do brocardo *inaudita altera parte* está expresso nos arts. 797 e 804 do CPC de 1973. Sua forma original está na tragédia Medeia, de autoria de Sêneca, o Filósofo (4 a. C.- 65 d. C.).

Incesto (é)

¶ *Incesto* é a conjunção carnal entre parentes consanguíneos, afins ou adotivos. O Código Penal (art. 226, II) vincula o *incesto* aos *crimes contra os costumes*, para efeito de aumento da pena. O casamento incestuoso é eivado de nulidade absoluta.

Note-se que a pronúncia do **e** é aberta (**é**) no substantivo *incesto*, como, aliás, registram os dicionários e outras obras didáticas e paradidáticas em geral.

O termo *incesto* provém do substantivo latino **incestum, -i**, ou **incestus, -us** (impureza, mancha, incesto, adultério). O substantivo **incestum, -i**, ou **incestus, -us**, por sua vez, compõe-se do prefixo **in** (indicativo de negação) + o adjetivo triforme **castus, -a, -um** (sentido próprio: que se conforma com as regras ou ritos religiosos; daí, em sentido figurado, por extensão: isento de culpa e, especialmente, de impureza; virtuoso, casto, puro).

Incontinente – Incontinenti

¶ *Incontinente*, como adjetivo (masculino e feminino), tem os significados de: que não tem ou não denota moderação, comedimento, continência; descomedido, imoderado; que é imoderado nos seus impulsos sexuais; (na Medicina), que padece de incontinência (= incapacidade de controlar voluntariamente a emissão de urina ou fezes.

Como substantivo (masculino e feminino), designa a pessoa que não é moderada; a pessoa que não modera os seus impulsos sexuais; (na Medicina), a pessoa que sofre de incontinência.

¶ *Incontinenti* é advérbio latino (assim registrado no VOLP/09), com o significado de: sem demora, imediatamente, prontamente, sem perda de tempo. O advérbio origina-se da locução adverbial latina **in continenti (tempore)**, com o significado de: imediatamente, sem perda (ou interrupção) de tempo, sem demora, no mesmo instante. **Continenti** é o ablativo singular do adjetivo **continens**, **-entis**, que tem, entre outras, as acepções de: contínuo, continuado, sem interrupção, sem detença.

A doação verbal será válida, se, versando sobre bens móveis de pequeno valor, se lhe seguir incontinenti a tradição. (CC, art. 541, parágrafo único)

1. Os dicionários Houaiss/09 e Sacconi/10 atribuem a *incontinente*, além das classes gramaticais de adjetivo e substantivo, a de advérbio, com os significados do advérbio latino *incontinenti* e da locução adverbial latina **in continenti tempore**. O VOLP/09 também registra *incontinente* como adjetivo, substantivo 2g. (= comum de dois) e advérbio.

2. O Aurélio/10 atribui a *incontinente* apenas as classes gramaticais de adjetivo e substantivo. Registra **incontinênti** (assim mesmo, com acento circunflexo no **e**) como advérbio adaptado do latim tardio *in continenti (tempore)*, com as acepções supraconsignadas ao advérbio e à locução adverbial latina.

3. Não se deve estranhar a forma aportuguesada **incontinênti** adotada pelo Aurélio/10. É aportuguesamento sensato, oportuno e coerente, à semelhança do que se fez e oficializou, há muito tempo, com os latinismos álibi, bônus, cútis, hábeas(-córpus), húmus, ônus, pró-labore, vade-mécum e muitos outros mais. Confira outros exemplos em *Nova Ortografia integrada: o que continuou + o que mudou = como ficou*, de Adalberto J. Kaspary (Porto Alegre-RS, EDITA).

4. A fim de evitar ambiguidade com o adjetivo ou o substantivo *incontinente*, é preferível empregar, como advérbio, a forma latina *incontinenti* ou a grafia aportuguesada **inconinênti**. Confusões, bastam as que se criam involuntariamente.

Incorrido – Incurso

¶ Como particípio de **incorrer**, somente se usa *incorrido*.

Ele deve ter incorrido na ira do diretor.

Sobre o significado do verbo **incorrer**, inclusive do particípio **incorrido** (custos incorridos, despesas incorridas), consulte: Kaspary, Adalberto J. *O verbo na linguagem jurídica: acepções e regimes*. 7. ed. rev., atual., ampl. e adaptada ao novo sistema ortográfico. Porto Alegre: Livraria do Advogado Editora, 2010.

¶ *Incurso* é adjetivo, com a significação de: que incorreu em penalidade criminal; que se tornou passível de certa punição legal.

O réu está incurso nas penas do artigo 155 do Código Penal.

Independentemente – Independente

¶ Além de se apresentar em sua categoria habitual de adjetivo e aquela, menos usual, de substantivo, *independente* também pode assumir o valor adverbial, com sentido idêntico ao do advérbio propriamente dito, isto é, *independentemente*. É o que os gramáticos chamam de adjetivo em função adverbial, presente nas frases a seguir:

Falem claro (= claramente), *por favor.*

Em matéria de intuição, as mulheres superam os homens disparado (= disparadamente).

Aquela cerveja desce redondo (= redondamente).

Todo médico, independente de sua especialidade, deve participar desse treinamento.

Ele pretende continuar trabalhando para a empresa, independente (= independentemente) *de lhe reajustarem o salário.*

No que respeita em especial à adverbialização do adjetivo *independente*, conquanto encontradiça na linguagem usual, falada e escrita, não é recomendável no padrão culto do idioma, que é o adequado às manifestações do Direito, máxime em sua forma escrita: petições, pareceres, decisões, textos doutrinários, documentos legislativos, etc. Imitem-se, pois, a bem da clareza, precisão e elegância linguísticas, os seguintes exemplos:

Independentemente de seu objeto, considera-se empresária a sociedade por ações; e, simples, a cooperativa. (CC, art. 982, parágrafo único).

Decorrido o prazo, extingue-se, independentemente de declaração judicial, o direito de praticar o ato, [...] (CPC, art. 183)

As testemunhas comparecerão à audiência independentemente de notificação ou intimação. (CLT, art. 825)

Admitir-se-ão medidas cautelares nos recursos, independentemente dos seus efeitos. (RISTF, art. 304)

A parte vencedora na primeira instância, se vencida na segunda, está obrigada, independentemente de intimação, a pagar as custas fixadas na sentença originária, [...] (Súmula n. 25 do TST)

A assistência social será prestada a quem dela necessitar, independentemente de contribuição `a seguridade social, [...] (CRFB, art. 203, *caput*)

Indicação numérica de folhas e páginas

¶ Quando se trata de folha(s) e página(s) determinada(s), numerada(s), a preposição deve ser acompanhada do artigo definido *a(s)*, no singular ou no plural, de acordo com o número de folhas ou página(s):

Confira algumas possibilidades:

Conforme o laudo da fl. 52, [...]
laudo das fls. 14-18; ou laudo das fls. 14-8

*Conforme a certidão **da** fl. 45v., [...]*
*De acordo com a certidão **da** fl. 14 e v., [...]*
*Consultem a tabela **da** p. 34 do manual.*
*Examinem as fotos **das** pp. (ou p.) 18-24 do álbum.*

Observe o emprego da preposição **de**, por ser precedida de substantivo. A abreviatura de **páginas** pode ser **p.** (segundo a ABNT), ou **pp.** (segundo a ABL). Para abreviatura de **verso**, empregou-se a forma **v.**, de uso geral, mais funcional que a forma v.°; e, para a de **folha(s)**, optou-se pelas formas **fl.** (singular) e **fls.** (plural), mais usuais em documentos forenses e correlatos.

Segundo a ABNT, nas citações de sequências numéricas não se repetem as dezenas, centenas, etc. constantes no primeiro elemento: fls. 63-7; fls. 115-22; fls. 512-8. Forma de praxe nas citações bibliográficas, não é obrigatória em documentos forenses e correlatos.

*Segundo consta **na** (ou **da**) fl. 36 dos autos, [...]*
*Consta **nas** (ou **das**) fls. 156-9 (ou 156-159) dos autos que [...]*
*Conforme laudo acostado **à fls.** 37 dos [...]*
*De acordo com o laudo acostado **às fls.** 22-8 (ou 22-28) dos [...]*

O verbo **constar** e o adjetivo **constante,** no sentido de (estar) escrito ou registrado, pedem complemento com as preposições **em** ou **de** (e não **a**), e o verbo **acostar** rege a preposição **a** (e não **em**).

*Conforme se lê/vê **na** (ou **à**) fl. 12 dos...*
*Conforme se lê/vê **nas** (ou **às**) fls. 146-74 (ou 146-174) 2-18 dos autos, [...]*
*Leia a observação **no** (ou **ao**) pé da p. 36.*
*Observem a figura **no** (ou **ao**) alto da p. 157.*

Com os verbos **ler**, **ver**, **observar**, **verificar** e assemelhados, a indicação das folhas ou páginas em que se lê, vê, observa, etc. algo podem ser precedidas da preposição **de** ou **a**, ambas corretas no caso, embora seja mais usual a primeira.

¶ Há uma forma mais enxuta de indicação numérica das folhas: colocar a informação simplesmente entre parênteses. Além de ser mais funcional, por não atrapalhar a fluência da leitura do texto, evita a preocupação com questões de regência:

Segundo o laudo médico (fl. 42), [...]
Em seu laudo (fls. 44-56), o perito informa que [...]

¶ Não é recomendável o emprega da diagonal (/), vulgarmente chamada barra, para separar sequências numéricas, pois, além de não ser o sinal adequado para essa função, ela pode ter duplo sentido quando se trata de mais folhas.

Singular: laudo das fls. 14/28 = o laudo vai da fl. 14 à folha 28.
Plural: laudo**s** das fls. 18/36. Esta forma permite duas interpretações:
a) laudos das fls. 24 e 42; ou

b) (por exemplo) laudos das fls. 24-32 e 33-42, isto é: um vai da fl. 24 à fl. 32; e o outro, da fl. 33 à fl. 42.

Observe-se, pois, no caso, a praxe da ABNT: hífen, e não diagonal.

¶ A indicação das folhas de forma indeterminada, isto é, sem numeração, com a palavra folha(s), por extenso ou abreviada, precedida da preposição **de** ou **a** (mais usuais) é inteiramente inadequada, por inócua:

Adoto o relatório de folhas.
XYZ, qualificado na petição inicial de fls., [...]
A fls., estão as razões da Recorrida.

Ou se indica(m) claramente o(s) número(s) da(s) folha(s) ou da(s) página(s), ou não se menciona a informação:

Segundo o depoimento da vítima, o agressor ameaçou-a com uma faca de açougueiro.

Também é inadequada, por linguisticamente ilógica, a indicação de folha(s) ou página(s) determinada(s) mediante a preposição **de** ou **a** *sem a presença do artigo definido* **a** ou **as**: laudo de fls. 2; atestado de fls. 14; etc. Isso porque as preposições **de** e **a** (e outras), quando não acompanhadas do artigo definido, traduzem indeterminação. Como se justificaria gramaticalmente uma forma preposicional **indeterminada** diante de um número **determinado**? Não vale, para o caso, a explicação de praxe arraigada, mesmo que secular. A roda, há muito tempo, deixou de ser quadrada; a máquina de escrever já virou peça de museu, as mulheres já podem concorrer aos cargos de magistrado e aos mais postos da administração pública, mesmo àqueles situados no topo da pirâmide.

Inexo

¶ *Inexo*, adjetivo, origina-se do particípio passado – **innexus, -a, -um** –, do verbo latino **innectere**: ligar em, enlaçar, atar, amarrar, prender; mais precisamente: ligar intimamente.

Nossos dicionários não registram o adjetivo *inexo*. Registra-o, no entanto, há mais de sessenta anos (!), a Academia Brasileira de Letras, em seu PVOLP/43 e no VOLP/09.

Pontes de Miranda emprega o adjetivo *inexo*, bem como o verbo **inexar** e o substantivo **inexão**, ao tratar das *determinações inexas* (Tratado de direito privado, t. V, §§ 538 a 556, pp. 93-215):

Termos e condições são determinações necessariamente insertas nos atos jurídicos: são neles, in-nexam, *porque de dentro deles lhes traçam, no tempo, limite e eficácia; não se ligam a eles, não se lhes anexam; são, por isso, ditas determinações inexas. O nexo é interno, e não externo.* (§ 538, 1, p. 93).

Termos e condições são determinações temporais, inexas. Inexam-se à manifestação de vontade [...] (§ 54, 1, p. 97)

As condições e os termos não são manifestações anexas de vontade, como o modus; são inexas. O nexo, que entre elas e o ato jurídico existe, é interior, íntimo. Não são conexas, nem anexas. A conexidade torna em relação as manifestações de vontade, mas sem se dar a inserção de uma na outra, o que a inexão supõe. (§ 540, 1, p. 98)

Nos §§ 557 e 558, pp. 216-21, da mesma obra e tomo acima, Pontes de Miranda trata das **determinações anexas**, conceituando-as e exemplificando-as.

Infringência

¶ Os dicionários Houaiss/09, Aurélio/10 e Sacconi/10 não registram o substantivo *infringência*. Registram-no, todavia, o VOLP/09 e, além de outros presentes em minha biblioteca, os dicionários Borba/02, Michaelis/00, VJ/07, DJ/04 e o DJ/98.

Os dicionários supraidentificados que consignam o termo *infringência* a ele atribuem a acepção básica de **infração**.

É nulo o casamento contraído: [...]; II – por infringência de impedimento. (CC, art. 1.548, II)

1. No CC/2016, o dispositivo correspondente ao acima transcrito é o art. 207, no qual se empregou o termo (então tradicional) **infração**.

2. Volta e meia alguém "ensina" que o termo *infringência* não existe. Deve sofrer de **lexicofobia**.

Inimigo figadal

¶ Numa obra sobre redação forense, o autor fez esta advertência: *Inimigos figaldais* [sic] *do redator são os termos que ensejam 'homofonia' ou 'homografia'*.

Inimigos '**figaldais**' não existem, pelo simples fato de que a fidalguia dificilmente integra o rol das qualidades de um inimigo. O que existe são *inimigos figadais*, isto é, inimigos íntimos, intensos, profundos. **Figadal**, no caso, indica o sentimento hostil muito profundo, ou, na locução do título, o objeto desse sentimento – a pessoa contra a qual se nutre esse desígnio rancoroso. Podemos, assim, dizer que o inimigo figadal cultiva ou alimenta, em relação a alguém, um ódio figadal.

E o que o fígado tem que ver com esse sentimento hostil ou com o objeto deste? A resposta está no fato de que os antigos consideravam o fígado como órgão-sede do ódio. Tanto que, em razão desse suposto papel do órgão, ele passou a integrar locuções de sentido nada favorável, como esta, por exemplo: *ter maus fígados*, com o significado de ser de temperamento difícil, colérico, raivoso, irascível, genioso, ou mesmo o de ter mau-caráter.

O fígado, órgão indispensável ao bem-estar psicofísico do ser humano, não merece, por certo, que se lhe atribuam os sentimentos negativos acima registrados. Ele, sim – podemos dizer –, tem inimigos figadais, dentre os quais se destacam, pelos danos funestos que lhe causam, o álcool em excesso e as drogas em geral.

Inobstante (validade do emprego de)

¶ A forma *inobstante*, ao lado das tradicionais – **não obstante** e **nada obstante** –, está definitivamente incorporada ao nosso léxico. Se os dicionários não a registram, isso é problema (falha) deles. Encontra-se, também, registrada em obras didáticas e paradidáticas, como, por exemplo, no Borba/02, que a classifica como *preposição* (= apesar de, não obstante – ideia de concessão) e *advérbio* (= apesar disso – ideia de concessão). Trata-se, aliás, de um dicionário com excelente aparato técnico, à semelhança do, também do mesmo autor, *Dicionário gramatical de verbos do português contemporâneo do Brasil*.

Luciano Correia da Silva (*Na ponta da língua: português no dia a dia*. Curitiba: Juruá, 2000, p. 116-7, n. 240) assim se pronuncia acerca do emprego de **inobstante**: *Eu, parece-me que nada impede o emprego desse vocábulo, uma vez que encontra amparo no processo histórico de formação das palavras. [...] A formação é regular e, a meu ver, não merece censura, [...]*

De qualquer forma, independentemente desses registros, o termo circula livremente na fala e na escrita dos usuários cultos do idioma, de modo particular no meio jurídico. Haja vista estes exemplos:

Inobstante, parece-me evidente que se deva restabelecer alguma isonomia nesse campo, [...] (RJTJRS, n. 149, tomo I, p. 337)

Inobstante denunciada e reconhecida pela sentença como tal, a conduta da ré não configura a situação do art. 27 da Lei n. 6.368-76. (RTRF-4ª, ano 3, n. 10, p. 410)

A categorização dos vícios no Direito Público e no Direito Privado é que apresenta distinções acentuadas; já, as consequências, inobstante alguma desigualdade, são muito próximas. (Celso Antônio Bandeira de Mello – *Curso de direito administrativo*. 20. ed., São Paulo: Malheiros Editores, p. 439, cap. VII, n. 155)

Inobstante isso, não há como desconsiderar que também a preservação da paz assume transcendental relevância para a proteção e efetivação dos direitos fundamentais do homem considerado na sua individualidade, [...] (Ingo Wolfgang Sarlet – *A eficácia dos direitos fundamentais*. Porto Alegre: Livraria do Advogado, 1998, p. 55)

Inobstante todo este esforço, não há como negar que remanescem falhas, a propiciar, por vezes, justos reclamos de quem por elas é afetado. (José Barison – *Justiça e eficiência*, ZH, PA/RS, 8-12-1992, p. 4).

Inobstante alinha-se com um sem-número de outros termos formados pela anteposição do prefixo **i(n)-** (variante **im-**) ao vocábulo-base, tais como os seguintes, colhidos no VOLP/09: imodesto, inanistiável, inexistente, ilocável, inadmitir, incoerção, inconforme, incongelável, indirimível, indestreza, imerecer, improceder, inensinável, indirigível, inevidente, inumano, inviolento, etc.

Inserido – Inserto

¶ Como particípio de **inserir**, emprega-se *inserido*.
Foram inseridas novas cláusulas no contrato.
¶ *Inserto* somente aparece como adjetivo.
O discurso está inserto nos anais do Senado.

Interditado – Interdito – Interditando

¶ Como particípio de **interditar**, somente se emprega *interditado*.
O prédio foi interditado pelos fiscais do Município.
¶ *Interdito*, como substantivo abstrato, indica a ação destinada à proteção da posse. Como substantivo concreto, significa aquele que sofre interdição, i. é, declarado juridicamente incapaz para administrar seus bens e dispor livremente de seu patrimônio; curatelado.
A aprovação do juiz não exime o representante ou assistente do menor ou interdito da responsabilidade pelos atos dos gerentes nomeados. (CC, art. 975, § 2º)
¶ *Interditando* é aquele contra quem se está processando um pedido de interdição; quem está para ser interditado.
Quando a interdição for requerida pelo órgão do Ministério Público, o juiz nomeará ao interditando curador à lide (art. 9º). (CPC, art. 355)

Intimação – Citação – Notificação

¶ *Intimação é o ato pelo qual se dá ciência a alguém dos atos e termos do processo, para que faça ou deixe de fazer alguma coisa.* (CPC, art. 234) A **intimação** tem o caráter de uma ordem.

¶ *Citação é o ato pelo qual se chama a juízo o réu ou interessado a fim de se defender.* (CPC, art. 213). A *citação* representa apenas uma comunicação.

¶ A *notificação* projeta-se no futuro, determinando um **facere** ou um **non facere**. Envolve uma determinação da autoridade para a prática ou abstenção de um ato. Já a *intimação* diz respeito a atos pretéritos, consiste na cientificação de um ato já praticado – um despacho, uma sentença.

Inverter / inversão = investir (impropriedade)

¶ Constitui impropriedade o emprego do verbo *inverter* como sinônimo de *investir* (fazer investimentos, aplicar capital).

Investem-se/aplicam-se capitais, lucros (e não se invertem capitais, lucros). Investem-se/aplicam-se lucros (e não se invertem lucros); etc.

O emprego impróprio do verbo *inverter* com a acepção de **investir** estende-se também ao substantivo *inversão*. Trata-se, na verdade, de dois espanholismos (hispanismos, castelhanismos), uma vez que, na língua espanhola, **invertir**, tem, entre outros significados, o de *empregar dinheiro ou capital em certa coisa*, e **inversón** o de *ação ou efeito de aplicar, em especial, dinheiro ou capital*.

Se o idioma nacional tem recursos linguísticos apropriados para expressar determinada ideia, não há porque recorrer a um termo alienígena.

Írrito e nulo

¶ O adjetivo *írrito* designa o que não é contado, calculado, computado ou ratificado. Origina-se do adjetivo participial latino triforme **irritus, -a, -um**, que, por sua vez, se compõe do prefixo **in-** (ideia de negação) + **ratus, -a, -um**, particípio do verbo depoente (forma passiva e significação ativa) **reor, reris, ratus sum, reri,** com a significação de contar, calcular, computar. **Ratus** tem, assim, as acepções de: que está contado, que entra em linha de conta, e daí: ratificado, aprovado, confirmado.

Logo, se o Decreto de 25 de julho não incidisse em inconstitucionalidade, incorreria sempre em ilegalidade. Se não for írrito por contrário ao artigo 6º das disposições transitórias da Constituição, nulo será, por violar o art. 7º da Lei de 20 de novembro. (Rui Barbosa – *Obras completas de Rui Barbosa*, vol. XXIII, 1896, t. IV, *Trabalhos jurídicos*, p. 52)

São usuais na linguagem jurídica as locuções latinas **pro rata**: em proporção, à proporção; **pro rata parte**: em parte proporcional; **pro rata portione**: em porção proporcional; **ad irritum resolvi**: tornar-se inútil; **testamentum irritum facere**: anular um testamento; etc.

Em português, temos, entre outras, as locuções **cláusula írrita**: cláusula sem nenhuma validade ou eficácia, quer por contravir preceito legal, quer por contrariar o objeto definido em cláusula principal ou obrigatória do próprio contrato; **direito írrito**: direito que ficou sem efeito, nulo; **testamento írrito**: testamento nulo.

¶ *Nulo* é o que não produz efeito, por falta de condição ou solenidade legal. É conhecido o brocardo latino **Quod nullum est, nullum producit effectum**: *o que é nulo não produz efeito.*

1. É inconsistente a afirmação feita por alguns autores de que a locução **írrito e nulo** é pleonástica. Haja vista a distinção exemplificada que, entre os dois termos, fazem J. I. Roquete José da Fonseca em seu precioso *Dicionário dos sinónimos poético e de epítetos da língua portuguesa* (Porto: Lello & Irmão, s. d., p. 339): *Quando o ato ou título foi feito com as condições e solenidades da lei, porém, por circunstâncias supervenientes, não é reconhecido, nem aprovado, nem ratificado, é irrito. Nulo é o testamento feito por pessoa em estado de demência, ou faltando-lhe as testemunhas que a lei exige. Írrito é o ajuste feito por procurador que excedeu os poderes que na procuração de seu comitente não lhe foram concedidos.*

2. Também o renomado dicionarista Antenor Nascentes, em seu admirável *Dicionário de sinônimos* (segunda edição revista e aumentada. Rio de Janeiro: Livros de Portugal, 1969, p. 300), após ensinar que *O que é nulo não produz efeito, porque labora em vício nascido da falta de condição ou solenidade legal*, chama a atenção para a inexistência de pleonasmo na locução supracitada: *O que é írrito também não produz efeito, embora não lhe faltem as condições nem as solenidades legais; não foi ratificado (lat. in e ratus). Vê-se, pois, que não há pleonasmo algum na expressão corrente írrito e nulo. Um ato reconhecido com vícios intrínsecos não merece ratificação.*

Isentado – Isento

¶ Como particípio de **isentar**, emprega-se *isentado*.

Serão isentados do pagamento da taxa de matrícula os alunos de baixa ou nenhuma renda.

¶ *Isento* usa-se como adjetivo, no sentido de desobrigado, dispensado, eximido; livre, puro, desembaraçado.

Eles se julgam isentos de culpa.

Isso posto – Isto posto

As duas formas são corretas. Têm o significado de **dessa forma**, **assim sendo**, etc.

¶ *Isso posto* é a expressão mais de acordo com a norma gramatical contemporânea, segundo a qual os pronomes **esse, essa, isso** têm função anafórica (do grego **anaforicós** = que faz lembrar, que traz à memória), isto é, empregam-se para indicar o que se acabou de mencionar, o que já foi dito acima; em outras palavras, apontam para o passado (e**sse**... – pa**ss**ado).

¶ *Isto posto* tem sua gramaticalidade mansa e pacífica esteada na autoridade de grandes escritores do idioma – Antônio Vieira, Machado de Assis, etc. – e dos mais notórios gramáticos brasileiros – Sousa da Silveira, Gladstone Chaves de Melo, Calos Henrique da Rocha Lima e outros, conforme exemplos infratranscritos.

Isso posto, note-se que observar princípios não significa repeti-los nas Constituições estaduais, mas estabelecer regras compatíveis com eles. (Tércio Sampaio Ferraz Júnior – *Os limites das constituições estaduais*, FSP, 18-10--1989, cad. A, p. 3)

Isso posto, é de se considerar que o meio normal de integração do direito é a aplicação das regras da hermenêutica à interpretação da lei e a posterior adequação do resultado ao caso concreto. (R. Limongi França – *Elementos de hermenêutica e aplicação do direito*, p. 60)

Isso posto, passo ao exame da matéria devolvida ao conhecimento deste grau de jurisdição. (TARGS – *Julgados*, n. 72, 1989, p. 105)

Isto posto, em que não há dúvida, entram agora duas questões, uma antiga e já tratada, outra nova, e tão nova, que hoje é a primeira vez em que será ouvida. (Antônio Vieira – *Sermões*, vol. 10, p. 15)

Isto posto, não estaria fingindo, e devia ser aquilo mesmo. (Machado de Assis – *Contos*, p. 517)

Isto posto, passemos a examinar alguns dos diferentes modos de construir esse parágrafo-modelo. (Rocha Lima e Raimundo Barbadinho Neto – *Manual de redação*, p. 41)

Isto posto, e fixadas assim as ideias, devemos ensinar: o **s** *latino nunca dá* **z** *em português.* (Sousa da Silveira – *Trechos seletos*, p. 35)

Isto posto, vamos às coisas mais práticas. (Gladstone Chaves de Melo – *Gramática fundamental da língua portuguesa*, p. 247).

Isto posto, vejamos a lição que se extrai das obras dos nossos modernistas. (Luiz Carlos Lessa – *O modernismo brasileiro e a língua portuguesa*, p. 355).

Isto posto, o Conselho de Magistratura dá provimento ao recurso e [...] (RJTJRS, n. 139, p. 12)

Isto posto, anulo a sentença, para que outra seja proferida, com a apreciação do pedido feito na inicial. (RTRF-4ª, ano 2, n. 8, 1991, p. 344)

Na realidade o emprego de *isto posto* traduz uma visão holística do texto, isto é, uma referência ao texto (parecer, sentença, etc.) em seu todo: *isto posto* (dito, analisado, etc.) **aqui**, **neste** papel; e o emprego de *isso posto* denota menção parcelada, fracionada (por partes) ao texto: *isso posto* (dito, afirmado, etc.) no(s) parágrafo(s) **acima**.

1. Note-se que, desde longa data, o fecho dos requerimentos sempre começava com a locução *nestes* **termos** (= nos termos constantes aqui, neste papel – referência holística. Aliás, de uns tempos para cá, alguns ensinantes passaram a tachar de errada a forma *nestes* da locução em apreço, que deveria ser *nesses*... Descobriram que escritores como AntônioVieira, Rui Barbosa, e gramáticos como Sousa da Silveira e Rocha Lima, dentre outros daqueles e destes da mesma linhagem não sabiam gramática. Que horror!

2. As formas **posto isto** e **posto isso** (ordem invertida dos termos) também são corretas. Menos usuais no português do Brasil, são encontradiças em textos de Portugal, como nesta frase de Agostinho de Campos, em seu livro *Língua e má língua* (p. 159): *Posto isto, vejamos quais as palavras que poderiam traduzir convenientemente o termo francês, [...]*

J

J (e não G)

¶ Palavras usuais com *j*:

ajeitar	intrujice (burla, engano)	ojeriza
bajeense[1]	jeitoso	rejeição
berinjela	lambujem	rejeitar
cafajeste	lisonjeado	rijeza
encorajem (forma verbal)	lisonjear	sabujice (servilismo)
enferrujem (forma verbal)	lisonjeiro	sarjeta
enjeitado	majestade	traje
enrijecer	majestoso	trajetória
gorjeta (de gorja)[2]	manjedoura	ultraje
granjear	manjerona	viajem (forma verbal)

[1] O VOLP/09 registra as formas **bajeeense** e **bageense**. O Aurélio/10 assinala a forma **bageense**, com remissão a **bajeense**, com as indicações: *1. De, ou pertencente ou relativo a Bajé (RS);* e *2. O natural ou habitante de Bajé.* O Houaiss/09 consigna a formas **bageense**, com a ressalva: *forma a evitar, por bajeense;* e **bajeense**, com a informação: *relativo a Bajé RS ou o que é seu natural ou habitante.*

[2] Confira o verbete *Gorjeta*.

Julgamento com equidade – Julgamento por equidade

¶ O *julgamento com equidade* indica o julgamento justo, moderado, imparcial, prudente, que é o que se espera de todo magistrado em seu mister. (Dias, Carlos Eduardo Oliveira. *Teoria e prática da sentença trabalhista.* 2. ed., São Paulo: LTr, 2003, p. 61)

Tratam do *julgamento com equidade*, entre outros, os seguintes dispositivos legais:

Na aplicação da lei, o juiz atenderá aos fins sociais a que ela se dirige e às exigências do bem comum. (LINDB, art. 5º)

O juiz adotará em cada caso a decisão que reputar mais justa e equânime, atendendo aos fins sociais da lei e às exigências do bem comum. (Lei n. 9.099, de 26-9-1995)

¶ O *julgamento por equidade* é aquele em *que se tem efetivamente a definição da justiça feita pela consciência do juiz.* (Id, ibid., p. 61)

O juiz só decidirá por equidade nos casos previstos em lei. (CPC, art. 127)

O árbitro conduzirá o processo com os mesmos critérios do juiz, na forma dos arts. 5º e 6º desta Lei, podendo decidir por equidade. (Lei n. 9.099, de 26-9--1995, art. 25)

Juntado – Junto

¶ *Juntado* é o particípio usual de **juntar**.
Já tínhamos juntado dezenas de provas à representação.
Foram juntados novos documentos aos autos.

¶ Em textos legais do Brasil e, principalmente, de Portugal, *junto*, a par de adjetivo, aparece empregado também como particípio. Trata-se de uso arcaizante.

A ata será, pelo presidente ou juiz, junta ao processo, devidamente assinada, [...] (CLT, art. 851, § 1°)

[...] Com o requerimento e a resposta são juntos todos os documentos. (CPCp, art. 1336°)

O juiz pode permitir que se passem certidões de processos em segredo de justiça para serem juntas a outros processos igualmente em segredo de justiça [...]. (CPPp, art. 73°)

Juntar por linha – Junto por linha

¶ *Juntar por linha* significa juntar um documento aos autos, no reverso destes, por uma linha (cordel, cordão). *Junto por linha* tem, assim, o sentido de (documento) juntado aos autos, preso a estes, no reverso, por meio de linha.

As duas expressões são, hoje, pouco usuais, tanto que muitos profissionais do Direito lhes desconhecem o significado, quando não a própria existência. Elas têm origem no fato de que, efetivamente, se empregava linha para prender determinado documento aos autos, prática que, embora ainda subsista, está sendo substituída pelo uso de um grampo de plástico ou instrumento similar. Mantêm-se, neste caso, as expressões, mas com semântica atualizada.

Uma das expressões consta no RISTF; outra, no RISTJ:

Após o julgamento, poderão ser devolvidos às partes os documentos que tiverem sido juntados "por linha",[1] salvo deliberação de serem anexados aos autos. (RISTJ, art. 141, § 2º).

Após o julgamento, serão devolvidos às partes os documentos que estiverem juntos por linha, salvo se deliberada a sua anexação aos autos. (RISTF, art. 115, § 2º).

[1] A expressão **por linha** está entre aspas no RISTJ, o que não se verifica no RISTF, conforme textos das editoras Saraiva e Lumen Juris, que consultamos.

Alguns autores empregam as expressões variantes **apensar por linha** e **apenso por linha**. O verbo **apensar**, no entanto, bem como o adjetivo **apenso** e o substantivo **apensação**, ou **apensamento**,[2] aplicam-se mais adequadamente em relação a *autos*. Assim, *apensação* expressa melhor *a ação de agregar os autos de um processo aos de outro, sem neles entranhá-los, conservando sua numeração própria*. Dispõe o RISTJ, em seu art. 153, que *Os processos conexos poderão ser objeto de um só julgamento, fazendo-se a oportuna apensação*. No CPP, art. 153, lemos que *O incidente de sanidade mental processar-se-á em auto apartado, que* [i. é, esse auto] *só depois da apresentação do laudo,[3] será apenso ao processo principal*.

[2] O VOLP/09 registra os dois termos: **apensação** e **apensamento**.

[3] A essa vírgula deveria corresponder, rigorosamente, outra após o pronome relativo **que**, para marcar a intercalação do adjunto adverbial de tempo *só depois da apresentação do laudo*. A vírgula antes do pronome relativo **que** precede a oração subordinada adjetiva explicativa *que será apenso ao processo principal*.

Juridicizar – Juridicização – Juridicizado – Juridicizante

¶ *Juridicizar* (jurídico + izar) significa *pôr um fato sob a tutela do* **ius**, i. é, *do direito*. Dele derivam os termos *juridicização* (substantivo), *juridicizado* (adjetivo participial) e *juridicizante* (adjetivo). O termo e seus derivados também se empregam sob a forma negativa, indicada pelo prefixo **des-**: **desjuridicizar**, etc.

¶ *Juridicização – Se a regra jurídica diz que o suporte fático[1] é suficiente, a regra jurídica dá-lhe entrada no mundo jurídico: o suporte fático juridiciza--se (= faz-se fato jurídico). Se ela, diante do fato jurídico, enuncia que o fato jurídico vai deixar de ser jurídico, isto é, vai sair, ou desaparecer do mundo jurídico, desjuridiciza-o. Ali a regra jurídica é juridicizante; aqui, desjuridicizante.* (Pontes de Miranda – *Tratado de direito privado*, t. I, § 10, 5, p. 28)

[1] No texto original aparece a grafia 'fáctico'. Alteramo-la para **fático**, grafia adotada pelo VOLP/09. Este, no entanto, registra a grafia dupla (com a letra **c** e sem ela) para os seguintes termos: **fa(c)ticidade, fa(c)tício, fa(c)titivo, fa(c)tível, fa(c)torial, fa(c)tual** e **fa(c)tura**.

De dentro do mundo jurídico estão as pessoas, inclusive o Estado, atentas ao mundo fático, porque dele vêm fatos que se juridicizam, [...] (Id., ibid., t. X, § 1.059, 1, p. 5)

Em verdade, o direito romano viu a naturalis possessio *[...], porém não chegou à juridicização dela, à tutela jurídica da* naturalis possessio. (Id., ibid., t. X, § 1.059, 6, p. 18)

A ofensa de terceiro ao poder fático do locatário era ofensa ao poder fático, juridicizado, *do locador, dono da coisa.* (Id., ibid., t. X, § 1.073, 1, p. 108)

Expectativa de direito é situação anterior à juridicização do fato. (RTRF-4ª, ano 2, n. 8, 1991, p. 19)

São errôneas, por destituídas de adequada base etimológica, as grafias 'juri**s**dicizar', 'juri**s**dicização' e 'juri**s**dicizado'. Vê-se aí analogia, porém equivocada, com **jurisdição**.

Justiça gratuita – (As benesses, o beneplácito, o benefício da)

¶ Em decisões judiciais, tenho visto com indesejada frequência as expressões **as benesses da justiça gratuita** e **o beneplácito da justiça gratuita**, em lugar de *o benefício da justiça gratuita*.

¶ **Benesse**, segundo os dicionários, tem as acepções de: rendimento paroquial proveniente da prestação que os paroquianos dão a seus párocos pelos serviços que deles recebem, tais como batismos, crismas, casamentos, funerais, etc.; ou lucro fácil, que não advém do esforço ou do trabalho, também denominado popularmente de mordomia, no sentido de vantagens usufruídas por certos "amigos do rei".

¶ **Beneplácito** – também segundo o registro dos dicionários – tem o sentido de: mostra de aprovação ou de conformidade; consentimento, aprovação; licença.

Ora, a *justiça gratuita* não se enquadra na semântica de nenhum dos dois termos acima explicitados.

A CLT emprega a denominação *benefício da justiça gratuita* (art. 790, §§ 1º e 2º). Nos arts. 790-A, *caput*, e 790-B, faz menção, respectivamente, aos beneficiários da justiça gratuita e à parte sucumbente beneficiária da justiça gratuita. A Súmula 450 do STF estabelece que *São devidos honorários de advogado sempre que vencedor o beneficiário da Justiça Gratuita*. A Resolução n. 35 do Conselho Superior da Justiça do Trabalho, de 23 de março de 2007, faz menção ao *benefício da justiça gratuita* (ementa, arts. 1º e 2º); [parte sucumbente] *beneficiária de justiça gratuita* (5º considerando); e *direito à justiça gratuita* (art. 6º). A Orientação

Jurisprudencial n. 269 da SBDI-I, do Tribunal Superior do Trabalho, faz menção ao *benefício da justiça gratuita*. A Lei n. 1.060, de 5 de fevereiro de 1950, que *Estabelece normas para a concessão da assistência judiciária aos necessitados*, emprega a expressão *benefício(s) da justiça gratuita* (arts. 4º, *caput*, e 6º-11) e **direito à assistência judiciária** (art. 4º, § 2º).

¶ **Direito**, **benefício** e **beneficiário**, eis os termos que os documentos normativos em geral empregam para designar as qualificações associadas ao instituto da **assistência judiciária gratuita** ou da **justiça gratuita**. Trata-se, portanto, de um direito, um benefício legal – um benefício-direito, e não de benesse ou beneplácito.

K

Kafkiano – Surrealista

¶ ***Kafkiano*** refere-se ao escritor tcheco de língua alemã Franz Kafka (1883-1924).

Ele mesmo um homem paradoxal, seus personagens vivem situações de pesadelo, das quais não se conseguem livrar, e expressam a angústia do homem diante da morte e do absurdo da existência.

Por essa razão, o adjetivo *kafkiano* passou a denotar situações sem saída, angustiantes, absurdas, opressivas.

Sugere-se, entre outras, a leitura das seguintes obras de Kafka, que, aliás, foi advogado: *O processo*, *A metamorfose*, *O veredicto* e *Na colônia penal*, todas disponíveis em português.

¶ ***Surrealista*** diz respeito ao **Surrealismo**, movimento artístico segundo o qual *o irreal é tão verdadeiro quanto o real, o sonho e a realidade são vasos comunicantes*. (*Enciclopédia Larousse Cultural*, Nova Cultural, 1988)

O termo **Surrealismo** foi criado pelo poeta francês Guillaume Apollinaire e adotado pelo escritor e pensador, também francês, André Breton, principal teórico do movimento.

Em razão, principalmente, de direções radicais, extremadas, que o Surrealismo tomou, o adjetivo *surrealista* passou a ter, entre outras, as acepções de: onírico, delirante, irracional.

L

Latente – Patente

¶ **Latente** é sinônimo de oculto, escondido, secreto, não manifesto, não aparente; dissimulado, disfarçado: *intenções latentes, revolta latente*.

O termo origina-se do verbo latino **latere**: estar ou permanecer escondido.

É bem conhecida a frase *Latet anguis in herba* (Esconde-se uma serpente na relva, na erva), da autoria do poeta romano Virgílio (*3ª Écloga*, v. 93). É empregada para avisar alguém de qualquer perigo disfarçado ou traiçoeiro.

Há um poderoso deus latente nelas [nas leis divinas], *eterno, imune ao perpassar do tempo.* (Sófocles – *Édipo Rei*)

Na Psicanálise, *Conteúdo latente do sonho: conjunto das significações inconscientes que exprimem os desejos do sonhador transformados pelo trabalho do sonho e reconstituídos pela análise a partir do conteúdo manifesto do sonho tal como o sonhador o narra.* (Morfaux, Louis-Marie, e Lefranc, Jean. *Dicionário da filosofia e das ciências humanas*. Lisboa: Instituto Piaget, 2005, p. 352)

¶ **Patente**, como adjetivo, é sinônimo de aberto, claro, descoberto, evidente, manifesto, visível: *erro patente, verdades patentes*. O termo é, pois, antônimo de **latente**.

Patere tua consilia non sentis? pergunta Cícero a Catilina, no início da primeira *Catilinária*: Não percebes (sentes) que teus planos estão descobertos (evidentes)?

É patente a falta de fundamento do pedido e, ao menos quanto à cautela liminar, completamente implausível a pretensão. (RTRF-4ª, n. 23, p. 487)

Não há silenciar quanto a uma patente contradição no postulado exposto e defendido pelo conferencista.

Latrocínio – Latrocida

¶ **Latrocínio** é o crime de roubo qualificado pelo resultado morte. É considerado crime hediondo (art. 1º, II, da Lei n. 8.072, de 25-7-90).

Latrocínio origina-se do substantivo latino **latro, -onis** (sentido próprio: soldado mercenário; sentido derivado: salteador de estrada, bandido, bandoleiro, ladrão) + o sufixo, também latino, **-cinium** (indicativo de ação).

¶ *Latrocida* é o autor do latrocínio; o ladrão que mata. O termo origina-se do substantivo latino **latro, -onis** (acepções acima) + o radical, também latino, **cida** (que mata), originário do verbo **caedere** (sentido próprio: cortar, especialmente as árvores; fazer em pedaços; sentido derivado, por especialização: matar, ferir de morte).

1. O neologismo *latrocida* está registrado, entre outras, nas seguintes obras: Borba/02, DTJ/82 e DJ/04, 9. ed., p. 487, da Academia Brasileira de Letras Jurídicas/J. M. Othon Sidou.

2. Revelam conhecimento insuficiente da língua latina os que atribuem ao termo *latrocida* o significado de *aquele que mata ladrão*. Para esta acepção, a forma correta seria **latronicida** (literalmente, *matador de ladrão*), à semelhança de **regicida** (pessoa que assassina um rei ou rainha), **fratricida** (assassino de irmão ou irmã), **matricida** (assassino da própria mãe), **uxoricida** (aquele que assassinou a própria esposa), etc.

3. Além dos substantivos *latrocínio* e *latrocida*, também existe o verbo **latrocinar** (cometer latrocínio contra), proveniente do verbo depoente (forma passiva e significação ativa) latino **latrocinari**.

Leading case

¶ *Leading case* é expressão jurídica inglesa, com o significado de caso que abre um precedente, caso que cria jurisprudência (literalmente, caso-guia, caso orientador).

Compõe-se do adjetivo participial **leading** (que orienta, guia, conduz) + o substantivo **case** (caso, causa, questão).

Quanto ao dies a quo *de fluência dos juros moratórios, desde o* leading case *de que foi Relator o eminente Min. Barros Monteiro (Rec. Esp. n. 1.473), esta 4ª Turma, em reiterados pronunciamentos, adota o entendimento de que a expressão* delito, *do art. 962 do CC, compreende os atos ilícitos em geral, [...]* (RJTJRS, 1992, ano 27, n. 154, p. 34)

Legiferante – Legiferação – Legiferar

¶ As formas corretas são *legiferante*, *legiferação* e *legiferar* (sem o **s** após o **i**: "legisferante"). Os termos originam-se do adjetivo triforme latino **legifer, legifera, legiferum** (= que legisla, que detém a função legislativa, que estabelece leis, legislador), cuja significação básica mantêm. O adjetivo, por sua vez, forma-se do substantivo latino **lex, -gis** (lei) + o verbo **ferre** (apresentar, manifestar, produzir). O verbo *legiferar* é empregado intransitivamente e tem o significado de exercer a função legislativa, ter o poder de fazer as leis. *Le Parlement légifère – O Parlamento legifera* (cf. Cornu, Gérard. *Vocabulaire juridique*. 1ʳᵉ édition "Quadrige", Paris: Presses Universitaires de France, 2000, p. 504).

Ao legiferar, o congressista deve sempre ter em mente o interesse geral dos cidadãos.

O termo *legiferação* designa, especificamente, toda a ação normatizadora do Estado. Em sentido lato, significa a atividade genérica de dar leis, inclusive a ação dos particulares no regramento de suas associações (cf. Mayr Godoy – *Técnica constituinte e técnica legislativa*, p. 35).

Não raras vezes, aparece a grafia errada (cacografia) **'legisferante'**, fruto, certamente de *analogia in malam partem* com termos que contêm o radical **legis**: **legislador, legislante, legislatorial, legispericial, legisperito,** etc.

Lei de Introdução ao Código Civil (nova designação da)

¶ A Lei n. 12.376, de 30 de dezembro de 2010, alterou a ementa do DL n. 4.657, de 4 de setembro de 1942, de *Lei de Introdução ao Código Civil* (LICC) para *Lei de Introdução às Normas do Direito Brasileiro* (sigla: LINDB).

Lei de talião

¶ A *lei de talião* – também denominada **pena de talião** –, base dos antigos códigos orientais, era a punição que consistia em aplicar ao criminoso o mesmo dano por ele causado à vítima. Não se trata, portanto, de uma lei específica, mas, sim, de um modo de aplicar a pena. Adotava-se o critério de equivalência da reparação, ausente a intenção de vingança. Por isso mesmo Voltaire a chamou de: *L'hereuse loi du talion! Est la loi plus équitable – A feliz lei de talião! É a lei mais equitativa.*

¶ O termo *talião* origina-se do substantivo latino **talio, -onis**. **Talionis** é o genitivo singular da expressão **lex talionis**: *lei de talião*. Uma vez que **talionis** é forma (genitivo singular) do substantivo comum **talio, -onis** (talião, pena de talião), que provém do adjetivo biforme **talis, -e** (tal, igual, semelhante), não há razão para grafar a locução portuguesa com inicial maiúscula, como se nome próprio fosse.

O gramático Aulus Gellius empregou a expressão *talionem impo̱nere*: impor a lei de talião; pagar na mesma moeda.

¶ No Código de Hammurabi aparecem em torno de duas dezenas de casos de aplicação da **lex talionis**, como, p. ex., nos §§ 196 (olho por olho), 197 (osso por osso) e 200 (dente por dente).

Também na **Lex Duodecim Tabularum**, na **tabula octava**, vem expressa a pena de talião: *Si membrum rupsit, ni cum eo pacit, talio esto – Se amputou um membro e não faz acordo com o ofendido, tenha lugar o talião.*

A fórmula clássica da **lex talionis** está na *Biblia Sacra, Exodus*, 21, 23-25: *Sin autem mors eius fuerit subsecuta, reddet animam pro anima, oculum pro oculo, dentem pro dente, manum pro mano, pedem pro pede, adustionem pro adustione, vulnus pro vulnere, livorem pro livore – Mas se seguiu a morte dela* [da mulher em estado de gestação], *dará* [o autor] *vida por vida, olho por olho, dente por dente, mão por mão, pé por pé, queimadura por queimadura, ferida por ferida, pisadura por pisadura.* A fórmula vem repetida, com pequena variação, em *Leviticus*, 24, 19-20.

Lei draconiana

¶ A locução *lei draconiana* origina-se de Drácon, que foi arconte (= magistrado encarregado das mais altas funções públicas) e legislador de Atenas, no fim do século VII a. Em 621 a. C., ele redigiu um código cujos dispositivos eram tão severos, que o orador e político ateniense Dêmades (380-320 a.C.) teria, mais tarde, afirmado haverem eles sido escritos com sangue, e não com tinta.

Segundo Plutarco (*Vidas paralelas*, 1° vol., p. 188, 17), quando indagado por que ordenara a pena de morte para quase todos os crimes, Drácon teria dado esta resposta: *As faltas pequenas, julguei que mereciam esse castigo; para as grandes, não encontrei castigo maior.*

Essa severidade tornou-se proverbial e fez com que designação *lei draconiana* passasse a ser estendida a toda lei ou medida superlativamente rigorosa ou severa, à semelhança daquelas contidas no código de Drácon.

Sólon (640 a. C.-558 a. C.), estadista ateniense, um dos denominados Sete Sábios da Grécia, quando se tornou arconte (594-593 a. C.), começou – segundo informa Plutarco na mesma passagem da obra supracitada – por ab-rogar todas as leis de Drácon, excetuadas aquelas concernentes aos assassinatos.

Lei extravagante

¶ *Lei extravagante* é aquela não incorporada nas codificações; lei esparsa, editada isoladamente. **Legislação extravagante**, expressão também usual, é, pois, o conjunto de leis avulsas – leis editadas isoladamente: Lei da Participação nos Lucros (Lei n. 10.101, de 19-12--2000); Lei da Violência Contra a Mulher (Lei n. 10.778, de 24-11-2003);

Lei de Informatização do Processo Judicial (Lei n. 11.419, de 19-12-
-2006); etc.

¶ Também se denomina **Legislação extravagante** a chamada *Coleção das Leis Extravagantes* organizada pelo jurisconsulto Duarte Nunes Leão, repositório de direito extravagante que vigorava não incorporado nas *Ordenações Manuelinas*.

¶ No Direito Canônico, denominam-se extravagantes as Constituições Pontificiais, posteriores às Clementinas, incluídas no mesmo Direito (Cf. VJ/07. 27. ed., p. 590).

Leito de Procusto

¶ Segundo a lenda grega, Procusto (ou Procustes) era um salteador da Ática. Não contente em despojar os viajantes, obrigava-os a deitar-se num leito de ferro e cortava-lhes os pés quando excediam o tamanho desse, ou esticava-os com cordas quando não o atingiam. Também segundo a lenda, Procusto foi morto por Teseu, que lhe aplicou o mesmo suplício.

A expressão *leito de Procusto* – figura de pensamento denominada **alusão** – designa situação impossível, penosa, em que o indivíduo acaba por ter de adaptar-se a contingências muito desagradáveis.

Lenio Luiz Streck (*O que é isto – decido conforme minha consciência?*, p. 114) aplicou a figura neste excerto: *O que resta do direito? Qual o papel da doutrina? Os julgamentos se tornaram monocráticos...! Milhares de processos são 'resolvidos' no atacado...! Não mais discutimos 'causas', pois passamos a discutir 'teses' jurídicas...! Como que a repetir a lenda do 'leito de Procusto', as causas são julgadas de acordo com conceitos previamente elaborados (súmulas, repercussão geral, etc.). E as ações são julgadas por 'pilhas'.*

Louvado

¶ Conforme estabelecia o art. 1.072 do CPC, revogado pela Lei n. 9.307, de 23-9-1996 – que dispõe sobre a arbitragem –, *As pessoas capazes de contratar podem louvar-se, mediante compromisso escrito, em árbitros que lhes resolvam as pendências judiciais ou extrajudiciais de qualquer valor, concernentes a direitos patrimoniais, sobre os quais a lei admita transação.*

Os árbitros a que se referia o artigo transcrito também eram conhecidos pela designação de *louvados*.

No sistema do CPC atual, o juiz nomeará o **perito** (art. 421, *caput*), podendo as partes indicar **assistente técnico** (art. 421, § 1º, I).

O perito é auxiliar do Juízo, enquanto o assistente técnico (antigo perito assistente) é mero colaborador, coadjuvante, designado de per si pelas partes.

¶ *Louvado* designava, pois, a pessoa escolhida pelas partes para árbitro ou arbitrador no Juízo arbitral, como também aquela indicada pelas partes como assistente técnico, no processo judicial.

O termo *louvado*, com as acepções jurídicas referidas, origina-se do verbo latino **laudare**, na significação jurídica de **nomear** e **aprovar**.

Também em português, na linguagem jurídica, o verbo **louvar-se** tem a acepção de nomear, escolher para ser árbitro ou assistente técnico, conforme se vê do artigo acima transcrito.

Lugar incerto ou não sabido

¶ *Lugar incerto* é lugar indeterminado; *lugar não sabido* é lugar ignorado.

Constitui, pois, impropriedade fazer menção, em citações por edital, a lugar incerto **e** não sabido – *[..., por se encontrar em lugar incerto e não sabido, ...]* –, em vez de lugar incerto **ou** não sabido. O lugar, ou é incerto (indeterminado), **ou** não sabido (ignorado). Logo, a forma correta é: *[...], por se encontrar em lugar incerto ou não sabido.*

O CPC (art. 231, II) estabelece, de forma correta: *Far-se-á a citação por edital: [...]; II – quando ignorado* [não sabido; totalmente desconhecido], *incerto* [indeterminado; não definível em termos de endereço] *ou inacessível* [de acesso físico impossível, muito difícil ou perigoso] *o lugar em que se encontrar* [o réu]. Observe-se que os adjetivos **ignorado**, **incerto** e **inacessível** vêm ligados pela conjunção alternativa **ou**, cada situação prevista excluindo a outra.

Adotamos a grafia *não sabido*, uma vez que, pelo novo sistema ortográfico, o advérbio **não**, em função prefixal, deixou de ser ligado por hífen ao elemento (substantivo ou adjetivo) seguinte: não comparecimento, não culpado, não garantia, não tributário, etc.

Sobre o novo sistema ortográfico, confira: Kaspary, Adalberto J. *Nova ortografia integrada: o que continuou + o que mudou = como ficou*. 2. edição, Porto Alegre: EDITA, 2013.

M

Mais bem / melhor – Mais mal / pior

¶ Modernamente, diante de adjetivos participiais, usa-se, indiferentemente, *mais bem/mais mal* (formas analíticas) ou *melhor/pior* (formas sintéticas) sempre quando **bem** e **mal** não formam unidade com o termo seguinte (o adjetivo participial).
mais mal preparados ou *pior preparados;*
mais mal apresentados ou *pior apresentados;*
mais bem redigido ou *melhor redigido;*
mais mal redigido ou *pior redigido.*
Se, no entanto, **bem** ou **mal** formam unidade com o adjetivo participial, somente é possível a forma analítica: *mais bem/mais mal*. A unidade é indicada, ortograficamente, pelo hífen ou, às vezes, pela forma aglutinada.
mais bem-falante, mais bem-intencionado;
mais bem-relacionado, mais malsucedido
mais malcriado, mais malnutrido
mais malvestido, mais malcuidado.
Atualmente, parece haver nítida preferência pelas formas analíticas.
Na verdade, há diferença, por exemplo, entre **mais bem-redigido** e **melhor redigido**:
Os dois pareceres já estão redigidos, *mas um deles está* melhor redigido.
Os dois textos estão bem-redigidos, *mas um deles está* mais bem-redigido.

Malgrado – De bom grado – De mau grado

¶ *Malgrado* aparece sob as seguintes classes gramaticais e acepções;
1. preposição – apesar de, não obstante, a despeito de:
Malgrado os sustos e escândalos, o ambiente político está relativamente calmo.

Malgrado os sucessivos fracassos, ele está conseguindo firmar-se na profissão.

Já não era o mesmo das crônicas, malgrado a aparência saudável. (Carlos Drummond de Andrade)

Malgrado as advertências dos amigos, resolveu casar com a moça.

Malgrado meu (contra minha vontade)*, os colegas concordaram com a proposta da direção.*

2. conjunção subordinativa concessiva – ainda que, embora:

Malgrado os amigos o tivessem alertado dos perigos da viagem, resolveu empreendê-la assim mesmo.

Malgrado não seja único, esse problema trará sérios problemas ao nosso empreendimento.

3. substantivo – desagrado, desprazer, aborrecimento:

O livro, a malgrado do autor, saiu com muitos erros de digitação.

A malgrado meu, a assembleia rejeitou a proposta do diretor-presidente.

Para malgrado dos moradores do condomínio, faltou água por dois dias sucessivos.

¶ ***De bom grado*** é locução adverbial e significa: de boa vontade, sem objeção:

Os moradores do bairro aceitaram de bom grado as mudanças anunciadas pelo prefeito.

Aceitei de bom grado o convite que me fez a direção do tribunal.

¶ ***De mau grado*** é locução adverbial com o sentido de: a contragosto, com má vontade, contra a vontade, com aborrecimento, com objeções:

Os servidores receberam de mau grado os novos horários de expediente.

Embora de mau grado, substituíram a peça recém-instalada por uma nova, mais resistente.

Muitos motoristas param de mau grado diante das faixas de segurança.

Mantença

¶ ***Mantença*** significa, no Direito Civil, *O que é necessário à subsistência de uma pessoa, abrangendo alimentos, vestuário, assistência médica e, quando menor, gastos com instrução.* (DJ/04, p. 538)

São devidos alimentos quando quem os pretende não tem suficientes bens, nem pode prover, pelo seu trabalho, à própria mantença, e aquele, de quem se reclamam, pode fornecê-los, sem desfalque do necessário ao seu sustento. (CC, art. 1.695)

Na acepção acima, também se emprega o termo **manutenção**, usual no linguajar comum.

Ocorre que o termo **manutenção** tem outras acepções na linguagem jurídica, e estas não podem ser expressas pelo termo *mantença*. Aquele, p. ex.., tem o significado de *permanência ou conservação, legalmente assegurada, de situação ou estado anterior*, conceito que não pertence ao campo semântico de *mantença*. Assim, pois, está errado o emprego de *mantença* na seguinte frase, colhida num texto forense: *Não há, portanto, motivo para a mantença da prisão preventiva*. A prisão preventiva não é credora de sustento ou suprimento da parte de quem quer que seja... A redação correta da frase seria: *Não há, portanto, motivo para a manutenção da prisão preventiva*; ou, para fugir da sucessão de **ãos**: *Não há, portanto, motivo para que se mantenha/para se manter a prisão preventiva*. Algumas outras expressões com o emprego indevido do termo *mantença*: *mantença do instituto da separação judicial; mantença da vida a dois; mantença do matrimônio; mantença do regime aberto*.

Maricídio / mariticídio – Maricida / mariticida – Marital

¶ *Maricídio*, ou *mariticídio*, é o homicídio do marido por sua própria mulher. *Maricida*, ou *mariticida*, é a mulher que mata seu marido.

Os termos originam-se dos substantivos latinos **mas, maris** (genitivo): macho, do sexo masculino (para maricídio/maricida), ou **maritus, mariti** (genitivo): marido, esposo (para mariticídio/mariticida) + o verbo **caedere**: matar, ferir, imolar.

¶ *Marital* significa relativo a marido: outorga marital, poder marital, etc.

Confira o verbete *Uxoricídio – Uxoricida – Uxório*.

Mas porém... (impropriedade)

¶ Atualmente, não se devem empregar as associações ***mas porém*, mas contudo, mas todavia, mas entretanto**. Dada a sinonímia, hodiernamente, entre esses pares adversativos, eles se repelem, por pleonásticos.

Justifica-se o emprego desses pares em escritores antigos, como Luís de Camões e Manuel Bernardes, pois, a princípio, essas conjunções não eram sinônimas.

Matado – Morto

¶ Com os verbos **ter** e **haver** (voz ativa), pode-se empregar, para o verbo **matar**, os particípios *matado* (mais comum) e *morto*.

A febre amarela tem matado muita gente. Ele já tinha morto três colegas de cela.

¶ Com o verbo **ser** (voz passiva), no entanto, somente se emprega a forma *morto*.

Ele foi morto em combate.

Materialidade delitiva (impropriedade)

¶ **Materialidade**, segundo registram os dicionários, é *a circunstância material que constitui um fato, abstraindo-se os motivos* (Dicionário Michaelis/Melhoramentos); ou, em termos jurídicos, *o conjunto de elementos objetivos que configuram ou caracterizam a ocorrência de um crime ou contravenção, um ilícito penal.* (Aurélio/10), 5. ed., p. 1354).

¶ **Delitivo**, ou **delituoso**, significa *em que há delito*.

Ora, a materialidade não pode ser delitiva, delituosa; pode ser delituoso, isto sim, determinado fato.

Diz-se, pois, apropriadamente: a materialidade do fato delituoso, ou a materialidade do delito.

Meado – Meados

¶ *Meado*, como adjetivo participial do verbo **mear**, significa: que chegou ao meio, que está próximo do meio; que é feito com duas partes iguais de substâncias diferentes. O verbo **mear** – forma aportuguesada do verbo latino **mediare** (dividir em dois) – tem as acepções de partir ou dividir(-se) ao meio; chegar ao meio, à metade de.

¶ Como forma substantivada do particípio do verbo **mear**, *meado* tem o sentido de meio, parte média ou mediana: *o meado do mês, do ano, do século*, etc.; momentos perto do meio de determinado período de tempo: *O frio mais intenso ocorreu em meados de julho. O novo sistema de iluminação pública deverá ser implantado em meados de novembro.*

¶ Na terminologia jurídica, *meado* do mês, em qualquer mês do ano, é o seu décimo quinto dia, quer nos meses de trinta dias, quer no de menos dias (fevereiro), quer nos de mais dias (janeiro, março, maio, julho, agosto, outubro e dezembro). Na disposição literal do § 2º do art. 132 do Código Civil, *Meado considera-se, em qualquer mês, seu décimo quinto dia*.

Assim, denomina-se **meado do mês** tanto o décimo quinto dia de abril, quanto o décimo quinto dia de fevereiro, de dezembro e de todos os restantes meses do ano. Trata-se de data legalmente determinada. A forma plural **meados** – geralmente empregada sob a forma em **meados de** –, indica, rigorosamente, *próximo ao meio de determinado período de tempo*. Em síntese: no **meado** de abril significa: na metade de abril, isto é, no dia quinze de abril; no **meado** de maio indica o dia quinze de maio na linguagem legal. Já em **meados** de junho significa: em dias próximos à metade do mês de junho; em **meados** do século passado significa em dias próximos à metade do século passado.

No meado de novembro, comemoramos o Dia da Proclamação da República.

A primeira parcela deverá ser paga no meado de dezembro de 2011.

A crise econômica da União Europeia chegou ao auge em meados de 2011.

Em vez da expressão **em** *meados* **de**, também é empregada a variante **nos** *meados* **de**: *As obras de reconstrução do porto devem ter início nos meados de maio de 2012.*

Meritório – Meritoriamente (uso impróprio)

¶ *Meritório* designa o que merece prêmio ou louvor; é sinônimo de louvável: gesto ou ato meritório, p. ex.

¶ *Meritoriamente* é sinônimo de louvavelmente: agir meritoriamente, p. ex.

Tanto o adjetivo **meritório** quanto o advérbio **meritoriamente** não podem ser empregados com relação à acepção jurídica do substantivo **mérito da causa**: questão ou questões fundamentais, de fato ou de direito, que constituem o principal objeto da lide; a lide.

Sobre os termos **lide** e **instância**, confira o item 6 da Exposição de Motivos do Código de Processo Civil (Lei n. 5.869, de 11-1-1973).

Assim, é incorreto dizer:

Sentença meritória, em vez de *sentença de mérito*;

Meritoriamente, em vez de *no mérito, quanto ao mérito, do mérito.*

O emprego de **meritório** e **meritoriamente** restringe-se ao sentido ético do substantivo **mérito**: direito moral a uma recompensa que corresponde a quem cumpriu o dever; merecimento.

Mesa – em Mesa / mesa

¶ O termo *mesa*, na linguagem jurídica, aparece em diversas acepções.

No Poder Legislativo, por exemplo, *Mesa* (com inicial maiúscula) é o conjunto de pessoas que compõem o órgão diretor dos trabalhos de uma sessão legislativa ou deliberativa.

O Regimento Interno do Senado Federal, em seus artigos 46-59, trata da composição (art. 46) da *Mesa*, das atribuições (arts. 48-58) e da eleição (art. 59) de seus membros.

Na Resolução do Congresso Nacional n. 1, de 11-8-1970 – Regimento Comum do Congresso Nacional, no Título I – Direção, Objeto e Convocação das Sessões Conjuntas –, art. 1º, consta que *A Câmara dos Deputados e o Senado Federal, sob a direção da Mesa deste, reunir-se-ão em sessão conjunta para: [...]*

É redundante a expressão **Mesa Diretora**, uma vez que o termo *Mesa* já inclui a ideia de direção.

¶ Na linguagem processual, é corrente a expressão *em mesa* (com inicial minúscula):

O juiz julgará os embargos em 5 (cinco) dias; nos tribunais, o relator apresentará os embargos em mesa na sessão subsequente, proferindo o voto. (CPC, art. 537)

Da decisão caberá agravo, no prazo de 5 (cinco) dias, ao órgão competente para o julgamento do recurso, e, se não houver retratação, o relator apresentará o processo em mesa, proferir do voto; [...] (CPC, art. 557, § 1º)

Estranhamente, o § 1º está localizado após o § 1º-A. E, em seguida, vem o § 2º. Explique-se [...]

Interposto o recurso por petição e independentemente de termo, o relator apresentará o processo em mesa para o julgamento e o relatará, sem tomar parte na discussão. (CPP, art. 625, § 4º)

Recebido de volta o processo, o relator apresentá-lo-á em mesa, sem demora, para julgamento, que obedecerá ao disposto no Regimento Interno do Tribunal. (CPPM, art. 473)

O relator deverá colocar o processo em mesa para julgamento no prazo máximo de 60 (sessenta) dias, contado de sua conclusão. (Lei n. 8.069, de 13-7--1990, art. 199-D)

A expressão *em mesa* vem precedida de diferentes verbos. O mais usual é o verbo **apresentar** (*em mesa*), como nos exemplos supratranscritos; também aparecem os verbos **estar** (*em mesa*); **vir** *em mesa* (frequente na jurisprudência); **receber** (*em mesa*); **colocar** (*em mesa*). A expressão *em mesa* (com a preposição **em**) vem sempre dessa forma. Assim, **autos em mesa** tem o sentido de autos à disposição do juiz para despacho ou sentença.

Mesmo (uso impróprio de)

¶ *Mesmo* não tem função de pronome pessoal, demonstrativo ou relativo. Em consequência, não deve ser empregado em lugar dos pronomes pessoais **ele(s)**, **dele(s)**, **nele(s)**; **o(s)**, **a(s)**, **lhe(s);** dos pronomes demonstrativos **este(s)**, **esse(s)**, **aquele(s)**; e do pronome relativo **que**, **(o) qual**.

Não se questiona a gramaticalidade desse emprego, mas, isto sim, sua qualidade estilística.

Trata-se do uso inadequado de um termo, resultando em evidente mau gosto estilístico, ao mesmo tempo que se usurpa o lugar normalmente ocupado por um pronome pessoal, demonstrativo ou relativo.

Além de revelar pobreza estilística, esse *mesmo*, muitas vezes, é inteiramente dispensável, sem nenhum prejuízo ao sentido do texto.

Seguem-se alguns exemplos de emprego inadequado de *mesmo*, com as devidas substituições, ou com a simples eliminação do termo, em benefício da economia e do bom gosto:

Receba de volta seu título e verifique se o mesmo está rubricado pelo presidente.

Receba de volta seu título e verifique se está rubricado [...]

O credor só poderá se opor ao pedido de desmembramento do ônus, provando que o mesmo importa em diminuição de sua garantia. (CC, art. 1.488, § 1º)

O credor só poderá se opor ao pedido de desmembramento do ônus, provando que este importa em diminuição de sua garantia.

Se a promessa de contrato for unilateral, o credor, sob pena de ficar a mesma sem efeito, deverá manifestar-se no prazo nela previsto, [...] (CC, art. 466)

Se a promessa de contrato for unilateral, o credor, sob pena de ela (ou *esta*) *ficar sem efeito, deverá manifestar-se no prazo nela previsto, [...]*

Se o recorrido juntar novos documentos, terá o recorrente vista dos autos por 48 (quarenta e oito) horas para falar sobre os mesmos. (CE, art. 267, § 5º)

[...], terá o recorrente vista dos autos por 48 (quarenta e oito) horas para falar sobre eles.

[...] poderá fazer por escrito o seu protesto, em petição dirigida ao juiz, e requerer que do mesmo se intime a quem de direito. (CPC, art. 867)

[...] poderá fazer por escrito o seu protesto, em petição dirigida ao juiz, e requerer que dele se intime a quem de direito.

Proferida a decisão, serão da mesma notificadas as partes interessadas, em registro postal, com franquia. (CLT, art. 886, § 1º)

Proferida a decisão, dela serão notificadas as partes interessadas (ou: *dela se notificarão as partes interessadas*), *[...]*

Dando a palavra ao advogado do reclamante, perguntou ao mesmo se concordava com os termos do acordo oferecido.

[...], perguntou-lhe (ou: perguntou a ele) se concordava [...]

A entidade é gerida por X e Y, que dedicam à mesma o melhor de seus esforços.

[...], que a ela dedicam o melhor de seus esforços.

Outras vezes, a solução está, não em substituir o *mesmo*, mas em redigir a frase de modo diferente:

A tensão emocional é mais comum no início da idade adulta do que no fim da mesma.

A tensão emocional é mais comum no início do que no fim da idade adulta.

O último exemplo, incluída a nova redação, é do Prof. Celso Pedro Luft, que, em seu Mundo das palavras – nº 2.323 (Correio do Povo, 21-4-1978), assim se pronunciou sobre o indigitado *mesmo*: *Geralmente o emprego desse* o mesmo, a mesma *denota mau gosto ou incapacidade de escrever melhor.*

Conhece-se do pedido como de correição parcial, sendo o mesmo indeferido, no entanto.

[...], sendo (ele) indeferido, no entanto. (Ou: [...], que se indefere, no entanto.)

Mesmo se admitindo que a preliminar foi suscitada a tempo, a mesma não pode prosperar.

[...], ela não pode prosperar.

[...], a perseguição dos pacientes aconteceu logo após consumado o delito, tendo os mesmos sido capturados horas após pelos agentes da autoridade policial.

[...], tendo (eles) sido capturados horas após pelos agentes [...]

No dia aprazado, proposta a reconciliação, foi a mesma rejeitada.

[...], proposta a reconciliação, foi ela rejeitada (ou: esta foi rejeitada).

Foi criada a empresa XYZ, e a mesma tem por objeto [...]

Foi criada a empresa XYZ, que tem por objeto (ou: cujo objeto é [...])

A seguir, transcrevem-se alguns exemplos de textos normativos em que o *mesmo* foi elegantemente substituído por outro pronome.

Quando, nos termos dos artigos precedentes, se houver de aplicar a lei estrangeira, ter-se-á em vista a disposição desta, sem qualquer remissão por ela feita a outra lei. (LINDB, art.16)

Toda pessoa tem direito ao nome, nele compreendidos o prenome e o sobrenome. (CC, art. 16)

Compete também ao tutor, com autorização do juiz: [...]; V – propor em juízo as ações, ou nelas assistir o menor, e promover todas as diligências a bem deste, assim como defendê-lo nos pleitos contra ele movidos. (CC, art. 1.748, V)

A seguir, o presidente lerá os quesitos e indagará das partes se têm requerimento ou reclamação a fazer, devendo, qualquer deles, bem como a decisão, constar da ata. (CPP, art. 484)

¶ Fora dos casos acima referidos, **mesmo** pode ser empregado sem escrúpulo. Como nestes exemplos:

Encontro-o sempre com a mesma disposição. (sinônimo de idêntico, invariável, igual)

Vocês mesmos são os responsáveis por essa situação. (sinônimo de próprio)

Nesse mesmo encontro tratou-se da questão da presença de animais no condomínio.

Todos estão sujeitos a esses enganos: mesmo (= até) os mais sábios.

Hoje mesmo lhe direi se aceito ou não a incumbência.

Mesmo doente e fraco, fez questão de prestar assistência aos atingidos pelo vendaval.

Mesmo que ele mude e altere alguns pontos do projeto, não terá o meu apoio.

Nem mesmo os mais ingênuos acreditam nas promessas desse candidato.

Ministério Público (referências ao)

¶ O **Ministério Público**, como *instituição permanente, essencial à função jurisdicional do Estado* (CRFB, art. 127), atua por intermédio de seus **órgãos** (pessoas ou grupos de pessoas), estabelecidos na Lei Complementar n. 75, de 20-5-1993 (Lei Orgânica do Ministério Público da União), e nas legislações estaduais concernentes à organização do Ministério Público Estadual.

Assim, as referências à instituição se fazem, comumente, por meio da locução específica que a designa, **Ministério Público**, ou mediante a expressão *órgão do Ministério Público*. É o que se verifica, por exemplo, na CRFB, no CPC, no CPP e nas legislações específicas sobre a instituição.

Também se empregam as expressões **membro do Ministério Público** (CRFB, LC 75-93, p. ex.) e **agente do Ministério Público** (RITRF-4ª, p. ex.). Não se reveste da melhor técnica a expressão **representante do Ministério Público** (representante: pessoa que recebe poderes de **outra** para, **em seu nome**, praticar atos ou administrar interesses). O Promotor de Justiça, o Procurador de Justiça, o Procurador da República, o Procurador do Trabalho (exemplos de órgãos da instituição) são o **próprio** Ministério Público, sua personalização; seus órgãos, membros, agentes. Eles não agem em nome de **outra pessoa**.

Se já merece reparo a expressão **representante do Ministério Público**, pior sorte cabe ao termo francês **Parquet**.

Além de ser estranho ao nosso léxico, o que já o desrecomenda (estrangeirismo inútil), pesa sobre ele a associação com o nosso **parquê**, ou **parquete** (tipo de soalho).

Na língua francesa, no universo jurídico, **Parquet** recebeu, sucessivamente, as seguintes acepções: parte de uma sala do tribunal onde permaneciam os juízes e os advogados; local reservado, no tribunal, aos membros do Ministério Público; e, finalmente, por extensão, grupo de magistrados exercendo as funções do Ministério Público (cf. Paul Robert – *Dictionnaire alphabétique et analogique de la langue française*, Paris, 1986).

Num acórdão publicado em repertório oficial de jurisprudência, encontramos a expressão **órgão parquetiano**. A criatividade não tem limites!

Também a locução **órgão ministerial**, por genérica, vaga, extensiva, não condiz com a especificidade das funções institucionais do Ministério Público, diversas, portanto, daquelas de outros Ministérios que não o [Ministério] Público. Se todos os "órgãos ministeriais" adotarem essa locução-ônibus, a confusão, por certo, será babélica.

Morrido – Morto

¶ Como particípio de **morrer**, emprega-se *morrido* com os verbos **ter** e **haver**.

Têm morrido muitas pessoas em consequência da poluição ambiental.

Soube-se que ele havia morrido em combate.

¶ *Morto* emprega-se com os verbos **ser** e **estar**.

Àquela hora, ele já estava morto.

No ataque à mesquita, foram mortas dezenas de crianças.

Muitas vezes – Muita vez

¶ As duas locuções adverbiais são sinônimas. A primeira é a que prevalece no português atual; a segunda, forma preferida dos clássicos, tem atualmente sabor arcaico.

Somos, muitas vezes enganados, pelas aparências.

Trata-se de depoimentos diversos, muita vez confusos e não poucas vezes contraditórios.

N

Não... ninguém / nenhum / nada (dupla negação)

¶ Há pessoas que condenam o emprego de frases como **Hoje não veio ninguém**, com o fundamento de que não se podem empregar duas negações na mesma frase, ou de que duas negações equivalem a uma afirmação.

Esse princípio, todavia, não se aplica ao português. Cada língua tem seus usos próprios e sua lógica interna.

O que vale, por exemplo, para o inglês, ou o alemão, não vale necessariamente para o português. E quem tem algum conhecimento técnico-linguístico sabe que a lógica matemática, por exemplo, não se aplica compulsoriamente à linguagem. As línguas, aliás, são tão lógicas quanto o são seus usuários. Aqueles, por exemplo, que, sem incidirem em erro ou cometerem um desatino, **tomam um trem**, **embarcam num ônibus**, **torcem os fatos** ou **quebram o sigilo** [...]

O conceituadíssimo gramático e filólogo Mário Barreto, em seus *Novíssimos estudos da língua portuguesa* (3. ed., Rio de Janeiro: Presença, 1980, p. 161), pôs em pratos limpos a questão da dupla negação em português:

Sói [costuma] *reforçar-se o significado negativo com outras vozes negativas, e isto de supor que duas negações afirmam são reminiscências latinas. Em português negam com mais força: Não estava ninguém – Não o viu ninguém – Meu pai não herdou nada – Ele não lhes respondia nada – Não casarei nunca – Nunca a vi jamais – Não a amarás jamais – Isso não o faz homem nenhum – Não devemos nada a ninguém – Nunca jamais o direi.*

Outros exemplos (de clássicos do idioma):

Na sala não havia ninguém. (Machado de Assis – *Contos*, p. 30)
Clemência não cedia nada, não falava sequer. (Id., ibid., p. 444)
Havia já cinco minutos que ninguém deles dizia nada. (Id., ibid., p. 511)

[...] onde nunca jamais anoitece. (Frei Luís de Sousa – *Vida do arcebispo*, liv. VI, cap. 14)

Dizem as memórias que nunca jamais lhe vira o rosto, [...] (Camilo Castelo Branco – *O olho de vidro*, p. 167)

Quando as palavras essencialmente negativas precedem o verbo, suprime-se o **não**: *Nada vi. Nada se descobriu. Jamais a vi. Jamais descobriríamos os culpados. Ninguém o conhece.*

Nenhum – Nem um

¶ **Nenhum** é pronome indefinido e opõe-se, como antônimo, a **algum**.

Nenhuma proposta o satisfez.

Nenhuma ciência há melhor do que aquela pela qual o homem se conhece a si próprio. (Manuel Bernardes)

Nenhuma causa política, dados os elementos que descrevi, poderia causar-me esse entusiasmo, inspirar-me esses arroubos. (Joaquim Nabuco – *Minha formação*, p. 174)

Tentou convencer os sócios, mas nenhum concordou com as suas ideias.

Em nenhum momento (ou *em momento nenhum*) *deu sinais de que poderia abrir mão de sua candidatura.*

Não conseguiram de modo nenhum demovê-lo de seus temerários projetos.

¶ **Nem um** é expressão enfática, composta do advérbio **nem** + o numeral **um**. Tem o sentido de **nem um único**, **nem um sequer**. É uma espécie de negação enfática de **muitos**.

Nem um dos presentes sabia o nome do Ministro da Fazenda.

Tenho-os alertado sobre o perigo dessas manifestações, nem uma nem duas vezes.

Nenhum tem valor vago, indefinido; ***nem um*** sempre revela intenção de ênfase, dá mais energia à expressão.

No entanto – Entretanto – No entretanto

¶ As conjunções coordenativas corretas, sinônimas de contudo e todavia, são **no entanto** e **entretanto**.

A ordem era absurda, entretanto ninguém protestou.

Por ser rica, poderia vestir roupas finas; trajava-se, no entanto, com extrema simplicidade.

Evite-se o emprego de *no entretanto* como equivalente de *no entanto* e *entretanto*. Embora usual no passado, principalmente em Portugal, hoje caiu em desuso, constituindo mera impropriedade.

É válida, todavia, a expressão *no entretanto* como locução adverbial temporal.

No entretanto (no intervalo, no entretempo), *o advogado soubera que se havia expedido uma ordem de prisão contra seu cliente.*

O médico ainda não fez o diagnóstico, mas, entretanto (= entrementes, nesse meio tempo), *receitou-lhe um calmante.*

Também existe a locução conjuntiva **entretanto que**, com o sentido de enquanto, ao passo que.

Nunca decaiu tanto entre nós o sentimento de nacionalidade, entretanto que (ao passo que) *se procura desenvolver furiosamente esse nacionalismo, cuja expressão é o ódio ao estrangeiro, sentimento estúpido dos povos impotentes.* (Rui Barbosa)

Nó górdio – Cortar o nó górdio

¶ *Nó górdio* significa dificuldade que parece impossível de superar, algo que só pode ser resolvido mediante uma decisão enérgica e inteligente, ou mesmo um recurso extremo.

Segundo a lenda, **Górdio**, camponês da Frígia, veio a ser rei, após ter adivinhado um oráculo que prometia a realeza àquele que primeiro penetrasse no templo de Zeus. Tendo sido escolhido rei, dedicara seu carro de bois ao deus, amarrando a canga ao varal com uma corda cujo nó era feito com tanta perfeição, que não se podiam ver as extremidades. Todavia, um antigo oráculo prometia o império da Ásia a quem desatasse o engenhoso nó. Tendo ouvido isso, Alexandre, o Grande, após várias tentativas frustradas, cortou o misterioso nó com a espada, antes iludindo do que executando o oráculo.

¶ A lendária façanha deu origem à frequentemente mencionada expressão *cortar* (ou *desatar*) *o nó górdio*, indicando um recurso expedito de resolver uma dificuldade praticamente insuperável. Dizer *Esse é* (ou *aqui está*) *o **nó górdio** da questão* é, pois, apontar o grande obstáculo que dificulta a solução de determinado problema.

No que couber... – No em que couber(em)...

¶ Em construções (próprias de dispositivos legais) do tipo **no que couber**, **no que for aplicável**, **no que não for contrário**, o sujeito é o pronome relativo **que**, referente ao demonstrativo **o** (aquilo), contido na combinação **no**.

O verbo, portanto, deve ficar no **singular**.

Aplicam-se à duplicata e à triplicata, no que couber [= na parte que couber], *os dispositivos da legislação sobre emissão, circulação e pagamento das Letras de Câmbio.* (Lei n. 5.474, de 18-7-1968, art. 25)

Para a constituição e administração das Federações serão observadas, no que for aplicável [= na parte que for aplicável], *as disposições das Seções II e III do presente Capítulo.* (CLT, art. 539)

Aplicam-se aos projetos mencionados neste artigo, no que não contrariar o disposto nesta seção [= na parte que não contrariar o disposto nesta seção], *as demais normas relativas ao processo legislativo.* (CRFB, art. 166, § 7º)

¶ Se, no entanto, o pronome relativo vier antecedido da preposição **em**, o verbo terá por sujeito o substantivo designativo do (daquilo) que cabe, é aplicável, não colide, etc.

São aplicáveis à habitação, no em que não lhe contrariem a natureza [= na parte em que elas, isto é, as disposições], *as disposições concernentes ao usufruto.* (CC/1916, art. 748)

No art. 1.416 do atual Código Civil, que corresponde ao art. 748 do CC/1916, a redação ficou como segue: *Art. 1.416. São aplicáveis à habitação, no que for contrário à sua natureza, as disposições relativas ao usufruto.*

Quando as sociedades civis revestirem as formas estabelecidas nas leis comerciais, entre as quais se inclui a das sociedades anônimas, obedecerão aos respectivos preceitos, no em que não contrariem [= na parte em que estes, isto é, os respectivos preceitos] *os deste Código;* [...] (CC/1916, art. 1.364)

Aplica-se à ação civil pública, prevista nesta Lei, o Código de Processo Civil, aprovado pela Lei n. 5.869, de 11 de janeiro de 1973, naquilo em que não contrarie suas disposições. (Lei n. 7.347, de 24-7-1985 [Lei da Ação Civil Pública], art. 19)

Aplicam-se aos projetos mencionados neste artigo, no em que não contrariarem o disposto nesta seção [= na parte em que elas, isto é, as demais normas relativas], *as demais normas relativas ao processo legislativo.* (CERS/89, art. 152, § 10)

Os autores do CC/1916 empregaram ambas as construções acima expostas e exemplificadas, sempre com irrepreensível correção. Em outros textos legais, todavia, encontram-se cochilos. Haja vista este:

[...] *observadas, no que forem aplicáveis, as regras do Livro II,* [...] (CPC, art. 1.017, § 3º)

O certo seria:

[...] *observadas, no que for aplicável* [= na parte que for aplicável], *as regras do Livro II,* [...] [...], ou

[...] *observadas, no em que forem aplicáveis* = na parte em que elas, isto é, as regras], as regras do [...]

No que toca a – No tocante a

¶ As locuções *no que toca a* e *no tocante a* – ambas corretas – são sinônimas e têm as acepções de: quanto a, no aspecto de, no que se refere a, com referência a, relativamente a, em relação a, a respeito de, com respeito a, etc.

O último congresso, no que toca à organização, foi impecável.

No que toca a conhecimentos jurídicos, o procurador do réu é uma autoridade.

No tocante às medidas tomadas pelo Governo, seus efeitos serão notados a longo prazo.

No tocante às declarações do ministro recém-nomeado, considerei-as demasiadamente genéricas e inconsistentes.

1. Também são usuais as locuções **no que me toca, pelo que me toca, pelo que toca a** e assemelhadas.

No que me toca [= quanto a mim, pelo que me diz respeito], *estarei plenamente empenhado no sucesso do empreendimento.*

Pelo que me toca [= quanto a mim, pelo que me diz respeito], *não tenho nenhuma objeção a fazer.*

Pelo que toca a conhecimentos técnicos e capacidade de liderança [=pelo que diz respeito a, no que se refere a], *tenho muita fé no desempenho do novo diretor-presidente da empresa.*

2. São igualmente usuais as locuções **no que tange a** e **no tangente a**, com as acepções de: no que diz respeito a, no que se refere a, no que concerne a, no concernente a, no que toca a, etc.

No que tange a recursos financeiros, teremos de ir à procura de investidores.

O Brasil tem sérias carências no que tange a transporte ferroviário.

No tangente ao fornecimento de matéria-prima, já estamos em negociações com duas grandes indústrias do Paraná.

3. Evitem-se terminantemente expressões como 'tocantemente aos juros'..., 'tangentemente' às horas extras... e similares, que têm aparecido com alguma frequência em textos jurídico-forenses (petições, decisões, pareceres, etc.). Pertencem à gramática alternativa, repositório virtual de crias teratológicas de cultores neófilos da semostração lobatiana, manuseadores furtivos e alérgicos de gramáticas e dicionários, com resultados pífios.

Normatização – Normalização

¶ *Normalização*, na linguagem técnica, é a *regulamentação, por autoridade ou instituição oficialmente autorizada, de nomenclaturas, notações, definições, técnicas operatórias, cara(c)terísticas de aparelhos e produtos industriais, com o fim de obter uniformidade de critérios e padrões que facilitem as relações no domínio da técnica e da indústria.* (DLP/09, p. 1127)

A acepção técnica do termo vem definida de forma assemelhada no DLPC/01, II volume, p. 2613: *Regulamentação de normas técnicas, tecnológicas e científicas, características de todos os ramos da actividade humana, de modo a obter uniformidade de critérios e modelos que facilitem a produtividade.*

Tecnicamente, pode considerar-se, pois, o termo como sinônimo de padronização, estandardização, uniformização: normalização de processos, de produtos, de envelopes, de rótulos, etc.

Os serviços de **normalização** internacional estão sob a responsabilidade da *International Organization for Standardization* (Organização Internacional para Padronização), convencionalmente denominada pela sigla ISO, que publica as normas internacionais destinadas a harmonizar, entre si, as normas técnicas nacionais. No Brasil, essas normas são elaboradas pela Associação Brasileira de Normas Técnicas – ABNT.

¶ Fora da área técnica, **normalização** tem os significados de: ato ou efeito de normalizar(-se); regresso a uma situação considerada normal, após um período de agitação. O termo é, assim, sinônimo de ação ou efeito de normalizar(-se).

¶ **Normatização**, termo usual na linguagem jurídica, é o ato de estabelecer normas para, de submeter algo a normas, semântica também presente nos cognatos normatizar, normativo e normatividade.

As requisições de pagamento das somas a que a Fazenda Pública for condenada serão processadas conforme normatização do Conselho da Justiça Federal e deste Tribunal. (RITRF-4ª, de 2005, art. 284, redação do Assento regimental n. 43-04)

O neologismo **normatização** provavelmente surgiu e se estabeleceu no meio jurídico pela necessidade sentida de diferenciar-lhe o significado daqueles presentes no termo parônimo **normalização**, conforme acima exposto. Registram o termo a *Grande Enciclopédia Larousse Cultural*, o Borba/02 e o Aurélio/10, entre outras obras. Um dicionarista neófito (ou neófobo?) considera o termo *um neologismo dispensável [...]*.

Os dicionários de Portugal não registram o termo **normatização**. Consignam, no entanto, os cognatos normatividade, normativizar e normativo.

No sentido de

¶ A locução **no sentido de** é bem empregada quando substituível por: com o sentido (a acepção, o significado) de; em direção a, conducente a, no rumo de:

No artigo 1.878 do CC/2002, o termo conteste está empregado no sentido (=com o sentido, com o significado, na acepção) de: que testemunha ou que afirma o mesmo que outrem; concorde, concordante.

Na obra, o autor trabalha com uma nova crítica do Direito, no sentido de uma exploração hermenêutica construtiva.

Inexistindo análise doutrinária e jurisprudencial conhecida, tomamos a liberdade de apresentar posição no sentido de serem devidas, de forma acumulada, as penalidades do § 8º do art. 477 da CLT e do caput do art. 467 da CLT,

[...] (Luiz Eduardo Gunther, Juiz do TRT-9ª, e Cristina Maria Navarro Zornig, Assessora de Juiz no TRT-9ª, em *O novo artigo 467 da CLT*)
Também a doutrina já se posicionou no sentido de não bastar o depósito do salário para evitar a aplicação da penalidade, [...] (Id. ibid.)
[...] duplamente importante se nos apresenta o esforço de reformulação de nosso agir educativo, no sentido da autêntica democracia. (Paulo Freire) – *Educação como prática de liberdade*)
A medicina só será verdadeira quando a formação universitária for orientada no sentido de uma maior ligação com a realidade brasileira, em vez de ficar isolada dos problemas de nosso povo. (Moacyr Scliar: trecho do discurso de formatura, como orador de sua turma – UFRGS, 1962)

¶ Em muitos casos, a locução **no sentido de** pode ser omitida ou substituída por construção mais simples e clara, como nos exemplos a seguir:

Isso posto, voto no sentido de dar parcial provimento ao recurso da defesa para [...]
– *Isso posto, voto pelo provimento parcial do recurso da defesa para [...]*
Ante o exposto, voto no sentido de dar provimento à apelação interposta pela defesa.
– *Ante o exposto, voto pelo provimento parcial da apelação interposta pela empresa.*

O verbo **votar**, na acepção de emitir voto, pode ter complemento introduzido pelas preposições **em**, **para**, **por** (pelo, pela) ou **contra**.

A posição dominante no Congresso é no sentido de cominar penas mais severas aos motoristas que dirigem alcoolizados.
– *A posição dominante no Congresso é a de cominar penas mais severas aos motoristas alcoolizados.*
Não há prova no sentido de que o reclamante esteja enquadrado em algum dos casos de estabilidade.
– *Não há prova de o reclamante estar enquadrado em algum dos casos de estabilidade.*
Equivocado o argumento recursal no sentido de que o prazo começa a correr após a intimação do último litisconsorte. (excerto de ementa)
– *É equivocado o argumento recursal de que o prazo começa a fluir após a intimação do último litisconsorte.*

1. *É equivocado o argumento [...]* Devem-se evitar, principalmente nas ementas, adjetivos com função de verbo. A ação principal (o entendimento) deve ser evidenciado pelo verbo, e não ficar oculto sob um qualificativo.

2. *[...] o prazo começa a fluir [...]* O prazo flui (movimento regular e constante), e não corre (ideia de velocidade).

O Ministro-Relator votou no sentido da reforma do acórdão do Tribunal Regional [...]

O Ministro-Relator votou pela reforma do acórdão do Tribunal Regional [...]

3. Não se recomenda o emprego da locução ***no sentido de*** na indicação de *finalidade*, *objetivo*. No caso, ela pode ser substituída pelas locuções que tenham esses significados, tais como: a fim de (que), para (que); com o intuito (objetivo, fito) de, com a finalidade de; no intuito de, etc.

Nu-proprietário

¶ ***Nu-proprietário*** é o proprietário que está despojado (despido, literalmente) do gozo da coisa (**res**). O plural do termo é ***nus-proprietários***.

O adjetivo **nu** (feminino **nua**) origina-se do adjetivo latino triforme **nudus** (masculino), **nuda** (feminino) e **nudum** (neutro), com o significado denotativo de nu, despido, desnudo. Tem, por extensão, os sentidos conotativos, extensivos de descoberto, posto à mostra, sem ornamentos, simples, natural e, na linguagem jurídica, os de privado de, (que está) despojado de.

Assim, no latim, o *nu-prorietário* é designado **nudus dominus;** a **nua-propriedade** denomina-se **nuda proprietas** (Ulpiano) – propriedade de que outro tem o usufruto.

Há ainda, no latim jurídico, desde o Direito Romano, diversas outras expressões com o adjetivo **nudus** em uma de suas formas. Haja vista as seguintes: **nuda cogitatio** (Direito Penal): mera cogitação; simples intenção de praticar um delito; **nuda pactio** (Direito Romano) – simples pacto, insuficiente para criar um contrato; **nudum pactum** (Digesto) – pacto simples, feito por palavra, não havendo nada por escrito; **nuda praecepta** – encargos testamentários em que não fica claro em benefício de quem foram estabelecidos; **nuda repromissio** – estipulação consensual (Cf. CPC, art. 785.); **nuda traditio** – mera transferência da coisa, sem deslocar o domínio das mãos de seu legítimo proprietário; **nuda voluntas** – simples declaração de vontade feita pelo herdeiro.

O *(e não U)*

¶ Palavras usuais com *o*:

boate	engolir	poleiro
boteco	femoral (mas **fêmur**)	reboliço (que rebola)
bodega	goela	Romênia
bússola	mágoa	romeno
cobiça	molambo	tribo
embolia	óbolo	zoada

O caso trata-se de... (construção viciosa)

¶ Não é possível, lógica e gramaticalmente, construção como a do título: *O caso trata-se de denunciação caluniosa*, por exemplo.

Trata-se somente pode ter por sujeito um **ente humano**, em acepções específicas:

Aqui todos se tratam por (ou *de*) *você.*

(Aqui todos se chamam/se dão o tratamento de *você*.)

Ele somente se trata com remédios caseiros.

(Ele somente cuida da própria saúde/se submete a tratamento com remédios caseiros.)

Fora disso, **trata-se de** constrói-se **impessoalmente**, sempre na terceira pessoa do **singular**, com as acepções de: que está em questão, em causa; o que é abordado ou o que interessa numa ocorrência; o que é ponto importante ou o dever a seguir.

Trata-se de casos complexos.

Talvez se tratasse de policiais.

Tratava-se de meros boatos.

Trata-se de dar um toque de legalidade às medidas.

HABEAS VERBA **213**

Opções corretas para construções errôneas como *O caso trata-se de denunciação caluniosa*, *As substâncias apreendidas tratava(m)-se de entorpecentes* são, entre outras, as seguintes:

O caso constitui denunciação caluniosa.

O caso é de denunciação caluniosa.

Trata-se de denunciação caluniosa.

No caso, trata-se de denunciação caluniosa.

As substâncias apreendidas eram entorpecentes.

A frase *A reclamante trata-se de enfermeira*, na realidade, dá a entender que *a reclamante se faz passar por enfermeira*, e não que *a reclamante é enfermeira*.

Octódio

¶ *Octódio* é a forma correta para designar o prazo, período ou espaço de oito dias. Encontra-se registrada, inclusive, no VOLP/09. Compõe-se das palavras latinas **octo** (numeral cardinal: oito) + **dies** (substantivo da quinta declinação: dia).

É incorreta, não devendo, pois, ser empregada, a forma **octídio**.

São numerosas as palavras portuguesas em que entra o numeral latino **octo**, ou o grego **októ**: octogonal, octolíngue, octossílabo, etc.

Offendiculum – Offendicula – Ofendículo(s)

¶ *Offendiculum*, **-i**, com o plural *offendicula*, é substantivo neutro latino, com o significado de: obstáculo, empecilho, impedimento, estorvo. A forma portuguesa é *ofendículo*, com o plural *ofendículos*. O sufixo **-(c)ulo**, presente no substantivo, traduz ideia de diminuição. Dessa forma, ofendículo é, literalmente, um obstáculo ou impedimento de reduzidas proporções.

¶ Na linguagem jurídica, nas áreas civil, constitucional e penal, o termo *ofendículo*, mais empregado no plural – *ofendículos* –, designa os aparelhos mecânicos, engenhos e recursos vários usados para prevenir, dificultar ou impedir o ataque diurno ou noturno à posse ou à propriedade. São exemplos de ofendículos: cacos de vidro sobre muros, pontas de ferro em grades de residências, cercas eletrificadas, alarmes que emitem sinais sonoros, etc.

Os ofendículos são meios legítimos de defesa da propriedade – legítima defesa preordenada – uma vez que respaldados na inviolabilidade do domicílio e na defesa da propriedade, desde que obedeçam estritamente às regras da prudência e da moderação.

A forma plural aportuguesada **ofendícula** (com **f** simples e acento agudo no **i**), que algumas obras empregam, não consta no VOLP/09 nem nos dicionários Aurélio/10 e Houaiss/09. No latim, os substantivos neutros terminados em **-um** têm o plural terminado em **-a** (*offendiculum – offendicula; curriculum – curricula;* etc.). No português, esses mesmos substantivos têm, respectivamente: no singular, as formas **ofendículo** e **currículo**; e, no plural, **ofendículos** e **currículos**.

Oitiva – Ouvida

¶ *Oitiva*, com a variante **outiva**, tem os significados de: audição, ouvido; ato ou efeito de ouvir.

Chegou-lhe à outiva que os casos políticos incluem a competência da Justiça. (Rui Barbosa – *Ruínas de um governo,* ap. *Dicionário Caldas Aulete,* v. 4, p. 2618)

¶ *Ouvida* tem igualmente o significado de ato ou efeito de ouvir, sendo, pois, sob esta acepção, sinônimo de *oitiva*.

Atualmente, o emprego dessas duas palavras tem cabimento, por assim dizer, exclusivamente nas locuções **de oitiva** ou **de ouvida**: por ouvir dizer e sem averiguar a verdade.

Temos, assim, p. ex., as expressões **saber de ouvida** (ou **de oitiva**): saber por ter ouvido dizer, isto é, não por ciência própria, mas por informação de outrem; e **testemunha de ouvida** (ou **de oitiva**): a que depõe apenas acerca do que ouviu dizer; testemunha auricular.

De oitiva, ou **de ouvida**, corresponde à expressão latina **de auditu**.

A testemunha simultaneamente ocular e auricular denomina-se, em latim, (testemunha) **de visu et (de) auditu**. O segundo **de**, entre parênteses, é dispensável.

O comediógrafo latino Plauto emprega as expressões **testis auritus** e **oculatus testis** para designar, respectivamente, a testemunha auricular, de oitiva, e a testemunha ocular.

Denota gosto duvidoso e tendência arcaizante, tangenciando mesmo a impropriedade, falar em **oitiva** ou **ouvida das testemunhas**, em lugar de inquirição ou tomada de depoimento das testemunhas. A possível impropriedade reside no fato de a expressão **oitiva** (ou **ouvida**) **das testemunhas** tanto poder significar o ato de alguém ouvir as testemunhas (no caso, *das testemunhas* é complemento nominal), quanto o fato de as testemunhas ouvirem algo (no caso, *das testemunhas* é adjunto adnominal).

As testemunhas depõem ou prestam depoimento; elas são ouvidas ou inquiridas. Assim, em vez de **após a** *oitiva* (ou *ouvida*) **das testemu-**

nhas, dir-se-á, mais apropriadamente, sem risco de ambiguidade: *após o depoimento das testemunhas; após a inquirição das testemunhas, ouvidas as testemunhas, tendo sido ouvidas as testemunhas, inquiridas as testemunhas.*

1. No volume 4 do *Grande e novíssimo dicionário da língua portuguesa*, de Laudelino Freire, 2ª edição (1954), o substantivo **ouvida** consta como *pouco usado*.

2. Conforme explicam Manuila, A. et al. no *Dicionário médico* MEDSI. 9. ed., Rio de Janeiro: Editora Guanabara Koogan, p. 247, na primeira parte do verbete **ouvido**: *Em Anatomia, substitui-se o termo ouvido por orelha, ficando aquele apenas para designar todo o conjunto da audição e do equilíbrio*. A orelha é composta de três partes: **orelha externa** (= órgão de recepção das ondas sonoras; pavilhão, na linguagem comum), **orelha interna** (órgão de percepção das ondas sonoras e do equilíbrio) e **orelha média** (órgão de transmissão das ondas sonoras).

Omissão indevida do artigo definido diante de adjetivos participiais

¶ É incorreta a omissão do artigo definido diante de adjetivos participiais: aludido, citado, dito, mencionado, referido, etc.

A presença do artigo é necessária, quer esteja sozinho (**o**, **a**, **os**, **as**), quer precedido de preposição (**de**, **em**, etc. combinadas com ele: **do**, **da**, **dos**, **das**; **no**, **na**, **nos**, **nas**) ou dela separado (**de o**, **de a**, **de os**, **de as**; **em a**, **em o**, **em os**, **em as**), em razão de preceito gramatical obstativo da fusão.

Sem preposição:

O referido direito, decorrente do poder diretivo do empregador, só é legítimo se exercido com moderação e equilíbrio.

Não é por outro motivo que o referido artigo [37] está localizado no Capítulo VII da Constituição da República, que trata, especificamente, da administração pública.

As citadas leis tratam da atuação das Agências Reguladoras.

O mencionado dispositivo teve sua redação alterada pela Lei n. 12.403, de 4-5-2011.

A mencionada atividade, se exercida sem as medidas de proteção pertinentes, enquadra-se como insalubre.

Com preposição e artigo combinados:

Cabe ressaltar o caráter condicional das mencionadas cláusulas.

Em face de sua baixa escolaridade, milhares de jovens não têm acesso ao referido mercado de trabalho.

Dada a recente decisão do STF, creio ser contraproducente insistir no pagamento das referidas vantagens.

Sobre as referidas parcelas incidem contribuições previdenciárias.

Com preposição e artigo separados:

Não há, nos autos, prova suficiente de as mencionadas contratações (sujeito) estarem ao abrigo da Lei de Licitações e Contratos.

No caso de as aludidas peças (sujeito) terem sido retiradas do depósito sem autorização, será aberto inquérito administrativo.

O fato de a entidade (sujeito) receber contribuições parafiscais impõe-lhe tão somente o dever constitucional de demonstrar a efetiva aplicação dessas à finalidade para a qual foram constituídas.

Nos três últimos exemplos, não se fez, nas sequências destacadas, a combinação da preposição com o artigo, em obediência à regra gramatical que não permite aglutinar preposição com sujeito ou termo que integre o núcleo deste.

Ordálio

¶ *Ordálio* – também chamado **Juízo de Deus** (= vontade de Deus) – é prova judiciária destinada a inocentar ou inculpar um acusado. Muito usual entre os povos bárbaros e na Idade Média, consistia na imposição, ao acusado, de provas materiais, tais como a do fogo, do ferro em brasa, do banho em água fervente ou do ferro (duelo, combate corpo a corpo). Assim, por exemplo, a mulher acusada de adultério era submetida a atravessar, de pés descalços, um tapete de brasas. Caso a pessoa acusada suportasse a prova ou a ela sobrevivesse era em geral declarada inocente. A prova era denominada **Juízo de Deus**, uma vez que o resultado dela era visto como julgamento divino de culpa ou inocência.

A origem do termo *ordálio* é incerta. Alguns a derivam do anglo-saxão **ordal** (juízo, julgamento); do inglês **ordeal** (juízo de Deus); do alemão **Urteil** (sentença); ou do baixo-latim (latim da Idade Média, latim tardio) **ordalium** (substantivo neutro, com o plural **ordalia**), de **ordal**, pelo francês **ordalie**.

O termo *ordálio* – que tem a forma variante **ordália(s)** – também é empregado metaforicamente, com o sentido de provação extrema, transe, prova difícil, calvário, conjuntura em que se põe à prova o valor e a coragem, etc.

Ordinatórios (atos)

¶ O adjetivo *ordinatório* origina-se do verbo latino **ordinare** (arranjar, dispor, ordenar, organizar, regular) + o sufixo, também latino, **-torius** (indicativo de ação).

O verbo **ordinare**, por sua vez, deriva do substantivo **ordo, -inis** (disposição, ordem, etc.). Note-se que, em função das palavras originárias, *ordinatório* se escreve com **i** após o **d**, da mesma forma que ordinal, (extra)ordinário, etc.

O adjetivo *ordinatório* aplica-se às regras e atos concernentes ao andamento dos processos.

Conforme disposto no art. 162, § 4º (acrescentado pela Lei n. 8.952, de 13-12-94), do CPC, *Os atos meramente ordinatórios, como a juntada e a vista obrigatória, independem de despacho, devendo ser praticados de ofício pelo servidor e revistos pelo juiz quando necessários.*

Merece destaque, no dispositivo transcrito, a expressão *atos meramente ordinatórios*, que são aqueles desprovidos de conteúdo decisório. A CRFB, em seu art. 93, XIV, estabelece que *os servidores receberão delegação para a prática de atos de administração e atos de mero expediente sem caráter decisório.* Trata-se de medidas que, com vista à celeridade das decisões, visam a desafogar o juiz da prática de atos não estritamente jurisdicionais.

Os advogados somos... (silepse de pessoa)

¶ Não merecem reparo, demonstrando, pelo contrário, apurado gosto literário, construções como *Os advogados somos uns heróis, Os brasileiros somos muito inventivos*, etc.

Trata-se de caso de **concordância ideológica** (ou figurada), especificamente, a chamada **silepse de pessoa**: o verbo não concorda com o aposto explícito (**Os advogados, Os brasileiros**, nos exemplos dados), mas com o sujeito implícito (**nós**). Nessas construções, o autor da frase inclui-se **expressamente** entre as pessoas mencionadas, o que não ocorreria (necessariamente) se empregasse o verbo na terceira pessoa do plural.

Outros exemplos:

Dizem que os cariocas somos pouco dados aos jardins públicos. (Machado de Assis)

Nem tudo tinham os antigos, nem tudo temos os modernos; com os haveres de uns e outros é que se enriquece o pecúlio comum. (Machado de Assis)

Os brasileiros somos um povo mestiço. (Afrânio Coutinho)

Todos os homens somos mortais.

[...] e os homens ordinariamente apetecemos o que nos fora melhor não alcançar. (Antônio Vieira)

Todos os filhos de Adão padecemos nossas mutilações e fealdades. (Pe. Manuel Bernardes)

A silepse de pessoa é bastante comum em requerimentos, petições, abaixo-assinados, etc., bem como em textos legislativos:
Os abaixo assinados requeremos a V. Sa. sejam incluídos [...]
O Presidente da República [...] faço saber que [...] decreto a seguinte lei: [...] (preâmbulo de lei delegada).

Ostracismo

¶ *Ostracismo* era o julgamento mediante o qual o povo de Atenas, na antiga Grécia, reunido em assembleia, bania por dez anos, como medida de segurança pública, um cidadão que, por seu poder, prestígio ou ambição era supostamente perigoso para as instituições democráticas, contra as quais – por sua grande influência nos negócios públicos, por seu distinto merecimento ou serviços prestados – poderia atentar .

Cada cidadão ateniense, registrando seu voto nas costas de um caco de cerâmica revestido com cera, era obrigado a escolher o nome de um político proeminente. No final do dia, todos os cacos – **óstraka**, como eram denominados pelos gregos – eram separados em pilhas e contados. Os cidadãos com maior número de indicações tinham dez dias para deixar a Ática, cuja capital era Atenas.

Os cidadãos atingidos pelo desterro político não sofriam – como outros exilados haviam sofrido antes – a perda de suas propriedades nem de seus direitos civis, mas também não tinham permissão, por dez anos, para retornar à sua cidade. Tinham de ficar, como os atenienses diziam, em *ostracismo*. Assim, o ostracismo não envolvia desconsideração, ignomínia ou desonra para quem dele era objeto. O ostracismo foi introduzido em Atenas por Clístenes (565-490 a. C.), líder democrático exilado durante a tirania de Pisístrato.

1. O termo *ostracismo* origina-se do substantivo grego **ostrakismó**s, que, por sua vez, provém do substantivo **óstrakon** (plural **óstraka**), que significa concha, barro cozido; casco de garrafa ou de louça quebrada; fragmento de cerâmica. Assim, como visto acima, a denominação *ostracismo* tem por base o fato de se escrever o nome do condenado sobre concha ou caco de cerâmica, que servia, na antiguidade, como material de escrita ou desenho (voto, esboço, projeto, etc.).

2. Atualmente, por extensão de sentido, a palavra *ostracismo* passou a designar também a colocação à margem de certos indivíduos vistos como refratários aos tipos de comportamento estabelecidos e vigentes; afastamento, voluntário ou imposto, das funções ou atividades políticas.

Por suas posições sistematicamente contrárias à orientação do partido, foi condenado ao ostracismo.

Ótico – Óptico

¶ **Ótico** significa relativo ao ouvido.[1] Origina-se do adjetivo grego **otikós**, derivado da raiz **ot**, de **ous, otós**: ouvido. Da mesma raiz **ot** são: otite (inflamação do ouvido); otalgia (dor de ouvido); otologia (tratado do ouvido e suas doenças); otose (afecção crônica do ouvido); etc.

[1] Quanto ao termo **ouvido**, confira a 2ª observação ao final do verbete *Oitiva – Ouvida*.

¶ **Óptico** significa relativo ao olho, à vista ou à visão. Origina-se do adjetivo grego **optikós**, derivado do radical **opt**, de **opsis, opseos**: olho, vista, visão, ação de ver. Como substantivo, **óptico** também significa especialista em óptica, acepção em que também existe a forma opticista.

Por uma tendência fonética do português, o encontro **pt** se transformou em **t** (**pt → tt → t**), o que implicou a convergência fonética entre *ótico* (relativo ao ouvido = orelha) e *óptico* (relativo ao olho, à vista), resultando na forma homônima e homógrafa para os dois adjetivos: *ótico*. Assim, na linguagem comum, *ótico* tanto significa relativo ao ouvido (= orelha) quanto referente ao olho, à vista. Isso, naturalmente, em escritos técnicos (laudos periciais, por exemplo), pode acarretar ambiguidade: lesão do nervo ótico tanto pode referir-se ao ouvido (= orelha) quanto ao olho, à vista. Por isso, na linguagem técnica, recomenda-se o emprego distintivo dos dois adjetivos: *ótico*, com relação ao ouvido (= orelha); *óptico*, para o que diz respeito ao olho, à vista. No VOLP/09, p. 555, está claramente registrada a diferença entre os dois termos: *óptico* adj. s. m. *relativo à visão*. Cf. **ótico**, *relativo à audição*.

Ovo da serpente

¶ **Ovo da serpente** significa *prenúncio de um mal que está por vir*. (Aurélio/10, p. 1530). O significado da locução baseia-se no filme *O ovo da serpente* (título original alemão: das *Schlangenei*), lançado em 1977, com direção de Ingmar Bergman e em cujo enredo indícios da ascensão nazista são comparados ao ovo da serpente fertilizado, que já mostra a forma do réptil.

Lenio Luiz Streck emprega a expressão duas vezes em seu livro *O que é isto – decido conforme minha consciência?*, uma delas na p. 100: *O positivismo se preocupava em responder tal questão. Para ele, a discricionariedade judicial era uma 'fatalidade'. A razão prática – que o positivismo chama de discricionariedade – não poderia ser controlada pelos mecanismos teóricos da ciência do direito. A solução, portanto, era simples: deixemos de lado a razão prática (discricionariedade) e façamos apenas epistemologia (ou, quando esta não dá conta, deixe-se ao alvedrio do juiz – 'eis o ovo da serpente gestado desde a modernidade'). E tudo começa de novo!*

P

Palavras genéricas x palavras específicas

¶ Há palavras que, de tão genéricas, servem para expressar praticamente tudo. São as chamadas palavras-ônibus – suas acepções são tantas, que não comportam delimitação semântica formal.O uso constante desses termos vagos, extensivos, empobrece a linguagem, diminui-lhe o vigor expressivo, tornando-a, além de imprecisa, insípida.

Falas e textos com tais palavras tornam-se fastidiosos, cansam o ouvinte ou o leitor, que somente lhes prestam atenção por absoluta necessidade, com um mínimo de interesse, o que põe em risco a exata compreensão da mensagem.

Grandes ideias, ótimas sugestões, bons projetos e excelentes iniciativas muitas vezes deixam de merecer a devida consideração, por virem embalados em linguagem medíocre e inexpressiva. A propósito desse fato, John Stuart Mill, em sua obra *A system of logic* (1875), afirma que *Dificilmente um pensamento original acerca de temas sociais ou espirituais encontra eco na humanidade ou adquire importância nos intelectos – inclusive no de seu autor – antes de palavras e frases habilmente escolhidas terem fixado de maneira segura este pensamento.*

Entre essas palavras genéricas – tapa-buracos de eficácia mínima para aplicação em centenas de situações, à míngua de termos mais precisos e expressivos – estão o substantivo *coisa* e os verbos *dar, dizer, estar, fazer, pôr, ter* e *ver*.

Apresentamos, a seguir, algumas frases com cada uma dessas palavras, sugerindo, juntamente, substituições possíveis, com vista a maior precisão e vigor expressivo.

¶ *Coisa*
A educação da mocidade é uma coisa (tarefa) *muito nobre.*
O ódio e o ciúme são coisas (paixões) *que aviltam o homem.*

Acordar cedo e praticar exercícios físicos são coisas (hábitos) *que beneficiam a saúde.*

Faltar ao respeito às pessoas idosas é uma coisa (um procedimento) *reprovável.*

Trata-se, a meu ver, de uma coisa (um fato) *evidente.*

Se há uma coisa (um procedimento, uma atitude, um comportamento) *que me repugna, é a adulação.*

É uma coisa (uma ideia) *que jamais me passou pela cabeça.*

¶ *Dar*

O incidente deu-se (ocorreu) *logo no início dos debates.*

O Presidente está dando (revelando, manifestando) *sinais de impaciência.*

Todos os jornais do Estado deram (divulgaram, publicaram) *a notícia.*

Sua participação no episódio deu-lhe (trouxe-lhe, granjeou-lhe) *renome nacional.*

Essas instalações não nos dão (oferecem, proporcionam) *o conforto desejável.*

O empresário deu (trocou, permutou, ofereceu) *dois carros de luxo pelo moderno equipamento.*

Pedimos que nos desse (expusesse, mostrasse) *suas razões.*

No depoimento de hoje, ele deverá dar (oferecer, expor) *sua versão do caso.*

¶ *Dizer*

Por que você não disse (confessou) *que se havia equivocado?*

Devo dizer (objetar) *que esses argumentos são falsos.*

Não conseguiu dizer (proferir) *uma única sílaba.*

Passeava de um lado para outro, dizendo entre dentes (balbuciando) *palavras ininteligíveis.*

Hoje, afinal, posso dizer-lhes (revelar-lhes) *como tudo se passou.*

Esse provérbio diz (ensina) *uma grande verdade.*

O artigo 209 da Constituição da República diz (estabelece, preceitua, estatui, prescreve) *que o ensino é livre à iniciativa privada.*

Disse (alegou) *que se atrasara devido a um acidente de trânsito.*

¶ *Estar*

A polícia esteve (ficou, permaneceu) *de prontidão todo o dia.*

A solução está na (depende da, consiste na, reside na) *duplicação da rodovia.*

O fugitivo estava de (trajava, vestia, usava) *camiseta e bermuda.*

De uns tempos para cá, ele está (anda, vive) *extremamente tenso.*

Ele está em um dos (passa por um dos, vive um dos) *melhores momentos de sua carreira.*

¶ *Fazer*

Fez (introduziu) *grandes melhoramentos no prédio.*

Fizeram (promoveram) *uma campanha a favor dos menores carentes.*

Os reservistas fizeram (prestaram) *o juramento à bandeira.*

Fez (proferiu) *um discurso alusivo à data.*

Pretende fazer (construir) *um prédio em estilo gótico.*

Fez (traçou) *um círculo de giz no quadro.*

Os acidentes de trânsito fazem (causam, ocasionam, provocam) *cada vez mais vítimas.*

A idade faz (torna) *as pessoas mais compreensivas.*

¶ *Pôr*

Pôs (depositou) *o dinheiro no banco.*

Pôs (imergiu) *a mão na água fervente.*

Pôs (calçou) *sapatos de salto alto.*

Pôs (fitou) *os olhos no chão.*

Pôs (matriculou) *os filhos numa escola particular.*

Pôs (introduziu) *a chave na fechadura.*

¶ *Ter*

O jovem bacharel tem (alimenta) *pretensões a erudito.*

A história do Brasil tem (mergulha) *raízes no passado português.*

O estudo das línguas estrangeiras tem (oferece, proporciona) *muitas vantagens.*

Aquele juiz tem (exibe) *um linguajar floreado.*

A ponte tem (mede) *dois quilômetros de extensão.*

O rapaz tem (reproduz) *os traços fisionômicos do pai.*

O espetáculo teve (atraiu, logrou, alcançou) *grande público.*

Sempre o tive como (considerei, reputei) *um advogado competente e íntegro.*

Ele já tem (conta, completou) *quinze anos de função pública.*

O policial teve (revelou, mostrou) *grande presença de espírito.*

¶ *Ver*

O bom juiz sabe ver (discernir) *a verdade, ainda que esta não se mostre tão evidente.*

Devemos ver (encarar) *a situação tal como se apresenta.*

Antes de partir, veja (averigue) *se tudo está em ordem.*

Quando você começou a falar, logo vi (percebi) *que a situação estava sob controle.*
Quando ele iniciou sua exposição, logo vi (adivinhei) *aonde queria chegar.*
Vimos (assistimos a) *um filme bastante educativo.*
Do exposto, vê-se (conclui-se) *que não houve crime, apenas transgressão disciplinar.*

Na exemplificação apresentada, bem como nas substituições sugeridas, valemo-nos, em grande parte, diretamente ou com adaptações, das obras Para falar e escrever melhor o português, de Adriano da Gama Kury (Nova Fronteira, 1989), e Exercícios de português, de M. Cavalcanti Proença (EDILD, 1967).

Para com (emprego de)

¶ **Para com** é locução prepositiva. **Para**, no caso, é o conetivo principal; e **com**, o secundário. Emprega-se a locução com os adjetivos ou substantivos que expressam boa ou má disposição de ânimo em relação a uma pessoa ou coisa – afável, atencioso, benevolente, caridoso, caridade, cruel, crueldade, delicado, delicadeza, duro, exigente, forte, gentil, gentileza, indelicado, intransigente, intransigência, respeito, respeitoso, simpatia, rude, rudeza, severo, severidade, etc.

Conquanto não fosse rica, sempre foi extremamente caridosa para com os pobres e desvalidos.

O rei mostrou-se generoso para com os escravos e severo para com os filhos.

A filosofia, a teologia, a ciência, a poesia, a história da arte registram as atitudes do homem civilizado para com a natureza. (Luiz Carlos Lisboa – Olhos de ver, ouvidos de ouvir)

Todos os obrigados respondem solidariamente para com o portador do cheque. (Lei n. 7.357, de 2-9-1985, art. 51)

Estou disposto a tudo fazer para apagar os ressentimentos ou divergências, que não mais podem subsistir diante dos deveres que todos nós temos para com a Pátria comum.

Jamais se esqueceu de sua dívida para com o irmão que o havia acolhido e apoiado nos tempos difíceis.

Defensor dos oprimidos, demonstrava simpatia para com pessoas e causas com que mal podia se identificar.

Parafernais (bens)

¶ **Parafernais** é o qualificativo dos bens próprios e incomunicáveis da mulher trazidos ao casamento e não compreendidos no dote, podendo ela usufruí-los e administrá-los independentemente.

A mulher conserva a propriedade, a administração, o gozo e a livre disposição dos bens parafernais; não podendo, porém alienar os imóveis (art. 276). (CC/1916, art. 310, artigo sem correspondente no CC/2002, quanto a bens imóveis).

O termo *parafernais* origina-se do substantivo latino **parapherna, -orum** (enxoval que a noiva leva além do dote), que, por sua vez provém do substantivo grego **paráferna**, composto do prefixo grego **pará** (além de, fora de) + o substantivo **ferné** (o que se leva para o matrimônio, dote). Em face da origem do termo, os bens *parafernais* também se denominam **extradotais**.

1. O Código Bustamante trata dos bens parafernais nos arts. 187-93.

2. Oriundo do substantivo neutro plural latino **paraphernalia** (do latim medieval), existe em português o substantivo feminino **parafernália**, com o significado de: série de objetos de uso pessoal; equipamento variado, necessário ao funcionamento de alguma coisa ou ao exercício de uma atividade profissional (parafernália médica, p. ex.); grande variedade de coisas; tralha (semântica pejorativa): *Preciso organizar a parafernália que atulha as gavetas de minha escrivaninha.*

Parricídio – Parricida – Patricida

¶ *Parricídio*, no Direito Romano e no direito atual, significa o homicídio do pai (ou da mãe) pelo próprio filho.

O agente do crime denomina-se *parricida*.

Especificamente para o homicídio praticado pelo filho contra a própria mãe, existe o termo **matricídio**, com a forma cognata **matricida** (o agente do crime). Os termos derivam do substantivo latino **mater, matris** (genitivo): mãe.

No antigo Direito Romano, o termo **parricidium** designava o assassínio de qualquer pessoa. Havia, assim, o **parricidium fraternum** (fratricídio); o **parricidium filii** (filicídio); o **parricidium patriae** (atentado contra a pátria); etc. **Parricidium** origina-se do substantivo **parens** (pai, mãe; **parentes**, no plural) + o verbo **caedere** (matar, imolar).

¶ O termo *patricida* indica o traidor, o inimigo da pátria (literalmente, o assassino, o matador da pátria).

Particípio variável e invariável

¶ Quando integra **locução verbal** (dois ou mais verbos com o mesmo sujeito) **na voz ativa** ou **na voz passiva sintética** (com o pronome **se**), o particípio fica invariável.

Temos enfrentado muitas dificuldades ultimamente.

Têm-se verificado (= têm sido verificados) *alguns progressos na área do controle ambiental.*

Os presos haviam serrado as grades das janelas.

Têm-se conseguido (= têm sido conseguidos) *excelentes resultados com o novo método.*

¶ Na **voz passiva analítica** (auxiliar + particípio), nas **orações reduzidas** e na função de **predicativo do objeto**, o particípio concorda em gênero e número com o substantivo a que se refere.

Todas essas irregularidades foram levadas ao conhecimento do Senhor Governador.

Estão sendo notificados todos os proprietários da área.

Concluídas as reformas, os presos serão imediatamente transferidos para o novo estabelecimento.

Deverão ser concedidas novas oportunidades aos contribuintes em débito com o fisco.

Supúnhamos pagas todas essas contas.

Os infratores terão cassadas suas carteiras de habilitação.

O Estado teve diminuídos seus gastos no setor de administração.

Veja-se a diferença entre as duas construções:

Ambos tinham ferido as mãos (= Ambos feriram as mãos.).

Ambos tinham feridas as mãos (= Ambos estavam com as mãos feridas.).

Parto da montanha

¶ A expressão *parto da montanha* é empregada para designar o resultado ridículo ou insignificante de um esforço notório, intenso ou prolongado; resultado em desacordo com a expectativa criada e alimentada em torno de um acontecimento.

A expressão baseia-se em duas fontes:

1. Um verso de Horácio (*Ars poetica*, v. 139): *Parturient montes, nascetur ridiculus mus* – Os montes parirão, e um pequeno rato nascerá. Horácio recomenda aos poetas que não iniciem suas obras com promessas retumbantes, que resultarão num final pífio, submetendo o autor a escárneo e zombaria.

2. A fábula de Fedro intitulada *Mons parturiens* (livro IV, 20) – *A montanha de parto*. O texto a fábula é este:

Mons parturibat, gemitus immanes ciens, eratque in terris maxima exspectatio. At ille murum peperit. Hoc scriptum est tibi, qui, magna cum minaris, extricas nihil.

Síntese moral: *Magna ne iactes, sed praestes*.

Estava de parto uma montanha, soltando gemidos tremendos, e havia no mundo a maior expectativa. Ela, porém, deu à luz um rato. Isto foi escrito para ti, que, quando prometes feitos grandiosos, nada realizas.

Síntese moral: Não alardeies grandes coisas, mas faze-as. (Gonçalves, Maximiano Augusto. *Tradução das fábulas de Fedro*. 5. ed., Rio de Janeiro: Livraria H. Antunes Ltda., Editora, 1957)

A expressão aplica-se, pois, como bem indicado na parte conclusiva da fábula, a todas as ações pomposamente anunciadas, mas que produzem, quando se realizam, grande decepção.

Pas de nullité sans grief

¶ *Pas de nullité sans grief* é um brocardo francês frequente na doutrina e na jurisprudência, às mais das vezes dizendo respeito a vício do ato processual. O adágio traduz-se, em português, por: *Não há nulidade sem prejuízo*; e, de forma mais livre: *Não se declara a nulidade de um ato sem que se prove antes um prejuízo*; ou *Não há nulidade se não ocorre prejuízo ou lesão*. Trata-se de princípio corrente não apenas no sistema processual francês, mas também no de outros países, segundo o qual o ato não pode ser anulado se dele não resulta dano efetivo ou eventual à parte.

O ato não se repetirá nem se lhe suprirá a falta quando não prejudicar a parte (CPC, art. 249, § 1°).

1. O acento gráfico no termo **nullité** é agudo, para indicar que a pronúncia do **e** é fechada (**ê**).

2. Em matéria de anulação de casamento, existe o adágio **Pas de nullité sans texte** (*Não há nulidade sem texto*), regra civil segundo a qual essa anulação somente cabe nas hipóteses previstas no Código Civil.

Pasmado – Pasmo (particípios de pasmar)

¶ O particípio tradicional de pasmar é ***pasmado***.

Fiquei pasmado quando o vi passeando tranquilamente pela praça.

Na rua, crianças e moleques estavam pasmados. (Machado de Assis – *Quincas Borba*)

Atualmente, sobretudo no Brasil, está-se generalizando o emprego do particípio contraído, irregular, ***pasmo***. Emprega-se como adjetivo participial, em função predicativa:

Ficamos pasmos com a notícia.

Estou pasmo com o número de acidentes com morte em nossas rodovias.

Gramáticos mais exigentes criticam ou desrecomendam esse particípio, que, todavia, já foi empregado por escritores ilustres, tais como Rui Barbosa, José de Alencar, Raul Pompeia e, entre os mais recentes, Diná Silveira de Queirós, Mário de Andrade e Carlos Drummond de Andrade. Gramáticos mais arejados registram-no sem constrangimento.

Trata-se, na verdade, de um particípio contraído igual a muitos outros já consagrados, como aceito, entregue, expulso, ganho, pago, pego, suspenso, etc.

O tempo dirá da validade desse *pasmo* como particípio. E parece que já deu seu veredito... favorável. Todavia, para quem escrupulizar em fazer uso de novidades, está aí o tradicional *pasmado*, sobre cuja legitimidade não pairam quaisquer dúvidas. Foi rodado, há alguns anos, um filme com este título: *O rei pasmado e a rainha nua*.

Pegado – Pego (é) – Pego (ê)

¶ O particípio literário de **pegar** é *pegado*, com qualquer auxiliar.
O ladrão foi pegado pela polícia.
Jamais tinha pegado tantos peixes.
Enquanto ele pagava a passagem, alguém havia pegado sua mala e sumido com ela.

As formas contraídas *pego* (é) e *pego* (ê) são de nível popular, embora sejam, há tempo, registradas em gramáticas e acolhidas na língua literária.

Um dia foi pego, ainda meninote, jogando pedras nos vitrais da matriz. (Guilhermino César – *Romanceiro do Sul*, p. 113, ap. Albertina Fortuna Barros e Zélio dos Santos Jota – *Verbos*, p. 70)

Em comentário ao exemplo acima, os dois gramáticos atribuem ao particípio *pego* foros de erudito.

Três dias após ter fugido do presídio, foi pego novamente pela polícia.

A forma regular *pegado* parece soar melhor com os verbos auxiliares **ter** e **haver** (tinha/havia pegado); e a forma irregular, contraída, *pego*, com o verbo **ser**: *foram pegos em flagrante; fui pego de surpresa.*

Pejotização – Pejutização (variante)

¶ O termo *pejotização* forma-se da sigla PJ, que designa a pessoa jurídica, como, p. ex., em CNPJ – Cadastro Nacional da Pessoa Jurídica.

Trata-se de uma forma de contratação mediante a qual o tomador de serviços exige que o trabalhador, para ser contratado, se constitua em pessoa jurídica. Com esse comportamento, o empregador visa a descaracterizar a relação de emprego e, dessa forma, contornar a aplicação da legislação trabalhista.

A Justiça do Trabalho não tem admitido essa modalidade de contratação, reconhecendo nela típico vínculo de emprego, com fundamento, especialmente, no que dispõem os artigos 2º e 3º da CLT, o que se pode verificar em inúmeras decisões tomadas por diferentes Tribunais do Trabalho pelo País afora.

¶ A variante *pejutização* – segundo pude observar em artigos doutrinários, no corpo de decisões trabalhistas e nas ementas de acórdãos – é nitidamente infrequente nos textos citados. Isso, todavia, não quer dizer que seja incorreta.

Perimido – Perempto – Peremptório

¶ Embora, para o verbo **perimir** (extinguir, pôr termo a uma ação ou instância), exista o particípio *perimido*, somente costuma empregar-se a forma reduzida, irregular, *perempto*, quer como adjetivo, quer como particípio.

Perempção é sinônimo de extinção. O termo origina-se do substantivo latino **peremptio, -onis**, que, por sua vez, se forma do verbo **perimere**, com as acepções de aniquilar, destruir, extinguir, matar. Na linguagem processual, **perempção** é a extinção do direito de praticar um ato processual, pela perda de um prazo definido e definitivo.

Nos casos em que somente se procede mediante queixa, considerar-se-á perempta a ação penal: I – quando, iniciada esta, o querelante deixar de promover o andamento do processo durante 30 dias seguidos; [...] (CPC, art. 70, *caput* e inc. I)

¶ O adjetivo *peremptório* tem o sentido técnico-jurídico de: terminativo, extintivo, definitivo, improrrogável. Ocorre, v. g., nas expressões **prazo peremptório**: prazo que não pode ser dilatado, mesmo por acordo das partes; prazo improrrogável, inalterável; e **exceção peremptória** (em latim, *actio peremptoria*): exceção oposta com a intenção de perimir (extinguir) a ação.

É defeso às partes, ainda que todas estejam de acordo, reduzir ou prorrogar os prazos peremptórios. [...] (CPC, art. 182)

Em face do que se expôs acima, é tecnicamente impróprio o emprego do advérbio **peremptoriamente** nesta oração: *A testemunha reconheceu peremptoriamente o acusado.* Em seu lugar, ficaria melhor, p. ex., a locução adverbial **com segurança**.

Pessoa humana

¶ Há os que tacham de redundante a locução *pessoa humana*, considerando supérfluo, no caso, o uso do adjetivo (humana).

Existe, no entanto, um dado linguístico muito importante a considerar: a frequência cada vez maior da locução. E, em linguagem, como em direito, o uso também faz lei. Outro fato a considerar é a existência de diversas locuções com o substantivo pessoa (pessoa civil, pessoa jurídica, pessoa abstrata, pessoa artificial, pessoa coletiva, pessoa universal, pessoa incorpórea, pessoa jurídica de direito privado, pessoa jurídica de direito público, pessoa moral, pessoa divina, pessoa física, pessoa natural, pessoa corpórea, etc.), o que pode explicar, pelo princípio da analogia, o surgimento e a consagração de *pessoa humana*.

Explicações à parte, a verdade é que, de modo especial no linguajar mais técnico, sentimos certa necessidade de adjetivar restritivamente o substantivo **pessoa**, e a locução *pessoa humana* hoje circula com naturalidade, de modo particular nas áreas jurídica e social.

Na CRFB, a locução aparece logo no art. 1º, inc. III:

A República Federativa do Brasil, formada pela união indissolúvel dos Estados e Municípios e do Distrito Federal, constitui-se em Estado Democrático de Direito e tem como fundamentos: [...]; III – a dignidade da pessoa humana.

No art. 34, VII, *b*, comparece mais uma vez.

Já nos arts. 205 e 221, IV, empregou-se apenas o substantivo (pessoa), sem a restrição (humana).

Ph. D. e outros títulos de doutorado

¶ *Ph. D.* é abreviatura da expressão latina **Philosophiae Doctor**, título acadêmico norte-americano literalmente traduzido como Doutor de (em) Filosofia – correspondente ao nosso título de **Doutor** –, que, todavia, abrange não apenas a Filosofia propriamente dita, mas praticamente todas as disciplinas apresentadas em currículos universitários de ciências e artes liberais. O vocábulo Filosofia (no caso nominativo latino, *Philosophia*), na mencionada expressão, refere-se mais propriamente ao sentido originário (grego) do termo, composto de **filos** (amigo) + **sofia** (sabedoria).

¶ Além do título mais comum de *Ph. D.* (*Philosophiae Doctor*), há também títulos acadêmicos específicos de doutor em determinadas áreas do conhecimento ou disciplinas, sempre designados em latim. Haja vista os seguintes: ***J. D.***: *Juris Doctor* – Doutor de (em) Direito, ou *Jurum Doctor* – Doutor de (em) Direitos; ***M. D.***: *Medicinae Doctor* – Doutor de (em) Medicina; ***Mus. D.***: *Musicae Doctor* – Doutor de (em) Música; ***Sc. D.***: *Scientiae Doctor* – Doutor de (em) Ciência); ***S. I. D.***: *Scientiae Iuris Doctor* – Doutor de (em) Ciência do Direito; ***Th. D.***: *Theologiae Doctor* – Doutor de (em) Teologia.

Plebiscito – Referendo

¶ *Plebiscito,* na linguagem jurídico-legislativa, é a consulta *prévia* que se faz ao eleitorado acerca de matéria de acentuada relevância política, econômica e social. O termo é oriundo do substantivo latino **plebiscitum** e compõe-se do genitivo singular do substantivo feminino **plebs, plebis** (= plebe, a camada inferior do povo) + o substantivo neutro **scitum, -i** (= decreto). **Plebiscitum**, literalmente decreto da plebe, era, no Direito Romano, a lei aprovada pelos plebeus. O substantivo **scitum**, provém do verbo **sciscere**, que significa votar, dar o seu voto; decretar, decidir.

¶ *Referendo,* na linguagem jurídico-legislativa, é a manifestação *posterior* do eleitorado acerca de ato legislativo ou administrativo. O termo é frequentemente empregado sob a forma latina substantivada **referendum**, que tem origem no verbo **referre**, com as acepções, entre outras, de remeter, enviar; submeter a, sujeitar a.

Como se observa, os termos *plebiscito* e *referendo* têm significados diferentes: o *plebiscito* é a manifestação, mediante sufrágio, acerca de medida a ser tomada; e o *referendo* é a manifestação do eleitorado acerca da medida já tomada. Aquela é **ante legem**; esta, **post legem**.

A distinção entre os dois termos é própria da linguagem legislativa dos países latinos. Na dos países anglo-saxônicos, eles são sinônimos.

A Lei n. 9.709, de 18 de novembro de 1998, traz, o no art. 2º e seus parágrafos, o conceito de plebiscito e referendo, e assinala a diferença entre os dois institutos:

Art. 2º Plebiscito e referendo são consultas formuladas ao povo para que delibere sobre matéria de acentuada relevância, de natureza constitucional, legislativa ou administrativa.

§ 1º O plebiscito é convocado com anterioridade a ato legislativo ou administrativo, cabendo ao povo, pelo voto, aprovar ou denegar o que lhe tenha sido submetido.

§ 2º O referendo é convocado com posterioridade a ato legislativo ou administrativo, cumprindo ao povo a respectiva ratificação ou rejeição.

Ratificação é o ato mediante o qual alguém se manifesta de acordo com ato praticado por outrem em seu nome.

Plural de modéstia e de majestade

¶ *Plural de modéstia* – Pode-se usar o verbo no plural, embora se trate de uma só pessoa, quando, por modéstia, se quer fugir ao **eu**, de caráter individualista, egocêntrico. No caso, o(s) substantivo(s) e/ou adjetivo(s) que acompanha(m) o verbo pode(m) ficar no singular ou ir ao plural.

O singular é mais lógico, e o plural é, ainda, passível de ambiguidade (referência a uma ou mais pessoas).

Somos advogado e professor.

Antes sejamos breve que prolixo. (João de Barros)

Somos responsável pelo menor.

Fomos eleito pelos votos da classe trabalhadora.

Ficamos grata (mulher) *a todos vocês.*

Em outubro de 1992, como pecuarista que somos, participamos de um simpósio sobre combate ao carrapato, em Uruguaiana.

A necessidade de não sermos longo em demasia obriga-nos a parar hoje por aqui. (Rui Barbosa – *Trabalhos jurídicos*, vol. II, t. I, p. 53)

¶ **Plural de majestade** – Com as mesmas características do **plural de modéstia**, porém com outra intenção, existe o **plural de majestade**, empregado por reis, imperadores, papas, altas autoridades, etc., como demonstração de comando ou poder.

Fazemos saber que...

Imploramos as bênçãos do Alto sobre nossos diletos Filhos.

O chamado plural de modéstia, isto é, a substituição de eu por nós na primeira pessoa do singular, é bastante frequente em português. O professor, o orador, o escritor que querem evitar que se creia que pretendem impor a opinião aos outros, fundem-se gramaticalmente, por seu intermédio, com os seus ouvintes ou leitores, exprimindo-se como se servissem de porta-voz a um pensamento coletivo. Um sentido análogo teve o Nós, el-Rei, que aparece em todos os documentos da Idade Média portuguesa; o monarca, cuja vontade era como que uma espécie de emanação da vontade geral, falava, pelo menos aparentemente, em nome das pessoas que o acompanhavam no governo, em nome da Nação. Também na Igreja os prelados e altos dignitários se solidarizam com os fiéis mediante o Nós. Mas, esquecido nestes dois últimos casos o seu significado primitivo, o plural não parece hoje sinal de modéstia, mas, pelo contrário, de grandeza e poder, de majestade. Como fórmula literária o plural de modéstia, que em espanhol vai perdendo terreno a pouco e pouco porque, segundo o modo de ver atual dos espanhóis, implica mais orgulho supor que as nossas próprias ideias hão de ser forçosamente partilhadas pelos outros que apresentá-las como meramente pessoais, mantém-se ainda hoje bastante vivo em português. (Pilar Vásquez Cuesta e Maria Albertina Mendes da Luz – *Gramática da língua portuguesa*, p. 482, com a ortografia atualizada em conformidade com o novo sistema ortográfico)

Ponto abreviativo em final de frase

¶ Determina o *Formulário Ortográfico* de 1943, da Academia Brasileira de Letras: *Quando o período, oração ou frase termina por abreviatura, não se coloca o ponto-final adiante do ponto abreviativo, pois este, quando coincide com aquele, tem dupla serventia* (Título XVII, item 53, *Ponto-final*).

Em outras palavras, o ponto abreviativo em final de frase acumula a função de ponto-final.

A norma supratranscrita não foi alterada pelo AOLP/90.

Os assaltantes foram presos em Alvorada (RS), na Lancheria Ximbica Ltda.

A taxa de inscrição pode ser paga em qualquer agência do Banco do Estado do Rio Grande do Sul, S. A.

Conserva-se o trema em palavras derivadas de nomes próprios estrangeiros: hübneriano, de Hübner, müleriano, de Müller, etc.

A vírgula entre **Banco do Estado do Rio Grande do Sul** e **S. A.** integra o nome oficial da entidade bancária. Vírgula, aliás, rigorosamente correta, já que **S. A.** exerce a função de **aposto** da locução substantiva **Banco do Estado do Rio Grande do Sul**.

Ponto e vírgula (uso do)

¶ O *ponto e vírgula* é uma pontuação intermediária entre a vírgula e o ponto. Em textos discursivos (expositivos, literários, etc.), ora equivale a um ponto reduzido, ora a uma vírgula alongada, espichada.

Esse caráter impreciso do ponto e vírgula dificulta sobremaneira qualquer tentativa de normatizar-lhe o uso. Algumas orientações, no entanto, podem ser traçadas, umas mais específicas para textos técnico-normativos ou técnico-normativos, outras para textos discursivos (técnicos e literários).

¶ Em **textos técnico-normativos e técnico-forenses**, emprega-se o ponto e vírgula:

1. para separar considerandos e itens de enumerações em documentos normativos.

O Ministro de Estado do Trabalho, no uso da competência que lhe confere o art. 913 da Consolidação das Leis do Trabalho (CLT), aprovada pelo Decreto-Lei n. 5.452, de 1º de maio de 1952,

considerando que [...];

considerando o fato de [...];

considerando que o livro ou ficha de [...];

considerando, finalmente, a necessidade de [...],

RESOLVE: Art. 1º [...]

Art. 2º [...]

Art. 59. O processo legislativo compreende a elaboração de:

I – emendas à Constituição;

II – leis complementares;

III – leis ordinárias;

IV – leis delegadas:
V – medidas provisórias;
VI – decretos legislativos;
VII – resoluções. (CRFB, art. 59)
Art. 1.862. São testamentos ordinários:
I – o público;
II – o cerrado;
III – o particular. (CC, art. 1.862, I-III)

2. para separar as orações subordinadas dependentes de uma subordinante (principal) comum, de modo especial quando muito extensas.

Os Autores, no momento oportuno, pretendem provar que:
a) as transações questionadas se revestem [...];
b) as circunstâncias em que decorreram [...];
c) as testemunhas arroladas pelo [...];
d) nos últimos quatro anos, em momento algum [...];
e) conforme farta documentação anexa, [...].

Como no caso antecedente, os diversos itens iniciam por letra minúscula, já que todos constituem sequência lógica, estrutural, da oração subordinante (principal).

¶ Em **textos discursivos** (técnicos e literários), emprega-se o ponto e vírgula:

1. para separar as partes, séries ou membros de frases que já estão interiormente separados por vírgula:

Se tens muita coisa, dá de teus bens; se tens pouco, dá de teu coração. (Provérbio árabe)

O crédito real prefere ao pessoal de qualquer espécie; o crédito pessoal privilegiado, ao simples; e o privilégio especial, ao geral. (CC, art. 961)

O uso da nova firma caberá, conforme o caso, ao gerente; ou ao representante geral do incapaz; ou a este, quando puder ser autorizado. (CC, art. 976, parágrafo único)

A natureza insensível o perseguia nas pedras; a vegetativa, nos espinhos; a sensitiva, nas aves; a racional, nos homens. (Pe. Antônio Vieira – *Sermões*, vol. I, p. 39)

Ao vencido, ódio ou compaixão; ao vencedor, as batatas. (Machado de Assis – *Quincas Borba*, p. 647)

Os apetites podem ser saciados; os ideais, nunca. (José Ingenieros – *O homem medíocre*, p. 57)

2. para separar, num período, grupos de orações da mesma natureza (que se equilibram em valor e importância):

No inferno há só males, sem bens; no céu há só bens, sem males; na terra há bens e males juntamente. (Pe. Antônio Vieira – *Sermões*)

Antigamente estavam os ministros às portas das cidades; agora estão as cidades às portas dos ministros. (Pe. Antônio Vieira – *Sermões*)

Com a promulgação, a lei adquire vida própria, autonomia relativa; separa-se do legislador; contrapõe-se a ele como um produto novo; dilata-se e até substitui o conteúdo respectivo sem tocar nas palavras; mostra-se, na prática, mais previdente que o seu autor. (Carlos Maximiliano – Hermenêutica e aplicação do direito, p. 48)

Câmaras e pretórios, livres na aparência, são instrumentos do meio; pensam e resolvem conforme os pendores da coletividade; não tiram do nada; concretizam, aplicam os princípios gerais, estratificados, estabelecidos pouco a pouco. (Id., ibid., p. 96)

O caso é concreto; a hipótese é abstrata.

A unanimidade é o fim da argumentação; e o consenso, o túmulo da opinião. (José Roberto Whitaker Penteado – A técnica da comunicação humana, p. 234)

Atualmente, de modo especial em textos literários, os autores costumam substituir o ponto e vírgula pelo ponto-final. Em textos técnicos, o ponto e vírgula oferece a vantagem de tornar mais evidente a conexão lógico-estrutural entre os diversos componentes do período. Para o aprendizado prático do uso do ponto e vírgula, recomenda-se a leitura dos romances, contos e crônicas de Machado de Assis, mestre inexcedível no explorar os recursos expressivos desse sinal de pontuação.

Pontuação (importância da)

¶ Sobre a importância da pontuação – inquestionável e de todos sobejamente conhecida –, permitimo-nos, tão somente, trazer o depoimento de dois dos maiores escritores de nosso idioma – Pe. Antônio Vieira e Rui Barbosa – e transcrever uma história.

1. Depoimentos

Pe. Antônio Vieira

[...], bem é que saiba o nosso [tempo] quanto bastará para falsificar uma escritura. Bastará mudar um nome? Bastará mudar uma palavra? Bastará mudar uma cifra? Digo que muito menos basta. Não é necessário para falsificar uma escritura mudar nomes, nem palavras, nem cifras, nem ainda letras: basta mudar um ponto ou uma vírgula. (*Sermões*, vol. I, pp. 343-4)

Rui Barbosa

Nos monumentos escritos da história, ou da lei, um ponto ou uma vírgula podem encerrar os destinos de um mandamento, de uma instituição, ou de uma verdade. (*Réplica*, vol. II, p. 195)

2. História

A história, sob o título *A Importância da Pontuação*, sem registro de autoria e de procedência, foi-nos trazida por um aluno da Escola Superior da Magistratura – AJURIS (Porto Alegre). É a seguinte:

Um milionário redigiu seu testamento desta forma: 'Deixo a minha fortuna para o meu irmão não para o meu sobrinho jamais para o meu advogado nada para os pobres'. Como se vê, ninguém entendeu, porque não há nenhuma pontuação e houve enorme confusão entre os interessados na herança. O irmão achou que o certo seria assim: 'Deixo minha fortuna para o meu irmão; não para o meu sobrinho, jamais para o meu advogado, nada para os pobres'. Veio o sobrinho e disse que o certo era: 'Deixo a minha fortuna: para o meu irmão não; para o meu sobrinho; jamais para o meu advogado, nada para os pobres'. Por sua vez o advogado sustentou que a redação era: 'Deixo a minha fortuna: para o meu irmão, não; para o meu sobrinho, jamais; para o meu advogado, nada para os pobres'. Finalmente, um defensor dos pobres disse que o certo na realidade era: 'Deixo a minha fortuna: para o meu irmão, não; para o meu sobrinho, jamais; para o meu advogado, nada; para os pobres'.

E o desfecho da história, o deslinde da questão? Também temos curiosidade de sabê-lo... De qualquer forma, fica o lembrete: aprenda a pontuar e, quando redigir seu testamento, pontue-o convenientemente, sem criar charadas para os impacientes herdeiros.

Pontuação com E

¶ Em princípio, a conjunção *e* substitui a vírgula: ou se emprega esta, ou aquela. Há casos, porém, em que cabe vírgula antes de **e**:

1. quando as orações ligadas pelo **e** têm sujeitos diferentes.

A noite vai adiantada, e o dia vem chegando.

Seus pais viviam extremamente felizes, e o menino nasceu ainda na época da felicidade. (Camilo Castelo Branco – *O romance de um homem rico*, p. 58)

O vento engrossa o voo, as árvores beijam o chão, e a terra se converte em lama. (Adonias Filho)

A sintaxe não sofre lesão, e a clareza é perfeita. (Rui Barbosa – *Réplica*, p. 319)

Os Territórios Federais integram a União, e sua criação, transformação em Estado ou reintegração ao Estado de origem serão reguladas em lei complementar. (CRFB, art. 18, § 2º)

As terras de que trata este artigo são inalienáveis e indisponíveis, e os direitos sobre elas, imprescritíveis. (CRFB, art. 231, § 4º)

O sorteio far-se-á de portas abertas, e um menor de 18 (dezoito) anos tirará da urna geral as cédulas com o nome dos jurados, [...] (CPP, art. 428, redação dada pela Lei n. 11.689, de 9-6-2008)

A queixa contra qualquer dos autores do crime obrigará ao processo de todos, e o Ministério Público velará pela sua indivisibilidade. (CPP, art. 48)

O não comparecimento do reclamante à audiência importa o arquivamento da reclamação, e o não comparecimento do reclamado importa revelia, além de confissão, quanto à matéria de fato. (CLT, art. 844)

As leis são feitas pelos homens, e os costumes, pelas mulheres.

A vírgula entre **os costumes** e **pelas mulheres** – que serve para indicar a supressão do verbo – é facultativa. Tal vírgula somente é obrigatória em caso de ambiguidade. Querendo usar a vírgula, convém mudar em ponto e vírgula a já existente:

As leis são feitas pelos homens; (e) os costumes, pelas mulheres. No caso, o **e** é suprimível.

2. quando se introduz um encaixe entre os termos ligados pelo **e**:

Mílton Alves, Diretor-Presidente, e Carlos Medeiros, Diretor Administrativo, viajaram a Brasília.

(A conjunção **e** liga os sujeitos Mílton Alves e Carlos Medeiros, entre os quais se intercalou o aposto **Diretor-Presidente**.)

No livro, o autor relata as experiências vividas em Paris, onde reside atualmente, e em Buenos Aires, onde trabalhou durante muitos anos.

(A conjunção **e** liga os adjuntos adverbiais **em Paris** e **em Buenos Aires**, entre os quais se encaixou a oração adjetiva explicativa **onde reside atualmente**.)

Substituirá o Presidente, no caso de impedimento, e suceder-lhe-á, no de vaga, o Vice-Presidente. (CRFB, art. 79)

Há casos em que o **e** fica entre vírgulas.

Surgiram problemas de toda ordem, e, em questão de poucos meses, a situação da empresa tornou-se insustentável.

(A vírgula antes do **e** serve para indicar que as duas orações têm sujeitos diferentes: *problemas de toda ordem*, da primeira oração, e *a situação da empresa*, da segunda oração. A vírgula após o **e** deve-se ao encaixe do adjunto adverbial *em questão de poucos meses*, termo seguido de outra vírgula, que forma par com a anterior.)

Revogado o livramento, não poderá ser novamente concedido, e, salvo quando a revogação resulta de condenação por outro crime anterior àquele benefício, não se desconta da pena o tempo em que esteve solto o condenado. (CP, art. 88)

O procedimento judicial de separação caberá somente aos cônjuges, e, no caso de incapazes, serão representados pelo curador, ascendente ou irmão. (Lei n. 6.515, de 26-12-1977, art. 3º, § 1º)

3. quando tem valor de conjunção coordenativa **adversativa** (mas, porém, todavia, etc.).

A sala estava repleta de acadêmicos, e o conferencista não apareceu.

Preparou-se para o banho, e notou que faltava água.

Trabalhou a noite toda, e não conseguiu concluir o relatório.

Mais forte era o tirano de outrora, e baqueou por terra. (Alexandre Herculano)

Os criminosos circulam livremente pelas ruas, e as pessoas de bem refugiam-se atrás de grades.

O mercado de trabalho está fortemente aquecido, e faltam candidatos qualificados para as vagas existentes.

Confira o verbete *Pontuação com elementos normativos articulados*.

Pontuação com elementos normativos articulados

¶ Quando os elementos articulados estão em ordem direta crescente e vêm ligados pela preposição **de**, não cabe vírgula entre eles.

A inobservância dos incisos I e II do artigo 226 do Código Penal não gera a nulidade dos autos de reconhecimento.

O Promotor de Justiça apela com fundamento na al. d do inc. III do art. 593 do Código de Processo Penal.

Os denunciados infringiram o disposto na al. c do § 1º do art. 334 do Código Penal.

A contratação fez-se com base na al. b do inc. II do art. 10 da Lei n. 8.666, de 21 de junho de 1993. (Sempre se põe vírgula entre o número do documento e a data de expedição.)

É constitucional o § 2º do art. 9º do Decreto-Lei n. 1.971, de 30-11-1982, com a redação dada pelo Decreto-Lei n. 2.100, de 28-12-1983. (Súmula n. 336 do TST)

¶ Quando os elementos articulados estão em ordem indireta (inversa, intercalada), separam-se por vírgula, mesmo presente a preposição *de*.

Os denunciados infringiram o disposto no art. 334, § 1º, al. c, do Código Penal.

(Apesar da presença da preposição **de** após al. *c*, há vírgula, pois a alínea não é do Código Penal, e sim do § 1º do art. 334 do CP, estando em posição intercalada.)

Outros exemplos:

A hipótese vem regulada no art. 302, inc. III, do CPP.

Tal regramento regimental afeiçoa-se, dando-lhe aplicação, aos arts. 96, I, a, e 125, § 1º, da Constituição da República. (A vírgula antes do **e** deve-se aos encaixes entre **aos arts. 96 ... e 125**.)

Confira, a propósito, o verbete *Pontuação com E*.

Os arts. 458, II, e 535 do CPC não foram violados.

O MP denunciou XYZ por atitude comportamental subsumida no art. 121, § 2º, incs. II e IV, c/c o art. 61, inc. II, al. e, do CP.

O recorrente alegou que fora contrariada a literalidade do art. 485, IV e V, c/c os arts. 295, I, parágrafo único, II e III, e 267, I e VI, do CPC.

O art. 5º, inc. XXXVI, da Constituição de 1988 repete a regra do art. 153, § 3º, da Constituição de 1967.

1. Ausente a preposição **de**, embora os elementos articulados estejam em ordem direta crescente, serão separados por vírgula:
Essa prática é vedada pelo inc. VI, art. 39 da Lei n. 8.078, de 11 de setembro de 1990.
O procedimento atende ao disposto na al. d, inc. II, art. 188 da Lei n. 6.404-1976.

Pontuação com E NÃO

¶ **E não**, quando este conjunto equivale a **mas não**, deve vir precedido de vírgula, pois, no caso, o **e** é conjunção coordenativa **adversativa**:

Na espécie, o que tem relevância é a realidade do contrato, e não a forma adotada.

A ressalva refere-se tão somente à forma de pagamento, e não ao valor da indenização.

No caso, responsável pelo recolhimento dos tributos é o alienante, e não o comprador.

Estou aqui para sugerir caminhos, e não para impor soluções.

A verdade é filha do tempo, e não da autoridade. (Galileu Galilei)

São características da sociedade cooperativa: [...] – quorum, para a assembleia geral funcionar e deliberar, fundado no número de sócios presentes à reunião, e não no capital social representado; [...] (CC, art. 1.094, V)

Pontuação com E SIM

¶ **E sim** constitui um conjunto indivisível, equivalente a **mas**. Assim, não pode haver vírgula entre os dois elementos da locução. Haverá, isto sim, vírgula antes dela, vírgula, aliás, normal antes das conjunções adversativas.

Não queremos o império da força, e sim (= mas) o da lei.

Os cidadãos não desejam promessas, e sim atitudes, obras.

Pontuação com MAS (ISTO) SIM

Quando se substitui o **e** por **mas**, o **sim** vai entre vírgulas, pois o **mas**, sozinho, já contém a ideia adversativa. O **sim**, no caso, funciona como simples encaixe, podendo ser reforçado por **isto**.

Não nos interessam observações meramente estanques, mas, sim, interdisciplinares.

Os cidadãos não desejam promessas, mas, isto sim, atitudes, obras.

Ora, a decisão se dá, não a partir de uma escolha, mas, sim, a partir do comprometimento com algo que se antecipa. No caso da decisão jurídica, esse algo que se antecipa é a compreensão daquilo que a comunidade política constrói como direito (ressalte-se, por relevante, que essa construção não é a soma de diversas partes, mas, sim, um todo que se apresenta como a melhor interpretação – mais adequada – do direito). (Lenio Luiz Streck – O que é isto – decido conforme minha consciência?, p. 106)

Não importa de onde vim, mas, sim, aonde quero ir. (Eduardo Galeano)

Não se interesse pela quantidade, mas, sim, pela qualidade dos amigos. (Sêneca)

Pontuação com orações adjetivas restritivas e explicativas

¶ Orações adjetivas restritivas

A oração adjetiva restritiva completa o termo antecedente, restringindo-lhe o significado. Não pode ser eliminada sem prejuízo ou alteração do sentido da frase.

Nunca pode ser precedida de vírgula, pois ela integra o sentido do termo a que se refere. (Apenas se tolera a vírgula depois das orações adjetivas restritivas **longas**, por motivos de clareza ou de *respiração* da frase. Não se trata, no caso, de uma vírgula **lógica**.)

O condômino que administrar sem oposição dos outros presume-se representante comum. (CC, art. 1.324)

As penas que correspondem a infrações diversas devem somar-se para efeito do livramento. (CP, art. 84)

A sentença que conceder perdão judicial não será considerada para efeitos de reincidência. (CP, art. 120)

Toda pessoa que se acha no exercício de seus direitos tem capacidade para estar em juízo. (CPC, art. 7º)

Exemplos de orações adjetivas restritivas com vírgula ao final:

O depósito a que se refere o inciso I do artigo antecedente, reger-se-á pela disposição da respectiva lei, e, no silêncio ou deficiência dela, pelas concernentes ao depósito voluntário. (CC, art. 648, *caput*)

O administrador que, sem consentimento escrito dos sócios, aplicar créditos ou bens sociais em proveito próprio ou de terceiros, terá de restituí-los à sociedade, ou pagar o equivalente, [...] (CC, art. 1.017, *caput*)

¶ **Orações adjetivas explicativas**

A oração adjetiva explicativa contém um esclarecimento secundário, acessório, já implícito no termo antecedente. Por isso pode ser suprimida sem prejuízo da frase inteira. É sempre precedida de vírgula. Intercalada, fica entre vírgulas.

Machado de Assis, que era filho de lavadeira e pintor de paredes, foi o primeiro presidente da Academia Brasileira de Letras.

Gosto de Brahms, cujas sinfonias mesclam grandeza e ternura.

Errou a Argentina, que usou as armas em vez de esgrimir as palavras.

O pedido de revisão, que não terá efeito suspensivo, deverá ser instruído com a petição e a ata da Audiência, [...] (Lei n. 5.584, de 26-6-1970, art. 2º, § 2º)

Há construções que, dependendo de as pontuarmos, ou não, apresentam sentido diferente:

O filho que estava na cidade ignorava o fato.
(Havia mais de um filho, e o que estava na cidade ignorava o fato.)

O filho, que estava na cidade, ignorava o fato.
(Havia apenas um filho, e este ignorava o fato.)

Chamou os alunos que estavam na sala de café.
(Somente parte dos alunos estava na sala de café, e esses foram chamados.)

Chamou os alunos, que estavam na sala de café.
(Todos os alunos estavam na sala de café, e todos foram chamados.)

Confira o verbete **Pontuação com termos restritivos e explicativos**.

Pontuação com OU NÃO

¶ É facultativo pôr entre vírgulas a expressão **ou não**. A posição entre vírgulas confere maior ênfase ao enunciado. Isso significa, portanto, que a presença ou ausência dessas vírgulas fica ao inteiro arbítrio do autor do texto.

Em dezesseis frases que colhemos em documentos normativos e de jurisprudência, nove apresentavam a expressão entre vírgulas.

Com vírgulas:

O registro declarará: [...] V – se os membros respondem, ou não, subsidiariamente, pelas obrigações sociais. (CC, art. 46, V)

Do despacho que admitir, ou não, o assistente, não caberá recurso [...] (CPP, art. 273)

Aberta a audiência, será dada a palavra ao defensor para responder à acusação, após o que o juiz receberá, ou não, a denúncia ou queixa; [...] (Lei n. 9.099, de 26-9-1995, art. 81)

Discute-se, na espécie, a existência, ou não, de vínculo de emprego. (excerto de acórdão trabalhista do TRT-4ª)

Sem vírgulas:

Este direito prevalece, esteja ou não a mulher em companhia do marido, [...] (CC/1916, art. 248, parágrafo único)

O doador pode fixar prazo ao donatário, para declarar se aceita ou não a liberalidade. [...] (CC, art. 539)

Os filhos havidos ou não da relação de casamento, ou por adoção, terão os mesmos direitos e qualificações, [...] (CC, art. 1.596)

Os atos a que se refere o artigo antecedente, salvo direito de terceiro, valerão como codicilos [disposições de última vontade de objeto mais restrito que o do testamento], *deixando ou não testamento o autor.* (CC, art. 1.882)

Observa-se que, no mesmo documento, ora a expressão vem com as vírgulas, ora sem elas.

Pontuação com parênteses

¶ Quando uma pontuação coincidir com o início da construção parentética, o sinal virá depois do segundo parêntese:

No dia 25 de julho (véspera do meu aniversário), os colegas resolveram fazer-me uma surpresa.

Observe-se que, se retirarmos a construção parentética, permanecerá a vírgula (após o adjunto adverbial deslocado para o início da oração):

No dia 25 de julho, os colegas resolveram fazer-me uma surpresa.

¶ Quando, ao retirarmos a construção parentética, não couber pontuação onde teve início o encaixe, não haverá pontuação além dos parênteses:

Estávamos (e os próprios responsáveis pelo novo governo não o negam) num regime autoritário.

Caso se retire a construção parentética, o texto ficará sem pontuação após *Estávamos* (onde, no texto original, começou o encaixe): *Estávamos num regime autoritário.*

Note-se que os parênteses poderiam ser substituídos por vírgulas: *Estávamos, e os próprios responsáveis pelo novo governo não o negam, num regime autoritário.* Os parênteses apenas tornam mais enfático o encaixe.

¶ Quando uma frase inteira ou qualquer estrutura autônoma se acha encerrada entre parênteses, coloca-se dentro destes a pontuação competente:

A imprensa (quem o contesta?) é o mais poderoso meio que se tem inventado para a divulgação do pensamento. (Carlos de Laet)

Os simbolistas usavam piteira. (Não tenho provas, mas acho que os simbolistas usavam piteira.) (Rubem Braga – *Recado de primavera*)

Observe as diversas possibilidades (exemplos do Prof. Celso Pedro Luft – *Mundo das palavras* – 3.153, *Correio do Povo*, 23-4-1981, p. 10):

[...] ninguém mais tomou a palavra. (E assim o assunto foi encerrado.) O presidente [...]

[...] ninguém mais tomou a palavra (e assim o assunto ficou encerrado), tendo o presidente [...]

[...] ninguém mais tomou a palavra (e assim o assunto foi encerrado). O presidente [...]

Pontuação com POIS

Há duas espécies de **pois**: um anteposto, outro posposto.

¶ O **pois anteposto** à sua oração, introduzindo-a, encabeçando e puxando a estrutura, é conjugação **explicativa** e equivale a porque, visto que. É precedido de vírgula:

O homem deve raciocinar, pois é um ser de razão.

Ele está de parabéns, pois foi aprovado.

O homem não morre todo, pois tem alma imortal.

O navio deve estar mesmo afundando, pois os ratos já começaram a abandoná-lo.

Ela devia ter chorado muito, pois seus olhos estavam vermelhos.

O **pois** explicativo terá vírgula depois se for seguido de um encaixe. Neste caso, a vírgula anterior transforma-se em ponto e vírgula. As vírgulas marcam o encaixe, e o ponto e vírgula separa as orações:

Ele está de parabéns; pois, apesar de tudo, foi aprovado.

O homem não morre todo; pois, como sabemos, tem alma imortal.

¶ O **pois posposto**, que se intercala numa estrutura, é conjunção **conclusiva**; equivale a portanto e fica entre vírgulas:

Ele foi aprovado; está, pois, de parabéns.

O homem é um ser de razão; deve, pois, raciocinar.

O homem depende da flora e da fauna; deve, pois, preservá-las.

O analfabetismo é um grave problema social; exige, pois, solução urgente e definitiva.

Em vez de intercalar o **pois** numa estrutura, pode-se colocá-lo no fim desta:

As datas das provas ainda não foram definidas; devemos aguardar, pois.

A decisão dos conselheiros foi adiada para o dia vinte do próximo mês; somente nos resta esperar, pois.

Pontuação com sujeito pós-verbal intercalado

¶ Quando o sujeito está posposto ao verbo, posicionando-se entre este e um termo seguinte da oração (objeto direto ou indireto, adjunto adverbial), pode-se cercá-lo por vírgulas. Como a inversão se dá entre termos da mesma hierarquia sintática – o verbo (na condição de núcleo do predicado) e o sujeito –, essa pontuação não é obrigatória. Em alguns casos, ela traduz intenção de ênfase; em outros, visa a contornar possível ambiguidade, principalmente quando o sujeito puder ser interpretado, à primeira vista, numa leitura apressada, não como tal, mas como objeto direto do verbo precedente.

Acordam, os Desembargadores integrantes da 15ª Câmara Cível do Tribunal de Justiça do Estado,[1] *à unanimidade, em, rejeitadas as preliminares, negar provimento ao recurso.* (excerto de acórdão do TJRS)

[1] Essa vírgula tem dupla função: forma par com a que precede o sujeito e integra o par das que marcam a intercalação do adjunto adverbial que vem a seguir. Assim, mesmo se não se desejasse assinalar a posição pós-verbal intercalada do sujeito, essa vírgula permaneceria. Seguem, abaixo, assinalados por asterisco (*), outros exemplos da mesma situação.

Arguem, os excipientes, em petição fundamentada, a incompetência do juízo.*

Decidiram, os membros da Comissão Processante, por maioria absoluta, recomendar o arquivamento da denúncia.*

Ofendeu, o acusado, com palavras de baixo calão, as autoridades que presidiam os trabalhos.*

Questionaram, os candidatos, os critérios de correção utilizados pela banca examinadora.

Recomendam, esses autores, que sejam desenvolvidos e utilizados modelos de avaliação mais objetivos, dinâmicos e menos dependentes de opiniões pessoais.

Pontuação com termos restritivos e explicativos

¶ **Termos restritivos**

O Juiz de Direito Guilherme de Azevedo proferirá a aula inaugural.

O Promotor de Justiça Etevaldo Barbosa foi designado para atuar no caso.

Nos exemplos acima, não se pode pôr entre vírgulas os nomes Guilherme de Azevedo e Etevaldo Barbosa, pois se trata de termos (apostos) **restritivos, especificativos,** que complementam diretamente, sem pausa, a expressão anterior.

Pôr entre vírgulas Guilherme de Azevedo e Etevaldo Barbosa daria a entender que só existe, respectivamente, um Juiz de Direito, cujo nome é Guilherme de Azevedo, e um Promotor de Justiça, cujo nome é Etevaldo Barbosa.

O elemento restritivo não está contido no termo ou expressão anterior, razão por que é complementação necessária. Sem ele, o termo ou locução anterior fica incompleto.

Outros exemplos:

O jurista brasileiro Pontes de Miranda conquistou prestígio internacional.

O escritor gaúcho Érico Veríssimo continua presente na memória de todos os aficionados da boa leitura.

O gramático baiano Ernesto Carneiro Ribeiro foi mestre de Rui Barbosa.

¶ **Termos explicativos**

O criador de Capitu, *Machado de Assis, morreu em 1909.*

Joaquim Nabuco, autor de Minha formação, *tomou parte proeminente na campanha contra a escravatura.*

Nos exemplos acima, o aposto é explicativo, pois só há **um** criador de *Capitu* e **um** autor de *Minha Formação*. Todo o elemento explicativo está contido, implícito, no termo ou locução a que se refere. É, portanto, dispensável e necessariamente virgulado.

Outros exemplos:

O Ministro da Educação, Fulano de Tal, deverá estar presente à solenidade.

O mercúrio, único metal líquido, possui inúmeras utilidades.

Há construções que, dependendo de as pontuarmos, ou não, possibilitam sentido diferente:

Meu filho Carlos Alberto pretende ser advogado criminalista.

(A ausência de pontuação indica que tenho mais de um filho. Carlos Alberto é **um** de meus filhos. O nome restringe o termo **meu filho**.)

Minha filha, Cláudia Maria, reside em Paris.

(A presença da pontuação dá a entender, em princípio, que tenho apenas **uma** filha, cujo nome é Cláudia Maria.)

O nome, no caso, seria dispensável ao sentido da oração. Bastaria dizer: *Minha filha reside em Paris.*

Regras práticas

¶ Ponha entre vírgulas o aposto (substantivo ou locução substantiva) que for suprimível sem mudança ou prejuízo do sentido. Por via de consequência, nunca ponha entre vírgulas o termo que, quando suprimido, altera ou prejudica o sentido da oração.

¶ Somente ponha entre vírgulas o aposto que pode ser precedido de **isto é** ou **o/a qual é** ou **os/as quais são**.

Confira o verbete *Pontuação com orações adjetivas restritivas e explicativas.*

Pontuação com travessões

¶ Quando a pontuação coincidir com o início da construção entre travessões, o sinal virá depois do último travessão:

Dizem que o indivíduo, para ser homem – homem de verdade –, precisa ter um filho, plantar uma árvore e escrever um livro. (Breno Caldas – *Uma história verdadeira em meio século de Correio do Povo*, p. 15)

Observe-se que, se retirarmos a construção entre travessões, permanecerá a vírgula após a oração intercalada *para ser homem*: *Dizem que o indivíduo, para ser homem, precisa ter [...].*

É obrigatória a colocação de marcos assim na estação inicial – marco primordial –, como nos vértices dos ângulos, salvo se algum destes últimos for assinalado por acidentes naturais de difícil remoção ou destruição. (CPC, art. 963)

Um momento, olhando-se para o mundo moderno – no antigo, deuses e fronteiras, religião e nacionalidade se confundiam –, poder-se-ia pensar que a pátria é mais forte do que a religião. (Joaquim Nabuco – *Escritos e discursos*, p. 134)

Ao adotar uma política econômica de austeridade – visando, em suma, a restringir o papel do Estado na economia –, o Kremlin optou pela saída correta, porém inoportuna. (FSP, 18-7-1989, cad. A, p. 2)

Os brasileiros, que vêm há quase duas décadas arcando com um custo pesado demais para manter a estabilidade – incluindo uma elevada carga de impostos e juros inconcebíveis –, não podem mais conviver com altas taxas de inflação. (ZH, 7-1-2012, p. 16)

¶ Quando, ao retirarmos a construção entre travessões, não couber pontuação onde teve início o encaixe, não haverá pontuação além dos travessões:

A própria história – como lhe havia dito um amigo de boas letras – conspirava contra o regime getulista. (Adriano da Gama Kury – *Ortografia, pontuação e crase*, p. 86)

Retirada a construção entre travessões, o texto ficará sem pontuação após o termo *A própria história*:

A própria história conspirava contra o regime getulista.

A batalha de Itararé – que poderia ter sido uma das maiores da história do Brasil – não chegou a travar-se. (Id., ibid., p. 86)

Texto sem o encaixe entre travessões:

A batalha de Itararé não chegou a travar-se.

Os travessões poderiam ser substituídos por vírgulas:

A batalha de Itararé, que poderia ter sido uma das maiores da história do Brasil, não chegou a travar-se.

Os travessões imprimem maior força expressiva, maior ênfase, ao encaixe.

¶ Havendo algum sinal de pontuação pertencente ao texto entre travessões, esse figurará antes do segundo travessão (ficando, pois, incluído pelos travessões):

Um leitor atento – por pouco que o fosse! – perceberia imediatamente esse erro.

Omite-se o segundo travessão nos casos em que coincidiria com a pontuação final do texto:

A redação de muitas de nossas leis nem sempre prima pela clareza e a correção – o que é lastimável e preocupante.

A Lei de Introdução ao Código Civil – LICC – teve sua ementa alterada para Lei de Introdução às Normas do Direito Brasileiro – LINDB.

Pontuação nas enumerações alternativa, exemplificativa e taxativa

¶ Na **enumeração alternativa**, ou **disjuntiva**, o penúltimo (ou o primeiro, se não houver mais de dois) e o último inciso, alínea ou item vêm ligados pela conjunção alternativa **ou**, que se põe logo em seguida à pontuação usual (ponto e vírgula). Observe-se que permanece o ponto e vírgula antes da conjunção **ou**.

As emendas ao projeto de lei do orçamento anual ou aos projetos que o modifiquem somente podem ser aprovadas caso: [...]

II – indiquem os recursos necessários, admitidos apenas os provenientes de anulação de despesa, excluídas as que incidam sobre:

a) dotações para pessoal e seus encargos;

b) serviço da dívida;

c) transferências tributárias constitucionais para Estados, Municípios e Distrito Federal; ou

III – sejam relacionadas:

a) com a correção de erros ou omissões; ou

b) com os dispositivos do texto do projeto de lei. (CRFB, art. 166, II-III e III, *a-b*)

O uso da nova firma caberá, conforme o caso, ao gerente; ou

ao representante do incapaz; ou

a este, quando puder ser autorizado. (CC, art. 976 parágrafo único)

Parágrafo único. Para os efeitos do [inciso] *n. VII, o grupo de sociedades considera-se sob controle brasileiro se a sua sociedade de comando está sob o controle de:*

a) pessoas naturais residentes ou domiciliadas no Brasil;

b) pessoas jurídicas de direito público interno; ou

c) sociedade ou sociedades brasileiras que, direta ou indiretamente, estejam sob o controle das pessoas referidas nas alíneas a e b. (Lei n. 6.404, de 15-12-1976, art. 269, parágrafo único)

§ 8º Os documentos integrantes da prestação de contas deverão ser obrigatoriamente assinados:

I – pelo candidato e respectivo administrador financeiro de campanha, caso exista; ou

II – no caso de comitê financeiro, pelo seu presidente e pelo tesoureiro. (Resolução TSE n. 22.715-2008, art. 30, § 8º, I-II)

§ 2º O juiz determinará, mediante requerimento subscrito por credores que representem a maioria dos créditos de uma classe, independentemente da realização de assembleia:

I – a nomeação do representante e dos suplentes da respectiva classe ainda não representada no Comitê; ou

II – a substituição do representante ou dos suplentes da respectiva classe. (Lei n. 11.101, de 9-2-2005, art. 26, § 2º)

Enumeração alternativa, ou **disjuntiva**, é aquela em que a ocorrência de um ou outro dos itens arrolados basta para que se configure o tipo previsto no comando do texto (artigo, etc.).

¶ Na *enumeração exemplificativa*, os diversos itens, inclusive o penúltimo e o último, vêm separados apenas pela pontuação usual (ponto e vírgula).

XLVI – A lei regulará a individualização da pena e adotará, entre outras, as seguintes:

a) privação ou restrição da liberdade;

b) perda de bens;

c) multa;

d) prestação social alternativa;

e) suspensão ou interdição de direitos; (CRFB, art. 5º, XLVI, *a-e*)

São direitos dos trabalhadores urbanos e rurais, além de outros que visem à melhoria de sua condição social:

I – relação de emprego protegida contra despedida arbitrária ou sem justa causa, nos termos da lei complementar, que preverá indenização compensatória, dentre outros direitos;

II – seguro-desemprego, em caso de desemprego involuntário; [...]

XXXIII – proibição de trabalho noturno, perigoso ou insalubre aos menores de dezoito anos e de qualquer trabalho a menores de quatorze anos, salvo na condição de aprendiz;

XXXIV – igualdade de direitos entre o trabalhador com vínculo empregatício permanente e o trabalhador avulso. (CRFB, art. 7º, I a XXXIV)

Enumeração exemplificativa é aquela cujos itens não encerram, necessariamente, a totalidade dos casos possíveis. Em outras palavras, é aquela em que não se presume restringida a faculdade do aplicador do Direito às situações arroladas, podendo ele recorrer ao processo analógico. É o chamado **numerus apertus** (particípio passado do verbo latino **aperire**, que significa abrir).

¶ *Na enumeração taxativa, exaustiva,* ou *cumulativa,* o penúltimo (ou o primeiro, se houver apenas dois) e o último inciso, alínea ou item vêm ligados pela conjunção aditiva **e**, que se põe logo em seguida à pontuação usual (ponto e vírgula).

Compete aos Municípios estabelecer impostos sobre: [...].

§ 1º Sem prejuízo da progressividade no tempo a que se refere o art. 182, § 4º, II, o imposto previsto no inciso I poderá:

I – ser progressivo em razão do valor do imóvel; e

II – ter alíquotas diferentes de acordo com a localização e o uso do imóvel. (CRFB, art. 156, § 1º, I-II)

Art. 176. Ao fim de cada exercício social, a Diretoria fará elaborar, com base na escrituração mercantil da companhia, as seguintes demonstrações financeiras, que deverão exprimir com clareza a situação do patrimônio da companhia e as mutações ocorridas no exercício:

I – balanço patrimonial;

II – demonstração dos lucros ou prejuízos acumulados;

III – demonstração do resultado do exercício;

IV – demonstração dos fluxos de caixa; e

V – se companhia aberta, demonstração do valor adicionado. (Lei n. 6.404, de 15-12-1976, art. 176, I-V)

Art. 2º *A proteção dos direitos relativos à propriedade industrial, considerado o seu interesse social e o desenvolvimento tecnológico e econômico do País, efetua-se mediante:*

I – concessão de patentes de invenção e de modelo de utilidade;

II – concessão de registro de desenho industrial;

III – concessão de registro de marca;

IV – repressão às falsas indicações geográficas; e

V – repressão à concorrência desleal. (Lei n. 9.279, de 14-5-1996, art. 2º, I-V)

Art. 78. *São condições para concessão da extradição:*

I – ter sido o crime cometido no território do Estado requerente ou serem aplicáveis ao extraditando as leis penais desse Estado; e

II – existir sentença final de privação de liberdade, ou estar a prisão do extraditando autorizada por juiz, tribunal ou autoridade competente do Estado requerente, salvo o disposto no art. 82. (Lei n. 6.815, de 19-8-1980, art. 78, I-II)

Art. 10. *Constará, obrigatoriamente, do compromisso arbitral: [...];*

III – a matéria que será objeto da arbitragem; e

IV – o lugar em que será proferida a sentença arbitral. (Lei n. 9.307, de 23-9-1996, art. 10, III-IV)

A interpretação pública é geralmente dividida pelos autores em duas subespécies:

a) a autêntica; e

b) a judicial. (R. Limongi França – *Elementos de hermenêutica e aplicação do direito*, p. 24)

Enumeração **taxativa**, **exaustiva**, ou **cumulativa**, é aquela que se esgota nos casos relacionados, não deixando margem para a aplicação do processo analógico. É o chamado **numerus clausus** (particípio passado do verbo latino **cl<u>au</u>dere**, que significa fechar, cerrar). O emprego da conjunção aditiva indica que a enumeração de tipos, casos ou situações é completa: todos os possíveis ou previstos foram citados. Em textos expositivos, a *enumeração taxativa* indica mera soma, como no último exemplo acima. Sobre a *enumeração taxativa*, transcreve-se esta importante observação do grande jurista Carlos Maximiliano, em sua clássica *Hermenêutica e aplicação do direito*, p. 266:

As leis de finanças, as disposições instituidoras de impostos, taxas, multas e outros ônus fiscais, só abrangem os casos que especificam; não comportam o emprego do processo analógico.

Por outro lado

¶ A locução *por outro lado* tem o sentido de: por outro aspecto; por outra parte; por outro prisma. Emprega-se em alternativa com *por um lado: por um lado [...] por outro lado* (locução conjuntiva).

Por um lado, o salário proposto era tentador, por outro (lado), a distância entre minha residência e o local de trabalho era um fator deveras negativo.

Por um lado, gostaria de ir à serra com vocês, por outro (lado), não queria perder o concerto de amanhã à noite, no Teatro São Pedro.

Por um lado, afirma-se que a casa noturna não tinha as mínimas condições de segurança, por outro lado, os donos da empresa contestam veementemente tais afirmações.

Se, por um lado, a situação econômica no momento atual não é confortável, por outro (lado), há visíveis indícios de gradual recuperação.

A locução adverbial *por outro lado* também pode aparecer avulsa, como locução adverbial, com o sentido de: em contrapartida, (encarando a questão) sob outro aspecto, por outro prisma:

Por outro lado, devemos ter em mente que a responsabilidade pela limpeza da área condominial é da responsabilidade de todos os moradores do prédio.

Não há necessariamente ideia de contradição entre a primeira e a segunda parte do segmento textual conformado pela locução conjuncional *por um lado... por outro lado*. Pode tratar-se de mera confrontação ou acareação de pontos de vista.

Porque – Por que – Por quê – Porquê(s)

Empregue:

¶ *Porque*, junto e sem acento, quando substituível por **pelo fato de que**, **visto que** ou **pois**.

O autor destaca que os descontos efetuados pela ré não tem como fundamento propriamente um dano causado pelo empregado, quer porque [= pelo fato de que] *um roubo praticado por terceiro não pode assim ser conceituado, quer porque* [= pelo fato de que] *o prejuízo sofrido pela empresa não resultou de conduta dolosa do empregado, mas da de terceiro, ou seja, do assaltante.* (excerto de acórdão)

Não declares que as estrelas estão mortas, somente porque [= pelo fato de que] *o céu está nublado.* (Provérbio árabe)

Eles estão voltando. Será porque (= pelo fato de que) *as aulas foram suspensas?*

O partido, porque (= visto que) *lhe convinha, mudou de estratégia.*

Talvez estejam faltando recursos, porque (= pois) *a obra foi interrompida.*

¶ ***Porquê(s)***, junto e com acento circunflexo, quando substituível por **causa(s)**, **motivo(s)**, **razão/razões**. *Ninguém atinava com o porquê* (= o motivo) *daquela decisão.*

As crianças querem saber os porquês (= as razões, os motivos, as causas) *de tudo.*

¶ ***Por que***, separado, nos demais casos, e, no final da frase, com acento circunflexo – *por quê.*

Por que (= por qual motivo) *ele não fez isso há mais tempo?*

Lutamos e trabalhamos sem método. Eis por que não progredimos.

Os jovens lêem pouco; daí por que cometem tantos erros de grafia.

Não há por que nos preocuparmos com isso agora.

Muitos reclamam, mas não há por quê.

Ele, ultimamente, anda nervoso, mas ninguém sabe por quê (= por qual motivo).

Grandes são as transformações por que (= pelas quais) *está passando a sociedade brasileira.*

Sendo diversos os seguradores, cada um deve declarar a quantia por que [= pela qual] *se obriga, [...]* (C. Com., art. 668)

Todos anseiam por que (= preposição **por** + conj. integrante **que**) *tudo se esclareça o mais cedo possível.*

Propomo-nos mostrar aqui por que [= por quais] *princípios e regras se governavam a sociedade grega e a sociedade romana.* (Fustel de Coulanges – *A cidade antiga*, p. 11)

Note-se a diferença entre as duas construções:

Se não concordam com minha proposta, digam-me por quê (= por qual motivo).

Se não concordam com minha proposta, digam-me o porquê (=o motivo, a razão).

Neste exemplo, o Pe. Antônio Vieira mostrou ser perito em matéria de **porquês**:

Se [Deus] *vinha castigar a Adão, por que o não castiga? Se vinha desterrá-lo do Paraíso, por que o não desterra? Por quê? Porque era matéria grande, e qui-la Deus considerar primeiro.* (Sermões, vol. 16, p. 426)

Por si só(s)

¶ Na expressão *por si só*, *só* é adjetivo, devendo, portanto, concordar em número com o substantivo ou pronome substantivo a que se refere:

As medidas anunciadas para conter irregularidades na autarquia são um começo, mas não garantem, por si sós, o estancamento da corrupção.

Há preceitos constitucionais que se executam por si sós.

Verbos intransitivos são aqueles que, por si sós, expressam determinada ideia.

As duas professoras concluíram que, por si sós, não conseguiriam superar tais obstáculos.

Creio que elas acabarão reconhecendo, por si sós, a insensatez de sua atitude.

Ainda que as novas tecnologias não sejam prejudiciais por si sós, podem tornar-se um instrumento nocivo à saúde mental do trabalhador.

Porventura – Por ventura

¶ **Porventura** é advérbio de dúvida, sinônimo de talvez, possivelmente; por acaso, acaso.

Somos nós, porventura, os responsáveis por essa situação?

¶ **Por ventura** é expressão sinônima de por sorte. Compõe-se da preposição **por** + o substantivo **ventura**:

Por ventura nossa, estávamos afastados do prédio no momento da explosão.

Posto que = porque (impropriedade)

¶ **Posto que**, ou **posto** (com a elipse do **que**), é conjunção subordinativa concessiva, sinônimo de embora, ainda que, se bem que, conquanto, etc.

É com esse valor que a conjunção aparece nos textos literários clássicos e também na linguagem jurídica tradicional.

O homem, posto que seja um, é composto de duas partes muito diversas, alma e corpo; [...] (Antônio Vieira – *Sermões*, vol. XVI, p. 261)

Posto que o vosso sangue me não corra nas veias, sou vosso neto pelo sacramento que me liga à mui nobre dama. (Camilo Castelo Branco)

Notei que ficara sinceramente alegre, posto contivesse a alegria, segundo convinha a um grande filósofo. (Machado de Assis – *Memórias póstumas de Brás Cubas*, p. 627)

Grande foi a sensação de ventura, posto que ele repelisse logo a ideia, como um ruim agouro. (Machado de Assis – *Quincas Borba*, p. 712)

Quanto ao passado, posto que em tal hipótese a espada não tenha já préstimos, é certo que tem valor histórico. (Machado de Assis, *Crônica / A semana*, p. 774)

São suscetíveis do contrato de hipoteca os navios, posto que ainda em construção. (CC/1916, art. 825)

A obrigação de dar coisa certa abrange-lhe os acessórios, posto não mencionados, salvo se o contrário resultar do título, ou das circunstâncias do caso. (CC/1916, art. 864).

No artigo correspondente do CC/2002 – art. 233 –, **posto** [*que*] foi substituído por **embora**, também conjunção subordinativa concessiva: *A obrigação de dar coisa certa abrange os acessórios dela embora não mencionados, salvo se o contrário resultar do título ou das circunstâncias do caso.*

Equipara-se a terceiro a parte que, posto figure no processo, defende bens que, pelo título de sua aquisição ou pela qualidade em que os possuir, não podem ser atingidos pela apreensão policial. (CPC, art. 1.046, § 2º)

Aquele que violar menor de doze anos, posto que se não prove nenhuma das circunstâncias declaradas no artigo antecedente, será condenado a prisão maior de oito a doze anos. (CPp, art. 394º)

Em espanhol, emprega-se *posto que* (**puesto que**) com o sentido de porque, visto que, pois (que), porquanto, isto é: com valor causal ou explicativo.

Assim, o emprego de *posto que* com valor causal ou explicativo, em português, seria imitação do espanhol, o que o tornaria condenável do ponto de vista da genuinidade idiomática.

Pode-se, também, explicar o emprego causal ou explicativo de *posto que*, em português, como resultante do cruzamento entre **pois que** e **visto que**, muito semelhantes na forma. Mesmo assim, esse emprego também seria condenável, visto que resultante de uma confusão formal, de falsa analogia.

Na linguagem atual, quer literária, quer técnica, é bastante usual o *posto que* causal ou explicativo. Observe-se que, neste caso, a locução se emprega com o verbo no indicativo, ao passo que, quando com sentido concessivo, se emprega o subjuntivo e é possível suprimir o **que**, supressão inviável com o *posto que* causal ou explicativo.

Eis alguns exemplos com *posto que* em seu moderno sentido causal ou explicativo:

E assim, quando mais tarde me procure / Quem sabe a morte, angústia de que vive

Quem sabe a solidão, fim de quem ama / Eu possa me dizer do amor (que tive):

Que não seja imortal, posto que é chama / Mas que seja infinito enquanto dure. (Vinícius de Morais – *Soneto da fidelidade*)

A decisão recorrida, efetivamente, não tem como subsistir, posto que contrária à lei, à doutrina e à jurisprudência. (RJTJRS, n. 137, p. 78)

[...], isto em nada excluiria a culpa do acusado, posto que ela reside na leviandade em manuseá-la [a arma] na presença de outras pessoas, sabendo tratar-se de instrumento perigoso e sendo um neófito em lidar com tais instrumentos, como pessoalmente reconhece. (TARGS – Julgados, n. 44, p. 13)

A discussão, de qualquer forma, é de pouca relevância na espécie, posto que agiu o Sindicato ao abrigo da norma autorizadora do art. 3º da Lei n. 7.238-84, [...] (RTRF-4ª), n. 8, p. 113)

As gramáticas e os dicionários,[1] ou não registram, ou desrecomendam o emprego de *posto que* com valor causal ou explicativo. Assim, se temos tantas conjunções causais e explicativas inquestionavelmente legítimas (porque, pois [que], visto que, uma vez que, já que, porquanto, etc.), por que fazer uso de expressão tachada de alienígena (de procedência espanhola) ou considerada produto de confusão de duas formas corretas (cruzamento entre **pois que** e **visto que**)?

[1] Houaiss/09 registra *posto que* com valor concessivo e causal, mas assinala que o emprego neste último sentido, *embora usual no Brasil, é rejeitado pelos gramáticos*; Sacconi/10 recomenda se evite o emprego de que *posto que* como causal; Aurélio/10 somente consigna o valor concessivo de *posto que*. Cegalla /08, Napoleão/09) e Bechara/10 somente registram o valor concessivo de *posto que*.

Prefixo des- (significados do)

¶ Observe os seguintes termos: desentranhamento; desalgemar; desaposentação; desapossamento; desarrestar; descasar; descongelamento; descontaminação; desentranhamento; desexcomungar; desindiciamento; deslegitimar; desmonopolizar; desoneração; despronúncia; desresponsabilização; dessepultar; desvinculação.

Em todos os termos suprarreferidos, o prefixo ***des-*** expressa ato que pressupõe a necessária cessação ou substituição do ato originário positivo ao qual ele se opõe, servindo-lhe de oposição ativa, ao significar sua cessação. Assim, por exemplo: **despronúncia** é o ato de considerar improcedente a pronúncia do réu (sem pronúncia não pode haver despronúncia); **desindiciar** é declarar a não imputabilidade de um crime ao indiciado (sem indiciamento não é possível desindiciamento); **desconstituir** procurador é afastar aquele que foi antes constituído; **desindexar** somente é possível se preexistiu indexação; **desvinculação** é fazer cessar a primitiva vinculação; **desoprimir** é libertar da situação anterior de opressão; **desfazer** só se pode o que se fez.

¶ Ocorre que o prefixo ***des-***, ao contrário do que alguns pensam, nem sempre designa a ideia acima expressa e exemplificada em diversos termos. É, por exemplo, o caso do verbo **desprover** ou do substantivo **desprovimento**, que não expressam a ideia de retirar, anular o provimento antes concedido a um ato.

1. Nos verbos **desprover** e no substantivo **desprovimento**, o prefixo *des-* expressa uma das muitas ideias que lhe são próprias; no caso; a de negação, privação, o que podemos verificar pela consulta de dicionários comuns e especializados disponíveis no mercado. Como se mostra a seguir:

Aurélio/10, p. 698). **Desprovimento**. Falta de provimento; não provimento. De Plácido e Silva [atualizado], p. 452. **Desprovimento**: ato de desprover ou de negar provimento ou atendimento ao recurso. Houaiss/09, p. 667). **Desprovimento**: ato de negar provimento a recurso. Humberto Piragibe & Christovão Tostes Malta, I, p. 332. **Desprover**: negar provimento a recurso, no mérito. **Desprovimento**: negação de provimento. José Náufel, p. 375). **Desprovimento**: negar provimento. Ex.: *desprovimento* de recurso. Maria Helena Dinis, 2, p. 111. **Desprovimento**: negação de provimento a um recurso interposto; rejeição da pretensão do recorrente no *meritum causae*. **Desprover**: negar provimento a um recurso; não aceitar no mérito a pretensão recursal. Pedro Nunes, I, p. 351). **Desprover**: negar provimento (a um recurso). **Desprovimento**: negação de provimento (a um recurso): *desprovimento* do agravo.

2. Para informações adicionais sobre o verbo **prover** e seus cognatos, consulte *O verbo na linguagem jurídica: acepções e regimes*, edição adaptada ao novo sistema ortográfico, de Adalberto J. Kaspary (Livraria do Advogado Editora).

3. O prefixo *des-* pode, ainda, indicar, entre, outros, os significados de: *coisa contrária ou falta daquilo expresso pelo termo primitivo*: desconhecimento, desinformação; *coisa mal-feita*: desleixo, desmando, descalabro, desserviço, desgoverno; *negação, ausência da qualidade expressa pelo termo primitivo*: desleal, descortês, desconexo, desimportante; *ação de tirar ou separar alguma coisa de outra*: descascar, desfolhar, descaroçoar; *mudança de aspecto*: desfigurar; *dispersão*: desmantelar, desarticular; *intensidade*: desinfeliz, desabusado.

Prejudicial

¶ Na linguagem comum, *prejudicial* é adjetivo, sinônimo de danoso, lesivo, nocivo: hábitos prejudiciais à saúde; atitude prejudicial ao convívio harmonioso dos cidadãos; etc.

¶ Na linguagem jurídica, o termo tem acepção específica, na linha do significado do verbo latino de que se origina: **praejudicare**: julgar antecipadamente, prejulgar. *Prejudicial*, assim, em Direito, exprime, como adjetivo, o que se refere ao julgamento antecipado ou à ação, exceção, matéria ou questão que, embora não sendo a que se propõe para ser solucionada, influi ou pode influir na sua decisão: julgamento prejudicial; questão (matéria, etc.) prejudicial.

No Direito Processual Civil, *prejudicial* é, p. ex., a ação cível cujo deslinde depende de decisão em processo penal.

Se o conhecimento da lide depender necessariamente da verificação da existência de fato delituoso, pode o juiz mandar sobrestar no andamento do processo até que se pronuncie a justiça criminal. (CPC, art. 110, *caput*) (Cf. também os arts. 5º, 265, IV, *a* e *c*, 325 e 470.)

No Direito Processual Penal, é a ação penal cuja solução fica na dependência da ação cível.

Se a decisão sobre a existência da infração depender da solução de controvérsia, que o juiz repute séria e fundada, sobre o estado civil das pessoas, o curso da ação penal ficará suspenso até que no juízo cível seja a controvérsia dirimida por sentença passada em julgado, sem prejuízo, entretanto, da inquirição das testemunhas e de outras provas de natureza urgente. (CPP, art. 92, caput)

¶ *Prejudicial* também é empregado como substantivo masculino e feminino, constituindo, em cada gênero, palavra diversa, à semelhança, por exemplo, de **o grama** (unidade de medida) e **a grama** (relva, capim):

1. masculino, no sentido de julgamento prejudicial – *o prejudicial;*

2. feminino, na acepção de questão prejudicial – *a prejudicial.*

O Plenário julgará a prejudicial de inconstitucionalidade e as demais questões da causa. (RISTF, art. 177)

Prequestionar – Prequestionamento

¶ Escrevem-se sem hífen e aglutinados, portanto, os termos ***prequestionar*** e ***prequestionamento***, bem como as formas flexionadas do verbo (conforme o VOLP/09 e os anteriores, desde o VOLP/98, da Academia Brasileira de Letras):

Além disso, não há prequestionamento da matéria, o que torna inviável o recurso extremo. (RTRF-4ª, ano 3, n. 9, p. 419)

Embargos de declaração manifestados com notório propósito de prequestionamento não têm caráter protelatório. (Súmula n. 98 do STJ)

Sustenta não prequestionados os arts. 147 e 1.025 do CC, [...] (RJTJRS, ano 26, n. 144, p. 25)

Observe-se, no último exemplo, a omissão do verbo auxiliar **ser** antes do particípio **prequestionados** ([...] terem sido [...]). Confira o verbete *Ser (omissão do verbo).*

Súmula n. 297 do TST (nova redação – Res. 121/2003, DJ 21-11-2003):

Prequestionamento. Oportunidade. Configuração.

I – Diz-se prequestionada a matéria ou questão quando na decisão impugnada haja sido adotada, explicitamente, tese a respeito.

II – Incumbe à parte interessada, desde que a matéria haja sido invocada no recurso principal, opor embargos declaratórios objetivando o pronunciamento sobre o tema, sob pena de preclusão.

III – Considera-se prequestionada a questão jurídica invocada no recurso principal sobre o qual se omite o Tribunal de pronunciar tese, não obstante opostos embargos de declaração. (Súmula n. 297 do TST)

Por serem grafadas sem hífen e, consequentemente, sem acento gráfico, o verbo *prequestionar* (incluídas suas flexões) e o substantivo *prequestionamento* devem ser pronunciados com o **e** do prefixo **pre** fechado.

Prescindível – Imprescindível

¶ *Prescindível* é sinônimo de dispensável, e, consequentemente, *imprescindível* significa indispensável.

Como se trata de um relatório preliminar, penso serem prescindíveis (= dispensáveis) *quaisquer dados mais específicos.*

Considero imprescindível (= indispensável) *o depoimento do síndico do prédio.*

Os dois adjetivos formam-se do verbo **prescindir** (= abrir mão, dispensar), presente nestas frases de dois notáveis literatos: *Como anoitecesse, cessaram as diligências, e a justiça e o público prescindiram do cadáver para dar como praticado o suicídio.* (Camilo Castelo Branco) *Mas os pais de hoje prescindem* [= abrem mão] *do respeito em benefício da amizade.* (Carlos Drummond de Andrade)

Presidente – Presidenta

¶ O VOLP/09, da Academia Brasileira de Letras (ABL), registra:

a) **Presidente** adj. s. 2g., s. m. A abreviatura s. 2g. significa: substantivo de dois gêneros. Também se diz *substantivo comum de dois gêneros*, pois, sob uma só forma, designa os indivíduos dos dois sexos. Em outras palavras: o substantivo de dois gêneros serve para o masculino e o feminino: *o/a presidente*.

b) **Presidenta** s. f. A abreviatura s. f. significa: substantivo feminino. Conclui-se, pois, que, segundo a ABL, há duas formas para o feminino do substantivo *presidente*: *a presidente* e *a presidenta*.

Também para o substantivo **vice-presidente** o VOLP/09 dá a indicação de s. 2g., querendo, com isso, dizer que ele serve para o masculino e o feminino. Não registra, todavia, a forma **vice-presidenta**.

O Aurélio/10 registra *presidente* como s. 2g. e adj. 2g.; **presidenta**, como feminino de *presidente*; e **vice-presidente**, como s. 2g.

O Houaiss/09 também considera *presidente* como s. 2g. e adj. 2g.; *presidenta*, como s. f.; e vice-presidente, somente como s. 2g.

O GDSLP/10 assinala: *presidente*, adj. e s. m. E acrescenta, no final do verbete: fem.: **presidenta** (pode ser usado, no entanto, a **presidente**). Não traz a forma **vice-presidente**, mas registra estes termos com o prefixo **vice-**: vice-almirante, vice-campeão, vice-cônsul e vice-governador.

O DLPC/01, da Academia das Ciências de Lisboa (instituição equivalente à nossa ABL), vol. 2, registra *presidente* como s. m. e f. Também traz a forma feminina *presidenta*, como s. f., com estas indicações: **1.** *Deprec.* Esposa do presidente. **2.** *Fam. Pop.* Mulher que desempenha as funções de presidente. Considera, portanto, a forma *presidenta* depreciativa, familiar e popular. Registra **vice-presidente** como s. m. e f.

¶ *Presidente* é a forma agenérica, aplicável a ambos os sexos, à semelhança do que ocorre com um sem-número de outros substantivos terminados em **-nte**. Haja vista estes: o/a adolescente, o/a adotante, o/a agente, o/a almirante, o/a amante, o/a aspirante, o/a assistente, o/a atendente, o/a cliente, o/a comandante, o/a consulente, o/a confitente (= aquele que confessa), o/a contribuinte, o/a despachante, o/a estudante, o/a gerente, o/a meliante, o/a ouvinte, o/a pedinte, o/a postulante, o/a presentante,[1] o/a pretendente, o/a reclamante, o/a regente, o/a representante, o/a servente, o/a suplente, o/a superintendente, o/a tenente, o/a utente.

[1] O **representante** pratica o ato jurídico ou celebra o negócio em nome de outrem. O **presentante** pratica, ele próprio, o ato, em seu nome (o dono da empresa, por exemplo).

Celso Pedro Luft, em *O mundo das palavras – 3.501* (*Correio do Povo*, 13-7-82, p. 10), após ensinar que as formas em **-nta** são mais próprias do registro informal, familiar, conclui que, no caso particular de *presidente/presidenta*, há, no registro formal, preferência pela forma não marcada, agenérica: *presidente*.

De minha parte, como visto, considero a forma *presidenta*, conquanto não seja errada, um tanto áspera, malsoante, desarmoniosa, indelicada, despolida, razão por que prefiro e sugiro o emprego da forma agenérica, não marcada *presidente*, máxime no tratamento formal – próprio da linguagem dos órgãos públicos –, seja para os *homens*, seja para as *mulheres*, no exercício do cargo ou das funções atinentes à presidência, em qualquer nível hierárquico.

Não se trata de machismo, muito menos da fantasiosa alegação de que o masculino é o *gênero nobre*. O fato é que *presidente*, sem a marca da desinência masculina **o**, faz parte, como visto acima, de uma série de substantivos terminados em **-nte** que, como supraexemplificado, servem tanto para o masculino quanto para o feminino.

Em síntese: *presidente* é a forma agenérica, abrangente, extensiva, aplicável a ambos os sexos; *presidenta*, forma marcada, restrita, intensiva, caracteriza, enfatiza o feminino.

Vale lembrar que também há femininos abrangentes, isto é, que designam tanto seres masculinos quanto femininos, sem constrangimento ou demérito para uns e outros: *algumas crianças* (= meninos e meninas) *não gostam de verdura. Estranhas criaturas rondavam o prédio durante a noite. As pessoas presentes ao espetáculo aplaudiram de pé os dois humoristas. As testemunhas* (= homens e mulheres) *confirmaram as declarações da vítima. As vítimas do acidente foram atendidas em hospitais próximos.*

Cito ainda, a título de registro, quando mais não seja, o procedimento da Ministra Ellen Gracie Nortfleet, que, em sua correspondência e demais documentos, sempre se identificou e fez tratar pela forma *Presidente,* quer como *Presidente* do Tribunal Regional Federal da 4ª Região, quer como *Presidente* do Supremo Tribunal Federal.

Prevenido – Prevento

¶ O único particípio atual de **prevenir** é *prevenido*.

¶ *Prevento* ficou apenas como adjetivo, nas expressões **juiz prevento, juízo prevento** e **jurisdição preventa**.

Jurisdição preventa é a de um juiz competente, antecipada pela de outro juiz também competente.

Correndo em separado ações conexas perante juízes que têm a mesma competência territorial, considera-se prevento aquele que despachou em primeiro lugar. (CPC, art. 106)

Também se diz **jurisdição prejudicada** (em razão de um juiz competente se ter antecipado, adiantado, no conhecimento do feito, excluindo outro também competente).

Prevento origina-se do particípio passado – **praeventus, -a, -um** – do verbo **praevenire**, composto do prefixo **prae** (ideia de anterioridade, precedência) + o verbo **venire** (vir).

Prisma

¶ A palavra *prisma*, quando empregada na acepção de **modo especial de ver ou considerar algo**, não deve ser regida da proposição **sob**, e sim da preposição **por** ou da locução prepositiva **através de**. Isso porque a luz se decompõe ao passar **pelo** (ou **através do**) prisma, e não **sob** o prisma.

Desejo, Sr. Presidente, ler no Senado minhas próprias palavras e discuti-las por todos os prismas. (Rui Barbosa)

O dilema deve, ao nosso ver, ser resolvido não pelo menosprezo da lei, mas pela valorização dos seus elementos finalísticos. É por esse prisma que as regras legais devem ser interpretadas e aplicadas, [...] (Alexandre Santos de Araújo – *O Princípio da eficiência*, p. 1-2)

Esse via tudo por bem diverso prisma. (Alexandre Herculano)

Os economistas e os sociólogos, por questões de formação, enxergam a crise através de prismas muito distintos.

A construção **sob (o) prisma**, tachada de errônea pelos gramáticos, decorre de analogia com expressões formadas de palavras ou locuções de sentido similar ao da palavra *prisma*, tais como ângulo, aspecto, ó(p)tica, ponto de vista, etc.

Procrastinação

¶ O substantivo *procrastinação* significa demora, retardamento injustificável em praticar um ato, por dever de ofício; protelação; delonga; adiamento contínuo.

Procrastinação e seus cognatos originam-se do prefixo latino **pro** (com ideia de prolongamento, prorrogação, adiamento) e do adjetivo **crastinus** (de **cras**: amanhã): de amanhã. Assim, literalmente, *procrastinação* é o ato de deixar (algo) para amanhã.

É bastante conhecido o provérbio latino *Hodie mihi, cras tibi* – Hoje para mim, amanhã para ti –, equivalente ao nosso: Quem se ri do mal do vizinho, já o seu lhe vem a caminho.

Observe-se a presença do **r** na segunda sílaba (procras).

Prolatar – Prolação

¶ *Prolatar*, na linguagem jurídica, é sinônimo de **proferir**: *prolatar/ proferir sentença*, etc. O substantivo correspondente a *prolatar* é *prolação*: proferimento, proferição. Não existe o termo **prolatação**, erroneamente empregado por alguns.

Aquele que profere, que prolata (sentença, etc.) é o **prolator**.

À semelhança de *prolação*, temos os substantivos **prelação** (= ato de preferir, preferência), **dilação** (= adiamento, prorrogação, demora, delonga; prazo), **delação** (= denúncia, acusação), **colação** (=restituição [de bens ao espólio] – cf. arts. 2.002 a 2.012 do Código Civil), etc. Todos esses termos procedem do verbo latino **fero, fers, tuli, latum, ferre** (formas primitivas), antecedido dos prefixos que lhe especializam o sentido:

conferre: trazer juntamente, ajuntar, reunir;

deferre: levar, trazer, conferir; especializado no sentido de delatar; (daí *delação premiada*);

differre: retardar, espaçar, procrastinar; ser diferente;

praeferre: pôr em primeiro lugar, preferir;

proferre: revelar, anunciar;

Confira em Kaspary, Adalberto J. *O verbo na linguagem jurídica – acepções e regimes*. 7. ed. rev., atual., ampl. e adaptada ao novo sistema ortográfico. Porto Alegre: Livraria do Advogado Editora, 2010, os verbetes **colacionar** e **trazer à colação** (sentido técnico e translato).

Provará

¶ *Provará*, como substantivo masculino, formado da terceira pessoa do singular do futuro do presente do verbo **provar**, é termo, hoje em desuso, do Direito Processual e designa cada um dos artigos ou itens dos embargos, de um libelo, arrazoado, petição inicial ou requerimento judicial, que desenvolvem os argumentos relativos ao fato probando, a ser decidido em Juízo. Nesses artigos ou itens a parte faz a exposição do fato a ser provado posteriormente, e que começa com a locução *provará que*, o que explica a denominação.

Pseudo (invariabilidade de)

¶ *Pseudo*, elemento prefixal de origem grega, é invariável. Recebe hífen diante de **o** e **h**; nos demais casos, liga-se diretamente à palavra seguinte: *pseudo-orgasmo, pseudo-hérnia; pseudoamigas, pseudodemência, entidades pseudofilantrópicas, medidas pseudojurídicas, pseudojustificações, pseudorrainha, pseudossafiras*, etc.

Pseudo, como se observa pelos exemplos, é palavra invariável em gênero e número.

Q

Qualquer x Nenhum

¶ Os gramáticos em geral emitem a lição categórica de que em frases negativas é de rigor o emprego de *nenhum*, tachando de errônea, no caso, o emprego de *qualquer*. O pronome indefinido *nenhum*, no caso, indica reforço de uma negação em correlação com o advérbio *não* ou com a preposição *sem*:

Tratava os subordinados sem nenhuma arrogância.

Na contratação de empregados não deve haver nenhuma restrição de natureza racial ou sexual.

Naquele momento não havia nenhum cliente na agência bancária.

O sindicato não manifestou nenhuma disposição de aceitar a proposta patronal.

Não faço nenhuma restrição a essas medidas.

Nas atuais condições, não vejo nenhuma chance de entendimento entre os dois partidos.

Os oposicionistas não deram nenhuma trégua aos defensores da medida governamental.

Não me cabe fazer nenhuma restrição ao uso desses termos.

A razão alegada para a incorreção do emprego de pronome *qualquer* em frases negativas é a de que ele não significa *nenhum*, não tem sentido negativo nem de exclusão.

¶ O pronome indefinido *qualquer* tem o significado usual de: não importa qual, todo (sem artigo consequente), ou um ou outro, seja um seja outro, cada, algum:

O crédito real prefere ao pessoal de qualquer espécie; [...] (CC, art. 961)

O advogado poderá, a qualquer momento, renunciar ao mandato, [...]) CPC, art. 45)

A queixa contra qualquer dos autores do crime obrigará ao processo de todos, [...] (CPP, art. 48)

Sabemos que, neste momento, qualquer mudança na política econômica seria desastrosa.

Embora majoritária, não é unânime a condenação do emprego de *qualquer* em lugar de **nenhum** nas frases declarativas negativas. Assim, Domingos Paschoal Cegalla (*Dicionário de dificuldades da língua portuguesa*, p. 278), após lembrar que certos gramáticos não condescendem com o uso de *qualquer* no sentido de *nenhum*, em frases negativas, observa, em conclusão, entender que não se deve condenar o emprego de *qualquer* nessa acepção (isto é, de **nenhum**, em frases negativas), por estar ele generalizado.

Quando (foi) de (do, da, dos, das)

¶ *Quando (foi) de*, locução prepositiva temporal, é construção de cunho literário, frequente em escritores clássicos. Tem o sentido de: *quando aconteceu; quando ocorreu; quando se deu.*

Resultou do cruzamento sintático de *quando foi [...]* com **no tempo de [...]**: *quando foi a Revolução Industrial* x *no tempo da Revolução Industrial* = **quando foi da Revolução Industrial**; *quando foi a construção do viaduto* x *no tempo da construção do viaduto* = **quando foi da construção do viaduto**.

Exemplos clássicos:

Quando foi do terramoto [variante de *terremoto*], *contava ela cinquenta e cinco anos.* (Camilo Castelo Branco – *Perfil do Marquês de Pombal*)

Era professa em 1815; e, quando foi da Constituição de 20, quis romper a clausura e vir cá fora comungar das liberdades públicas. (Camilo Castelo Brando – *Cancioneiro alegre*)

Aristóteles mal teria a barba ruça quando foi daquele seu último namoro. (Almeida Garret – *Viagens na minha terra*)

¶ Num segundo momento, os escritores passaram a elidir o verbo *ser* da construção, prática usual hoje:

Quando da (= por ocasião da) *análise da proposta pelo Congresso, travaram-se debates acalorados.*

Quando da prisão do temível assaltante, houve uma sensação de alívio em todo o Estado.

A força da coisa julgada atua enquanto se mantiverem íntegras as situações de fato e de direito existentes quando da prolação da sentença.

Quando da ausência do pai, assumiu os negócios da empresa.

Quanto mais não seja = quando mais não seja (impropriedade)

¶ Não existe a expressão *quanto mais não seja*.

A locução *quando mais não seja* tem sentido condicional ou concessivo: se não for para outra coisa/para mais/por outra razão; embora não seja para outra coisa/para mais/por outra razão. É, quase sempre, seguida de oração causal ou final. O verbo da locução (**seja**) pode mudar, conforme se trate de futuro ou passado (quando mais não **for**, quando mais não **fosse**).

Compareça à reunião, quando mais não seja, para prestigiar os colegas que tomarão posse.

É um espetáculo que merece ser visto, quando mais não seja, porque sugere grandeza humana.

Agia sempre com muita prudência, quando mais não fosse, para não cometer injustiças.

Revia suas petições com o máximo cuidado, quando mais não fosse, para evitar lapsos desagradáveis.

Nas assembleias do condomínio você sempre encontrará, quando mais não for (= se não for outra razão, se não for para mais), *uma boa oportunidade de tomar conhecimento dos problemas do seu edifício.*

Que (omissão ou supressão do)

¶ O excesso de **ques** torna a frase pesada e, muitas vezes, até ambígua.

Uma das formas de evitar o uso excessivo de **ques** é omiti-los, quando conjunções integrantes, nas orações com verbo no subjuntivo.

As orações em que se pode omitir o *que* antes do subjuntivo geralmente são introduzidas por verbos que exprimem desejo, hipótese, ordem, pedido, súplica, suposição, temor ou vontade (desejar, determinar, esperar, mandar, ordenar, pedir, permitir, proibir, requerer, solicitar, temer, etc.).

Fulano de Tal requer a V. Exa. determine lhe sejam pagos os honorários a que faz jus.

Peço encarecidamente sejam reconsideradas as punições impostas aos grevistas.

Rogo e espero me dê ouvidos ao menos desta vez.

Até a entrega da coisa, pode o remetente desistir do transporte e pedi-la de volta, ou ordenar seja entregue a outro destinatário, [...] (CC, art. 748)

Poderá o possuidor requerer ao juiz seja declarada adquirida, mediante usucapião, a propriedade imóvel. (CC, art. 1.241)

É lícito ao credor, antes da realização da praça, requerer lhe seja atribuído, em pagamento do crédito, o usufruto do imóvel penhorado. (CPC, art. 721)

Se o inquérito versar sobre a prática de crime de ação privada, o Relator determinará seja aguardada a iniciativa do ofendido ou de quem por lei esteja autorizado a oferecer queixa. (RISTF, art. 232)

Observe-se que, mesmo omitida, a conjunção *que* continua a exigir a posição **proclítica** do pronome pessoal oblíquo átono:

Esperamos **se** *ponha, de uma vez por todas, um fim a essas arbitrariedades.*

Há muitas outras formas de evitar a repetição enfadonha de **ques** numa frase, quer pela omissão pura e simples, quer pelo emprego de construções alternativas. Eis alguns exemplos:

Acreditamos *que* há outras soluções possíveis:

Acreditamos haver/haja outras soluções possíveis.

Acreditamos na possibilidade de outras soluções.

Penso *que* agi corretamente:

Penso ter agido corretamente.

É absurdo *que* se deixem criminosos em paz até *que* resolvam emendar-se sozinhos:

É absurdo deixar criminosos em paz até resolverem emendar-se sozinhos.

Da perícia, *que* foi realizada por perito idôneo, resultou a decisão, *que* foi confirmada em segundo grau:

Da perícia, realizada por perito idôneo, resultou a decisão, confirmada em segundo grau.

Em face da gravidade dos fatos *que* ocorreram, fez-se necessário *que* o diretor interviesse:

Em face da gravidade dos fatos ocorridos, fez-se necessária a intervenção do diretor.

Depois *que* a notícia foi divulgada pela imprensa, houve, na cidade, manifestações de desagrado.

Divulgada a notícia pela imprensa, houve, na cidade, manifestações de desagrado.

Esperamos *que* retornem a esta casa o mais breve possível:

Esperamos retornarem/retornem/seu retorno a esta casa o mais breve possível.

Que / do que (em comparações)

¶ É indiferente empregar a conjunção *que* ou a locução *do que* em orações comparativas. A escolha depende exclusivamente do bom ouvido de quem escreve, da eufonia (som agradável).

Ele é mais velho do que o primo, e parece mais moço que o irmão. (Vittorio Bergo)

Davi era mais valente que Saul. (Pe. Antônio Vieira)

As codificações não devem menos à forma que se lhes imprime do que ao espírito que se lhes sopra. (Rui Barbosa)

Esse homem não era mais que um infame. (Alexandre Herculano)

Que nem = como (impropriedade)

¶ *Que nem* é locução comparativa – equivalente a **como, tal qual, igual a**) – de caráter popular:

Ele corre que nem uma lebre.

Ela é que nem a irmã.

Embora não faltem exemplos literários de seu uso, convém evitar a locução em nível culto, formal. Afinal, assim como os trajes, também as palavras devem estar de acordo com a ocasião (formal/informal); (simples/solene).

Quitado – Quite

¶ Como particípio de **quitar**, somente se emprega *quitado*.

Não assuma novos compromissos financeiros antes de haver quitado todas as dívidas ainda pendentes.

¶ *Quite* ficou apenas como adjetivo, nas acepções de livre de dívida, desobrigado.

Estou quite com todos os meus credores.

Somente poderão votar os associados quites com a tesouraria do clube.

Observem-se as duas formas do adjetivo nos dois exemplos: *quite* (singular) e *quites* (plural).

R

Ratificação – Retificação – Rerratificação – Retirratificação

¶ **Ratificação** é a aprovação ou a confirmação de ato jurídico praticado por outrem sem poderes especiais para isso, ou para o qual não se tinha dado o necessário consentimento. Pode a ratificação servir também para validar ato irregular ou imperfeito executado pela própria pessoa.

Os atos praticados por quem não tenha mandato, ou o tenha sem poderes suficientes, são ineficazes em relação àquele em cujo nome foram praticados, salvo se este os ratificar. (CC, art. 662)

[...] Se os mandatários forem declarados conjuntos, não terá eficácia o ato praticado sem interferência de todos, salvo havendo ratificação, que retroagirá à data do ato. (CC, art. 672)

¶ **Retificação** é a emenda ou a correção de algo (informação, documento, etc.) para que se torne exato, perfeito. É a correção de um ato que apresenta erro, engano ou omissão.

As retificações serão feitas à margem do registro, com as indicações necessárias, ou, quando for o caso, com a trasladação do mandado, que ficará arquivado [...] (Lei n. 6.015, de 31-12-1973, art. 109, § 6º)

Nenhuma justificação em matéria de registro civil, para retificação, restauração ou abertura de assento, será entregue à parte. (Lei n. 6.015, de 31-12-73, art. 111)

1. Os artigos 109 a 113 da Lei n. 6.015, de 31-12-1973 (Lei dos Registros Públicos), tratam das retificações, restaurações e suprimentos de assentamentos no Registro Civil.

2. **Retificação** também significa o ato de redestilar um líquido (álcool, por exemplo) para torná-lo mais puro.

¶ **Rerratificação**, dada a etimologia do termo – prefixo **re** (ideia de repetição, iteração) + o substantivo *ratificação* –, designa o ato de repetir, confirmar, num documento, ratificação anteriormente feita, proceder a uma **nova ratificação**.

Pelo novo sistema ortográfico, o prefixo **re** sempre se liga diretamente ao elemento seguinte, mesmo que este se inicie por **o** ou **h**: reeleição, reabilitação, reabituar-se, etc.

Atribuir ao termo ***rerratificação*** o significado de *ação de retificar em parte um documento (certidão, escritura, etc.) e ratificar os demais termos não alterados* constitui equívoco, uma vez que o prefixo **re,** como explicado acima, traduz ideia de **repetição**, e não de *retificação*.

¶ Para designar o ato de, num documento (escritura, ata, edital, etc.), corrigir algum erro ou omissão (*retificação*) e, ao mesmo tempo, confirmar, quanto ao mais, as declarações contidas em documento anterior (*ratificação*), recomenda-se empregar o termo *retirratificação*, composto do elemento **reti** (redução de *retificação*) + o substantivo *ratificação*.

O termo *retirratificação*[1] – com o significado suprarreferido – consta, há vários anos, em dicionários jurídicos, entre eles o DJ/04, 9. ed., p. 762, e o DJ/98, p. 196. O termo é usual em cartórios, onde também circula a forma abreviada **retirrati** – *escritura de retirrati*, por exemplo).

Numa consulta despretensiosa e não exaustiva, mediante acesso à internet (Google), surpreenderam-me as dezenas de menções ao termo *retirratificação* (nova grafia, conforme nota abaixo) em documentos das mais diversas procedências e dos mais diferentes tipos, tais como: editais, termos aditivos (dezenove no DOU de 15-2-11, p. 90, Seção 3), instrumentos particulares, pregões eletrônicos, termos de homologação de processo seletivo, gabaritos de provas, convênios, etc. Tudo leva a crer que o emprego do termo está consolidado.

[1] O elemento **reti** vem ligado diretamente ao termo seguinte: retirrostro, retilineidade, etc.

Recluído – Recluso

¶ O particípio atual de **recluir** é *recluído*.

¶ *Recluso* emprega-se como substantivo e adjetivo, aplicando-se, no Direto Penal, à pessoa condenada à pena de **reclusão.**

A **reclusão** (CP, art. 131, *v. g.*) é pena de privação mais severa que a detenção (CP, art. 134, *caput* e parágrafos, *v. g.*), por aplicar-se a infrações mais graves:

A pena de reclusão deve ser cumprida em regime fechado, semiaberto ou aberto. A de detenção, em regime semiaberto, ou aberto, salvo necessidade de transferência a regime fechado. (CP, art. 33)

Oriundo do verbo latino **recludere**, formado do prefixo **re-** (ideia de reforço, intensidade) + **claudere** (fechar, encerrar; daí o termo clausura), o termo **reclusão** tem, pois, em sua composição, a semântica de maior gravidade, maior severidade.

¶ Na linguagem comum, *recluso* tem os significados de: que está encerrado, fechado num lugar; que vive isolado, que se afastou do convívio social. No Direito Canônico (cf. cânone 667 do Código de Direito Canônico) designa a pessoa que vive encerrada, fechada em clausura.

Rectius – Recte

¶ *Rectius* é o comparativo do advérbio latino *recte*, derivado do adjetivo triforme ***rectus*** (masculino), **-a** (feminino), **-um** (neutro), que tem o significado de corretamente, precisamente.
Rectius significa, pois, *mais corretamente, mais precisamente*. Emprega-se para substituir palavra ou expressão usada impropriamente por alguém num texto.
Não há nenhum demérito em o juiz acatar [rectius, acolher*] os embargos de declaração para suprir omissão porventura existente na sentença.

* **Acatar** significa, tecnicamente, observar, cumprir, obedecer, respeitar. Seu antônimo é **desacatar** (ofender, desrespeitar). O magistrado não acata: ele acolhe.

Julgar com equidade é dever fundamental do magistrado, enquanto [rectius, na condição de] agente político do Estado.
A presente Subseção disciplina a citação do devedor [rectius, do executado] para pagar e [...] (Antônio Cláudio da Costa Machado. *Código de processo civil interpretado: artigo por artigo, parágrafo por parágrafo*. 11. ed., Barueri – SP: Manole, 2012)

Confira o verbete *enquanto = sob o aspecto de (modismo)*

Reincidir novamente (pleonasmo vicioso)

¶ **Reincidir** significa incorrer na violação **repetida** do mesmo ou de outro dispositivo legal, cometer **novamente** um delito ou contravenção.
Há, portanto, pleonasmo vicioso em expressões como **reincidir de novo**, *reincidir novamente*, **reincidir outra vez**, pois a ideia de **repetição** já está no prefixo **re-** (re + incidir = incidir novamente).

Reipersecutório

¶ O adjetivo *reipersecutório* (relativo à perseguição da coisa) origina-se de dois substantivos latinos: **persecutio, -onis** (perseguição) e **res**, rei (coisa). **Persecutio** (nominativo) + **rei** (genitivo) = perseguição da coisa.

O termo *reipersecutório* emprega-se na expressão **ação reipersecutória** (também chamada **ação persecutória**): ação pela qual o autor reclama a restituição de coisa que está fora de seu patrimônio ou em poder de terceiro.

A **ação (rei)persecutória** está regulada nos artigos 907 a 913 do CPC.

Observe-se a grafia correta – *reipersecutório* –, em razão da composição originária do termo, acima explicada.

Reivindicação

¶ O substantivo *reivindicação* e seus cognatos (reivindicar, reivindicabilidade, reivindicante, reivindicativo, reivindicatório) originam-se de dois substantivos latinos: **vindicatio, -onis** (reclamação, especialmente reclamação judicial) e **res**, **rei** (coisa). **Vindicatio** (nominativo) + **rei** (genitivo) = reclamação (judicial) da coisa.

Reivindicação, no Direito Processual Civil, é o ato de demandar para reaver coisa em poder de outrem. Por extensão, é o ato de reclamar, exigir uma coisa ou um direito.

Atente-se para a forma correta do termo – *reivindicação* –, em face da composição etimológica, acima exposta.

Remição – Remissão

¶ *Remição* origina-se do verbo **remir** e tem o significado genérico de resgate.

Os sucessores do devedor não podem remir parcialmente o penhor ou a hipoteca na proporção dos seus quinhões; qualquer deles, porém, pode fazê-lo no todo.

Parágrafo único. O herdeiro ou sucessor que fizer a remição fica sub-rogado nos direitos do credor pelas quotas que houver satisfeito. (CC, art. 1.429, caput e parágrafo único).

Concorrendo à remição vários pretendentes, preferirá o que oferecer maior preço; [...] (CPC, art. 789)

O processo de execução trabalhista não exclui a remição pelo executado. (Súmula n. 458 do STF)

O condenado que cumpre pena em regime fechado ou semiaberto poderá remir, pelo trabalho, parte do tempo de execução da pena.

§ 1º A contagem do tempo para o fim deste artigo será feita à razão de 1 (um) dia de pena por 3 (três) de trabalho.

§ 2º O preso impossibilitado de prosseguir no trabalho, por acidente, continuará a beneficiar-se com a remição.

§ 3º A remição será declarada pelo juiz da execução, ouvido o Ministério Público. (LEP, art. 126, *caput* e §§ 1º, 2º e 3º)

1. No Código Civil de 1916, sempre aparecia a grafia *remissão*, inclusive na acepção de **resgate**. A ortografia vigente faz rigorosa distinção entre os homônimos homófonos e heterógrafos (= mesmo som, grafia diferente) *remição* e *remissão*. Os elaboradores do Código Civil de 2002 – Lei n. 10.406, de 10 de janeiro de 2002 –, após trinta anos de estudos, inovaram, piorando a situação: quando aproveitaram a redação do Código Civil de 1916, mantiveram a grafia *remissão* na acepção de **resgate**. Quando criaram redação nova, empregaram a forma correta, i. é, *remição*, no sentido de **resgate**. Esse, no entanto, é apenas um dos problemas de linguagem do novo Código Civil, por tanto tempo esperado!

2. Na Lei das Execuções Penais (LEP), *remição* tem o significado específico de **compensação da pena por trabalho**, nos termos e condições que esse diploma legal estabelece nos arts. 126 a 130.

¶ **Remissão** tem três acepções básicas:

1. Com origem no verbo **remitir**, significa perdão, libertação graciosa da dívida.

Qualquer anistia ou remissão que envolva matéria tributária ou previdenciária só poderá ser concedida através de [rectius, mediante] *lei específica, federal, estadual ou municipal.* (CRFB, art. 150, § 6º)

O pagamento parcial feito por um dos devedores e a remissão por ele obtida não aproveitam aos outros devedores, senão até à concorrência da quantia paga ou relevada [= perdoada]. (CC, art. 277).

A remissão concedida a um dos codevedores extingue a dívida na parte a ele correspondente; de modo que, ainda reservando o credor a solidariedade contra os outros, já lhes não pode cobrar o débito sem dedução da parte remitida. (CC, art. 338)

A lei pode autorizar a autoridade administrativa a conceder, por despacho fundamentado, remissão total ou parcial do crédito tributário, [...] (CTN, art. 172)

As normas estabelecidas nos dois artigos anteriores aplicam-se ao pagamento e à remissão da dívida. (CPC, art. 403

2. Com origem no verbo **remeter**, significa reenvio, mais especificamente, ato de o legislador reenviar o aplicador da lei a dispositivo constante de outra lei ou dispositivo; e ação ou efeito de remeter, de mandar a um ponto dado.

Quando, nos termos dos artigos precedentes, se houver de aplicar a lei estrangeira, ter-se-á em vista a disposição desta, sem considerar-se qualquer remissão por ela feita a outra lei. (LINDB, art. 16)

Todas as remissões, em diplomas legislativos, aos Códigos referidos no artigo antecedente, consideram-se feitas às disposições deste Código. (CC, art. 2.046)

O regime de bens do casamento não pode ser fixado, no todo ou em parte, por simples remissão genérica para uma lei estrangeira, para um preceito revogado, ou para usos e costumes locais. (CCp, art. 1718º)

O óbito deverá ser anotado, com as remissões recíprocas, nos assentos de casamento e nascimento, e o casamento no deste. (Lei n. 6.015, de 31-12-1973, art. 107).

Ao termo *remissão*, na acepção de ato ou efeito de remeter, de mandar a um ponto dado, corresponde o adjetivo **remissivo** – *índice remissivo*, por exemplo.

3. Na terminologia médica, *remissão* (ou **remitência**) tem a acepção de: estágio de doença ou manifestação patológica durante o qual os sintomas se atenuam temporariamente.

O diagnóstico do perito (fl. 243) informa que o estado depressivo do reclamante está em remissão. (excerto de decisão trabalhista)

Ao substantivo *remissão* corresponde, também no vocabulário médico, o adjetivo **remitente**, com o significado de: que apresenta melhoria pela diminuição dos sintomas de doença: febre remitente, nevralgia remitente, psicose remitente, etc.

Não se deve confundir **remitente** com **renitente**: obstinado, contumaz, pertinaz, teimoso, inconformado; ou, também como termo médico: difícil de controlar, resistente, persistente (tumor renitente, nevralgia renitente, tosse renitente, febre renitente).

Remidor – Remitente / Remissor

¶ *Remidor* é aquele que paga, que resgata (o bem gravado); aquele que libera, que paga a importância que é ou seria objeto de execução.

Remidor origina-se do verbo **remir**, ou **redimir**, que significa resgatar (por dinheiro), livrar (pagando um preço), pagar.

Consulte o verbete *remição – remissão*

¶ *Remitente* (ou *remissor*), na terminologia jurídica, é aquele que remite, isto é, perdoa; que concede a remissão; que dá a quitação graciosa.

Remitente e *remissor* originam-se, respectivamente, do verbo **remitir** e do substantivo **remissão**.

1. No CTN, art. 131, I, empregou-se, erroneamente, o termo *remitente*. O correto seria *remidor*.

2. Confira, no verbete *Remição – Remissão*, no tópico *Remissão*, 3, o significado médico de *remitente*.

3. Confira o verbete *Remitido – Remisso*.

Remitido – Remisso

¶ Como particípio de **remitir** (renunciar ao direito a certo crédito, relevar a dívida, perdoar), na língua atual, somente se emprega a forma regular, *remitido*.

O credor que tiver remitido a dívida ou recebido o pagamento responderá aos outros pela parte que lhes caiba. (CC, art. 272)

¶ A forma irregular, contraída, *remisso*, permanece apenas como adjetivo, com a significação de negligente, descuidado, relapso, relaxado, tardio em satisfazer obrigações que se têm ou se assumiram: *devedor remisso, sócio remisso, perito remisso*, etc.

Verificada a mora, poderá a maioria dos demais sócios preferir, à indenização, a exclusão do sócio remisso, ou reduzir-lhe a quota ao montante já realizado, aplicando-se, em ambos os casos, o disposto no § 1º do art. 1.031. (CC, art. 1.004, parágrafo único)

Não serão admitidos a lançar em nova praça ou leilão o arrematante e o fiador remissos. (CPC, art. 695, § 3º)

[...] Num e noutro caso, porém, poderão os outros sócios preferir, à indenização pela mora, a rescisão da sociedade a respeito do sócio remisso. (C.Com., art. 289)

Remido significa quitado, desobrigado de mais prestações: *sócio remido, seguro remido*; aquilo de que se obteve a restituição, mediante o pagamento integral do seu valor: *título remido*; liberado de ônus, pelo cumprimento da obrigação: *penhor remido*.

Confira o verbete *Remição – Remissão*.

Reservar-se o direito de (e não ao direito de)

¶ A expressão correta é *reservar-se o direito de*. No caso, o pronome reflexivo **se** exerce a função de objeto indireto, e o substantivo **direito** tem a função de objeto direto: alguém reserva a si (objeto indireto) o direito (objeto direto) de fazer ou deixar de fazer algo. O verbo **reservar**, que também pode ser empregado em construções não pronominais, tem, na expressão, o sentido de: *atribuir(-se), conceder(-se)*.

Na fase do interrogatório policial, o indiciado reservou-se o direito de permanecer calado.

O deputado reservou-se o direito de impugnar a sessão.

Em lugar do pronome reflexivo **se**, também podem aparecer os demais pronomes reflexivos (me, te, nos, etc.):

Na condição de sócio-proprietário, reservo-me o direito de opinar sobre quaisquer temas constantes na ordem do dia.

Os membros do Conselho reservaram-se o direito de discordar das medidas a serem propostas pelo Senhor Governador e mesmo de desrecomendar sua implementação.

Nosso grupo reserva-se o direito de discutir os planos que serão apresentados pela comissão.

A expressão também pode ser empregada em construções não pronominais e com objeto direto que não seja o substantivo **direito**:

A lei reserva aos pais a responsabilidade de decisão sobre o assunto.

Resgatar = recuperar (modismo)

¶ A moda agora é *resgatar*: resgata-se a memória, o patrimônio, a linguagem, a tradição, a ética (?), etc.

Do seu significado clássico de libertar, remir, obter restituição ou recuperar, o novo resgatar só se fixou neste último sentido e apenas nele: o de recuperar. (Sérgio da Costa Franco, ZH, 21-9-1988, p. 2)

Como já se comentou a propósito de outro modismo (verbete *Colocar = expor, propor*), a riqueza e variedade de nosso léxico dispensam a repetição enfadonha dessas mesmices reveladoras de galopante avitaminose verbal.

Retorção – Retorsão

¶ *Retorção* é o ato ou efeito de **retorcer**. Trata-se de substantivo pouco empregado.

¶ *Retorsão*, no Direito Penal, indica a repulsa verbal imediata do injuriado, que pode consistir em outra injúria.

O juiz pode deixar de aplicar a pena: [...]; II – no caso de retorsão imediata, que consista em outra injúria. (CP. art. 140, § 1º, II)

Não há delito quando o sujeito pratica o ato de injuriar apenas com **animus retorquendi**: intenção de revidar, de retorquir, razão por que pode haver perdão judicial.

¶ No Direito Internacional, *retorsão* significa a medida tomada por um Estado em resposta a ato ou medida, de igual natureza, praticado por outro Estado. Trata-se de medida lícita e pacífica, baseada na equidade.

Não se confunde, pois, com a **represália** (meio coercitivo, com o emprego de força).

¶ Em Retórica, *retorsão* tem o significado de réplica, objeção; é a refutação pela qual se revira o argumento do adversário contra este mesmo.

O substantivo *retorsão* origina-se do verbo **retorquir** (**-quir** → **-são**): repelir; replicar, objetar; retrucar, opor argumento contra argumento; contrapor. **Retorquir** origina-se do prefixo latino **re-** (de novo) + o verbo, também latino, **torqu̱ere** (torcer), tendo, assim, o sentido etimológico de *torcer de novo*. É verbo defectivo, faltando-lhe as formas em que o **i** da terminação se transformaria em **o** ou **a**. Não tem, pois, a primeira pessoa do singular do presente do indicativo e, em consequência, todo o presente do subjuntivo e derivados deste. O VOLP/09 assinala-lhe as pronúncias de **u** mudo e **u** pronunciado átono.

Ao interpelá-lo, virou-me as costas e, sem retorquir (objetar, replicar), *deixou a sala*.

Confira o verbete *Extorsão*.

Risco de vida / Perigo de vida – Risco de morte / Perigo de morte

¶ *Risco de vida*, ou *perigo de vida*, equivale *a risco/perigo para a vida, risco/perigo relacionado com a vida*. No caso, a preposição **de** expressa ideia de **natureza** ou **espécie**: a natureza, o tipo de risco/perigo é o de vida. Assim, quando se fala em risco/perigo de vida, está-se a dizer que há possibilidade de ocorrer risco/perigo para a vida, de a vida correr risco/perigo, de a vida estar ou ficar sob risco/perigo, de se expor a vida a risco/perigo.

¶ *Risco de morte*, ou *perigo de morte*, equivale a *risco/perigo de ocorrência de morte, risco/perigo de perda da vida*. Está-se, aqui, diante de uma forma diversa de enunciar a mesma ideia; ou, na feliz expressão de J. M. Othon Sidou, trata-se de *caso raríssimo de sinonímia formada por antônimos* (DJ/04, 9. ed., p. 644).

Na legislação brasileira, são usuais as expressões *risco de vida*, ou *perigo de vida*, com acentuada preferência/vantagem da primeira. Elas ocorrem, p. ex., nos seguintes documentos normativos: *Código Civil de 1916* – art. 199, II (risco de vida), e art. 1.541, I (perigo de vida); Código Civil de 2002: arts. 7º, I, e 229, III (perigo de vida); arts. 15, 1.540 e 1.542, § 2º (risco de vida); *Código Penal* – art. 129, § 1º, II (perigo de vida); *Lei n. 6.015*, de 31-12-1973 (Lei dos Registros Públicos) – art. 76 (*iminente risco de vida*).

Entre os juristas, Damásio E. de Jesus, p. ex. (*Direito Penal*, 2º volume – Parte Especial, p. 118-9), usa a expressão ***perigo de vida***, em sintonia com o Código Penal, conforme registrado acima. Maria Helena Diniz (DJ/98, vol. 3, p. 574) traz o verbete *Perigo de vida*; e, no vol. 4, p. 1215, está o verbete *Risco de vida*.

Nos dicionários e enciclopédias, a *Grande enciclopédia Larousse Cultural* (21º volume, p. 5074) registra a expressão *risco de vida*, atribuindo-lhe o sentido de *perigo de morte*. O DLP/01 registra, no II volume, as expressões *risco de vida*, conferindo-lhe o sentido de **perigo iminente de morte** (p. 3264), e *perigo de morte*, consignando a esta o sentido de **risco de morrer** (p. 2827).

A *Lei Fundamental Alemã* (*Grundgesetz*) emprega a expressão **Lebensgefahr** [= *risco/perigo de vida* – art. 13, (4), 1]. Já o *Código Civil Alemão* (*Bürgerlisches Gesetzbuch*) utiliza a expressão **Todesgefahr** [= *risco/perigo de morte* – § 2250, (2)]. Duden (*Deutsches Universalwörterbuch*, 5. Auflage, *S.* 1100) e Wahrig (*Deutsches Wörterbuch*, 7. Auflage, S. 809) consignam **Lebensgefahr** (= *risco/perigo de vida*), e Gerhard Köbler (*Juristisches Wörterbuch*, p. 258) optou pela forma **Lebensrisiko** (= *risco/perigo de vida*).

De tempos em tempos, ainda aparecem alguns novidadeiros ensinando pomposamente, *ex cathedra fracta*, que a única expressão correta é *risco de morte*, ou *perigo de morte*, tachando de grosseiramente incorreta a forma *risco de vida*, ou *perigo de vida*. Em Direito e em Linguagem – e em tudo o mais –, para ensinar, há que estudar primeiro.

Rodágio

¶ O termo *rodágio* consta no VOLP/09, em dicionários (no *Aulete Digital* [*iDicionário Aulete*] p. ex.), em diversas leis e também em textos jurisprudenciais (textos e ementas de acórdãos, com as respectivas ementas, p. ex.). É sinônimo de **pedágio**, ou **portagem** (em Portugal)**, e tem o significado de: taxa de passagem criada para aplicação no custeio da construção, conservação e melhoramento das rodovias.

O substantivo *rodágio*, aliás, tem conteúdo semântico mais preciso que o de seus sinônimos. Afinal, os que se locomovem **a pé** (**pé** → **pe**dágio) estão isentos do pagamento de taxa de passagem ou locomoção.

S

S *(e não C, Ç, SC, SS)*

¶ Palavras usuais com *s*:

ânsia	descenso	obsessivo
ansiar	despretensão	obsesso
ansiedade	despretensioso	perversão
apreensão	dispersão	pretensão
apreensivo	dispersivo	pretensioso
ascensão	dissensão (contenda)	pretenso
ascensorista	distensão	propensão
ascensional	excursão	recensão (apreciação crítica)
ascenso	excursionar	recenseamento
cansaço	expansão	Sansão
cansado	expansivo	remanso(so)
cansar	extrínseco	repreensão
compreensão	imersão	retroversão
incursão	incompreensível	sicrano
compulsão	incursionar	sidra (vinho de maçã)
compulsório	intrínseco	submersão
consecução	inversão	subsídio
controvérsia	malsinado	suspensão
conversão	malsinar	suspensivo
convulsão	obsedante	tergiversação
descansar	obsessão	tergiversar

S (e não X)

¶ Palavras usuais com *s*:

adestrar	(a) esplanada	estratificar
contestar	esplêndido	estratosfera
destro	espoliar	estrema (marco, limite)
escavar	espólio	estremecido (muito amado)
esclarecer	espontâneo	estrépito
escorreito	esquisito	estropiar
escusa	estático (firme)	estrutura
esdrúxulo	estender (estendido)	inescusável
esotérico (secreto)	estirpe	inesgotável
espairecer	estorno	justapor
espectador (que vê)	estranheza	misto
esperteza	estrato (camada; nuvem)	mistura

S (e não Z)

¶ Palavras usuais com *s*:

abrasador	Elisabete	heresia
afrodisíaco	entesar	hesitante
agasalho	envasar	intruso
amasiar-se	enviesar	irrisório
arrasar	escusa(s)	Isabel
arrevesado	esôfago	jus
atrasado	esquisito	jusante
baboseira	extasiado	lasanha
basalto	extravasar	losango
basílica	freguesia	maisena
bisonho	frisante (marcante)	manganês
blasonar (ostentar)	frisar	marquise
brasão	fuselagem	masoquismo
burguesia	fusível	mausoléu
catalisador	gás	Neusa
catequese	gasolina	obesidade
Cleusa	gasômetro	obtuso
colisão	glosa	paisano
consulesa	gris(alho)	paralisação
contusão	guisa	pêsames
cortesia	guisado	presilha
cós	guloseima	prosélito

querosene	resina	Sousa
raso	retesar	Teresa
rasura	revés	Teresinha
represália	sinusite	vaselina
requisito	sisudo	vasilhame
resenha	sopesar	viés (direção oblíqua)

Saisine – Saisina

¶ *Saisine*, termo da língua francesa, designa o direito à posse da herança pela simples morte do **de cuius** (ou **cujus**). Origina-se do verbo **saisir**: apanhar, agarrar, deitar a mão a, apoderar-se de.

Existe a forma aportuguesada *saisina*, empregada, por exemplo, pelo jurista Pontes de Miranda, nestes passos:

As transmissões pela saisina independem de formalidades registárias. (Tratado de direito privado, t. LV, § 5.587, 4, p. 27)

Sempre que a propriedade se transmite pela saisina, as regras jurídicas sobre o registo, referentes à transferência (ato formal de transferência), não são atributivas do direito de propriedade. (Id. ibid., § 5.587, 4, p. 28)

Salvado – Salvo

¶ O particípio *salvado*, além do seu emprego normal – com os verbos **ter** e **haver** –, aparece como substantivo plural – *salvados* –, com o significado de toda e qualquer espécie de bens que restaram de uma catástrofe (naufrágio, incêndio, inundação, etc.).

As questões que se moverem sobre o pagamento de salvados serão decididas por árbitros no lugar do distrito onde tiver acontecido o naufrágio. (C. Com., art. 739)

¶ A forma contraída *salvo* pode ser empregada, em lugar da forma regular *salvado*, com os verbos **ter** e **haver**.

Após ter salvo dezenas de náufragos, desfaleceu.

Em textos legais codificados de Portugal, *salvo* ainda aparece como particípio variável (em gênero e número) em construções em que hoje somente se emprega invariavelmente, como partícula exclusiva ou exceptiva; ou, segundo a Nomenclatura Gramatical Brasileira (NGB), preposição acidental:

Salvas as excepções previstas na lei, a execução da pena é contínua. (CPPp, art. 118°)

O locatário é obrigado: [...]; IV – a restituir a coisa, finda a locação, no estado em que a recebeu, salvas deteriorações naturais ao uso regular. (CC, art. 569, IV)

[...]; mas ficam salvas ao constituinte as ações que no caso lhe possam caber contra o procurador. (CC, art. 682, parte final)

Porém, nos mesmos textos, a par da forma variável, também aparece a forma invariável:

[...], salvo os direitos de terceiros. (CPPp, art. 6º, 3ª)

A construção variável, nesses casos, constitui arcaísmo. Tanto no Código Civil de 1916, como no de 2002, *salvo* aparece como sinônimo de **resguardado**, **ressalvado**:

Fica, porém, salvo ao marido o direito de provar que o [o dote] não recebeu, apesar de o ter exigido. (CC/1916, art. 305, parágrafo único)

A revogação do mandato, notificada somente ao mandatário, não se pode opor aos terceiros que, ignorando-a, de boa-fé com ele trataram; mas ficam salvas ao constituinte as ações que no caso lhe possam caber contra o procurador. (CC, art. 686)

Na linguagem atual, a forma invariável *salvo*, gramaticalizada como preposição acidental – assim denominada porque tem origem em outra classe gramatical (particípio) – é de uso praticamente uniforme nos textos jurídicos, com o significado de: com exclusão de; exceto, afora:

Salvo os casos previstos nos arts. 633 e 634, não poderá o depositário furtar-se à restituição do depósito, [...]

Salvo disposição em contrário, admite-se a transferência do contrato a terceiro com a alienação ou cessão do interesse segurado. (CC, art. 785)

Salvo as exceções expressas, considera-se empresária a sociedade que tem por objeto o exercício de atividade própria de empresário sujeito a registro (art. 967); e, simples, as demais. (CC, art. 982)

Também é usual a locução **salvo se**, com o sentido de a não ser que, a menos que:

Não pode o devedor opor ao endossatário de endosso-penhor as exceções que tinha contra o endossante, salvo se aquele tiver agido de má-fé. (CC, art. 918, § 2º)

Satisfativo – Satisfatividade

¶ **Satisfativo** tem o significado de que **satisfaz a pretensão**. Assim, **liminar satisfativa** é aquela em que já se concedem os direitos que seriam julgados no mérito.

No caso de desbloqueio de cruzados, muitos tribunais concederam liminares satisfativas.

¶ De *satisfativo* originou-se o substantivo *satisfatividade*: qualidade do que pode satisfazer (o que se pretende).

Por outro lado, os alimentos provisionais inseridos no Direito de Família têm, também, evidentemente, o caráter de satisfatividade. Não é novidade, no nosso sistema legal, apesar de ser uma regra excepcional para as medidas cautelares, em alguns casos, haver medidas cautelares que tenham cunho de efetiva satisfatividade. (RTRF-4ª, ano 3, n. 9, p. 381)

SC (e não C, S, SS)

¶ Palavras usuais com *sc*:

abscesso[1]	condescender	discente
abscissa	consciente	discernir
aquiescência	convalescença	enrubescer
ascendente	descender	fascículo
fascínio	néscio	rescisório
fascismo	obsceno	ressuscitar
florescer	onisciente	revivescer
imprescindível	plebiscito	seiscentos
intumescer	presciência	semiconsciente
irascível	prescindir	susce(p)tível
lascívia	recrudescer	suscitar
miscelânea	remanescer	transcendente
miscigenação	reminiscência	tumescência
nascituro	rescindir	visceral

[1] O VOLP/09 registra a variante **abcesso**, que, todavia, não é recomendada.

Se – (emprego supérfluo ou errado do pronome)

¶ Em muitas frases, revela-se evidente a inutilidade nelas do pronome *se*. Isso ocorre, em primeiro lugar, no infinitivo preposicionado, que por si só já tem valor passivo:

Questões difíceis de entender (= de serem entendidas).

Problemas fáceis de resolver (= de serem resolvidos).

Exemplos dignos de imitar (= de serem imitados).

Livros interessantes para ler (= para serem lidos).

A presença, nessas construções, do pronome apassivador *se* pode mesmo constituir erro, no caso de o substantivo precedente estar no plural, como, por exemplo, nesta frase: *Essas atitudes são difíceis de se entender.* Trata-se de construção passiva, o que exigiria o verbo no plural, para concordar com o sujeito *Essas medidas* no plural: *Essas medidas são difíceis de se entenderem* (= de serem entendidas). Assim, em frase como essa, além de o pronome apassivador ser perfeitamente dispensável, ele ainda deu ensejo ao cometimento de um erro de concordância verbal.

¶ Também em construções com o infinitivo não precedido de preposição, é facilmente perceptível a inutilidade do pronome *se*, e, também, em muitos casos, agravada pelo fato de motivar um erro de concordância verbal.

Nos exemplos a seguir, o pronome *se*, entre colchetes, é supérfluo e, quando assinalado por asterisco, sua presença desnecessária vem cumulada de erro de concordância verbal (de acordo com as explicações supraexpendidas):

É temerário adotar[-se]* essas medidas neste momento.

É indispensável averiguar[-se] a origem desses boatos.

Há que levar[-se]* em conta as condições psicossomáticas do apenado.

No caso, não há falar[-se] em direito adquirido.

Há que [se]* examinar os prós e os contras de cada uma das propostas.

Sobre a forma correta e o significado das expressões **há que** e **não há**, consulte *O verbo na linguagem jurídica: acepções e regimes*, de Adalberto J. Kaspary (7. ed., revista, atualizada, ampliada e adaptada ao novo sistema ortográfico, Porto Alegre: Livraria do Advogado Editora, 2010).

É imperioso reavaliar[-se]* algumas cláusulas do contrato atual.

Não foi possível estabelecer[-se] o nexo causal entre as duas ocorrências.

É importante examinar[-se] a evolução histórica do instituto.

É forçoso reconhecer[-se] a tentativa de furto qualificado.

É impossível suprir[-se]* eventuais omissões na lei que regula a matéria.

Se + o, a, os, as (combinações impróprias)

¶ É incorreta a combinação do pronome *se* com os pronomes (objetos diretos) *o, a, os, as*, dizendo-se, por exemplo, **não se *os* fez, não se *a* requereu, quando se *as* observa**, etc. Isso porque a construção de verbos transitivos diretos com o pronome *se*, no caso, tem valor passivo (voz passiva sintética, ou pronominal), e, na voz passiva, não pode haver objeto direto. O pronome *o* somente pode ser sujeito nas orações infinitivas (deixei-o sair, vi-a entrar, etc.). Nas orações passivas, somente o pronome reto pode ser sujeito (não se conservou ele = ele não foi conservado).

São, pois, errôneas as construções destacadas nos textos a seguir, com uma ou mais substituições corretas:

Assim, a legislação estadual pode impedir a eficácia da lei federal; mas, se não a impedir, ela valerá – nada impedirá que se obedeça à lei federal e que *se a cumpra*.

[...] *que se cumpra*; [...] *que seja cumprida*; [...] *que se lhe dê cumprimento*.

Na guerra vê-se a natureza humana no seu auge de energia, de elevação moral, de dedicação, de esforço; *surpreende-se-a* nos seus diversos modos de fascinar, de esquecer-se de si, de sofrer e de morrer.

[...] *ela é surpreendida* [...]; *surpreendemo-la* [...]

O novo sistema pode superficialmente parecer uma estrutura administrativa, mas, na verdade, tem uma profunda significação filosófica, *quando se o compara* com escolas filosóficas como o marxismo, o anarquismo e as velhas escolas que imaginavam a cidade ideal, como em *A república* de Platão.

[...], quando comparado [...]; [...], quando é comparado [...]; [...], quando se compara [...]

Todas as palavras são boas, *desde que se as usem* no momento adequado.

[...], desde que se usem [...]; desde que usadas [...]

Observando-se-a de longe, tem-se a impressão de que [...]

Quando é observada [...]; Quando observada [...]; Observada [...]

No art. 1.247 do CC/2002, o legislador evitou elegantemente a combinação errônea *se o*, empregando a voz passiva sintética, com a omissão do sujeito-paciente: *Se o teor do registro não expressar a verdade, poderá o interessado reclamar que se retifique ou anule.*

Sedizente – Sedicente

¶ *Sedizente* significa autodenominado, autointitulado, que se diz, que se chama (a si próprio): a *sedizente vítima*, *a sedizente ofendida*, etc.

Por ter a significação básica de **que se diz**, o termo somente é aplicável a **pessoas**. Assim, é incorreto falar em sedizentes vícios, defeitos, etc., empregando o termo como se tivesse o significado amplo de pretenso, suposto. *Sedizente* origina-se do adjetivo invariável francês **soi-disant**: *la soi-disant comptesse* (a sedizente condessa).

¶ O VOLP/09 registra a forma *sedicente*, que se origina de **dicens, -ntis**, particípio presente do verbo latino **dicere** (dizer). Não traz a

forma *sedizente,* conquanto seja esta a que campeia no meio jurídico-
-forense.

Semi (pronúncia e grafia)

¶ *Semi*, prefixo latino com a ideia de **metade**, **meio**, tem sua tonicidade na primeira sílaba: **se**. É, pois, errada a pronúncia semi (com **i** tônico). Não recebe acento gráfico, porquanto, de acordo com as normas ortográficas vigentes, não se acentuam os prefixos paroxítonos terminados em **i**.

¶ O prefixo *semi* tem hífen diante de palavras iniciadas por **i** ou **h**; nos demais casos, liga-se diretamente à palavra seguinte: semi-imóvel, semi-imputável, semi-histórico; semiaberto, semiúmido; semicarbonizado, semiprova; semirreta, semirracional; semissedentário, semissoberania.

Se não – Senão

¶ *Se não* (conjunção subordinativa condicional + advérbio de negação) é sinônimo de **caso não**.
O pedido de privilégio será considerado definitivamente retirado se não for requerido o exame no prazo previsto. (Lei n. 5.772, de 21-12-1972, art. 18, § 2º)
É ineficaz, em relação a terceiros, a transmissão de um crédito, se não celebrar-se [sic][1] *mediante público, [...]* (CC, art. 288)

[1] Deveria ser *se celebrar*; ou, para evitar a cacofonia (*se ce*), *se não for celebrada*.

Se Deus não guarda a cidade, em vão a sentinela vigia. (Cecília Meireles)
Não o recomendaríamos se não o conhecêssemos tão intimamente.

¶ *Senão* tem as acepções principais de:
1. a não ser, exceto.
Ninguém será obrigado a fazer ou deixar de fazer alguma coisa senão em virtude de lei. (CRFB, art. 5º, II)
A cessão do crédito não tem eficácia em relação ao devedor, senão quando a este notificada; [...] (CC, art. 290)
O réu não poderá recorrer da pronúncia senão depois de preso, salvo se prestar fiança, nos casos em que a lei a admitir. (CPP, art. 585)
A nulidade do ato não prejudicará senão os posteriores que dele dependam ou sejam consequência. (CLT, art. 798)

A lei não permite a prisão senão em flagrante delito ou por ordem de autoridade judiciária.

2. caso contrário, do contrário.

Ajam com discrição, senão poderá haver resistências.
Tenham cuidado, senão todo o nosso trabalho estará perdido.
Tome regularmente os remédios, senão sua saúde pode piorar.

3. mas (após negação).

Mas justiça atrasada não é justiça, senão injustiça qualificada e manifesta. (Rui Barbosa – *Oração aos moços*)

Não é miserável a república onde há delitos, senão onde falta o castigo deles. (Pe. Antônio Vieira)

A tristeza – se buscarmos a razão deste tributo – não é filha da natureza, senão da culpa. (Pe. Antônio Vieira).

Não está a felicidade em viver muito, senão em viver bem. (Pe. Antônio Vieira)

4. pois, com efeito, então.

A inocência do réu está fartamente provada nos autos. Senão vejamos.

Topou o dr. Carneiro nesta locução, mas sem o menor fundamento. Senão, vejamos. (Rui Barbosa – *Réplica*, I, p. 401, tópico 203)

5. defeito, mancha (substantivo).

Boa era a lei, mas eu creio que lhe descubro um senão. (Gonçalves Dias).
Há alguns senões de linguagem em seu relatório.

Sendo que

¶ *Sendo que* é expressão gerundial que, na quase totalidade das vezes, pouco ou nada contribui para a adequada expressão do pensamento: ou é empregada indevidamente, em lugar de conjunção coordenativa (aditiva ou adversativa), conjunção subordinativa (causal ou concessiva) ou pronome relativo; ou é perfeitamente dispensável, por inútil.

Pode, de alguma forma, em início de período, substituir uma das conjunções subordinativas causais, mas com evidente prejuízo da clareza e precisão, por ser nela muito apagado o valor causal.

Por isso mesmo, máxime em textos técnicos, nos quais a clareza e a precisão são fundamentais, é melhor substituir essa expressão por conectivos de semântica mais definida, como exemplificado a seguir:

(*Afirma o reclamante que trabalhou das 7h30min às 11h e das 12h às 17h15min, sendo que os sábados eram compensados ilegalmente, a teor do que dispõe o art. 59 da CLT.*) Substitua por:

Afirma o reclamante que trabalhava das 7h30min às 11h e das 12h às 17h15min e que os sábados eram compensados [...]

(A segunda reclamada defende-se afirmando que os objetivos sociais de ambas as reclamadas são completamente distintos, sendo que a primeira fabrica calçados, e a segunda exerce a função de aproximar o comprador estrangeiro do fabricante.)

Substitua por:

A segunda reclamada defende-se afirmando que os objetivos sociais de ambas as reclamadas são completamente distintos, já que (porquanto, uma vez que, na medida em que, etc.) a primeira fabrica calçados, [...]

(O reclamante afirma que sempre realizou horas extras, sendo que estas jamais foram pagas integralmente.)

Substitua por:

O reclamante afirma que sempre realizou horas extras, que jamais foram pagas integralmente (ou: [...] e que estas jamais foram pagas integralmente; ou: [...], jamais pagas integralmente).

(Em face das circunstâncias, resolvi aceitar a segunda proposta, sendo que a primeira me era bem mais vantajosa.) Substitua por:

Em face das circunstâncias, resolvi aceitar a segunda proposta, embora a primeira me fosse bem mais vantajosa (ou: [...], mas a primeira me era bem mais vantajosa).

(Os tecidos nacionais eram geralmente de má qualidade, sendo que os estrangeiros nem estavam disponíveis no mercado.)

Substitua por:

Os tecidos nacionais eram geralmente de má qualidade, e os estrangeiros nem estavam disponíveis no mercado.

(Encontravam-se no recinto centenas de pessoas, sendo que a maioria eram adolescentes.)

Substitua por:

Encontravam-se no recinto centenas de pessoas, e a maioria eram adolescentes (ou: [...], das quais a maioria eram adolescentes; ou: [...], na maioria adolescentes).

(Houve nove pessoas feridas no acidente, sendo que cinco em estado grave.)

Substitua por:

Houve nove pessoas feridas no acidente, cinco (delas ou *das quais) em estado grave.*

O jornalista Eduardo Martins, no *Manual de redação e estilo* que organizou para o jornal *O Estado de São Paulo*, profere esta condenação categórica do **sendo que**: Nunca use. É um péssimo recurso de expressão, evitável em todos os casos.

Sequer – Nem sequer

¶ *Sequer*, como advérbio, tem o sentido de: pelo menos; ao menos. É pouco usual em construções que não sejam negativas, geralmente de caráter condicional:

Tudo se arranjaria se ambos tivessem sequer [= ao menos, pelo menos] um pouco de paciência. (Aurélio/10, 5ª ed., p. 1917)

Faria o trabalho se me dessem sequer uma oportunidade. (DLPC/01, vol. 2, p. 3389)

¶ **Nem sequer**, locução adverbial, caracteriza construções negativas e significa: nem ao menos; nem pelo menos; nem mesmo. O advérbio **nem** explicita o caráter negativo da construção. Pode ser substituído por outras palavras ou expressões designativas de negação: não, ninguém, nenhum, sem, etc.:

Nem sequer as pessoas mais céticas poderiam imaginar tão esmagadora derrota do candidato oposicionista.

A candidata não concluíra sequer o segundo grau.

Ao todo, 80 prefeituras não têm sequer um médico para atender a população. (ZH, Porto Alegre, 21-10-2012, p. 6)

Não moveu sequer um dedo para socorrer as vítimas do acidente.

Ele nem sequer sabe o nome de seus colaboradores.

Não fui eu quem o convidou; nem sequer o conheço.

Na sala de audiências não havia sequer cadeiras ou bancos para as pessoas se acomodarem.

Nenhum dos passageiros sequer teve a gentileza de ceder seu assento à mulher em adiantada gravidez.

Ninguém se lembrou sequer de dar as boas-vindas ao novo condômino.

Jamais disse sequer o que o levara a tomar aquela atitude extrema.

A vida é vã como a sombra que passa.../Sofre sereno e de alma sobranceira,/ Sem um grito sequer, tua desgraça. (Manuel Bandeira – *Renúncia*)

Sério / seriíssimo – Sumário / sumariíssimo

¶ O superlativo absoluto sintético normal de *sério* e *sumário* é, respectivamente, *seriíssimo* (forma registrada no VOLP/09) e ***sumariíssimo*** (com dois **is**).

A União, no Distrito Federal e nos Territórios, e os Estados criarão: I – juizados especiais, providos por juízes togados, ou togados e leigos, competentes para a conciliação, o julgamento e a execução de causas cíveis de menor complexidade e infrações penais de menor potencial ofensivo, mediante os procedimentos oral e sumariíssimo, [...] (CRFB, art. 98, I)

Do Procedimento Sumariíssimo. (Título da Seção III do Capítulo III da Lei n. 9.099-95, que dispõe sobre os Juizados Cíveis e Criminais)

O mesmo ocorre com outros adjetivos com a terminação **-io**: macio – maciíssimo; necessário – necessariíssimo; precário – precariíssimo; primário – primariíssimo; (im)próprio – (im)propriíssimo; vadio – vadiíssimo, etc.

O vestuário então é impropriíssimo. (Machado de Assis – *Contos*, p. 841)

[...] O Brasil não está na Europa e tem problemas seriíssimos. (Fernando Gabeira – *Entre tiroteios e obstruções* – *Folha de São Paulo*, edição de 3-12-04, p. F 12) etc.

¶ Atualmente, há tendência para a redução dos dois **is** a um só, fato registrado por vários gramáticos: precaríssimo, primaríssimo, ordinaríssimo, etc.

Em nosso Código de Processo Civil, em artigos atualmente com nova redação, somente aparecia a forma **sumaríssimo** (com um **i**).

Carlos Drummond de Andrade também empregou a forma **sumaríssimo**, com um **i** apenas (mais adequada, no caso, ao fato que descrevia...):

[...] apresentara-se em trajes sumaríssimos, atentando contra o decoro.

Todavia, essa tendência – a redução dos dois **is** para apenas um – encontra dois tipos de resistência: a) alguns adjetivos, por questão de eufonia, impedem essa mudança: frio – friíssimo; pio (piedoso) – piíssimo; vário – variíssimo; vazio – vaziíssimo; b) a língua-padrão, como observa Evanildo Bechara (GELP/10, 2. ed., p. 113), insiste em que se mantenham os dois **is**.

O superlativo absoluto sintético normal dos adjetivos **cheio** e **feio** é, respectivamente, **cheiíssimo** e **feiíssimo**.

Dessa forma, por via das dúvidas, em textos formais, empreguem-se os superlativos com dois **is**, sobre os quais não paira nenhuma suspeita.

Ser (omissão do verbo)

¶ Em português, assim como em outros idiomas, é muito comum a omissão (elipse) do verbo *ser*, já com vista à concisão da linguagem, já como recurso de estilo.

No último caso, a supressão do verbo *ser* – de sabor clássico e muito apreciada pelos juristas com pendores literários – dá-se, principalmente, após determinados verbos, tais como convir, demandar, merecer (de modo especial este), necessitar, precisar e requerer, e após a preposição **para**, seguidos de particípio com valor passivo.

No mérito, a r. sentença merece mantida [= ser mantida]). (RJTJRS, n. 139, p. 31)

Na verdade, o recurso, a meu ver, merece integralmente provido [= ser integralmente provido]). (Id., ibid., p. 34)

Para esta parte da análise, servir-nos-á de fonte principal uma obra, que temos presente, de tão alta autoridade, que mereceu recomendada [= ser recomendada] *pelo primeiro criminalista deste século, Mittermaier.* (Rui Barbosa – *Trabalhos jurídicos*, vol. II, tomo I, p. 84)

Merece relida e meditada [= ser relida e meditada] *a parte inicial da réplica.* (Rui Barbosa – *Réplica*, p. 9)

Estas alusões [...] requerem mais largamente explicadas [= ser mais]. (João Francisco Lisboa – *Vida do padre Antônio Vieira*, p. 325)

Bem vejo que estes exemplos são muito bons para escritos [= serem escritos], *mas não tais para praticados* [= serem praticados]. (D. Francisco Manuel de Melo – *Apólogos dialogais*, III)

Denomina-se **zeugma** a supressão, numa frase, mas com flexão diversa, do mesmo termo expresso em frase anterior: *A pátria estava próspera; e seus filhos* (estavam), *venturosos*.

Se se...

¶ É incensurável, por corretíssima, a sequência *se se...* O primeiro *se* é conjunção subordinativa condicional; o segundo, pronome reflexivo ou pronome apassivador (nas construções passivas).

Se se pudesse o espírito que chora / Ver através da máscara da face,/ Quanta gente talvez que inveja agora / Nos causa, então piedade nos causasse! (Raimundo Correia – *Mal secreto*)

Se se der em pagamento coisa fungível, não se poderá mais reclamar do credor que, de boa-fé, a recebeu e consumiu, ainda que o solvente não tivesse o direito de aliená-la. (CC, art. 307, parágrafo único)

Não aproveita este benefício ao fiador: [...] II – se se obrigou como principal pagador, ou devedor solidário. (CC, art. 828, II)

Se se tratar de títulos nominativos, a sua instituição como bem de família deverá constar dos respectivos livros de registro. (CC, art. 1.713, § 2º)

Nos casos previstos nos dois (2) artigos anteriores, prevalecerão as primeiras declarações, assim como o laudo de avaliação, salvo se se alterou o valor dos bens. (CPC, art. 1.045)

[...] queria ver se se podiam chamar assim. (Machado de Assis)

1. A alegada cacofonia na sequência *se se* é mais aparente que real, porquanto, sendo ambas as palavras átonas, se diluem na tonicidade do verbo que vem a seguir.

2. A sequência *se se* é facilmente substituível por construções alternativas equivalentes. Assim, a oração *se se trata de...* pode, por exemplo, ser substituída por uma das seguintes, entre outras: *quando se trata de [...], caso se trate de [...], tratando-se de [...]*

Seu respectivo

¶ **Seu** e **respectivo** não são sinônimos nem se repelem mutuamente.
Seu, pronome possessivo, exprime **pertença** e **referência**.
Respectivo exprime a proporção em que uma cousa determinada tem o valor, a qualidade, ou qualquer propriedade, que é comum também a outras (J. I. Roquete e José da Fonseca – *Dicionário dos sinônimos poéticos e de epítetos da língua portuguesa*, p. 379). *Respectivo é o que respeita àquele ou àquilo a que se faz referência, ou a cada um em particular.* (Antenor Nascentes – *Dicionário de sinônimos*, p. 187).
Não voltou o pássaro Ronsard, como não voltará o homem Renan. Este irá para onde estão os grandes do século, que começou em França com o autor de René, *e acaba com o da* Vida de Jesus, *páginas tão características de suas respectivas datas.* (Machado de Assis – *Crônicas/A semana*, p. 550)
Todo homem tem seu respectivo amor próprio, relativo à paixão que o domina. (J. I. Roquete e José da Fonseca – op. cit., p. 380)
Conservam seus respectivos direitos os credores, hipotecários ou privilegiados: [...] (CC, art. 959)
Quando forem dois ou mais os litigantes de má-fé, o juiz condenará cada um na proporção do seu respectivo interesse na causa, ou solidariamente aqueles que se coligaram para lesar a parte contrária. (CPC, art. 18, § 1º)
No dia e hora designados, o juiz declarará aberta a audiência, mandando apregoar as partes e os seus respectivos advogados. (CPC, art. 450)
São isentos do serviço do júri: [...]; II – os governadores ou interventores de Estados ou Territórios, o prefeito do Distrito Federal e seus respectivos secretários. (CPP, art. 436, parágrafo único, II)
Os ganhos e perdas são comuns a todos os sócios na razão proporcional de seus respectivos quinhões no fundo social; [...] (C. Com., art. 330)
1. Relativo, segundo J. I. Roquete e José da Fonseca, *exprime a referência duma cousa a outra, enquanto ela convém, se aplica, ou pertence a uma outra* (op. cit., p. 379).
2. Segundo Antenor Nascentes, **Relativo** *é o que tem relação com aquilo de que se trata*. **Referente** *é o que se refere direta e claramente*. **Concernente** *é o que se relaciona de modo muito íntimo* (op. cit., p. 187).

Sic (emprego de)

¶ *Sic*, advérbio latino, significa assim, assim mesmo, exatamente, desta maneira: **Sic transit gloria mundi**: Assim passa a glória do mundo. (Thomas von Kempen – *Imitação de Cristo*, 1. I, cap. 3º, v. 6º)

Atualmente, emprega-se o advérbio, em citações literais, entre colchetes, para assinalar erro (de gramática, de informação, etc.), bem como manifestar estranheza diante de determinada afirmação, por contraditória, inadequada, etc. Pospõe-se (entre colchetes) ao erro ou à impropriedade que se quer frisar. *É comum o seu emprego quando a palavra tem grafia incorreta ou desatualizada, ou o seu sentido parece inadequado ao contexto ou surpreendente nele.* (Othon M. Garcia – *Comunicação em prosa moderna*, p. 419-20)

Esses acontecimentos sempre me indiguinam [sic] *profundamente, disse o orador.* ('*Indiguinam*', por **indignam**, flexão correta.)

No caso do [sic] *Plenário concordar com a proposta do Executivo, abrir-se-ia uma excessão [sic] ao Regimento Interno.* (*No caso 'do Plenário' concordar*, por **No caso de o Plenário concordar**, construção correta; e *excessão*, por **exceção**, grafia correta).

Envie-se [sic] *os autos à Vara de Execuções Criminais.* ('*Envie-se*', por **Enviem-se**, forma correta, para concordar com o sujeito **os autos**.)

Trata-se de processo afeito [sic] *à Justiça da Infância e da Juventude.* ('*Afeito*', por **afeto**, termo correto no sentido de *da competência de*.

Confira o verbete *Afeto – Afeito*.

Conclui-se, pois, que o advérbio *sic* não se destina, pura e simplesmente, a indicar que o texto foi transcrito ao pé da letra (**ipsis litteris**), para o que são suficientes as aspas ou alguma outra forma de destaque (itálico, p. ex.). Sua presença se justifica para assinalar a ocorrência de erro ou anomalia de linguagem, ou mesmo de informação, no trecho transcrito.

1. O advérbio *sic* também pode ser posto no final do texto transcrito literalmente, caso nele haja uma sucessão expressiva de erros ou impropriedades.

2. Não se deve corrigir o erro ou a impropriedade porventura existentes no texto transcrito, pois isso afetaria a necessária autenticidade de seu teor.

3. Deve-se ter cuidado no emprego do *sic*, porquanto sua presença em determinados textos pode despertar suscetibilidades (ressentimentos, melindres) dos respectivos autores do erro ou impropriedade.

Sine qua non (singular) – Sine quibus non (plural)

¶ A expressão latina *sine qua non* significa **sem a qual não**. No caso, **qua** é o ablativo feminino singular do pronome relativo **quae**, que supõe um substantivo antecedente no singular: cláusula/condição *sine qua non*.

¶ Na hipótese de o substantivo antecedente ser empregado no plural, a expressão toma a forma *sine quibus non*, em concordância numérica com o substantivo: cláusulas/condições *sine quibus non*. Muitos empregam sempre a forma *sine qua non*, mesmo quando o termo antecedente está no plural – o que constitui erro de concordância.

Sisa

¶ *Sisa* é a denominação antiga do atual **imposto de transmissão de propriedade imobiliária**. Alguns autores volta e meia ainda empregam o termo.

No direito antigo, era uma décima parte do valor das compras, vendas e trocas.

O *Diccionario crítico etimológico de la lengua castellana,* da autoria de Joan Corominas (Madrid: Editorial Gredos, vol. IV, 1953, p. 238-9), registra o substantivo *sisa* como originário do antigo francês *assise*, com o significado de *tributo que se imponía al pueblo*, informação confirmada pelo *Diccionario de la lengua española* (21. ed., 1992, tomo II, p. 1887), da Real Academia Española, e também pelo *Dictionnaire alphabétique et analogique de la langue française* (Paris: *Dictionnaires Le Robert*, 1986), de Paul Robert.

Sítio (termo da Informática)

¶ Os atos normativos mais recentes estão substituindo o termo inglês **site** pela forma aportuguesada *sítio*.

Em Portugal, o substantivo *sítio,* como termo da Informática, já consta na edição de 2001 do DLPC/01, II volume, p. 3430, da Academia das Ciências de Lisboa (entidade correspondente à nossa Academia Brasileira de Letras), com a acepção de página ou conjunto de páginas da *Internet* com informações sobre serviços, pessoas, instituições, etc., acepção também presente no DLP/09, da Porto Editora (Portugal).

Na Lei n. 11.419, de 19 de dezembro de 2006 – que dispõe sobre a informatização do processo judicial –, o termo consta no art. 4°, *caput*, e também no § 1° do mesmo artigo.

No Projeto de Código de Processo Civil (PL 8046/2010), o termo *sítio* aparece, entre outros, nos seguintes artigos: 226, II (*sítio eletrônico,* e 712, § 2° (*sítio do tribunal*, duas vezes).

No citado Projeto também se fazem presentes os termos *correio eletrônico* (*v. g.*, arts. 233 e 235) e *meio eletrônico* (*v. g.*, arts. 241 e 247), como substitutos do termo inglês **e-mail**.

Tanto o termo inglês **site** quanto a forma aportuguesada *sítio* originam-se do substantivo latino **situs, -us**, que significa: posição, local, lugar, construção, estrutura.

Se, em determinado contexto, o termo *sítio* puder gerar ambiguidade, pode-se complementá-lo com um qualificativo esclarecedor: sítio eletrônico, *v. g.*, aliás bastante usual. Já está circulando em textos diversos (em livros, revistas, etc.) a forma **websítio**, aportuguesamento da forma inglesa **website**.

Sob – Sobre

¶ A preposição *sob* significa debaixo de, por baixo de. Indica, genericamente, posição inferior.

Vivemos sob o império da lei.

Os menores agiam sob as ordens de dois ex-policiais.

Sob a ameaça das armas, o gerente da loja entregou todo o dinheiro do cofre aos assaltantes.

A jovem viajou sob a proteção da polícia.

Locuções usuais: sob aparência de, sob cor (ou color) de (indica dissimulação, disfarce, ocultação); sob condição de; sob juramento; sob palavra de honra; sob promessa de; sob tortura; sob pena de; etc.

¶ A preposição *sobre* tem as acepções principais de: em posição superior, em cima de, a respeito de, além de.

Sobre a mesa viam-se copos, cinzeiros, garrafas vazias e pratos com restos de comida.

Sobre sua cabeça pendem as maiores suspeitas.

Temos farta e sólida bibliografia sobre esse tema.

Sobre (= além de) ignorante, era prepotente, autoritário.

Não raras vezes as pessoas se confundem no emprego das preposições *sob* e *sobre*, como nestes exemplos, em que se usou a primeira pela segunda:
[...] tomamos sob os nossos ombros o peso de uma responsabilidade que não era nossa, [...]
O edifício foi construído sob pilotis.

O certo seria:
[...] tomamos sobre os ombros uma responsabilidade que não era nossa, [...]
O edifício foi construído sobre pilotis.

Observe-se, também, que, antes de nomes que indicam partes do corpo, peças de vestuário e faculdades do espírito, não se usa o possessivo, porque o artigo, no caso, já denota posse:
Hoje não fiz a barba.
Quase perdi os sentidos.

Sobretudo – Sobre tudo

¶ *Sobretudo* é (a) advérbio, sinônimo de especialmente, principalmente; ou (b) substantivo, sinônimo de casacão, casaco grande usado sobre a roupa, como proteção contra o frio.

(a) *Com a nossa campanha, queremos atingir os moradores dos bairros, sobretudo aqueles que moram em áreas de risco.*

(b) *Com a chegada do frio nas cidades serranas, o sobretudo passou a ser traje de primeira necessidade.*

¶ *Sobre tudo,* expressão composta da preposição **sobre** + o pronome indefinido **tudo**, tem o significado de: a respeito de tudo.

No encontro, vamos falar sobre tudo que interessa aos que pretendem investir no mercado acionário.

Sociedade leonina

¶ O jurisconsulto romano Cássio (*Corpus Iuris Civilis*; *Digesta* XVII, II, 29, 2) denominou de **societas leonina** – *sociedade leonina* – aquela em que uma das partes apenas usufrui o lucro, e a(s) outra(s) sofre(m) tão somente o dano. Considerou-a nula, tachando-a de **iniquissimum genus societatis** – gênero iniquíssimo (= injustíssimo) de sociedade.

A denominação *sociedade leonina* tem origem na conhecidíssima fábula de Fedro *Vacca, capella, ovis et leo – A vaca, a cabrinha, a ovelha e o leão,* segundo a qual aquelas se associaram ao leão nas selvas. Como tivessem caçado um veado muito corpulento, o leão, depois de feitos os quinhões, falou assim: *Eu levanto o primeiro; é meu porque me chamo rei; entregar-me-eis o segundo porque sou sócio; depois o terceiro me seguirá (virá para mim) porque valho mais (tenho mais força); se alguém tocar no quarto (quinhão), será atingido por um castigo* (tradução do gramático e filólogo Sousa da Silveira). A síntese moral da fábula é: *Potentioris societatem fuge* – Não te alies ao mais poderoso.

No Direito Civil, na área do Direito das Obrigações, *sociedade leonina* – com as formas variantes **cláusula leonina**, **contrato leonino**, **pacto leonino** – designa a sociedade, o pacto ou o contrato no qual uma das cláusulas atribui a uma ou a algumas das partes contratantes vantagens desmesuradas em relação às conferidas à outra ou a outras partes.

É nula a estipulação contratual que exclua qualquer sócio de participar dos lucros e das perdas. CC, art. 1.008)

Atualmente, a expressão **cláusula leonina** tem sido utilizada em referência a qualquer tipo de contrato em que se verifique acentuada desproporção entre as obrigações assumidas pelos contratantes. Nos contratos de consumo é considerada abusiva e, em decorrência, nula:

São nulas de pleno direito, entre outras, as cláusula contratuais relativas ao fornecimento de produtos e serviços que: [...]; IV – estabeleçam obrigações consideradas iníquas, abusivas, que coloquem o consumidor em desvantagem exagerada, ou sejam incompatíveis com a boa-fé ou a equidade; (Lei n. 8.078, de 11-9-1990 [CDC], art. 51, IV). (Cf. art. 51, IV, da Lei n. 8.078, de 11-9-1990 – Código do Consumidor.)

Solução de continuidade

¶ Diversas pessoas já me confessaram sua estranheza quanto à locução *solução de continuidade*. O que teria que ver a **solução** com a **continuidade**, ou esta com aquela? Tudo se resolve em conhecer o(s) significado(s) originário(s), etimológico(s) do termo **solução**.

Os dicionários comuns e os jurídicos apresentam diversos significados para o termo: resolução de uma dificuldade, de um problema, de um litígio; desenlace, desfecho ou conclusão de um assunto, de um problema ou de uma situação; decifração; desvendamento; extinção (de uma obrigação: da hipoteca, do débito); solução da garantia hipotecária, p. ex.; decisão; etc.

Solução forma-se do substantivo feminino latino **sol<u>u</u>tio, -<u>o</u>nis**, que, por sua vez, tem origem no verbo, também latino, **solvo, -is, -vi, sol<u>u</u>tum, s<u>o</u>lvere**, com as acepções principais de: desatar, desligar, romper, interromper, quebrar, fender, dissipar, dissolver, pôr termo a, cessar, pagar, etc.

Ora, em *solução de continuidade*, solução designa precisamente o ato de cessar, interromper, acepções presentes no substantivo e no verbo latinos originários.

Assim, *solução de continuidade*, em consonância com a semântica presente nos termos primitivos, expressa a ideia de: interrupção, rompimento, cessação de um ato ou fato que, normalmente, deveria prolongar-se, ter continuidade.

Da mesma forma que, pela *solução de continuidade*, deixa de haver continuidade, pela solução do débito, extingue-se o débito; pela solução do problema, deixa de existir o problema; pela solução do conflito, cessa o conflito; etc.

Sombra de dúvida

¶ A expressão correta é *sombra de dúvida*. Sombra, no caso, tem o significado de: o mais pequeno sinal, indício, traço ou vestígio de alguma coisa. Assim, as locuções *sem sombra de dúvida*, *não há sombra de dúvida* e assemelhadas transmitem a ideia de: no que respeita ao caso, à situação de que se está tratando, não há o menor sinal ou vestígio de dúvida. A sombra é uma zona obscura que intercepta os raios de uma fonte luminosa, provocando obscuridade, penumbra.

Sem sombra de dúvida tem, portanto o significado de: sem dúvida nenhuma; não há nenhuma dúvida; sem dúvida alguma, com toda a certeza, evidentemente, a toda a evidência. Assim como a sombra pode obscurecer um lugar, um objeto, pode também eclipsar o entendimento ou o sentimento das pessoas.

Não há sombra de dúvida de que foi ele quem roubou os documentos.

Ele é, sem sombra de duvida, a pessoa que está espalhando esses boatos alarmantes pela cidade.

Esta é sem sombra de dúvida, a maior crise econômica por que já passou a Comunidade Europeia desde a sua criação.

Não há sombra de dúvida de que aquele cidadão, além de cínico, é corrupto.

Ele é, sem sombra de dúvida, o instigador de tudo.

Aquele perito era, sem sombra de dúvida, o profissional mais competente em matéria de explosivos.

Volta e meia aparecem alguns sedizentes conhecedores de português dizendo que a locução correta é **sem sobra de dúvida**. Sobra-lhes insipiência, faltam-lhes conhecimentos. Um bom dicionário remediar-lhes-ia as deficiências.

SS (e não C, Ç, S ou SC)

¶ Palavras usuais com *ss*:

admissão	ecossistema	obsessivo
alvíssaras	eletrocussão	plurissubjetivo
asserção	eletroplessão	possessão
assertiva	entressafra	possessório
assessor	escassez	psicossomático
assolar	excesso	repercussão
aterrissagem[1]	excussão[2]	repressivo
aterrissar[1]	grassar[3]	ressarcir
bissemanal	idiossincrasia	sessenta
concessão	intromissão	telessaldo
concessionário	inverossímil	telessistema
demissão	macrossistema	tessitura
desassossego	microssistema	trissemanal
devassidão	minissérie	unissubsistente
dissensão	multissubjetivo	verossímil
dissídio	obsessão	verossimilhança

[1] O VOLP/09 registra as variantes **aterrizagem** e **aterrizar**.

[2] **Excussão**, forma especial de execução, consiste na apreensão e penhora de bens dados em garantia pignoratícia ou hipotecária.

[3] **Grassar** significa desenvolver-se, alastrar-se, propagar-se progressivamente; propalar-se, difundir-se: *Grassavam na cidade os mais desencontrados boatos sobre a iminente ruptura da ordem política. Nada mais fácil do que contrair por contágio as enfermidades psicológicas, que andam grassando no ambiente.* (Latino Coelho)

Stare decisis

¶ *Stare decisis*, expressão latina, significa *aderir aos casos julgados*. A locução completa é **stare decisis et non qui̱eta move̱re** – cumprir (ficar com) as questões decididas e não alterar (perturbar) os pontos pacíficos. Traduz a política de direito anglo-americano (**Common Law**) de decidir uma questão do mesmo modo como as causas anteriores semelhantes foram decididas. Tem por objetivo a uniformização da jurisprudência, mediante a observância dos precedentes utilizados na solução de determinado caso concreto.

À regra ou política do *Stare decisis* opõe-se a posição expressa pelo brocardo **Non exemplis, sed legibus iudicandum est** – Não se deve julgar segundo os exemplos, mas segundo as leis.

Status quo – Statu quo

Rigorosamente, há diferença entre as duas expressões:

¶ *Status quo* significa **o estado em que**, isto é, o estado em que se acha(va) determinada questão; situação:

*Importa-nos tão somente o **status quo** atual da questão.* **Status**, no caso, encontra-se no nominativo singular; e o pronome relativo (**quo**), no ablativo singular.

¶ *Statu quo*, ao pé da letra, significa **no estado em que.** No caso, ambas as palavras – o substantivo e o pronome relativo – estão no ablativo singular, regidas pela preposição (subentendida) **in**.

Emprega-se com frequência, embora menos corretamente, a segunda expressão (*statu quo*) pela primeira (*status quo*).

É comum a forma (**in**) **statu quo ante** – no estado (na situação) em que se encontrava anteriormente. Assim, no Direito Internacional Público, a expressão *(in) statu quo ante bellum* significa retorno ao estado de não beligerância.

Sub examine

¶ A expressão correta é *sub examine* (sob exame), e não **sub examen**, como alguns latinófilos inexpertos a empregam. A preposição latina **sub** rege o caso ablativo, que, nos substantivos da terceira declinação, normalmente termina em **-e**. Compare-se com **sub iudice**, **sub condicione**, **sub specie** (sob a aparência de), etc.

Subsídio (pronúncia correta de)

¶ Segundo o VOLP/09, o **s** da segunda sílaba da palavra *subsídio* tem som de **ss**, já que não está entre vogais, vindo após consoante. É o mesmo que ocorre em palavras como subsequente, subsidiário, subsistir, subsíndico, subsolo, etc.

A propósito da pronúncia de *subsídio*, o saudoso Otto Lara Rezende teceu este comentário em um de seus escritos na *Folha de São Paulo* (edição de 3-6-1991, cad. 1, p. 2):

Ultimamente, corre por aí, até em boca ilustre, um tal de **subzídio***, com* **z***. Será influência do inglês? Acho que não. É analfabetismo mesmo.*

Após consoante, o **s** tem pronúncia de **z** na palavra **obséquio** (e derivadas) e nas palavras formadas com o prefixo **trans**, quando a palavra originária não tem **s** inicial: transamazônico (za), transeunte (ze), trânsito (zi), etc. Todavia, quando a palavra originária apresenta **s** inicial, o **s** passa a ter som de **ss** nas derivadas: transiberiano (trans+siberiano), transubjetivo (trans + subjetivo), transexual (trans+sexual), etc.

Lembra-se, por oportuno, que jamais se emprega, em português, **s** ou **r** dobrado após consoante: transecular, intersindical, desonrado, desenrolar, etc.

Sufixos -dade -idade -eidade -iedade

¶ O sufixo *-dade*, de origem latina (**-tas**), expressa qualidade ou estado: atividade, crueldade, igualdade, lealdade, maldade, etc. De acordo com a parte final da palavra primitiva, o sufixo pode assumir as formas *-dade, -idade, -eidade* ou *-iedade*.

-dade:

leal → lealdade; mal → maldade; igual → igualdade; etc.

-idade:

(a)normal → (a)normalidade; complementar → complementaridade (variante: complementário → complentariedade); discricional → discricionalidade; exemplar → exemplaridade; hílare (variante: hilário) → hilaridade; (i)namovível → (in)amovibilidade; (in)tempestivo → intempestividade; (ir)retroativo → (ir)retroatividade; jurídico → juri(di)cidade; interdisciplinar → interdisciplinaridade; (multi)disciplinar → (multi)disciplinaridade; (multi)linear → (multi)linearidade; (pre)liminar → (pre)liminaridade;[1] precário → precaridade (variante: precariedade); prescritivo → prescritividade; público → publicidade; removível → removibilidade; reprovável → reprovabilidade; subliminar → subliminaridade; (sub)linear → (sub)linearidade; sumptuoso (variante: suntuoso → sumptuosidade (variante) → suntuosidade; temerário → temeridade; etc.

[1] Um dicionário jurídico registra a forma "preliminariedade". Deve tratar-se de um **lapsus scribendi**.

-eidade

coetâneo – coetaneidade; consentâneo → consentaneidade: contemporâneo → contemporaneidade; corpóreo → corporeidade; errôneo → erroneidade; heterogêneo → heterogeneidade; espontâneo; espontaneidade; estranho → estraneidade; (ex)temporâneo → extemporaneidade; homogêneo → homogeneidade; (in)idôneo → (in)idoneidade; instantâneo → instantaneidade; *ipse* (latim: o mesmo) → ipseidade[1] mesmo → mesmeidade (variante: mesmidade); momentâneo → momentaneidade; retilíneo → retilineidade; simultâneo → simultaneidade; subitâneo → subitaneidade; etc.

[1] **Ipseidade**: o fato de um indivíduo ser ele mesmo e distinguir-se de qualquer outro. Em **(con)sanguíneo**, apesar da terminação **-eo**, a forma derivada sufixal fica **(con)sanguinidade**. (Cf. VOLP/09, Houaiss/09, Sacconi/10 e Aurélio/10.).

-iedade

compulsório → compulsoriedade; deletério → deleteriedade; discricionário → discricionariedade; executório → executoriedade; factício → facticiedade; notório → notoriedade; peremptório → peremptoriedade; primário → primariedade; sedentário → sedentariedade; sumário > sumariedade; transitório → transitoriedade; vitalício → vitaliciedade;

¶ As palavras terminadas em **-vel** ou **-bil** (da forma latina **-bilis**) assumem, na derivação sufixal, a terminação **-bilidade**:

amovível → amovibilidade; compreensível → compreensibilidade; comprovável → (com)probabilidade (variante:[com]provabilidade); delatável → delatabilidade; dilatável → dilatabilidade; distinguível – distinguibilidade; factível → factibilidade; insanável → insanabilidade; inserível → inseribilidade; insofismável → insofismabilidade; insolúvel → insolubilidade; insolvável → insolvabilidade; insubmergível → insubmergibilidade; insubmersível – insubmersibilidade; irremissível → irremissibilidade; irremovível → irremovibilidade; irreparável → irreparabilidade; irreprochável → irreprochabilidade; irresilível → irresilibilidade; irrevocável (variante: irrevogável) → irrevocabilidade (variante: irrevogabilidade); prescritível → prescritibilidade; pró-ativo (variante: proativo) → proatividade (única forma); removível → removibilidade; sucessível → sucessibilidade; temível → temibilidade.

Sujeito aparentemente preposicionado

¶ Não se pode combinar preposição com o núcleo do sujeito ou com termo a este relacionado. Essa situação ocorre toda vez que o substantivo ou pronome precedido de preposição vem seguido de verbo no infinitivo:

Os filhos são postos em tutela: [...]; II – em caso de os pais [sujeito] *decaírem do pátrio poder.* (CC, art. 1.728, II)

Na hipótese de o relator do recurso especial [sujeito] *considerar que o recurso extraordinário é prejudicial àquele, em decisão irrecorrível sobrestará o seu julgamento e [...]* (CPC, art. 543, § 2º)

O direito de a Fazenda Nacional [sujeito] *constituir o crédito tributário extingue-se após 5 (cinco) anos, [...]* (CTN, art. 173)

Era chegado o momento de ele [sujeito] *pôr em prática sua capacidade de liderança.*

Cresce, cada vez mais, a necessidade de o Poder Judiciário [sujeito] *prestar um serviço célere e eficaz.*

No caso de o empregador [sujeito] *ser o sujeito ativo do assédio sexual, existe a possibilidade de o empregado* [sujeito] *pleitear a rescisão indireta do contrato de trabalho.* (RETRT-4ª n. 63, p. 50)

No caso de a parte [sujeito] *comparecer pessoalmente, o seu pedido é reduzido a termo eletronicamente.*

Suplicante – Suplicado

¶ *Suplicante* e *Suplicado* eram termos em voga na antiga organização judiciária de Portugal, quando os recursos eram dirigidos à **Casa da Suplicação de Lisboa**, tribunal judiciário do mais elevado grau do Reino, com jurisdição em Portugal e seus domínios, inclusive a Colônia sul-americana (Brasil).

Atualmente, convém substituí-los, respectivamente, por **Autor** (Suplicante) e **Réu** (Suplicado).

Os termos *suplicante*, *suplicado* e **suplicar** originam-se do adjetivo latino **supplex, -icis**, com a significação de: **que se curva sobre os joelhos** (que vinha a ser a atitude tomada pelo suplicante), passando, depois, ao sentido moral de: **que se prostra**, *suplicante*, **súplice**.

Cremos que, nestes tempos de alentadoras brisas democráticas, já não cabe, mesmo em sentido translato, a postura genuflexa no ato de pedir justiça...

Logo após a chegada da Corte Real portuguesa ao Brasil, o Príncipe-Regente D. João, mediante Alvará régio de 10-5-1808, instituiu a **Casa da Suplicação do Brasil**, investida da mesma alçada e competência da Casa da Suplicação de Lisboa. Acerca desse fato, vem a propósito o seguinte informe: *O Supremo Tribunal Federal, como se sabe, projetando-se numa linha histórica de sucessão direta, constitui o legítimo continuador – na condição de órgão de cúpula do sistema judiciário brasileiro – da Casa da Suplicação do Brasil.* (José Celso de Mello Filho, Ministro e ex-Presidente do Supremo Tribunal Federal, em seu artigo-estudo *O Supremo Tribunal Federal e a defesa das liberdades públicas sob a Constituição de 1988: alguns aspectos relevantes*, na obra coletiva *Repercussão geral no recurso extraordinário: estudos em homenagem à Ministra Ellen Gracie* – coordenação do Juiz Federal Leandro Paulsen e apresentação do Ministro Ayres Brito (Porto Alegre: Livraria do Advogado Editora, 2011, p. 14).

Suplício de Tântalo

¶ **Tântalo**, segundo a lenda, rei da Lídia, recebeu a visita dos deuses e serviu-lhes por refeição os membros do seu próprio filho Pélope, para provar-lhes a divindade. Descoberta a atrocidade, Júpiter precipitou-o no Tártaro (parte dos Infernos onde os culpados eram punidos). Lá, no centro de um lago, com água até os joelhos e rodeado por árvores carregadas de frutos, vive torturado por uma sede e fome jamais saciáveis, pois a água e os frutos se afastam dele quando tenta colher estes e alcançar aquela.

Na literatura, a expressão *suplício de Tântalo* simboliza a ambição que se frustra no próprio momento em que está prestes a ser satisfeita.

Surdo(s)-mudos(s) / surda(s)-muda(s) – Surdo-mudo(s) / surdo-muda(s)

¶ Quando **substantivo**, variam ambos os elementos do composto **surdo-mudo**, em gênero e número, segundo a regra geral.

São absolutamente incapazes de exercer pessoalmente os atos da vida civil: [...] III – Os surdos-mudos, que não puderem exprimir a sua vontade. (CC/1916, art. 5º, III)

O juiz nomeará intérprete toda vez que o repute necessário para: [...] III – traduzir a linguagem mímica dos surdos-mudos, que não puderem transmitir a sua vontade por escrito. (CPC, art. 151)

¶ Como **adjetivo**, só varia o segundo elemento do composto **surdo-mudo**, em gênero e em número, de acordo com a regra geral: meninos surdo-mudos; meninas surdo-mudas; criança surdo-muda.

Raramente o vocábulo surdo-mudo é usado como adjetivo. Daí o engano (em que têm laborado alguns escritores) de aplicar ao adjetivo as flexões do substantivo. (A. M. de Sousa e Silva – *Dificuldades sintáticas e flexionais*, p. 289)

Labora um equívoco nas gramáticas em relação a **surdo-mudo**. *Como substantivo, a flexão plural é* **surdos-mudos**; *flexão feminina: a(s) surda(s)-muda(s). Como adjetivo, deve obedecer à regra:* menino **surdo-mudo**; menina **surdo-muda**; meninos **surdo-mudos**, meninas **surdo-mudas**. *Por ser raramente usado como adjetivo gera equívocos que se devem evitar.* (Celso Pedro Luft – *Dicionário gramatical da língua portuguesa*, p. 73)

Surgido – Surto

¶ *Surgido* é o único particípio atual de **surgir**.
Haviam (ou *tinham*) *surgido alguns problemas de última hora.*

¶ A forma irregular, contraída, *surto*, emprega-se, na linguagem jurídica, como adjetivo, na acepção de ancorado: navio surto no porto.

Sursis

¶ *Sursis* é substantivo francês (pronúncia: *sürsi*).

Na linguagem comum, significa espera; dilação; prorrogação. Na linguagem jurídica, tem o sentido de *suspensão condicional da execução da pena*.

O termo origina-se do verbo **surseoir** (pronúncia: **sürsuar**), também francês, que tem as acepções de **suspender**, **adiar**.

Suso

¶ *Suso* é advérbio e significa acima, anteriormente. Origina-se do advérbio latino **sursum** (ou **susum**, forma menos usual), que significa para cima, para o alto: *Sursum corda!* (Corações ao alto!)

Na realidade, *suso* é um termo arcaico, revitalizado por alguns juristas simpatizantes de antiguidades, como nestes exemplos, colhidos em decisões judiciais:

A manifestação sentencial limitou-se à aplicação do texto legal suso referido.

Desta sorte, não se operando a extinção da punibilidade pelas formas suso aludidas, não se poderá vislumbrar [sic] *injustiça da ação penal.*

Vislumbrar significa *ver mal e parcamente*. Para informações mais pormenorizadas, consulte: Kaspary, Adalberto J. *O verbo na linguagem jurídica: acepções e regimes.* 7. ed. rev., atual., ampl. e adaptada ao novo sistema ortográfico, Porto Alegre: Livraria do Advogado Editora, 2010, verbete **Vislumbrar**.

Dentro da linha fixada pelo acórdão suso transcrito, determinados bens serão preservados da execução.

No VOLP/09 encontra-se a forma aglutinada **susodito**.

Suspeitado – Suspeito

¶ *Suspeitado* é o único particípio atual de **suspeitar**.
Eu já havia suspeitado desse rapaz.

¶ *Suspeito* emprega-se como substantivo e adjetivo, nas acepções de: que é objeto de suspeita; pessoa de quem se desconfia quanto à prática de ato reprovável.

No âmbito do Direito, o termo *suspeito* designa, atualmente, uma pessoa acusada da probabilidade de haver cometido um delito, com base em provas ou evidências alentadas (proximidade do delito, p. ex.). Na verdade, parece que, em linguagem jurídico-politicamente correta, não há mais criminosos, mas somente suspeitos, mesmo que flagrados no local e no ato de cometimento do delito.

Suspendido – Suspenso

¶ *Suspendido* é a forma regular do verbo **suspender**. Emprega-se com os verbos **haver** e **ter** (voz ativa).
Os oposicionistas haviam/tinham suspendido as negociações com o governo.

¶ *Suspenso* é a forma contraída, irregular, do verbo **suspender**. Emprega-se com o verbo **ser** (voz passiva). Também se emprega como adjetivo (com os verbos **estar** e **ficar**).
Por precaução, as aulas foram suspensas por dois dias.
A venda de ingressos está suspensa até ordem em contrário.
Devido à queda de barreiras, o trânsito entre as duas cidades ficou suspenso por dois dias.

T

Tampouco – Tão pouco

¶ *Tampouco*, partícula de inclusão negativa (ou advérbio, segundo alguns), significa também não, nem sequer, nem mesmo.
Não compareceu, tampouco mandou representante.
Não sabia ler, tampouco escrever.
O advogado não se lembrou desse pormenor; tampouco eu.
O emprego não é a única forma de trabalho, tampouco a forma preponderante.
Nem os romanos, tampouco os gregos conheceram os tristes conflitos que têm sido tão vulgares, noutras sociedades, entre a Igreja e o Estado. (Fustel de Coulanges – *A cidade antiga*, p. 175)

¶ *Tão pouco*, que se compõe de **tão** (advérbio de intensidade) + **pouco** (advérbio ou, conforme o caso, pronome indefinido), significa de tal forma pouco.
Ganha tão pouco, que mal consegue sustentar a família.
Compareceram tão poucas pessoas ao ato, que os organizadores do evento ficaram constrangidos.

Tão só – Tão somente

¶ *Tão só* significa *tão somente* (= unicamente, apenas, exclusivamente) ou tão sozinho. Pelo AOLP (1990), ambas as formas não têm hífen.
Obriga-se perante terceiro tão somente o sócio ostensivo; e, exclusivamente perante este, o sócio participante, nos termos do contrato social. (CC, art. 991, parágrafo único)
Eu pretendia tão só (= apenas, unicamente) *tecer algumas considerações em torno do assunto.*
Preocupava-se tão só com seus próprios interesses.
Ele vive tão só (= tão sozinho) *naquele sítio, que parece ter-se desgostado do convívio das pessoas.*

TDA – TDAs (pluralização de siglas)

¶ A pluralização das siglas faz-se mediante o acréscimo de **s** minúsculo ao seu final, **sem** a interposição de apóstrofo:

TDA – TDAs = Título/Títulos da Dívida Agrária

DOC – DOCs = Documento/Documentos de Ordem de Crédito

CDB – CDBs = Certificado/Certificados de Depósito Bancário

EPI – EPIs = Equipamento de Proteção Individual/Equipamentos de Proteção Individual

JEF – JEFs = Juizado Especial Federal/Juizados Especiais Federais

Em alguns casos, também se pluralizam as siglas (e mesmo as abreviaturas) mediante a duplicação das respectivas letras:

a. ou a – aa. ou aa = assinado(a)/assinados (as)

A. – AA. = Autor/Autores

E. – EE. = Estado, Estados/Editor/Editores

EE UU = Estados Unidos

f. – ff. = folha/folhas

São mais usuais as formas fl. – fls.

M. – MM. = Município/Municípios

p. – pp. = página(s)

R. – RR. = Réu/Réus

S. A. – S.S. A. A. – Sua Alteza/Suas Altezas

ss. = seguintes

S. – SS. = Santo/Santos

O apóstrofo, mesmo em inglês, não indica plural, expressando, isto sim, **posse**, **pertinência** (**the genitive case**): *the montain's top, Mr. Smith's book*, etc.

Termo – Terminologia – Terminologia Jurídica – Terminografia

¶ A palavra *termo* origina-se do substantivo latino **terminus, -i**, que significa limite, marco, estrema; e, por extensão, fim. O substantivo origina-se do **verbo termino, -as, -avi, -atum, -are**, que tem as acepções de delimitar, demarcar, estremar, limitar; e, por extensão, marcar, fixar, encerrar, fechar, terminar.

No campo da Lógica, *termo* é o conceito representado pela sua expressão verbal. *Assim como a linguagem é a expressão do pensamento, o termo é a expressão do conceito.* (Puigarnau, Jaime M. Mans. *Lógica para juristas*, p. 54).

Embora o termo seja constituído por uma palavra ou por um grupo de palavras (locução), na realidade, não há falar em termo simples e termo composto, uma vez que ele sempre representa um único conceito. É uma unidade lexical de significação especializada.

¶ *Terminologia* é o conjunto de termos usados na comunicação verbal de um campo especializado do saber (profissão, ciência, matéria, ofício, etc.): **terminologia jurídica**, **terminologia médica**, etc. Seu objetivo é a exata delimitação dos conceitos na esfera cognitiva de determinadas áreas do saber e, em decorrência, a organização do conhecimento científico.

Francisco Ferrara (*Interpretação e aplicação das leis*, p. 109), após lembrar que *A todo conceito deve corresponder uma designação técnica, que poupará longos desenvolvimentos e distinções*, conclui que *A terminologia pode dizer-se a 'estenografia do pensamento'*.

¶ A *Terminografia* dedica-se à identificação, ao recolhimento, à explicitação, à organização e à divulgação dos termos em dicionários e outras obras de referência terminológica. É o *Registro, processamento e apresentação de dados resultantes de pesquisa teminológica*. (ISO 1087, 8.2)

Tesauro

Tesauro é um repertório alfabético de termos normatizados para análise de seu conteúdo e classificação dos documentos de informação. É um exemplo de vocabulário controlado, cujo objetivo principal é a padronização terminológica, que facilitará a busca da informação, numa área específica do conhecimento. Daí a denominação vocabulário controlado. Compõe-se de **descritores** (termos autorizados), **não descritores** (termos não autorizados) e **modificadores.**

Descritores são termos autorizados pelo *tesauro*; constituem-se de substantivos ou locuções substantivas que representam um só conceito: conciliação; corréu; gorjeta; precatório; vencimentos; consumidor; ação rescisória; estado de necessidade; prestação alimentícia; regime de bens; compra e venda; acidente do trabalho; etc.

Não descritores são termos que, conquanto representem os mesmos conceitos que os descritores, não são autorizados para uso nas informações complementares do documento, com o intuito de evitar a proliferação de sinônimos, que dificultam a recuperação da informação. Devem ser substituídos pelo termo autorizado correspondente, sugerido pelos símbolos USE ou UP (usado para). Ex.: doente UP enfermo; enfermo USE doente.

Modificadores são substantivos autorizados pelo *tesauro*, utilizados para modificar ou complementar o descritor principal. Devem sempre vir acompanhados de descritores para esclarecer ou limitar o seu significado.

Na área jurídica, temos, no Brasil, tesauros pertinentes ao vocabulário da legislação, da jurisprudência e da doutrina, alguns deles com vocabulário de segmentos específicos do Direito: constitucional, do trabalho, eleitoral, etc.

1. Os apontamentos básicos deste verbete foram colhidos nos seguintes sítios: http://www.stj.gov.br/SCON/thesaurus/, do Superior Tribunal de Justiça (STJ), e http://www.cfj.jus.br/biblioteca/apresentacao_tesaurojuridico.asp, do Conselho da Justiça Federal (CJF), ambos com acesso em 29-11-2011.

2. A palavra *tesauro* origina-se do substantivo masculino latino **thesaurus, -i**, que, por sua vez, é oriundo do substantivo grego **thesaurós**, com o significado de: tesouro, haveres, teres; armazém, depósito; repositório de palavras, de conhecimentos.

Testigo

¶ *Testigo*, substantivo masculino, tomado do espanhol, significa *testemunha*.

No *Grande e novíssimo dicionário da língua portuguesa*, de Laudelino Freire, 2ª edição, de 1954 (!), o termo já consta como **desusado**. Dos dicionários atualmente em circulação no mercado, comuns e jurídicos, somente um (Houaiss/09) registra o substantivo. Trata-se, pois, de um autêntico arcaísmo – forma em desuso na língua corrente. Não obstante, o termo tem aparecido em decisões judiciais, petições e pareceres. Empregam-no os aficionados por antiguidades – arqueólogos e museólogos em desvio de função –, ou aqueles que confundem escrever bem com escrever difícil, recheando o texto de termos inusitados.

Teúdo e manteúdo

¶ *Teúdo e manteúdo* são, na origem, particípios dos verbos **ter** e **manter**, respectivamente (à semelhança de **conteúdo**, de **conter**, que passou a substantivo).

Os dois particípios sobrevivem nas expressões **concubina teúda** e **manteúda** (CPp, art. 360°, § 2°) e **manceba teúda** e **manteúda** (idem, art. 404°), significando a mulher que é mantida à custa do homem com quem, por igual, vive em relações permanentes; é a mulher tida (teúda) e mantida (manteúda) como concubina. O fato de essa mulher contribuir, quase sempre, para o aumento do patrimônio do casal, fez com que a lei lhe conferisse proteção especial em vários dispositivos; haja vista os seguintes: CRFB, arts. 5°, I, e 226, *caput* e § 3°; CC, Título III – Da União Estável – arts. 1723-27.

Há que fazer distinção entre **concubinato** e **união estável**; esta é a *união de fato, lícita e permanente entre homem e mulher, ou vida em comum, sem casamento, entre homem e mulher desimpedidos para contrair matrimônio;* aquele é a *união não eventual, entre homem e mulher impedidos de casar* (Acquaviva, Cláudio Marcus. *Dicionário jurídico Acquaviva.* 5. ed. atual. e ampl., São Paulo: Rideel, 2011, p. 210 e 862).

Toda vez que – Todas as vezes que

¶ *Toda vez que* e *todas as vezes que* são locuções adverbiais temporais sinônimas, com o significado de sempre que. Não cabe a preposição **em** antes do **que**.

Todas as vezes que vou ao cinema ou ao teatro, choca-me a má-educação de alguns frequentadores desses locais.

Todas as vezes que viajo à Europa, não deixo de frequentar livrarias e museus, igrejas e castelos.

Todo – Todo o

No português moderno, especialmente no do Brasil, no singular ocorre esta distinção:

¶ *Todo*, sem artigo, significa qualquer, cada, o conjunto universo dos seres em questão: todo homem = qualquer homem, cada homem, todos os indivíduos da espécie homem.

Todo homem é capaz de direitos e obrigações na ordem civil. (CC, art. 2º)

Toda pessoa que se acha no exercício dos seus direitos tem capacidade para testar em juízo. (CPC, art. 7º)

A todo trabalho de igual valor corresponderá salário igual, sem distinção de sexo. (CLT, art. 5º)

A todo tempo, o juiz poderá proceder a novo interrogatório. (CPP, art. 196)

Em toda escola teórica há um fundo de verdade. (Carlos Maximiliano – *Hermenêutica e aplicação do direito*, p. 65)

¶ *Todo o*, isto é, com artigo, significa inteiro, completo, em sua totalidade: todo o prédio = o prédio inteiro. Neste caso, *todo* pode ser posposto ao substantivo: o terreno todo.

A seguridade social será financiada por toda a sociedade, de forma direta e indireta, nos termos da lei, [...] (CRFB, art. 195, *caput*)

O legado de usufruto, sem fixação de tempo, entende-se deixado ao legatário por toda a sua vida. (CC, art. 1.921)

A jurisdição civil, contenciosa e voluntária, é exercida pelos juízes, em todo o território nacional, conforme as disposições que este Código estabelece. (CPC, art. 1º)

1. A diferença de sentido entre ***todo*** e ***todo o***, isto é, com artigo e sem ele, fica evidente nestes dois exemplos:
O credor tem a faculdade de desistir de toda a execução [= da execução inteira] *ou de apenas algumas medidas executivas.* (CPC, art. 569)
Toda execução [= qualquer execução] *tem por base título executivo judicial ou extrajudicial.* (CPC, art. 583)

2. Mesmo no sentido de **inteiro**, **todo** não terá artigo se o substantivo (próprio, no caso) repelir essa classe gramatical:
Percorremos todo Portugal e toda a Espanha.
O grupo tem ramificações por todo o Paraná e todo São Paulo.

3. No plural, o artigo é sempre obrigatório diante de substantivo:
Todo homem tem seus defeitos.
Plural: *Todos os homens têm seus defeitos.*
Toda língua é uniforme no essencial e variável no secundário.
Plural: *Todas as línguas são uniformes no essencial e variáveis no secundário.*

Todo e qualquer

¶ Embora um ou outro gramático condene o uso de ***todo e qualquer***, com o argumento de a ideia de **qualquer** já estar contida no vocábulo **todo** – seria um pleonasmo –, a expressão tem sua vernaculidade aforada em autores (escritores, gramáticos, linguistas, etc.) de inquestionável autoridade, quer antigos, quer atuais. Seu emprego, portanto, não comporta reparo. **Qualquer**, no caso, serve de elemento intensificador ao vocábulo **todo**: todos, seja qual for sua categoria, sem possibilidade alguma de distinção.

Saber uma língua é ter competência para fazer ou interpretar toda e qualquer frase dessa língua. (Celso Pedro Luft – *Mundo das palavras* – Correio do Povo, 22-5-1982, p. 22)

Frase – É todo e qualquer enunciado de sentido completo, breve ou longo. (Luiz Antonio Sacconi – *Nossa gramática*, p. 248)

Uma vez reconhecida a segurança das leis fonéticas, devemos repelir implacavelmente toda e qualquer explanação de fenômeno linguístico que por acaso com elas não se conforme, [...] (Sousa da Silveira – *Trechos seletos*, p. 26)

É evidente que todo e qualquer Governo realiza obras dignas de nota. (Paulo Brossard – *No senado*, p. 371)

Vejo por aí que vosmecê condena toda e qualquer aplicação de processos modernos. (Machado de Assis – *Contos*, p. 292)

Quando, evidentemente, em todo e qualquer caso, esses negócios abjetos são atos de lenocínio, dos quais ambas as partes saem contaminadas. [...] (Rui Barbosa – *A imprensa e o dever da verdade*, p. 61-2)

Não sendo o prestador de serviço contratado para certo e determinado trabalho, entender-se-á que se obrigou a todo e qualquer serviço compatível com as suas forças e condições. (CC, art. 601)

É vedada toda e qualquer censura de natureza política, ideológica e artística. (CRFB, art. 220, § 2º)

Todo e qualquer ato praticado pelo tabelião de protesto será cotado, identificando-se as parcelas componentes do seu total. (Lei n. 9.494, de 10-9-1997, art. 37, § 2º)

A expressão também ocorre no plural:

Nas vendas judiciais extingue-se toda a responsabilidade da embarcação para com todos e quaisquer credores [...] (C. Com., art. 477)

Todas e quaisquer línguas favorecem o falante, propiciando-lhe plena comunicação. (Celso Pedro Luft – *Mundo das palavras*, Correio do Povo, 15-4--1982, p. 10)

Tórax – Torácico

¶ O adjetivo correspondente ao substantivo **tórax** é **torácico** (com **c**, e não com **x**), com base no radical **thoracem**, acusativo do substantivo latino **thorax**. É que a grande maioria das palavras de origem latina se origina do acusativo, que, por isso, se denomina caso lexicogênico.

Na respiração artificial, fazem-se movimentos rítmicos do braço, acompanhados de compressão torácica.

Torpe (pronúncia)

¶ O **o** do adjetivo **torpe** – no sentido jurídico-penal de obsceno, ignóbil, sórdido; infame, vil; imoral – tem a pronúncia fechada, conforme vem registrado no VOLP/09 e nos dicionários em geral (Aurélio/10; Houaiss/09; Sacconi/10; etc.). No substantivo derivado **torpeza**, o **o** e o **e** pronunciam-se fechados (**tôrpêza**).

1. O Houaiss/09 também registra o adjetivo **torpe** com o aberto (ó); atribui-lhe as acepções de: que entorpece, torpente; que se encontra entorpecido. Liga-o ao verbo **torpecer**, variante de **entorpecer**.

No art. 61, II, *a*, do CPC, aparece a locução adverbial causal *por motivo fútil ou torpe*. **Motivo fútil** e **motivo torpe** constituem circunstâncias da pena. **Motivo fútil**, também chamado frívolo, é o que indica desproporção entre o motivo e a prática do crime; motivo insignificante. **Motivo torpe** é o que contrasta com a moral média e, por isso, suscita a aversão ou repugnância geral. É conhecido o brocardo latino *Nemo au-*

ditur suam turpitudinem allegans – Ninguém pode ser ouvido se alega sua própria *torpeza*. – A ninguém é lícito alegar a própria torpeza no intuito de tirar proveito dela.

Trabalho de Sísifo

¶ Conforme algumas lendas, **Sísifo** seria rei de Corinto e filho de Éolo, o deus dos ventos. Temido por suas crueldades, rapinas, artimanhas, avareza e corrupção, foi condenado, depois de morrer, a pagar por seus crimes, empurrando uma pedra enorme até o alto de uma montanha, donde ela tornava imediatamente a cair, tendo Sísifo de ir outra vez buscá-la e repetir incessantemente a mesma tarefa.

A locução **trabalho de Sísifo** passou para a literatura como símbolo de um encargo extenuante e inútil, de um suplício que recomeça sempre, de um castigo que não para.

O escritor francês Albert Camus (1913-1960) publicou um ensaio sob o título *O mito de Sísifo*, em que proclama o absurdo da condição humana.

A locução **trabalho de Sísifo** também aparece sob as variantes **maldição**, **mito** e **rochedo de Sísifo**.

[...], tive a sensação de estar diante da maldição de Sísifo, personagem[1] da mitologia grega, condenado a repetir sempre a mesma tarefa de empurrar uma pedra de uma montanha até o topo e só para vê-la rolar para baixo novamente. (Professora Doutora Carmem Mara Crady. (*Zero Hora*, 12-4-13, p. 18, Porto Alegre-RS)

[1] *Personagem* é s. 2g., daí por que está correta a concordância [...] *personagem* [...] *condenado* [...]

Trâmite(s) – Tramitar – Tramitação

¶ **Trâmite** origina-se do substantivo latino masculino **trames**, **-itis**: caminho estreito, atalho, senda, via, estrada. Este, por sua vez, tem origem no verbo **tra(ns)meare**: passar além, atravessar, ir além. Em português, **trâmite** tem a significação básica de *caminho com uma direção determinada; via, senda, meio*.

Na linguagem jurídica, especificamente, **trâmite** designa o conjunto dos movimentos do processo, isto é, cada uma das etapas que ele deve vencer para chegar a um resultado.

Geralmente empregado no plural, o termo costuma aparecer sob estas duas locuções: a) **trâmites legais**: procedimento previsto em lei que deve ser seguido para se atingir determinado fim; b) **trâmites proces-**

suais: conjunto de atos e diligências a serem praticados no processo, até o respectivo julgamento.

¶ O verbo *tramitar*, na esteira do significado básico do substantivo *trâmite* – caminho com direção determinada – tem o sentido de *seguir as várias fases ou estágios por que (algo) tem de passar; estar em curso*. Assim, na linguagem do Direito, tem o sentido de percorrer (um processo, um documento) todas as etapas que, por força de lei, assinalam seu curso ou traçam seu andamento.

¶ O substantivo *tramitação*, formado do verbo *tramitar* e do sufixo **-ção**, indica a dinâmica peculiar do andamento processual, de acordo com as disposições legais.

Em face do significado básico presente nos três termos, pode-se concluir que, do ponto de vista técnico, as formas mais adequadas de expressar o andamento do processo consistem no emprego, de acordo com a situação, de um dos termos sob análise: O processo segue os **trâmites** normais. O processo **tramita** na Seção Especializada em Dissídios Coletivos do Tribunal Superior do Trabalho. A *tramitação* dos processos muitas vezes é demorada, devido ao excessivo formalismo que a regula.

O termo *tramitação* está presente no art. 12, §§ 4º e 5º, da Lei n. 11.419, de 19-12-2008.

§ 4º Feita a autuação na forma estabelecida no § 2º deste artigo, o processo seguirá a tramitação legalmente estabelecida para os processos físicos.

§ 5º A digitalização de autos em mídia não digital, em tramitação ou já arquivados, será precedida de publicação de editais de intimações [...]

Transitado – Trânsito (em julgado)

¶ Como particípio, o verbo **transitar** tem somente a forma regular *transitado*, em qualquer sentido.

Transitada em julgado a sentença que declarou a vacância, o cônjuge, os herdeiros e os credores só poderão reclamar o seu direito por ação direta. (CPC, art. 1.158)

As autoridades constataram que as forças inimigas haviam transitado pelo território nacional.

¶ Adjetivamente, emprega-se também a expressão ***trânsito em julgado***, a par de transitado em julgado.

Não é a ação revisional sucedânea de recurso contra sentença condenatória trânsita em julgado, [...] (TARGS – *Julgados*, n. 79, p. 13)

O termo *trânsito* também se emprega substantivamente, entre outros, no sentido de ato ou efeito de passar em julgado: o trânsito da sentença, o trânsito do despacho, etc.

No exemplo a seguir, aparecem o particípio regular *transitado* e o substantivo *trânsito*:

Mesmo depois de transitado em julgado, o despacho saneador que julgue ilegítima alguma das partes por não estar em juízo determinada pessoa, pode o autor, dentro de trinta dias a contar do trânsito do despacho, chamar essa pessoa a intervir nos termos dos artigos 356º e seguintes. (CPCp, art. 269º, 1)

Em seu art. 677º, o CPCp dá a *noção de trânsito em julgado*, nestes termos;

A decisão considera-se passada ou transitada em julgado, logo que não seja susceptível de recurso ordinário, ou de reclamação nos termos dos artigos 668º e 669º.

Tredestinação

¶ **Tredestinação** é a destinação de um bem expropriado a finalidade diversa daquela prevista no ato expropriatório.

A *tredestinação* pode ser lícita ou ilícita. É lícita quando ao bem expropriado é dada destinação que atende ao interesse público, conquanto diversa da inicialmente mencionada no decreto expropriatório. No caso, a desapropriação atende ao interesse público, não obstante o fato de o expropriante dispensar-lhe destino diverso do inicialmente planejado.

É ilícita a *tredestinação* quando o bem expropriado para um fim é empregado noutro sem utilidade pública ou interesse social. No caso, a ilicitude da *tredestinação* está no fato de ela contravir o disposto na legislação que regula a desapropriação por utilidade pública (DL n. 3.365, de 21-6-1941, art. 5º) e naquela que define os casos de desapropriação por interesse social (Lei n. 4.132, de 10-9-1962, art. 2º).

Hely Lopes Meirelles (*Direito administrativo brasileiro.* 32ª ed., São Paulo: Malheiros Editores, 2006, p. 621) observa que a forma correta seria **tresdestinação**, em lugar de *tredestinação*, no sentido de desvio de destinação. Tem fundamento a observação, porquanto o pregfixo **tres-**, variante de **tra(n)s-**, tem o sentido de movimento para além de, posição além de, e **tresdestinação** indica, de fato, uma destinação que vai ou está além daquela originariamente prevista. O que se verifica, no entanto, é a prevalência da forma *tredestinação* em textos doutrinários e jurisprudenciais. Talvez concorra para esse uso majoritário a cacofonia presente na sequência '*tresdes*' na forma **tresdestinação**, que seria a mais correta.

Trintídio

¶ *Trintídio* é a palavra com que se designa o prazo, período ou espaço de trinta dias; tem, ainda, a acepção de missa ou ofício no trigésimo dia após a morte do sufragado (= aquele em cuja intenção se reza). Compõe-se do numeral cardinal **trinta** + o substantivo **dia**. Está registrada no VOLP/09 e consta também em diversos dicionários (Aurélio/10; Houaiss/09; etc.).

É devido o pagamento da indenização adicional na hipótese de dispensa injusta do empregado, ocorrida no trintídio que antecede a data-base. (Súmula n. 306 do TST)

Lembram-se, por oportuno, as palavras **bíduo**, **tríduo**, **quatríduo** e **quinquídio**, com que se designam, respectivamente, os períodos ou prazos de dois, três, quatro e cinco dias.

O prazo para o aditamento da queixa será de 3 (três) dias, contados da data em que o órgão do Ministério Público receber os autos, e, se este não se pronunciar dentro do tríduo, entender-se-á que não tem o que aditar, prosseguindo-se nos demais termos do processo. (CPP, art. 46, § 2º)

Confira os verbetes *Decêndio – Decênio – Decíduo* e *Octódio*.

Tudo o mais – Tudo mais

¶ Ambas as formas – *tudo o mais* e *tudo mais* – são corretas, conquanto a primeira pareça ser a estrutura integral, se comparada com **todo o resto**.

O importante é ter saúde – tudo (o) mais (= todo o resto) *é secundário.*

Tudo o que – Tudo que

¶ *Tudo que* ou *tudo o que* – ambas as formas são corretas:

Tudo o que mais desejava era ver o caso resolvido naquele mesmo dia.

Anote integralmente tudo que ele disser na entrevista.

Estou a par de tudo o que foi decidido na assembleia.

Tudo o que se pagou presume-se verificado. (CC, art. 614, § 1º)

Antes de assumir a tutela, o tutor declarará tudo o que o menor lhe deva, sob pena de não lhe poder cobrar, enquanto exerça a tutoria, salvo provando que não conhecia o débito quando a assumiu. (CC, art. 1.751)

Se parcial, ou se o testamento posterior não contiver cláusula revogatória expressa, o anterior subsiste em tudo que não for contrário ao posterior. (CC, art. 1.970, parágrafo único)

O meu ódio é o último tesouro que me resta de tudo o que deixei no mundo. (Alexandre Herculano – *O monge de Cister*)

Tudo que existe é imaculado e é santo. (Guerra Junqueiro)

Juro por tudo o que há mais sagrado. (Machado de Assis – *Quincas Borba*)

Nem tudo o que reluz é ouro. (provérbio)

Tudo o que acabo de dizer é filosofia não minha, senão do mesmo Cristo. (Antônio Vieira)

Tudo o que mais queria era ver as pessoas contentes.

A forma *tudo o que* parece ser a mais usada. É equivalente a **tudo aquilo que**.

U

U (e não O)

¶ Palavras usuais com *u*:

bueiro (= escoadouro)	rebuliço[3] (= agitação)
burburinho	(de) supetão
camundongo[1]	surrupiar[4]
cumbuca	tábua
curinga[2]	tabuada
curtume	tabuleta
elucubração	tabuão
entabular	usucapião[5]
jabuti(caba)	usufruto

[1] O VOLP/09 também registra a forma variante **camondongo**.

[2] **Curinga** é a carta do baralho. Também existe a forma **coringa**, que significa empregado de barcaça, ou vela de barcaça ou de canoa.

[3] **Reboliço** significa *que rebola*.

[4] O VOLP/09 também registra a variante **surripiar**.

[5] Sobre o termo *usucapião* – gênero gramatical e seus cognatos, bem como sobre a flexão do verbo **usucapir** – consulte: Kaspary, Adalberto J. *O verbo na linguagem jurídica: acepções e regimes*. 7. ed. rev., atual., ampl. e adaptada ao novo sistema ortográfico, Porto Alegre: Livraria do Advogado Editora, 2010.

Ultra-atividade – ultratividade

¶ A grafia com hífen – *ultra-atividade* – está em conformidade com a norma do AOLP (1990), conquanto a variante aglutinada – *ultratividade* – seja a mais usual no meio jurídico. Deve-se prestigiar a forma em consonância com o novo sistema ortográfico.

Ultra-atividade é a *Prerrogativa da lei excepcional ou temporária de aplicar-se ao fato ocorrido durante sua vigência, embora decorrido o período de duração ou cessadas as condições que a determinaram.* (DJ/04, 9. ed., p. 577).

Os dicionários comuns não registram nenhuma das duas formas.

Nosso Código Penal trata da **ultra-atividade** da lei em seu artigo 3º:

Art. 3º A lei excepcional ou temporária, embora decorrido o período de sua duração ou cessadas as circunstâncias que a determinaram, aplica-se ao fato praticado durante sua vigência.

Sobre o significado do termo **ultra-atividade** fora do meio jurídico, bem como sobre as normas do novo sistema ortográfico, didaticamente expostas e abundantemente exemplificadas, consulte: Kaspary, Adalberto J. *Nova ortografia integrada: o que continuou + o que mudou = como ficou.* Porto Alegre: EDITA, 2011.

Um e meio milhão, trilhão, quilo, etc.

¶ O substantivo que vem após a expressão fracionária fica no singular se o número inteiro é inferior a duas unidades.

Em apenas um ano, a autarquia liberou 1,2 trilhão em licitações fraudulentas para o transporte de grãos.

Noticia-se que 1,5 milhão de contribuintes deixou de entregar o formulário.

Consumiram 1,8 quilo de carne de javali.

Oficialmente será repassado 1,19 trilhão para a safra.

O Brasil tem 1,3 milhão de viciados em maconha. (FSP, 2-8-12, cad. C1

Um e outro... – Um ou outro... – Nem um nem outro...

¶ O substantivo (expresso ou subentendido) determinado por **um e outro**, **um ou outro** ou **nem um nem outro** fica no singular. Já o verbo fica no singular ou vai ao plural. Uma e outra concordância têm respeitáveis adeptos, como mostram os exemplos a seguir:

Uma e outra coisa existiam no estado latente, mas existiam. (Machado de Assis – *Contos*, p. 287)

Um ou outro escolhido conseguiu às vezes penetrar no santuário em que os dous [=dois] *viviam.* (Machado de Assis – *Contos*, p. 748)

Uma e outra corrente prestaram às letras jurídicas inestimáveis serviços. (Carlos Maximiliano – *Hermenêutica e aplicação do direito*, p. 114)

Um e outro [o doente mental e o ébrio] *não entendem o caráter criminoso da ação.*

Notai agora a diferença com que um e outro poeta fala em um e outro parto. (Antônio Vieira – *Sermões*, vol. 10, p. 205).

Por isso não admira que um e outro acórdão, nas suas conclusões, chegassem aos absurdos, que dignamente os coroam. (Rui Barbosa – *Trabalhos jurídicos*, p. 130)

Um ou outro rapaz virava a cabeça para nos olhar. (Raquel de Queirós)

Uma ou outra passagem do depoimento foram revoltantes. (FSP, 21-10-1993, cad. 1, p.10)

Já nem uma nem outra diligência se pôde fazer. (Manuel Bernardes)

Nem um nem outro alvitre lhe agradaram, porém. (Júlio Diniz – *As pupilas do senhor reitor*, p. 81)

União Federal (impropriedade)

¶ A **União** não é **federal**, assim como o **Estado** não é estadual nem o **Município** é municipal [...]

Federal, como estabelecido no art. 18 da CRFB, é a forma do Estado Brasileiro: República Federativa do Brasil. Assim, é impróprio o uso da locução *União Federal*, devendo-se empregar, tão somente, o termo **União**, prática, aliás, uniforme de nossos textos normativos.

A propósito do termo mais adequado para significar a nossa Lei Fundamental, os constitucionalistas recomendam, por mais técnica, a locução **Constituição da República Federativa do Brasil (CRFB)** em vez de, simplesmente, Constituição Federal. É aliás, a denominação que se encontra no preâmbulo de nosso texto constitucional, promulgado em 5 de outubro de 1988.

Usuário – Utente

¶ Os termos *usuário* e *utente* têm significação idêntica, quer como adjetivos, quer como substantivos, apenas que aquele é mais usual no Brasil; e este, em Portugal.

Assim, p. ex., no Brasil chamamos de *usuário* a pessoa que tem o direito de usar um bem ou serviço público ou privado (usuário do transporte coletivo, usuário do serviço dos correios), ao passo que em Portugal é usual designar essa pessoa de *utente* desses serviços (utente dos transportes públicos, das bibliotecas, dos logradouros públicos, etc.). Aqui, volta e meia, os usuários das estradas têm de arcar com o aumento do preço do pedágio (ou **rodágio**), como deveria ser). Já em Portugal, os utentes das pontes e estradas são, de tempos em tempos, informados da majoração do preço da **portagem** (como eles chamam o pedágio (ou **rodágio**).

Consulte o verbete *Rodágio*.

Uxoricídio – Uxoricida – Uxório

¶ *Uxoricídio* é o homicídio da mulher perpetrado pelo próprio marido.

Uxoricida é o agente, aquele que mata a esposa. Os termos derivam do substantivo latino **uxor**, **uxoris** (genitivo): esposa (mulher legalmente casada) + o verbo **caedere** (pronúncia: *cédere*): matar, ferir, imolar.

¶ *Uxório* significa relativo à mulher casada: outorga uxória, consentimento uxório, direitos uxórios, etc. O termo origina-se do adjetivo latino triforme **uxorius, -a, -um**: relativo à esposa. Também se diz **uxoriano.**

Em todos os termos – uxoricídio, uxoricida, uxório e uxoriano –, o **x** tem som de **cs**.

Confira o verbete *Maricídio/mariticídio – Maricida/mariticida – Marital*.

V

Vendável – Vendível

¶ *Vendável* significa que se vende bem ou facilmente; que tem boa venda, boa saída. Deriva do substantivo **venda**, assim como **comprável** deriva de **compra**.

¶ *Vendível* significa que se pode vender, que pode ser vendido. Deriva do verbo **vender**, assim como **elegível** de **eleger**, **atendível** de **atender**, etc.
Nem toda mercadoria vendível é vendável. (Antenor Nascentes – *Dicionário de sinônimos*, pp. 376-77)

Via de regra (impropriedade)

¶ Evite-se o uso desta expressão, *de emprego desaconselhável em razão da anfibologia* [= ambiguidade, duplicidade de sentido] *a que ambos os elementos vocabulares se prestam [...]* (DJ/04, 9 ed., p. 897). *Impróprio, mas muito impróprio, é o uso da cabeluda expressão 'via de regra' ou 'por via de regra'.* (Josué Machado – *Manual da falta de estilo*, p. 13)

Para quem não percebeu a impropriedade ou inconveniência de (**por**) *via de regra*, sugere-se a busca de argumentos mais explícitos nas duas obras acima referidas, nas páginas citadas. **Intelligenti pauca** (para o inteligente basta pouco) ou, em bom português, **A bom entendedor meia palavra basta**.

Em lugar da malvista locução, recomenda-se o emprego de outras, insuspeitas, irrepreocháveis, tais como **de regra**, **em regra**, **regra geral**, **em geral, de ordinário, quase sempre, geralmente, as mais das vezes, comumente**, etc.

A confissão é, de regra, indivisível, [...] (CPC, art. 354)
As pessoas dos bairros pobres daquela cidade são, em regra, desconfiadas e retraídas.

Os seus escritos, regra geral, exprimiam a opinião corrente sobre o assunto.

Com vista à desejada eficácia do processo da comunicação, há que evitar todo possível **ruído**. Este termo, como se sabe, designa, na teoria da comunicação, *toda perturbação aleatória que pode interferir na transmissão da mensagem e alterá-la.* (Louis-Marie Morfaux – *Diccionario de ciencias humanas*, p. 55)

Dizer, p. ex., "eu me indiguino". "ele não cabeu", "isso vareia muito" provoca um ruído ensurdecedor na comunicação, além de um abalo arrasante no conceito sociolinguístico do autor de semelhante despautério.

Vista dos autos

¶ A locução *vista dos autos*, da terminologia processual, com o termo *vista* sempre no **singular**, indica o ato pelo qual o(s) interessado(s), a pedido verbal ou por petição, ou por determinação de ofício do juiz, recebe(m) os autos de um processo, com o direito de tomar conhecimento de tudo que neles se contém.

O advogado tem direito de: I – examinar, em cartório de justiça e secretaria de tribunal, autos de qualquer processo [...]; II – requerer, como procurador, vista dos autos de qualquer processo pelo prazo de cinco (5) dias. (CPC, art. 40, II)

Concluídas as citações, abrir-se-á vista às partes, em cartório e no prazo comum de 10 (dez) dias, [...] (CPC, art. 1.000)

Dentro de dois dias, contados da interposição do recurso, ou do dia em que o escrivão, extraído o traslado, o fizer com vista ao recorrente, este oferecerá as razões e, em seguida, será aberta vista ao recorrido por igual prazo. (CPP, art. 588)

O juiz mandou dar vista dos autos ao Ministério Público e ao defensor do réu.

Foi dada vista dos autos ao Ministério Público e às partes.

1. Consulte-se a Lei n. 11.419, de 19-12-2006, que dispõe sobre a informatização do processo judicial.

2. Nas acepções de **com o fito (intuito, objetivo, propósito) de**, **com a finalidade de**, **a fim de**, **para**, é preferível a expressão **com vista a** (com a palavra **vista** no singular), posto que (= embora) a forma **com vistas a** não seja errônea.

Vítima fatal / mortal / letal (impropriedade)

¶ Registram os dicionários:

fatal: o que produz ou prenuncia a morte; que mata;

mortal: que produz a morte; que mata;

letal: que produz a morte; mortal, mortífero, letífero.

Já se vê, portanto, que a **vítima** não pode ser fatal, mortal, letal: ela não produz a morte, não é ela que mata...

Fatal, mortal, letal é (ou pode ser), isto sim, o acidente, a queda, o ferimento, a doença, etc.

O que, infelizmente, pode ocorrer é sermos vítimas de crime de morte.

Vitória de Pirro

¶ Pirro II, rei do Épiro, adquiriu fama por suas lutas contra os romanos. Apesar dos conselhos de seu ministro e conselheiro Cíneas, empreendeu uma expedição contra a Itália e, graças à surpresa que seus elefantes causaram aos romanos, saiu vencedor em Heracleia e em Ásculo. Esta última vitória, no entanto, custou-lhe tantas perdas de guerreiros, que, quando cumprimentado por seus generais, respondeu-lhes: *Ainda outra vitória como esta e estou perdido.*

A locução *vitória de Pirro* entrou para a literatura para designar toda vitória alcançada à custa de enormes sacrifícios, que lhe minimizam ou quase nulificam o proveito.

X (com pronúncia de CS)

¶ Palavras usuais de *x* com pronúncia de *cs*:

anexo	hexadá(c)tilo[3]	prolixidade
anorexia	hexagonal	prolixidez
anoréxico	hexágono	prolixo
anoréxigeno	hexassílabo	proxeneta[6]
apoplexia[1]	intoxicação[4]	proxenetismo
asfixia	intoxicar	proxenia
ataxia	lexical(idade)	tóxico
axila	léxico	toxicodependência
axiologia	lexicoestatística	toxicológico
axioma[2]	léxis (s. f.)	toxicomaníaco
axiomático[2]	maxidesvalorização	toxidez
axiomatização[2]	maxilar	toxifilia
axiônimo (= forma de tratamento)	maxilodental	toxi(no)terapia
caquexia	máxima[5]	toxofobia
dislexia	obnóxio	toxoplasmose
disléxico	profilaxia	uxoricida (uxoricídio, uxório)

[1] O VOLP/09 também registra a pronúncia de **ss**.

[2] O VOLP/09 também registra a pronúncia de **ss**.

[3] O VOLP/09 registra as pronúncias de **cs** e **z** em todas as palavras derivadas com o prefixo **hexa**.

[4] O VOLP/09 registra a pronúncia **cs** em todas as palavras derivadas com o prefixo **toxico** e suas formas variantes: **tox, toxi, toxico, toxino** e **toxo**.

[5] O VOLP/09 registra as pronúncias de **cs** e **ss** também para as seguintes palavras mais usuais: maximalidade, maximalismo, maximalista, maximalizar, máxime, maximianismo, maximiliano (adj.), maximização, maximizar, maximizável, máximo, maxissaia, maxivestido.

[6] O VOLP/09 registra pronúncia fechada para o **e** da sílaba **ne**.

X (e não CH)

¶ Palavras usuais com *x*:

(a)tarra(xar)	Erexim[1]	rixa
bexiga	erexinense[1]	taxativo
capixaba	faxina	vexado
caxumba	lixívia	xá(i)le
coxilha	luxação	xampu
debuxar	mixórdia	Xanxerê
desenxabido	pexotada[2]	Xapecó[3]
engraxate	pexote[2]	xapecoense[3]
enxurrada	relaxar	xará
xavante	remexer	xucro
xeque (= perigo)	xícara	Xuí[4]
xeque-mate	xifópago	xuiense
xerife	xilindró	

[1] Grafias oficiais, baseadas nos seguintes documentos: *Índice dos topônimos da carta do Brasil ao milionésimo* (Fundação IBGE, 1971); VOLP/09 (Academia Brasileira de Letras).

[2] O VOLP/09 também registra as formas variantes **pixotada** e **pixote**.

[3] O VOLP/09 também registra a variante **xapecoense** (p. 849).

[4] O VOLP/09 registra somente esta forma. Registra a forma **chuí** como substantivo comum (não como topônimo).

X (e não S ou SS)

¶ Palavras comuns com *x*:

(o) contexto	extático (= enlevado)	extremoso (= carinhoso)
contextura	extensão	extrínseco
excogitar	extensivo	inextricável
expender	extenuar	máximo
expensas	extirpar	sintaxe
experto (= perito)	extrapolar (= exceder)	extropiado
expiação	extrato (= resumo, síntese)	extroversão
expiar (= remir)	extravagante	extrovertido
expirar (= findar)	extravasamento	têxtil
explanar	extravasar	textilizar
expletivo	extraviar	textual(idade)
explícito	extravio	textualizável
êxtase	extremado (= exagerado)	textura(l)
extasiado	extremar (= exceder)	texturização

X (e não S ou Z)

¶ Palavras usuais com *x*:

exação	exegese	exonerar
exacerbar	exéquias	exorbitar
exalar	exequível	exorcismo
exangue	exerdar	exórdio
exânime	exíguo	exuberante
exarar	exímio	exumação
exasperar	êxito	exumar
exaurir	exocárdio	inexaurível
exautorar	êxodo	inexorável

Z

Z *(e não S)*

¶ Palavras usuais com *z*:

abalizado
algazarra
algoz (ô ou ó)
arrazoado
assaz
atanazar (= aborrecer)
atenazar[1]
azado (= oportuno)
azáfama
azia
aziago
azo (ensejo)
azucrinar
baliza
batizar
bazar
bazófia
bazuca
bizantino
bizarro
buzina
catequizar
cauterizar
chamariz
cizânia
coalizão
comezinho
contumaz
coriza
cozer (= cozinhar)

deslize (lapso)
desmazelo
dizimar
ebriez
embriaguez
encapuzado
enfezar
esgazear
esquizofrenia
esvaziar
exorcizar
falaz
folgazão
foz
fuzil
gaze
gazear
gazua
giz(ar)
granizo
guizo
homiziar
jaez
lambuzar
macambúzio
magazine
matiz(ar)
mazela
nazismo

ojeriza
orizicultura
ozônio
pequenez
pez
prazenteiro
prazerosamente
preconizar
prelazia
prezado (= estimado)
primazia
proeza
profetizar
quizila[2] (= antipatia)
ratazana
regozijo
revezamento
rodízio
sazão
sazonal(idade)
sazonar
soez (= baixo, reles)
topázio
tornozelo
trapézio
triz (= momento)
vazar
vezeiro[3] (= habituado)
vezo (= costume, hábito)

[1] Forma variante de **atanazar**.

[2] Forma variante de **quizília**.

[3] É corrente a expressão **ser useiro e vezeiro** (em alguma coisa): ter por hábito (fazer alguma coisa); ser viciado (em alguma coisa). A expressão somente se aplica a algo negativo, condenável.

Zerésima

¶ *Zerésima* é a lista (ou ata), emitida pelos sistemas informatizados, de todos os nomes, partidos e números dos candidatos, com a informação de que todos estão no disquete recebido pelo servidor do Tribunal Eleitoral e de que estão com zero voto. A *zerésima* é emitida no início dos processos de votação pela urna eletrônica, de apuração e de totalização.

Bibliografia

Abrahamsohn, Paulo. *Redação científica*. Rio de Janeiro, RJ: Guanabara Koogan, 2004.

Abreu, João Leitão de. *Introdução à dogmática jurídica*. Porto Alegre: Globo, 1964.

Academia Brasileira de Letras: *Vocabulário ortográfico da língua portuguesa*. 5. ed., São Paulo: Global, 2009.

Academia Brasileira de Letras Jurídicas/J. M. Othon Sidou. *Dicionário jurídico*. 9. ed., Rio de Janeiro: Forense Universitária, 2004.

Acquaviva, Marcus Cláudio. *Dicionário jurídico Acquaviva*. 5. ed. atual e ampl., São Paulo: Rideel, 2011

Aguilera, Cesáreo Rodriguez. *El lenguaje jurídico*. Barcelona: Bosch, 1969.

Almeida, Napoleão Mendes de. *Dicionário de questões vernáculas*. 4. ed., São Paulo: Ática, 1998.

——. *Gramática metódica da língua portuguesa*. 46. ed., São Paulo: Saraiva, 2009.

Andrade, Carlos Drummond de. *Cadeira de balanço*. 4. ed., Rio de Janeiro: José Olympio, 1970.

Arruda, Geraldo Amaral. *A linguagem do juiz*. São Paulo: Saraiva, 1996.

Assis, Machado de. *Obra completa*. 3 v. Rio de Janeiro: Aguilar, 1962.

Aulete, Caldas. *Dicionário contemporâneo da língua portuguesa*. 5 v. 3. ed., Rio de Janeiro: Delta, 1980.

Barbosa, Rui. *Escritos e discursos seletos*. Rio de Janeiro: Aguilar, 1966.

——. *Discursos, orações e conferências*. v. 1, t. 1. São Paulo: Iracema, [s.d.]

——. *Discursos, orações e conferências*. v. 2, t. 2. São Paulo: Iracema, [s.d.]

——. *Campanhas jornalísticas*. v. 3, São Paulo: Iracema, [s.d.]

——. *Campanhas presidenciais*. v. 4. São Paulo: Iracema, [s.d.]

——. *Cartas de Inglaterra*. v. 5. São Paulo: Iracema, [s.d.]

——. *Obras completas*. v. 29, 1902, tomo 2. - *Réplica*, v. 1, Rio de Janeiro: Ministério da Educação e Saúde, 1953.

——. *Obras completas*. v. 29, 1902, tomo 3. - *Réplica*, v. 2, Rio de Janeiro: Ministério da Educação e Saúde, 1953.

——. *Obras completas*, t. 4 - *Anexos à réplica*. Rio de Janeiro: Ministério da Educação e Saúde, 1969.

——. *Obras completas*. v. 2, 1872-1874, t. 1 - *Trabalhos jurídicos*. Rio de Janeiro: MEC/Fundação Casa de Rui Barbosa, 1984.

——. *Obras completas*, v. 23, 1896, t. 4 - *Trabalhos jurídicos*. Rio de Janeiro: MEC, Fundação Casa de Rui Barbosa, 1976.

Barrass, Robert. *Os cientistas precisam escrever.* São Paulo: T.A. Queiroz - EDUSP, 1979.

Barreto, Mário. *Novos estudos da língua portuguesa.* 3. ed. (fac-similar), Rio de Janeiro: Presença, 1980.

——. *Novíssimos estudos da língua portuguesa.* 3. ed. (fac-similar), Rio de Janeiro: Presença, 1980.

——. *Fatos da língua portuguesa.* 3. ed. (fac-similar), Rio de Janeiro: Presença, 1982.

——. *De gramática e de linguagem.* 3. ed. (fac-similar), Rio de Janeiro: 1982.

——. *Através do dicionário e da gramática.* 4. ed., Rio de Janeiro: Presença, 1986.

——. *Últimos estudos.* 2. ed., Rio de Janeiro: Presença, 1986.

Bechara, Evanildo. *Moderna gramática portuguesa.* 37. ed., São Paulo: Lucerna, 2009.

——. *Gramática escolar da língua portuguesa.* 2. ed., Rio de Janeiro: Nova Fronteira, 2010.

Bellard, Hugo. *Guia prático de conjugação de verbos.* São Paulo: Cultrix, 1969.

Bergo, Vittorio. *Erros e dúvidas de linguagem.* 5. ed., Juiz de Fora: Lar Católico, 1959.

——. *Os verbos portugueses ao alcance de todos.* São Paulo: Irradiante, 1971.

Bernardes, (Pe.) Manuel. *Nova floresta.* São Paulo: Editora das Américas, 1959, 8 vs.

Blikstein, Izidoro. *Técnicas de comunicação escrita.* São Paulo: Ática, 1985.

Borba, Francisco da Silva. *Dicionário de usos do português do Brasil.* 1. ed., São Paulo: Ática, 2002.

—— (coordenador) et. al. *Dicionário gramatical de verbos do português contemporâneo do Brasil.* São Paulo: UNESP, 1990.

Branco, Camilo Castelo. *Obras completas.* Porto: Lello & Irmão, 1982-1988, 9 vs.

Brandão, Cláudio. *Sintaxe clássica portuguesa.* Belo Horizonte: Universidade de Minas Gerais, ed. do autor, 1963.

Camões, Luís de. *Os lusíadas.* Lisboa: Clássica, 1927, 2 vs.

Campos, Agostinho de. *Língua e má língua.* 3. ed., Lisboa: Bertrand, 1945.

Campos, José de Queiroz. *A arte de elaborar a lei.* 2. ed., Rio de Janeiro: Verbete, 1972.

Capella, Juan Ramon. *El derecho como lenguaje.* Barcelona: Ariel, 1968.

Carrió, Genaro R. *Notas sobre derecho y lenguaje.* 6. reimpressão, Argentina: Perrot, 1976.

——. *Algunas palabras sobre las palabras de la ley.* Argentina: Abeledo-Perrot, 1971.

Carvalho, Kildare Gonçalves. *Técnica legislativa.* 4. ed. rev., atual. e ampl., Belo Horizonte: Del Rey, 2007.

Castro, Marcos de. *A imprensa e o caos na ortografia.* Rio de Janeiro: Record, 1998.

Cegalla, Domingos Paschoal. 1. ed., 3. impr. *Dicionário de dificuldades da língua portuguesa.* Rio de Janeiro: Nova Fronteira, 1996.

——. *Novíssima gramática da língua portuguesa.* 48. ed. rev. São Paulo: Editora Nacional, 2008.

Conferência Nacional dos Bispos do Brasil. *Código de direito canônico – Codex iuris canonici.* 2. ed. rev. e ampl. São Paulo: Edições Loyola, 1983.

Coulanges, Fustel de. *A cidade antiga.* São Paulo: Martins Fontes, 1981.

Cuesta, Pilar Vázquez & Luz, Maria Albertina Mendes da. *Gramática da Língua Portuguesa*. Lisboa: Edições 70, 1980.

Cunha, Celso & Cintra, Luís F. Lindley. *Nova gramática do português contemporâneo*. Rio de Janeiro: Nova Fronteira, 1985.

Cunha, Euclides. *Os sertões*. 26. ed., Rio de Janeiro: Francisco Alves, 1963, 2 vs.

Diniz, Maria Helena. *Dicionário jurídico*. São Paulo: Saraiva, 1998, 4 vs.

Diniz, Souza (tradutor). *Código Civil Alemão*. Rio de Janeiro: Récord, 1960.

Faria, Ernesto. *Dicionário escolar latino-português*. 3. ed., Rio de Janeiro: Ministério da Educação e Cultura, DNE/CNME, 1962.

——. *Gramática superior da língua latina*. Rio de Janeiro: Livraria Acadêmica, 1958.

——. *Vocabulário latino-português*. Rio de Janeiro: Briguiet, 1943.

Ferreira, Aurélio Buarque de Holanda. *Dicionário Aurélio da língua portuguesa*. 5. ed., Curitiba: Positivo, 2010.

Figueiredo, (Pe.) Antonio Pereira de (tradutor). *Bíblia sagrada*. Rio de Janeiro: Livros do Brasil, 1962, 4 vs.

Figueiredo, Cândido de. *Grande dicionário da língua portuguesa* (v. 1 - A a G). 16. ed., Lisboa: Bertrand, 1981.

——. *Grande dicionário da língua portuguesa* (v. 2 - H - Z). 15. ed., Lisboa: Bertrand, 1982.

França, R. Limongi. *Elementos de hermenêutica e aplicação do direito*. São Paulo: Saraiva, 1984.

——. *Hermenêutica jurídica*. 2. ed. (revista e ampliada), São Paulo: Saraiva, 1988.

Freire, Laudelino. *Grande e novíssimo dicionário da língua portuguesa*. 2. ed., Rio de Janeiro: José Olympio, 1954, 5 vs.

——. *Regras práticas para bem escrever*. 9. ed., Rio de Janeiro: A Noite, [s.d.]

——. *Linguagem e estilo*. Rio de Janeiro: A Noite, 1937.

Fundação Calouste Gulbenkian. *Ordenações filipinas*. Lisboa: Edição fac-símile, 1985.

Fundação IBGE - Instituto Brasileiro de Geografia e Estatística. *Índice dos topônimos da carta do Brasil ao milionésimo* (revisão de Antenor Nascentes). Rio de Janeiro: 1971.

Garcia, Othon M. *Comunicação em prosa moderna*. 27. ed., Rio de Janeiro: Editora FGV, 2010.

Godoy, Mayr. *Técnica constituinte e técnica legislativa*. São Paulo: Livraria e Editora Universitária, 1987.

Gomes, Hélio. *Medicina legal*. 28. ed., Rio de Janeiro: Freitas Bastos, 1992.

Gomes, Orlando. *Contratos*. 2. ed., Rio de Janeiro: Forense, 1966.

——. *Introdução ao direito civil*. 2. ed., Rio de Janeiro: Forense, 1965.

——. *Direitos reais*. 2. ed., Rio de Janeiro: Forense, 1962, 2 ts.

——. *Obrigações*. 1. ed., Rio de Janeiro: Forense, 1961.

Governo do Brasil. *Manual de redação da presidência da república*.Brasília: Secretaria-Geral da Presidência da República, 1981.

Herculano, Alexandre. *Lendas e narrativas*. Rio de Janeiro: Jackson, 1956.

——. *O monge de Cistér*. 19. ed., Lisboa: Bertrand.

——. *O bobo*. São Paulo: Exposição do Livro, [s.d.]

——. *Eurico, o presbítero*. São Paulo: Ática, 1971.

Houaiss, Antônio e Villar, Mauro de Salles. *Dicionário Houaiss da língua portuguesa.* 1. ed., Rio de Janeiro: Objetiva, 2009.

Júnior, R. Magalhães. *Dicionário de curiosidades verbais.* ed., Ediouro. [s. d.]

Kaspary, Adalberto J. *Correspondência empresarial.* 6. ed., Porto Alegre: Edita, 1998.

——. *Redação oficial - normas e modelos.* 16. ed., Porto Alegre: Edita, 2003.

——. *Português para profissionais - atuais e futuros.* 23. ed., Porto Alegre: Edita, 2006.

——. *O verbo na linguagem jurídica - acepções e regimes.* 7. ed. rev., atual., ampl. e adaptada ao novo sistema ortográfico, Porto Alegre: Livraria do Advogado Editora, 2010.

——. *Nova ortografia integrada: o que continuou + o que mudou = como ficou.* 2. ed., Porto Alegre: EDITA, 2013.

Köbler, Gerhard. *Juristisches wörterbuch.* 9. Aufl., München: Vahlen, 1999.

Kury, Adriano da Gama. *Para falar e escrever melhor o português.* 3. ed., Rio de Janeiro: Nova Fronteira, 1989.

——. *Ortografia, pontuação, crase.* Rio de Janeiro: FENAME/Ministério da Educação e Cultura, 1982.

Lacerda, Eulício Farias de. *Sintaxe do português contemporâneo.* 2. ed., Rio de Janeiro: Pongetti, 1966.

Leite, Eduardo de Oliveira. *A monografia jurídica.* 4. ed. rev., atual. e ampl., São Paulo: Editora Revista dos Tribunais, 2000.

Lessa, Luiz Carlos. *O modernismo brasileiro e a língua portuguesa.* Rio de Janeiro: Fundação Getúlio Vargas, 1966.

Lima, Mário Franzen de. *Da interpretação jurídica.* 2. ed., Rio de Janeiro: Forense, 1955.

Lisboa, João Francisco. *Vida do padre Antônio Vieira.* Rio de Janeiro: Jackson, 1964.

Lobo, Francisco Rodrigues. *Corte na aldeia.* Porto: Lello & Irmão, 1972.

Lopes, João Antunes. *Dicionário de verbos.* 2. ed. (revista e aumentada), Porto: Lello & Irmão, 1987.

Luft, Celso Pedro. *Dicionário prático de regência verbal.* São Paulo: Ática, 1987.

——. *Dicionário prático de regência nominal.* São Paulo: Ática, 1992.

——. *Dicionário gramatical da língua portuguesa.* Porto Alegre: Globo, 1966.

——. *Gramática resumida.* 3. ed. (revista e aumentada), Porto Alegre: Globo, 1976.

——. *Grande manual de ortografia Globo.* Porto Alegre: Globo, 1983.

——. *No mundo das palavras.* Porto Alegre: Correio do Povo, 1970-1983.

Machado, Antônio Cláudio da Costa. *Código de processo civil interpretado: artigo por artigo, parágrafo por parágrafo.* 11. ed., Barueri, SP: 2012.

—— (organizador), Chinellato, Silmara Juny (coordenadora). *Código civil interpretado: artigo por artigo, parágrafo por parágrafo.* 5. ed., Barueri, SP: Manole, 2012

Machado Filho, Aires da Mata. *Português fora das gramáticas.* Belo Horizonte: Siderosiana, 1964.

Machado, Josué. *Manual da falta de estilo.* São Paulo: Best Seller, 1994.

Magalhães, Humberto Piragibe & Malta, Christovão Tostes. *Dicionário jurídico.* 3. ed., Rio de Janeiro: Edições Trabalhistas. [s.d.]

Manuila, L. et al. *Dicionário médico MEDSI.* 9. ed., Rio de Janeiro, RJ: Guanabara Koogan, 2003

Martins, José Pinto. *Direito do trabalho.* 18. ed., São Paulo: Atlas, 2003.

Maximiliano, Carlos. *Hermenêutica e aplicação do direito.* 7. ed., Rio de Janeiro: Freitas Bastos, 1961.

Mea, Giuseppe. *Dicionário de italiano-português.* Portugal: Porto Editora, 1989.

Meirelles, Hely Lopes. *Direito administrativo brasileiro.* 32. ed., São Paulo: Malheiros Editores, 2006.

Mello, Celso Antônio Bandeira de. *Curso de direito administrativo.* 20. ed., São Paulo: Malheiros Editores, 2006.

Melo, Francisco Manuel de. *Apólogos dialogais.* Lisboa: Sá da Costa, 1959, 2 vs.

Michaelis. *Moderno dicionário da língua portuguesa.* São Paulo: Melhoramentos, 1998.

Miranda, Pontes de. *Tratado de direito privado.* 3. ed., Rio de Janeiro: Borsoi, 1969-1970, ts. 1 a 60.

Moliner, María. *Diccionario de uso del español.* Edición abreviada, Madrid: Gredos, 2000.

Morais, Armando. *Dicionário de inglês-português.* Portugal: Porto Editora, 1988.

Morfaux, Louis-Marie e Lefranc, Jean. *Novo dicionário da filosofia e das ciências humanas.* Lisboa/Portugal: Instituto Piaget Editora, 2005.

Nabuco, Joaquim. *Minha formação.* Brasília (DF): Editora Universidade de Brasília, 1963.

——. *Escriptos e discursos literarios.* São Paulo: Nacional, 1939.

Nascentes, Antenor. *Dicionário etimológico da língua portuguesa.* 2. tiragem do 1 t., Rio de Janeiro: Acadêmica, 1955.

——. *Dicionário etimológico da língua portuguesa*, t. 2 (nomes próprios). Rio de Janeiro: Francisco Alves, 1952.

——. *Dicionário de sinônimos.* 2. ed., (revista e aumentada), Rio de Janeiro: Livros de Portugal, 1969.

——. *O idioma nacional.* 4. ed., Rio de Janeiro: Acadêmica, 1964.

Nascimento, Edmundo Dantès. *Linguagem forense.* 4. ed., São Paulo: Saraiva, 1980.

Náufel, José. *Novo dicionário jurídico brasileiro.* 9. ed., Rio de Janeiro: Forense, 2000.

Nery, Fernando. *Ruy Barbosa e o código civil.* Rio de Janeiro: Imprensa Nacional, 1931.

Neto, Raimundo Barbadinho. *Sobre a norma literária do modernismo.* Rio de Janeiro: Ao Livro Técnico, 1977.

Nogueira, Júlio. *Indicações de linguagem.* Rio de Janeiro: Simões, 1956.

Nunes, Pedro. *Dicionário de tecnologia jurídica.* 11. ed., Rio de Janeiro: Freitas Bastos, 1982.

Martins, Eduardo. *Manual de redação e estilo.* São Paulo: O Estado de S. Paulo, 1990.

Oderico, Mario A. *El lenguaje del proceso.* Buenos Aires: Depalma, 1961.

Pereira, (Pe.) Isidro. *Dicionário grego-português e português-grego.* Porto: Apostolado da Imprensa, 1957.

Dicionários Editora. *Dicionário da língua portuguesa.* Ed. rev. e atual., Porto (Portugal): Porto Editora, 2009.

Prata, Ana. *Dicionário jurídico.* 3. ed., Coimbra, Almedina, 1994.

Proença, N. Cavalcanti. *Exercícios de português.* 6. ed., Rio de Janeiro: Letras e Artes, 1967.

Puigarnau, Jaime M. *Logica para juristas*. Barcelona: Bosch, 1978.

Queiroz, Eça de. *Obras*. Porto, Lello & Irmão, [s.d.], 3 vs.

Ramalho, Énio. *Dicionário estrutural, estilístico e sintáctico da língua portuguesa*. Porto: Chardron (Lello & Irmão), 1985.

Ravizza, (Pe.) João. *Gramática latina*. 14. ed., Niterói: Escola Industrial Dom Bosco, 1958.

Reader's Digest. *Michaelis 2000: moderno dicionário da língua portuguesa*. São Paulo: Melhoramentos, 2000, 2 v.

Real Academia Española. *Diccionario de la lengua española*. 21. ed., Madrid: Editorial Spasa Calpe, 1998, 2 t.

Ribeiro, Ernesto Carneiro. *Estudos gramaticais e filológicos*. Salvador (BA): Progresso, 1957.

——. *Tréplica*. 4. ed., Salvador (BA): Progresso, 1956.

Robert, Paul. *Dictionnaire alphabétique et analogique de la langue française*. Paris: Dictionnaires Le Robert, 1986.

Romanelli, R. C. *Os prefixos latinos*. Belo Horizonte: ed. do autor, 1964.

Roquete, J. I. & Fonseca, José da. *Dicionário dos sinônimos poético e de epítetos da língua portuguesa*. Porto: Lello & Irmão, [s.d.]

Rosa, Eliasar. *Os erros mais comuns nas petições*. 7. ed., Rio de Janeiro: Freitas Bastos, 1986.

Sacconi, Luiz Antonio. Grande *dicionário Sacconi da língua portuguesa: comentado, crítico e enciclopédico*. São Paulo: Nova Geração, 2010.

——. *Nossa gramática completa Sacconi*. 30. ed., rev., São Paulo: Nova Geração, 2010.

Santos, Silveira dos e Stamato, Cristina Kaway. *Dicionário de decisões trabalhistas*. 28. ed. Rio de Janeiro: Edições Trabalhistas, 1996.

Saraiva, F. R. dos Santos. *Novissimo diccionario latino-portuguez*. 5. ed., Paris: Garnier, [s.d.]

Séguier, Jaime. *Dicionário prático ilustrado*. Porto: Lello & Irmão, 1979.

Silva, A. M. de Sousa e. *Dificuldades sintáticas e flexionais*. Rio de Janeiro: Simões, 1958.

Silva, de Plácido e. *Vocabulário Jurídico* (atualizadores: Nagib slaibi Filho e Gláucia Carvalho. 27. ed. – 3. tiragem, Rio de Janeiro: Forense, 2007

Silva, Emídio; Tavares, António. *Dicionário dos verbos portugueses*. Porto: Porto Editora, 1994.

Silva, Luciano Correia da. *Direito e linguagem*. Bauru (SP): Jalovi, 1979.

——. *Manual de linguagem forense*. São Paulo: Edipro, 1991.

Silveira, Sousa da. *Lições de português*. 3. ed. melhorada, Rio de Janeiro: Civilização Brasileira, 1937.

Slaibi Filho, Nagib e Sá, Romar Navarro de. *Sentença cível: fundamentos e técnica*. 7. ed. rev. e atual. Rio de Janeiro: Forense, 2010.

Soares, Magda Becker & Campos, Edson Nascimento. *Técnica de redação*. Rio de Janeiro: Ao Livro Técnico, 1979.

Soler, Sebastián. *Las palabras de la ley*. México: Fondo de Cultura Económica, 1969.

Spina, Segismundo. *Dicionário prático de verbos conjugados*. São Paulo: Livraria Editora Fernando Pessoa, 1977.

Vieira, (Pe.) Antônio. *Sermões*. São Paulo: Editora das Américas, 1957-1959, 24 vs.

Voltaire, Fraçois Marie Arouet de. *Cartas inglesas, Tratado de metafísica, Dicionário filosófico, O filósofo ignorante* (seleção de textos). 2. ed. São Paulo: Abril Cultural, 1978.

Xavier, Ronaldo Caldeira. *Português no direito.* Rio de Janeiro: Forense, 1981.

Yarza, Florencio I. Sebastián. *Diccionario griego español.* Barcelona: Ramón Sopena, 1983.

Wahrig. *Deutsches wörterbuch.* 7. Aufl., München: Bertelsmann, 2000

Zingarelli, Nicola. *Vocabolario della lingua italiana.* 12. ed., Bologna: Zanichelli, 1997.

Índice

Não constam neste índice, em princípio, palavras que integram listas específicas, tais como: palavras com dificuldades de acentuação gráfica e tônica; de grafia (e/i; o/u; ch/x; g/j; s/z; s/c/ç/sc/ss; s/x; etc.); ou de pronúncia (*x* = *cs*); palavra usuais justapostas com hífen; etc. Algumas dessas palavras, no entanto, por sua importância ou nível de dificuldade, aparecem sob verbetes específicos; as demais são encontráveis sob os verbetes que encimam as mencionadas listas.

A
a (na indicação de tempo) 13
abaixo assinado 13
abaixo-assinado 13
abaixo 14
abaixo de 14
aborígene (variante popular) 157, 167
aborígine 157, 167
abortamento 15
aborto 15
abreviaturas (destaque de) 118
abrir vista 324
abscesso 283
absolutamente (v. em absoluto) 129
ação (rei)persecutória 271
a cartório – em cartório 129
acaso 15
aceitado 16
aceite 16
aceito 16
a cerca de 16
acerca de 16
achádego 17
à conta de (significados) 18
acórdão (v. aresto) 19

a curto prazo 20
à custa de 20
adjetivos compostos de adj. + adj. (flexão) 22
a desoras 114
a destempo 21
adjunção 81
adminículo 22
ad quem 53
adquisto (v. aquesto) 52
adrede (ê) 22
advérbios em -mente (sucessão de) 23
aeródromo 23
aeroporto 23
à evidência 24
a expensas de 20
afeito (adjetivo participial) 24
afeto (adjetivo participial) 24
a fim 26
afim, afins 26
a fim de 26
a fim de que 26
a final 26
afinal 26
a folhas (impropriedade) 171

a fortiori 27
afretador 28
afretar 28
agente do Ministério Público 203
a grama (s. f., significado) 257
al 28
alea iacta est 62
algoz (pronúncia) 29, 331
algures 29
alhures 29
alicantina 77
alimentando 30
alimentante 30
alimentário 30
a longo prazo 20
aluguel, aluguéis 31
aluguer, alugueres 31
alvíssaras (v. achádego) 17
alvíssaras (= boas-novas) 298
a maior 32
a mais 32
ambedue (it.) 32
ambos + substantivo 32
ambos de dois/ambos os dois (formas em desuso) 32
à medida que 33
a médio prazo 20
a menor 32
a menos 32
a meu juízo 35
a meu (teu, seu) talante 35
a meu ver 35
a mim me parece... 37
ancilar (autarquia, ente) 38
ancilarmente 38
anexado (particípio regular de anexar) 39
anexo (adjetivo) 39
a nível de (impropriedade) 40
a não ser(em) 37
a não ser que 37
ante 41
ante meridiem (a.m.) 119
ante o exposto 131

anti 41
anverso (*facies*) 41
ao alvedrio de 41
ao arrepio de 41
ao em vez de (impropriedade) 43
ao encontro de 42
ao fim e ao cabo 43
ao invés de 40
ao mesmo tempo que 44
ao meu ver (v. a meu ver) 35
aonde 44
ao nível de 40
ao par 47
ao ponto de 50
aos costumes 46
a palácio 46
a par 47
aparte 47
à parte 47
a partir de (sentido temporal) 48
a partir de (uso impróprio) 48
a pedido 48
apedido 48
apenação 48
apenamento 48
apensação 49, 183
apensamento 49, 183
apensado (particípio regular de apensar) 49
apensar por linha 182
apenso por linha 182
apenso (adjetivo) 49, 183
aperceber (variante de perceber) 112
aperceber-se 112
a ponto de 50
aposentação (v. desaposentação) 50
aposentadoria 50
a posteriori 27
apóstrofo (uso indevido no plural de siglas) 308
a prazo 20
a princípio (v. em princípio) 51
a priori 27

à proporção que 33
aquele... este 52
aquestos 52
Aquiles (calcanhar de) 70
a quo 53
arbitrariedade 54
arbítrio 54
Ariadne (fio de ~) 152
arrependimento eficaz 56
arrependimento posterior 56
a respeito (impropriedade) 54
a respeito de 54
aresto (v. arresto) 19
arguente 55
arguido 55
arguinte 55
argumento (= assunto) 106
arrestado 56
arrestando 56
arrestante 56
arresto 56
à(s) (na indicação de tempo) 13
à(s) folha(s) 171
à(s) página(s) 171
a seu talante 35
as mais das vezes 57
a ser(em) 37
assistência judiciária gratuita 185
assistente técnico 193
astreinte 57
as vezes 58
às vezes 58
a talante de 35
a (tal) ponto de 50
até a(s)/até à(s) 58
até aquele(s)/até àquele(s) 58
até o/até ao 58
atempação 60
atempadamente 60
atempado 60
atempar 60
a tempo (v. há tempo) 60
a tempo e horas 60

aterrizagem (variante de aterrissagem) 298
aterrizar (variante de aterrissar) 298
a título definitivo (v. em definitivo) 130
a toda a evidência 24
a todo tempo 60
atos ordinatórios 217
através (impropriedade) 61
através de (uso correto) 61
através de (uso impróprio) 61
através do prisma 260
atravessar o Rubicão 62
audiatur et altera pars 168
autarquia ancilar 38
autópsia (s. f.) 63
autopsia (s. f. e forma verbal) 63
autopse 63
autos conclusos 65, 86
autos em mesa 199
à vista do exposto 131
avuncular (casamento) 72

B

bageense (v. bajeense) 181
Bahia (mas: baiano) 161
baixa (dos autos) 65
baixa na distribuição 65
Bajé 181
bajeense 181
bastante (advérbio) 65
bastantemente 67
bastante(s) 65
behaviorismo 161
benesse (significado de) 184
benesses da Justiça Gratuita (impropriedade) 184
beneplácito (significado de) 184
beneplácito da Justiça Gratuita (impropriedade) 184
bens aquestos (v. aquestos) 52
bens extradotais 224
bens parafernais 224
bíduo 316

biebdomadário (variante de bi-hebdomadário) 163
bi-hebdomadário 163
bimensal 67
bimestral 67
BGB 67
boa-fé 68
boia-fria 76
bona fide 68
bona fides 68

C

c (e não *s*, *sc*, *ss* – palavras usuais com) 69
ç (e não *s*, *sc*, *ss* – palavras usuais com) 69
cada (emprego correto) 69
caixa de Pandora 70
calcanhar de aquiles 70
calendae 71
calendário 71
calendas 71
calendas gregas 71
canto da sereia 71
canto de sereia (variante) 71
cárcere privado (v. sequestro e cárcere privado) 56
cariz 72
carrasco 29
carta de fretamento 28
carta-partida 28
Casa da Suplicação de Lisboa 302
Casa da Suplicação do Brasil 302
casamento avuncular 72
casamento *in articulo mortis* 72
casamento *in extremis vitae momentis* 72
casamento nuncupativo 72
casamento putativo 73
caso (= se) 15
caso (= fato, evento ocorrido) 15
caso de força maior (v. força maior) 74
caso fortuito 74
caução fidejussória 151
caução real 151
causa mortis (v. *mortis causa*) 75

causa/motivo 76
causas putativas de exclusão de antijuridicidade 73
certa feita 118
ch (e não *x* – palavras usuais com) 76
chapa (Direito do Trabalho) 76
chapéu de capitão 142
chegar às vias de fato 138
cheiíssimo (superlativo de cheio) 289
chicana 77
cipeiro 77
circundução 78
circunduta (v. citação circunduta) 78
citação 78, 176
citação circunduta 78
citação editalícia (impropriedade) 78, 165
citação por edital 78
cláusula de revogação 130
cláusula írrita 177
cláusula leonina 296
coagido 79
coacto 79
coato 79
coisa (uso impreciso de) 221
colação 261
colaço 69
coletivo partitivo (concordância com) 79
colocar (modismo) 80
colusão 80
comborça 69
comborço 69
com equidade (julgar) 181
comistão 81
companheiro sobrevivente 88
complemento de argumento 106
complessivo (v. salário ~) 81
complexivo 81
comprobabilidade (e cognatos) 82
comprovabilidade (e cognatos) 82
comprovatividade 82
comprovatoriedade 82
com quanto 89
com respeito a 54

com vista(s) a (= com o intuito de) 324
concelho 82
concernente (significado de) 292
concertação 83
concertado 84
concertamento 83
concertar 84
concerto 84
concluído 86
conclusão (sentido técnico-processual) 65
concluso 86
concordância com as locuções verbais 86
concordância com coletivo partitivo 79
concordância com sujeito constituído de infinitivo 87
concordância ideológica (ou figurada) 218
concubina teúda e manteúda 310
concubinato 310
confessado 87
confesso 87
confissão ficta 152
confidente 87
confitente 87
confusão 81
conhecimento 28
cônjuge (o/a) 88
cônjuge coato 79
cônjuge marido (expressão dispensável) 88
cônjuge mulher (expressão dispensável) 88
cônjuge sobrevivente 88
cônjuge virago (v. o/a cônjuge) 88
cônjuge supérstite 88
conquanto 89
consectário 90
conseguintemente 105
conselho 82
consentâneo 90
consequência/efeito 90
conserto 84
considera-se (v. equipara-se) 91
considerando(s) 91

considerandum (latim, singular) 91
consideranda (latim, plural) 91
consignado 92
consignador 92
consignante 92
consignatário 92
Constituição da República Federativa do Brasil 321
constrição (judicial de bens) 92
constrição (significado médico) 92
consumação (taxa de) 93
consumar (flexão e significado de) 93
consumerismo 94
consumerista 94
consumição 94
consumir (flexão e significado de) 93
contas a pagar (impropriedade) 94
contas por/para pagar 94
conteste 95
contrato 95
contrato leonino 296
contratual 95
contratualidade (significado correto) 95
contundido 96
contuso 96
convencer (significado) 96
convenente 97
conveniente 97
convicção (v. persuasão) 96
coringa 319
correção 98
correcional 98
correição 98
correicional (forma incorreta) 98
correto 98
corrigido 98
cortar (desatar) o nó górdio 207
crase facultativa após até 58
cujo (significado e emprego de) 99
curinga 319
curricula vitae 100
currículo 100

curriculum vitae 100
custas 20
custodiante 100
custodiário 100
custodiado 100

D
-dade, -idade, -eidade, -iedade (sufixos) 300
dado (= considerado) 103
dalgures 29
dalhures 29
Dâmocles (v. espada de Dâmocles) 141
daquela feita 118
da parte de alguém (v. por parte de alguém) 47
dar (uso impreciso de) 222
dar à luz 103
dar-se ao trabalho de 104
dar-se o trabalho de 104
dar vista 324
da(s) folha(s) 171
da(s) página(s) 171
de (prep.) + títulos (= sobre, acerca de) 106
de adrede (v. adrede) 22
de auditu 215
debaixo 14
debaixo de 14
de bom grado (v. de mau grado e malgrado) 195
decêndio 104
decênio 104
decíduo 104
de cima 14
de cima a baixo 14
de cima de 14
de cima para baixo 14
decisão *ad quam* (locução equivocada) 53
decisão *a qua* (locução equivocada) 53
de conseguinte 105
decujo 105
de cuius 105
de cujus 105

de encontro a 42
defender (proibir, vedar) 107
deferir (flexão de) 107
deferitório 107
deferível 107
defeso (substantivo) 107
defeso (vedado, proibido) 107
de folhas (impropriedade) 171
de forma a 108
de forma que 108
delação 261
delapidar (forma popular) 167
delitivo 198
delituoso 198
de mais 32
de maneira a 108
de maneira que 108
de mau grado (v. de bom grado e malgrado) 195
de menos 32
de minha parte (v. por minha parte) 47
de modo a 108
de modo que 108
dentre 108
dentro de 109
dentro em 109
denunciação da lide a alguém 109
denunciação em garantia 109
denunciado 109
denunciante 109
denunciar a lide a alguém 109
de oitiva 215
de onde 44
de ouvida 215
de per si 111
depoimento conteste 95
depósito em juízo (impropriedade) 111
depósito judicial 111
desapercebido 112
desaposentação 50
desatar o nó górdio 207
desde a época em que 44
desconcertante 84

desconcerto 84
descriminantes putativas 73
descritores (v. tesauro) 309
desde o tempo em que 44
desde que 117
desistência da ação 113
desjuridicização 183
desjuridicizante 183
desjuridicizar 183
desmistificação 113
desmitificação 113
desora(s) 114
despejo do prédio (e não do locatário) 114
despender 115, 148
despender argumentos (impropriedade) 148
despercebido 112
despesa 115
despiciendo 116
despronúncia 116
despronunciar 116
desprover (significado) 255
desprovimento (significado) 255
dês que 117
dessa feita 118
dessarte (v. destarte) 117
desta feita 118
destaque de expressões latinas e abreviaturas 118
destarte (v. dessarte) 117
detenção (v. reclusão) 270
determinações anexas 173
determinações inexas 173
de uma feita 118
deveras 118
de vez que (impropriedade) 126
devido a 103
de visu 215
de visu et (de) auditu 215
devoluto 118
devolvido 118
dia civil 119

dia de calendário 119
diagonal (/) em sequência numérica 171
dia hábil 119
dia legal (ou judicial) 119
dia marítimo (ou náutico) 119
dia móvel 119
dia natural 119
diante do exposto 131
diário 119
dias de prancha 142
dia útil (ou hábil) 119
dies *a quo* 53
difundido 119
difuso 119
dilação 261, 304
delapidar (variante popular) 167
dilapidar 167
direito írrito 177
direitos difusos 119
discricionariedade 54
dispêndio (v. despender) 115, 125
dispendioso 115, 125
distanásia 146
diurno 119
diuturno 119
dizer (uso impreciso de) 222
dobra (significação na área trabalhista) 120
docimasia 121
docimásia 121
documentos concertados 84
dolo (ó) 121
doloso (ô) 121
dominiais (bens públicos ~) 118
dominicais (bens públicos ~) 118
donatário 30
donde (= de onde) 44
do que (em comparações) 266
doutro 123
Drácon (v. lei draconiana) 192
drogadi(c)ção 122
drogadição 122
drogadi(c)to 122

drogadito 122
dum 123
dupla negação 205

E
e (e não *i* – palavras usuais com) 125
e (pontuação com) 236
editalícia (v. citação ~) 78
efeito/consequência 76
eficácia 125
eficiência 125
égide (significado) 125
eisegese (significado e pronúncia) 148
eisegeta (significado e pronúncia) 148
eis que (uso correto) 126
eis que (uso impróprio) 126
eiva 127
eivado 127
eivar 127
elegido 127
eleito 127
eletrocussão 128
eletrocutar 128
eletrocutir 128
eletroplessado 128
eletroplessão 128
em absoluto (locução correta) 128
em anexo (locução correta) 39
em apenso (locução correta) 49
embaçado 129
embaçar 129
embaciado 129
embaciar 129
embaixo 14
embaixo de 14
em cartório – a cartório 129
em cima 14
em cima de 14
em contrário (locução correta) 130
em definitivo (v. a título definitivo) 130
em face a (locução incorreta) 131
em face de 131
em face do exposto 131

em fé de 132
em mais gerúndio 132
em meados de 198
em Mesa 199
em nível de 40
em palácio 46
empregado (particípio de empregar) 132
emprego de etc. 144
emprego dos pronomes pessoais pelos possessivos 133
empregue (particípio de empregar) 132
emprego incorreto dos pronomes relativos (nota) 99
em preliminar 133
em princípio (v. a princípio) 51
em que pese a (emprego e pronúncia) 134
em que pese(m) (emprego e pronúncia) 134
em sede de (italianismo) 136
em se tratando (v. em mais gerúndio) 132
em suspenso 137
em termos (locução técnico-processual) 137
em última análise (locução correta) 138
em vez de 43
em via de 138
em vias de 138
e nem 138
enquanto (modismo) 139
ente ancilar 38
entre (v. dentre) 108
entregado 139
entregue 139
entretanto 206
entretanto que 206
enumeração alternativa, ou disjuntiva 247
enumeração exemplificativa 247
enumeração taxativa, exaustiva ou cumulativa 247
enumeração taxativa 247
epidemia 140
epizootia 140

equacionamento (significado de) 140
equacionar 140
equidade (julgar com) 181
equidade (julgar por) 181
equipara-se (v. considera-se) 91
erário 140
erário público (impropriedade) 140
Erexim 328
erexinense 328
escapado 141
escape 141
escapo 141
espada de Dâmocles 141
e sim (significado e pontuação) 239
estada 142
estadia 142
estalia 142
estar (uso impreciso de) 222
estar a fim 26
estar a fim de 26
este (aquele – este) 52
estrema 142
estremar 142
estreme 142
et alii (abrev.: *et al.*) 143
et aliae (forma feminina de *et alii*) 143
etc. (emprego e pontuação de) 144
et c(a)etera (lat.) 144
etecétera (port.) 144
eurema 145
eutanásia 146
eutanásia social 146
exceção peremptória 229
excerto (é) 147
excipiente 147
exce(p)to 147
excussão (significado) 298
exegese (significado e pronúncia) 148
exegeta (significado e pronúncia) 148
exegética 148
exequatur (lat.) 148
exequátur (port.) 148
eximentes putativas 73

expender argumentos 148
experto = perito 328
expressões latinas (destaque de) 118
exprob(r)ação (significado e cognatos) 149
expulsado 149
expulso 149
extorsão 149
extorsionário 149
extorsivo 149
extra = extraordinário (flexão e pronúncia) 150
extradotais (bens) 224

F

face (uso impróprio de) 131
face a 131
face ao exposto 131
facies (anverso) 41
falta por motivo de gala 157
fattispecie (it.) 151
fático 183
fazer (uso impreciso de) 223
feita 118
femoral 213
ferida contusa 96
FGTS 154
ficto 152
fideicomissária (substituição) 151
fideicomissário 151
fideicomisso 151
fideicomissório 151
fideicomitente 151
fideicomitido 151
fidejussão 151
fidejussor 151
fidejussória 151
fidejussória (caução) 151
fidejussório 151
figadal (inimigo ~) 174
filho putativo 73
fingido 152
fio de Ariadne 152

fisco (v. erário) 140
folhas e páginas (indicação numérica de) 171
força maior 74
foro (ó) 153
foro (ô) 153
fortuna do Estado 140
fórum 153
fratricida 153
fratricídio 153
fretador 28
fretamento 28
fretar 28
friíssimo (sup. de frio) 289
fulguração 128
fundiário = do FGTS (impropriedade) 154
futuro jussivo 154

G

g (e não j – palavras usuais com) 157
gala (falta por motivo de ~) 157
ganhado 158
ganho 158
garage (s. f. fr.) 157
garagem 157
gastado 158
gasto 158
gato (Direito do Trabalho) 159
gerúndio precedido da preposição em) 132
gerundivo de obrigação 116
gorjeta (v. gratificação) 159
grama (gêneros e significados) 257
grassar 298
gratificação (v. gorjeta) 159
guerra fratricida 153

H

h (palavras usuais com) 161
há (na indicação de tempo) 13
hábeas 161
habeas corpus 161

hábeas-córpus 161
há cerca de (existe/existem perto de) 16
há cerca de (faz perto de) 16
há cinco anos atrás (impropriedade) 162
há/havia dois meses que... 162
haja vista (construção e emprego de) 163
haja visto (impropriedade) 163
haja(m) visto (forma do verbo ser) 163
há tempo (v. a tempo) 60
hebdômada 163
hebdomadário 163
hebdômade 163
heliponto 23
heliporto 23
heurema 145
hipótese 164
hológrafo 164
honorária (v. verba honorária) 165
honorários 164
honorários advocatícios (locução imprópria) 164
honorários de advogado 164
horas(s) extra(s) (sem hífen) 150
hora(s) extraordinária(s) 150
hora(s) suplementar(es) 150

I

i (e não e – palavras usuais com) 167
iacta alea est (v. *alea iacta est*) 62
imissão na posse (e não ~ de posse) 167
improbus litigator 68
imprescindível 258
impresso 168
imprimido 168
impronúncia 116
impronunciar 116
impropriíssimo (sup. de impróprio) 289
inadmitir 131
inaudita altera parte 168

incesto (é) 169
inconteste (uso correto) 95
inconteste (uso impróprio) 95
incontestável 95
incontinente 169
incontinenti (forma latina) 169
incontinênti (forma aportuguesada) 169
in continenti (tempore) 169
incorrido 170
incurso 170
indeferir 107
indeferitório 107
indeferível 107
independente (valor adverbial) 170
independentemente 170
indicação numérica de folhas e páginas 171
inexão 173
inexo 173
infração 174
infringência 174
inimigo figadal (significado e origem) 174
inobstante (forma dicionarizada) 175
inserto 176
inserido 176
interditado 176
interditando 176
interdito 176
intimação 176
inversão = investimento (impropriedade) 177
inverter = investir (impropriedade) 177
ipseidade (significado de) 300
ir às vias de fato 138
írrito e nulo 177
is de cuius successione agitur (v. *de cuius* – decujo) 105
isentado 178
isento 178
isso posto 178
isto posto 178

J

j (e não g – palavras usuais com) 181
juiz prevento 260
juízo *a quo* 53
Juízo de Deus 217
juízo prevento 260
julgamento com equidade 181
julgamento por equidade 181
juntado 182
juntar por linha 182
junto 182
junto por linha 182
juridicização 183
juridicizado 183
juridicizante 183
juridicizar 183
jurisdicização (impropriedade) 183
jurisdicizar (impropriedade) 183
jurisdição prejudicada 260
jurisdição preventa 260
jussivo (futuro) 154
justiça gratuita 185

K

kafkiano 187
kalendae 71

L

latente (significado de) 189
latinismos aportuguesados (cf. verbete incontinente – *incontinenti*) 169
latrocida 189
latrocinar 189
latrocínio 189
latronicida 189
leading case (ing.) 190
Lebensgefahr (al.) 277
Lebensrisiko (al.) 277
legiferação 190
legiferante 190
legiferar 190
legislação extravagante 192

Lei de Introdução ao Código Civil (nova designação da) 191
Lei de Introdução às Normas do Direito Brasileiro 191
lei draconiana 192
lei de talião 191
lei extravagante 192
leishmaniose 161
leito de Procusto (variante: Procustes) 193
lex talionis 191
lhe (= seu) 133
LICC (v. LINDB) 191
licença 157
licença de ou por nojo 157
licença-gala 157
licença-nojo 157
liminar satisfativa 282
LINDB (= nova denominação da LICC) 191
linha (juntar, junto por) 182
litisdenunciado 109
litisdenunciante 109
livre-alvedrio 41
livre-arbítrio 41
locatário 31
locuções verbais (concordância com as) 86
louvado 193
louvar-se 193
lugar incerto **e** não-sabido (impropriedade) 194
lugar incerto **ou** não-sabido 194

M

maciíssimo (sup. de macio) 289
má-fé 68
mais bem 195
mais mal 195
mala fide 68
mala fides 68
maldição de Sísifo (v. trabalho de ~) 314
malgrado (v. de bom grado e de mau grado) 195
malthusianismo 161
manceba teúda e manteúda 310
mancia (it. = gorjeta) 159
mancina (it.) 69
mancinismo (it.) 69
mandatário 30
mania (significados) 122
mantença (significado) 196
mantença (exemplos de emprego indevido) 196
manteúda 310
manteúdo 310
manutenção 196
maricida 197
maricídio 197
marital 197
mariticida 197
mariticídio 197
mas porém (impropriedade) 197
mas, sim, 240
matado 198
materialidade delitiva (impropriedade) 198
materialidade do delito 198
materialidade do fato delituoso 198
matricida 189, 225
matricídio 225
meado 198
meados 198
melhor 195
membro do Ministério Público 203
mérito 199
mérito da causa 199
meritoriamente (uso impróprio) 199
meritório (uso impróprio) 199
Mesa 199
mesa (apresentar, colocar, estar, receber, etc. em ~) 199
Mesa Diretora (redundância) 199
mesmo (emprego impróprio) 201
mesmo (emprego correto) 201
Ministério Público (referências ao) 203
mistanásia 146

mistificação 113
mitificação 113
mito de Sísifo (v. trabalho de ~) 314
modificadores (v. tesauro) 309
morrido 204
mortis causa (v. *causa mortis*) 75
morto (particípio de matar) 198
morto (particípio de morrer) 204
motivo/causa 76
motivo fútil 313
motivo torpe 313
muita vez 204
muitas vezes 204

N
nada obstante 175
na época em que 44
na maioria das vezes 57
na medida em que 33
na proporção em que 33
não certo 194
não descritores (v. tesauro) 309
não defeso (não vedado) 107
não determinado 194
não... nada... (dupla negação) 205
não... nenhum... (dupla negação) 205
não... ninguém... (dupla negação) 205
não obstante 175
não pronúncia (v. impronúncia) 116
não sabido 194
na(s) folha(s) 171
na(s) página(s) 171
necessariíssimo (sup. de necessário) 289
necropse 63
neccrópsia (s. f.) 63
necropsia (s. f. e forma verbal) 63
necroscopia 63
nem sequer 289
nem um 206
nem um nem outro 320
nem um sequer 206
nem um único 206

nenhum 206
nenhum x qualquer 263
no em que couber(m)... 207
no entanto 206
no entretanto 206
no entretanto (como impropriedade) 206
no entretanto (locução correta) 206
nó górdio 207
nojo (licença de ou por) 157
no mais das vezes 57
no meado de 198
no nível de 40
no que couber... 207
no que toca a 209
no que me (nos) toca 209
no que tange a 209
normalização 209
normatização 209
no sentido de (emprego adequado) 210
no sentido de (emprego não recomendado) 210
nos meados de 198
no tangente a 209
no tempo em que 44
notificação 176
no tocante a 209
noturno 120
noutro 123
nua-propriedade 212
nuda cogitatio 212
nuda pactio 212
nuda praecepta 212
nuda repromissio 212
nuda traditio 212
nuda voluntas 212
nudum pactum 212
nuda proprietas 212
nuda repromissio 212
nuda traditio 212
nuda voluntas 212
nudum pactum 212
nudus dominus 212

nulo (v. írrito) 177
num 123
numerus apertus (lat.) 247
numerus clausus (lat.) 247
nuncupativo (casamento) 72
nu-proprietário 212

O

o (e não u – palavras usuais com) 213
obcecado 69
obsessão 279, 298
o caso trata-se de... (construção viciosa) 213
octídio (forma incorreta; v. octódio) 214
octódio 214
oculatus testis 215
offendicula (s. lat. pl.) 214
ofendículo(s) 214
offendiculum (s. lat.) 214
oitiva/outiva 215
oitiva/outiva das testemunhas (impropriedade) 215
ológrafo (v. hológrafo) 164
o mais das vezes 57
omissão do verbo ser 290
omissão indevida do artigo definido diante de adjetivos participiais 216
omissão ou supressão do que 265
onde 44
onde (uso impróprio) 44
opistógrafo 41
óptico 220
orações adjetivas restritivas e explicativas (pontuação com) 240
ordália(s) (v. ordálio) 217
ordálio 217
ordinatório (ato ~) 217
orelha (denominação atual do ouvido) 215
órgão do Ministério Público 203
órgão ministerial (impropriedade) 203
órgão parquetiano (impropriedade) 203
ortotanásia 146

os advogados somos... (silepse de pessoa) 218
ostracismo 219
ótico 220
ou não (pontuação com) 241
outiva (v. oitiva) 215
outorga uxória 322
ouvida 215
ouvida das testemunhas (impropriedade) 215
orelha (v. ouvido) 215
ouvido (v. orelha) 215
ovo da serpente 220
ouvido (= orelha, denominação atual) 215

P

pacto leonino 296
pagado 158
pago 158
palácio 46
palavras genéricas x palavras específicas 221
Pandora (caixa de) 70
para com (emprego de) 224
parafernais (bens) 224
parafernália 224
Parquet = Ministério Público (impropriedade) 203
parricida 225
parricídio 225
particípio variável e invariável 225
parto da montanha 226
Pas de nullité sans grief (fr.) 227
Pas de nullité sans texte (fr.) 227
pasmado 227
pasmo (particípio contraído de pasmar) 227
patente (significado de) 189
patricida 225
pedágio 278, 321
pegado 228
pego (é) (particípio de pegar) 228
pego (ê) (particípio de pegar) 228

pejotização 228
pejutização (variante de pejotização) 228
pelo prisma 260
pelo que me (nos) toca 47, 209
pelo que toca a 209
pena de talião (v. lei de talião) 191
perceber 112
perempto 229
peremptoriamente (uso impróprio) 229
peremptório (significado) 229
perigo de morte 277
perigo de vida 277
perimido 229
perimir 229
período de defeso 107
perito 193, 328
per se (lat.) 111
personagem (s. 2g.: o ou a ~) 314
persuadir (significado) 96
persuasão (v. convicção) 96
pese embora (v. em que pese a e em que pese[m]) 134
pessoa humana 229
pexotada 125
pexote 125
Ph. D. (*Philosophiae Doctor*) e outros títulos de doutorado 230
pior 195
Pirro (v. vitória de ~) 325
pixotada (v. pexotada) 125, 328
pixote (v. pexote) 125, 328
plebiscito 231
plural de majestade 231
plural de modéstia 231
pluralização de siglas 308
poder arbitrário 54
poder discricionário 54
pois 243
ponto abreviativo em final de frase 232
ponto e vírgula (uso do) 233
pontuação (importância da) 235
pontuação com *e* 236

pontuação com *e não* 239
pontuação com elementos normativos articulados 238
pontuação com *e sim* 239
pontuação com *etc.* 144
pontuação com *mas (isto) sim* 240
pontuação com orações adjetivas restritivas e explicativas 240
pontuação com *ou não* 241
pontuação com parênteses 242
pontuação com *pois* 243
pontuação com sujeito pós-verbal intercalado 244
pontuação com termos restritivos e explicativos 245
pontuação com travessões 246
pontuação nas enumerações (alternativa, ou disjuntiva, exemplificativa e taxativa, exaustiva, ou cumulativa) 247
pôr (uso impreciso de) 223
por conta 18
por conta de (significados) 18
por conseguinte 105
por equidade (julgar) 181
por intermédio de 61, 78
por linha (juntar, junto) 182
por minha parte (v. de minha parte) 47
por outro lado 251
por parte de (v. da parte de) 47
porquanto 89
por que 251
por quê 251
porque 251
porquê(s) 251
por si só(s) 252
portagem 278, 321
portanto 89
por tanto 89
por um lado 251
por um lado... por outro lado 251
porventura 253
por ventura 253
por via de regra (impropriedade) 323
post meridiem (*p.m.*) 119

posto isso (v. isso posto) 178
posto isto (v. isto posto) 178
posto que (embora) 253
posto que = porque (uso impróprio) 253
pourboire (fr. = gorjeta) 159
prazo peremptório 229
predefunto (cônjuge ~) 88
prefixo des- (significados) 255
prejudicial (a) 256
prejudicial (o) 256
prejudicial (adjetivo) 256
prelação 261
preliminar (adj.) 133
preliminar (v. em preliminar) 133
preliminar (es) (acepção processual) 133
premorto 88
prequestionamento 257
prequestionar 257
prescindir (significado) 258
prescindível (significado) 258
presentante (v. representante) 258
presidenta 258
presidente 258
prevenido 260
prevento 260
primagem 142
prisma 260
problemas a resolver (impropriedade) 94
problemas por/para resolver 94
procrastinação 261
procrastinar 261
Procustes (variante de Procusto) 193
Procusto (leito de) 193
prolação 261
prolatação (impropriedade) 261
prolatar 261
prolator 261
propina (= gorjeta) 159
propina (sentido pejorativo) 159
propriíssimo (sup. de próprio) 289

pro rata (lat.) 177
pro rata parte (lat.) 177
pro rata portione (lat.) 177
prova inconteste = incontestável (impropriedade) 95
provará (s. m.) 262
pseudo (invariabilidade de) 262
putativo (casamento) 73
putativo (filho) 73

Q

qualquer (v. nenhum x qualquer) 206
quando (foi) de (do, da, dos, das) 264
quando mais não seja 264
quanto mais não seja (impropriedade) 264
quatríduo 317
que/do que (em comparações) 266
que (omissão ou supressão do) 265
que nem = como (impropriedade) 267
quinquídio 317
quitado 267
quite 267

R

ratificação 269
r dobrado após consoante (erro ortográfico) 300
recluído 270
reclusão (v. detenção) 270
recluso 270
recte (lat.) 271
rectius (lat.) 271
referente (significado de) 292
referendo 231
referendum 231
regicida 189
reincidir novamente (pleonasmo vicioso) 271
reipersecutório 271
reivindicabilidade 272
reivindicação 272

reivindicante 272
reivindicar 272
reivindicativo 272
reivindicatório 272
relativo (significado de) 292
remição 272
remido (significado de) 274
remidor 274
remissão 272
remissivo 274
remisso (significado de) 275
remissor 274
remitência (significado na linguagem médica) 274
remitente (significado na linguagem médica) 274
remitente/remissor 274
remitido (particípio de remitir) 275
remitir (significado de) 272
renitente 274
renúncia do direito 113
represália 276
representante (v. presentante) 258
representante do Ministério Público (impropriedade) 203
reprovabilidade 300
rerratificação (v. retirratificação) 269
reservar-se o direito de 275
resgatar = recuperar (modismo) 276
respectivo 292
retificação 269
retirrati (red. de retirratificação) 269
retirratificação 269
retorção 276
retorquir (flexão de) 276
retorquir (significado de) 276
retorsão 276
réu confesso 87
risco de morte 277
risco de vida 277
rochedo de Sísifo (v. trabalho de ~) 314
rodágio (v. pedágio) 278

rol testemunhal = rol das testemunhas (locução imprópria) 164
Rubicão (atravessar o ~) 62
ruído (na comunicação) 323

S

s (e não c, ç, sc, ss – palavras usuais) 279
s (e não x – palavras usuais) 280
s (e não z – palavras usuais) 280
saber de oitiva/outiva 215
saber de ouvida 215
saisina 281
saisine (fr.) 281
salário complessivo 81
salário discriminado 81
salvádego 17
salvado 281
salvados (s. m. pl.) 281
salvo (preposição acidental) 281
salvo(s) 281
salvo se 281
satisfatividade 282
satisfativo 282
s dobrado após consoante (erro ortográfico) 300
sc (e não *c, s, ss* – palavras usuais) 283
sedicente 285
sedizente 285
selvícola (forma popular) 167
se (emprego supérfluo ou errado do pronome) 283
semi (grafia e pronúncia de) 286
semi-hebdomadário (única forma) 163
sem sobra de dúvida (locução incorreta) 297
se não 286
senão 286
sendo que 287
sentença *'a qua'* (locução equivocada) 53
sentença *'ad quam'* (locução equivocada) 53
sentença meritória (impropriedade) 199

se + o, a, os, as (combinações impróprias) 284
se por al 28
sequer 289
sequestro (v. arresto) 56
sequestro e cárcere privado (distinção) 56
ser (omissão do verbo) 290
seriíssimo (sup. de sério – VOLP/09) 289
serpente (ovo da ~) 220
se se... 291
seu 292
seu respectivo (validade do uso) 292
sic (emprego de) 292
siglas (pluralização de) 308
silepse de pessoa 218
silvícola 167
sine qua non 293
sine quibus non 293
sinistrismo 69
sisa 294
Sísifo (trabalho de ~) 314
site (v. sítio [= endereço eletrônico]) 294
sítio (= endereço eletrônico) 294
sob 295
sob o prisma (impropriedade) 260
sobre 295
sobrestadia 142
sobre-estadia 142
sobretudo 295
sobre tudo 295
sobrevivente (cônjuge ou companheiro ~) 88
sociedade leonina 296
soi-disant (fr.) 285
solução de continuidade 297
sombra de dúvida 297
sororicida 153
sororicídio 153
ss (e não c, ç, s, sc – palavras usuais) 298
Stare decisis (lat.) 299

Stare decisis et non quieta movere (lat.) 299
statu quo 299
status quo 299
sub condicione 299
sub examine 299
subida dos autos 65
sub iudice 299
sub specie 299
subsídio (pronúncia de) 300
sucessão *mortis causa* 75
sufixos -dade, -idade, -eidade, -iedade 300
sujeito aparentemente preposicionado 302
sujeito composto em citação de fonte plural 143
sujeito constituído de infinitivo (concordância com) 87
sujeito oracional (concordância com) 87
sujeito pós-verbal intercalado (pontuação facultativa com) 244
sumariíssimo (sup. regular de sumário) 289
sumário 289
sumaríssimo 289
suplicado 302
suplicante 302
suplício de Tântalo 303
surda(s)-muda(s) 303
surdo-muda(s) 303
surdo-mudo(s) 303
surdo(s)-mudo(s) 303
surgido 304
surrealismo 187
surrealista 187
sursis (fr.) 304
surto 304
suso 304
susodito 304
suspeitado 305
suspeito 305
suspendido 305
suspenso 305

T

talante (a meu, a seu ~) 35
talião (lei de ~) 191
tampouco 307
tangentemente a (impropriedade) 209
Tântalo (suplício de ~) 303
tão pouco 307
tão só (= tão somente) 307
tão só (= tão sozinho) 307
tão somente 307
TDA – TDAs (pluralização de siglas) 308
ter (uso impreciso de) 223
tergum (verso) 41
terminus a quo 53
terminologia 308
terminologia jurídica 308
terminografia 308
termo 308
termo de conclusão 65
termos restritivos e explicativos (pontuação com) 245
terras devolutas 118
ter vista 324
tesauro 309
tese defensiva = tese da defesa (locução imprópria) 164
tesouro público 140
testamento hológrafo 164
testamento írrito 177
testamento nuncupativo 73
testemunha conteste 95
testemunha de oitiva/outiva 215
testemunha de ouvida 215
testemunha inconteste (impropriedade) 95
testigo (arcaísmo) 310
testis auritus 215
teúda e manteúda 310
teúdo e manteúdo 310
tip (ing. = gorjeta) 159
tocantemente a (impropriedade) 209
toda vez que 311

todas as vezes que 311
Todesgefahr (al.) 277
todo 311
todo e qualquer 312
todo o 311
todos e quaisquer 312
todos os 311
torácico 313
tórax 313
torpe (= obsceno – pronúncia) 313
torpe (= que entorpece – pronúncia) 313
torpeza (pronúncia) 313
toxicomania 122
toxicômano 122
trabalho de Sísifo 314
tramitação 314
trâmite(s) 314
trâmites legais 314
trâmites processuais 314
transitado em julgado 315
trânsito em julgado 315
transmissão *inter vivos* 75
transmissão *mortis causa* 75
tratar-se (emprego de) 213
tredestinação 316
tresdestinação (forma não usual) 316
tríduo 316
triebdomadário (variante de tri-hebdomadário) 163
tri-hebdomadário 163
trimensal 67
trimestral 67
Trinkgeld (al. = gorjeta) 159
trintídio 316
tudo aquilo que = tudo o que) 317
tudo mais (v. tudo o mais) 317
tudo o mais 317
tudo o que 317
tudo que (v. tudo o que) 317
turmeiro (Direito do Trabalho) 159

U

u (e não o – palavras usuais) 319
ultra-atividade 319
ultratividade 319
uma feita 118
uma vez que 126
um e meio milhão, trilhão, quilo, etc. (invariabilidade do substantivo) 320
um e outro 320
um ou outro 320
União 321
união estável 310
União Federal (impropriedade) 321
useiro e vezeiro 331
usuário 321
utente (v. usuário) 321
uxoriano 322
uxoricida 189, 322
uxoricídio 322
uxório 322

V

vadiíssimo (sup. de vadio) 289
variíssimo (sup. de vário) 289
vaziíssimo (sup. de vazio) 289
vendável 323
vendível 323
ver (uso impreciso de) 223
verba honorária/honorária (impropriedades) 164
verdugo 29
verso (*tergum*) 41
vez que (impropriedade) 126
via de regra (impropriedade) 323
vias de fato (chegar ou ir às ~) 138
vigência (v. égide) 125
virago (conotação pejorativa) 88
vis maior 74
vista dos autos 324
visto que 126
vítima fatal (impropriedade) 324
vítima letal (impropriedade) 324
vítima mortal (impropriedade) 324
vitória de Pirro 325

W

website (ing.) 294
websítio (= *website*) 294

X

x (com pronúncia de cs – palavras usuais) 327
x (e não ch – palavras usuais com) 328
x (e não s ou ss – palavras usuais) 328
x (e não s ou z – palavras usuais) 329
Xapecó 328
xapecoense 328
Xuí 328
xuiense 328

Z

z (e não s – palavras usuais com) 331
zerésima 332
zeugma 290